公共化 AI：
思維、協作與法制的基礎設施

林文源、王道維、杜文苓、李建良 ———— 主編

國立清華大學出版社
NATIONAL TSING HUA UNIVERSITY PRESS

目錄

第一章
導言：公共化 AI 的必要性 *

林文源 教授　國立清華大學通識教育中心
王道維 教授　國立清華大學物理學系
杜文苓 特聘教授　國立政治大學公共行政學系
李建良 特聘研究員　中央研究院法律學研究所

一、前言

　　從圖靈著名的「機器能思考嗎」問題，到 1950 年代科學家開始模擬人類智能，萌生發展人工智慧（Artificial Intelligence, AI，以下全文簡稱 AI）機器的初始概念起，歷經 1980 年代以規則為主導的發展，到 1990 年代轉向以統計模型方法，乃至於 2010 年後轉向以網際網路普及所累積的大量資料（Big Data），以深度學習（Deep Learning）、機器學習（Machine Learning）等為基礎的各種圖像辨識、語音辨識及自然語言處理（Natural Language Processing）發展，AI 技術發展歷經數次起伏（李開復 & 王詠剛，2017）。近年 AI 更因圖形處理器（Graphics Processing Unit, GPU）等硬體技術效能持續提升，

---

* 本書匯集多領域作者的論述，為尊重各領域體例，因此，本書各章之引用及參考書目格式之編排，以各自適合之格式為準，謹此說明。

　另公共化 AI 或 AI 公共化在本書中之用法皆為將 AI 視為整體科技系統或趨勢，本書各章節討論公共化 AI 或 AI 公共化，除非特別指明，皆指稱 AI 之整體發展趨勢或系統。

以及如生成對抗網絡（Generative Adversarial Networks）等更多演算法技術發展，促使 2022 年出現諸多生成性 AI（Generative AI），如文字生成的 ChatGPT（Generative Pre-trained Transformer）、文字生成圖像生成的 Midjourney 等大型生成式預訓練模型陸續公布並開放全球試用後，引發全球熱議，且大量應用加速各種 AI 產品與服務在社會各層面的潛在影響。

　　各種型態 AI 的普及應用，持續擴張。從先前日常生活的人臉辨識、語音命令、自駕車或導航等單一功能應用，直到更為複雜的各種即時分析、形塑個人消費與網路活動與偵測輿論趨勢，並成為教育、司法、福利與金融等的評估與篩選制度環節，甚至是用來生成假訊息，操控輿論與大眾認知等，從個別單一功能、具有特異性的「弱 AI」，直到當前彷彿在科幻情節中，能如人一般思考與表達情感的萬能的「強 AI」即將現身。這些發展趨勢引發各種國際組織、各國政府、非政府組織與研究者的關注，一方面期盼如何開發 AI 的潛能有益於各種工作，但同時也憂慮日益強大的 AI 發展將造成更強大與深刻的倫理與社會衝擊，甚至挑戰諸多現有的各種規範。

　　在這些期盼與擔憂中，要如何持續想像與推進 AI 發展，並不只是技術問題，更需要各界一同貢獻洞見與參與。在此意義下，本書的編著者希望推動兩個重要目標：首先，相較於各種對於臺灣研發與產業界「AI 落地」的期盼，我們希望使 AI 也能落地為有益於在地社會公共性的發展，也就是「公共化 AI」的方向。其次，我們認為要實現公共化 AI，技術只是其中一環，也不能只仰賴政府推動，而是如同維持我們日常生活的其他水電基礎設施一般，需要結合各界經驗與力量，匯集成為各種基礎設施，才能支持公共化 AI 的實現。因此，本書匯集臺灣各界的相關經驗，多方探索如何推展公共化 AI 的基礎設施。

二、公共化 AI

在關於 AI 發展的討論中，AI 經常被視為未來科技前景。尤其是結合產品帶來的創新與效率中，各界受到 AI 看似無所不能的誘惑與驅使，較難顧及這些前景背後的趨力，亦即 AI 發展隱含的「錢景」。這個我們稱為「AI 資本化」的過程中，許多領先的巨型企業，如 MAANG 集團[1] 以及微軟（Microsoft）入股的 Open AI，結合全球資料、龐大資本與技術人才基礎的累積，不但推動日益複雜的 AI 技術發展拉大其既有領先優勢，甚至讓多數國家都難望其項背，更加速讓 AI 成為技術、人才、資料與資本更為集中的領域（王道維 & 林昀嫻，2020）。這種資本化 AI 的影響已經從線上世界的數位活動，快速地在各種應用中滲入線下世界，強力改變金融、消費、傳播與政治等領域，不但形成「監控式資本主義」（Surveillance Capitalism）與「黑箱社會」（Black-Boxed Society），無所不在地監控個人行為、影響社會生活與個人選擇，造成難以發現的同溫層與歧視，而加深社會分化與不平等，甚至侵蝕民主政治體制（凱西・歐尼爾，2017；Dencik, Hintz, & Cable, 2016; Pasquale, 2015; Zuboff, 2019）。

儘管世界各國對於 AI 發展的立足點不一，但對於 AI 做為未來科技與世界重大趨勢已有相當共識。在這樣的趨勢下，對於身在其中的個人而言，資本化 AI 也逐漸轉變當前世界，形成特定生活形式。如 Langdon Winner 指出，在這些 AI 科技與社會安排下的生活形式中，「個人習慣、感知、自我認知、對時間與空間的理解、社會關係、道德與政治疆界都已強烈地受到現代科技發展軌跡所重新結構化。」

---

[1] 指 Meta（原臉書 Facebook）、蘋果公司（Apple）、亞馬遜公司（Amazon）、網飛（Netflix）、谷歌（Google）等 5 家美國網路及科技業巨擘。

（Winner, 2004, p. 107）面對已經逐漸成形的「資本化 AI 技術生活形式」，我們應該做什麼？還能做什麼？這是本書的核心問題。因此，我們由跨領域合作方向出發，推進探索 AI 的各種可能發展方向，對於多位身在人文社會領域的編者而言，面對當前 AI 資本化的趨勢，我們認為關心人文社會領域發展者除了持續對資本主義的警覺提出諍言，或許還有推動「公共化 AI」的轉機（林文源，2022）。

　　如何讓 AI 不只成為資本擴張的助力，而有益於各種社會公共性，這是對於各個社會，乃至全球社群都有重大意義的議題。如既有國際上的各種呼籲由人權、永續發展、倫理與民主的根本原則，提出 AI for social good 等方向（Floridi, Cowls, King, & Taddeo, 2020; Mantelero, 2018; Tomašev et al., 2020）。呼應這些較為規範性的普遍原則，如上指出，公共化 AI 訴求的方向進一步呼籲具體落地以及各界協作。本書不將 AI 視為各種技術或是產品，更不只是企業已經發展的各種演算法，而且社會各界更不只是消費者，或是受到 AI 所監控的受害者，打開已經成為被黑盒化（Black-Boxed）為各種產品、服務或制度的 AI 後，我們可以發現 AI 落地不只需要界定問題、收集與分析資料，發展演算法與調整參數，最後還需要結合應用場域及制度進行調校與後續修正（林文源，2023）。

　　儘管只有少數巨型企業能夠發展大型語言模型的 AI 開發，但標示這些工作流程，有助於將各種 AI 發展與應用視為一個個相互影響、藉由各種領域知識與經驗定位 AI 相關的資料、制度、應用，甚至是演算法發展的協作過程。希望讓更多利害關係人看到自身的參與機會，以及積極參與的必要性，如此才能在 AI 時代厚實更具公共性的基礎，以抵禦資本化的侵蝕。簡而言之，公共化 AI 不只是一種目標，更是需要各界共同持續探索 AI 技術如何有益於各種公共性與價值的過程，尤其是人文社會領域專業，對於社會公共與各種議題已有長久

思辯與成果，相當有助於提供更多跨領域知識與技術，以利 AI 公共化的實現（李建良 & 林文源，2022）。

三、探索 AI 基礎設施

為了具體實現公共化 AI 的願景，我們認為需要朝向建立基礎設施的階段性目標推進。基礎設施（infrastructure）並不是新穎的概念，一般如我們日常生活常見的水、電、道路以及網際網路等管線、道路設置等，都屬於現代社會生活的基礎設施。做為導論，在此先提綱挈領地介紹基礎設施概念的重要性，再介紹本書著重的面向。

科技與社會研究（Science, Technology and Society studies, STS）領域對於基礎設施有相當深入的闡述，尤其是其觀點著重不限於硬體層面，更強調牽涉其中的脈絡與參與者。儘管 AI 基礎設施涵蓋的議題與討論範疇相當廣，本書謹此由幾個重要面向介紹較為深入探討的視野。首先，這些設施的設置與發展牽涉到具體的在地脈絡，以 STS 對近代西方歐美大城電力設施發展的經典比較研究為例，Thomas Hughes（1983）從打造系統的角度指出，在柏林、倫敦、芝加哥與加州等地發展的電力設施並非單一科技物，也不止是發電與輸送問題，而是牽涉建立各地社會技術系統（Sociotechnical System）的技術動能（Technological Momentum），其中有無數行動者參與這些打造過程，類似的電力系統發展牽涉到在地技術文化與社會趨勢的影響，其各地規劃與發展具有在地與時代脈絡，尤其是各地不同團體如企業策略、政府態度、電力專業、經濟、文化與法規制度等，都使類似的技術在不同脈形成不同電力系統特質與樣貌。在當前 AI 發展中，對中國、美國、法國與德國的 AI 政策白皮書論述的分析指出，這些國家一方面相當一致地將 AI 發展視為無可避免的技術未來，並以國家競爭力

角度，力陳推動 AI 的必要性，但在另一方面也因為經濟、文化與政治脈絡下有其 AI 發展的不同著重點，因此造成朝向共同未來想像的不同趨勢（Bareis & Katzenbach, 2021）。

　　其次，因為各種基礎設施往往牽涉到技術、經濟、政治、文化，以及使用者與各種制度問題，如 Geoffrey Bowker 等人針對資訊系統發展的「基礎設施」洞見指出其中的各種複雜因素：

> 「基礎設施」一詞凸顯許多人類活動的必要配備，例如建築、道路、橋樑、鐵路、頻道、港口、通訊網路。在碼頭、馬達、線路之外，基礎設施也包含更為抽象的事物，例如（人類與電腦的）協定、標準與記憶等。（Bowker, Baker, Millerand, & Ribes, 2010, p. 97）

　　因此，各種最終看似相當一致、普遍類似的基礎設施是經由多面向的異質元素協商、競逐與爭議的「基礎設施化」（infrastructuring）過程（Leigh Star, 1999）。其中的參與者都必須面對在地差異並歷經充滿彈性的協作，才有機會趨向穩定（Timmermans & Epstein, 2010）。亦即，科技物的穩定與一致性是在包含各種抽象元素影響的許多爭議與細節，歷經協作或擱置後的標準化結果。包括 AI 時代浮現中的數位基礎設施發展在內，其中的抽象事物，除了硬體面各種協定與設計等標準，其中也包含各種制度，以及參與者的不同旨趣、想像與行動特質，這些經常導致競逐與爭議的根源，對於基礎設施的發展方向與實現具有重要影響（Mager & Katzenbach, 2021）。

　　進一步，相較於基礎設施硬體發明、設計與建置具有高度可見性，協調、修補與維護的相關協作面向往往不可見，只是做為技術發展的背景，但卻是隱而未顯的重要面向，只有在基礎設施發生問題或

是有重大爭議時，如停水、停電或網路斷線，導致生活與行動慣性中斷時，才凸顯這些協作是基礎設施不可或缺的一部分。因此，我們也必須正視這些處於背景、習焉而不察的隱形工作（Invisible Work）（Shapin, 1989）。當演算法被引入各種制度，成為最新修補、協調既有制度等基礎設施發展時，往往潛在影響決策、規則或決定，但卻因為當前 AI 的不可解釋性，則對制度基礎與行動機會有更為難以覺察的影響力（Susser, 2019）。

最後，在許多基礎設施發展中具有相關隱形工作，同樣的基礎設施則對其中各種行動者造成不同的影響（Leigh Star, 1991）。由基礎設施牽涉硬體設置外，還包含社會脈絡、協作與標準化、制度基礎與行動影響，以及長期維護與修補等各種特定安排，根據不同群體的特質，例如公共設施之於肢體障礙者或特定需求面對標準化的資訊系統等，不同群體面對特定設施模式往往有其難以發現的挑戰與代價（邱大昕，2008；Hanseth, Monteiro, & Hatling, 1996）。這些在 AI 演算法結合商業資本與治理政策，在隱私、人權、公平性與適用性等隱含的資料正義（Data Justice）議題上，尤其是少數群體面對由其他多數群體數據所訓練出的演算法時，經常受到 AI「看不見的手」不公平地左右其命運，則更為顯著（Dencik, Hintz, Redden, & Treré, 2022）。

四、展望在地

上述的洞見牽涉各個社會一技術系統的不同條件與機會，我們必須進入本地脈絡，才有助於發展不同於資本化 AI 的想像與發展。在臺灣，與 AI 技術發展至關重要的資料面已經逐漸開放，法規也逐漸落實，這是關鍵的第一步。既有學校、消費、通訊、社會服務、法院、醫院、公司、交通領域的活動，都累積如健保、教育、司法、政府統

計與開放政府（Open Government）等持續且龐大的資料庫，這些資料不但都與公眾福祉相關，且具有公共財性質，並非上述的私人企業能完全掌握資料。這些是公共化 AI 的根本基礎。

　　過去因為技術與法規問題，這些資料往往無法發揮更大公共效益。尤其是除了數字，還經常包含圖片、影像、文字、聲音等非結構化資料等，導致難以分析，多數只能以部分數字化資料進行統計性分析。當前 AI 技術不但已經能克服這些技術問題，而且這些領域的資料也都是人文社會領域長期關注與分析，甚至是參與建立的。加上目前對於開放政府的觀念，以及公共參與的民主化治理程序也更普及（杜文苓，2015；Lehtiniemi & Ruckenstein, 2018），若能有更為周全的規範指引，這些資料將有機會藉由 AI 回饋到相關的公共事務，進而改善公共治理。然而，這些期盼不會自動發生，在基本資料與技術基礎上，還有千絲萬縷的議題需要克服。以下進一步以思維、協作與法制面的在地脈絡，輔以各國經驗，介紹本書各章展望在地公共化 AI 的「基礎設施化」經驗與機會。

（一）思維

　　如同上述指出，基礎設施建置與維護中牽涉多種抽象事物，其中包括行動者的思維模式，這些不但影響各界的考量與行動，也是造成爭議與不同發展機會的關鍵。例如上述資本化 AI 的發展中，不管是各國政府認定 AI 與國家競爭力密切相關、既有法規對於私人企業運用所蒐集資料的權利與管制考量、當前技術人才對於職涯發展的想像，以及社會對於更為強大 AI 的擔憂與盼望等，都是其中一環。

　　相較其中的資本化趨勢，公共化 AI 較難有強大資本誘因，且在不同社會對公共性的想像與堅持也相當不一致，更非當前產業技術發展的主流考量，因此這需要釐清各領域既有慣性思維，進一步創造新

的合作基礎。尤其回到根本的資料議題，若要讓公部門的資料在 AI 時代更具可用性，則需要有更為前瞻的資料治理思維，例如需要因應未來技術規格與應用需求，規劃資料格式與標準，以有利後續累積與溝通。更進一步，以當前公部門缺乏專業人力的狀況下，如何引導技術領域與人社領域專長的學界人才改變既有學科思維，嘗試跨領域合作才能有助於適當建置各種基礎設施。這些都牽涉到改變政府機關與學界對於資料擁有、處理與開放的思維及法規慣性、公部門與制度面對新科技的態度與考量、不同領域與專業面對科技發展的因應方式，甚至包括各種社會文化環境下的大眾如何在新科技挑戰下發展法制觀念與倫理關注等根本面向。

　　本書的第一部分介紹目前在臺灣探索中的思維模式。王道維與林昀嫻兩位分屬技術端與法律領域的研究者，在第二章介紹自身投入 AI 跨領域合作的挑戰與機會，並從中分析 AI 技術的公共化機會。首先，本章從 AI 技術面提出不同以往的工業革命技術本質：由於當前 AI 發展由資料主導而非規則主導，其技術擅長非結構化資料處理，而其效能是統計性有效並非規範性有效。這些特質讓 AI 更有機會，甚至也理所當然被應用到不同於過往科學技術所能到達的領域，例如司法領域的文字資料處理。其次，公共化 AI 不只是人文社會學者從自身領域的價值觀所提出的片面期待，而是在既有技術基礎下，如何參與並推進時代觀念轉變，而這有賴人文社會領域學者及早投入。此外，相較於傳統技術只是增加數量的「技術加值型」共善，兩位作者認為 AI 技術的公共化在於「溝通協調型」的社會共善實踐，具有更重要的機會，尤其有助於促進更多族群與領域間的對話與相互了解，這是 AI 有助於社會共善的獨特貢獻。最後，本章也倡議實務面的集體合作與資源議題。相較於既有的單打獨鬥，作者展望人文社會領域可以透過如研究中心的形式，以其對社會需求與問題的洞見，連結技

術領域同仁以及政府的資料庫，這種合作模式有助於讓 AI 技術從源頭端更切合公共價值。兩位作者的合作案例，儘管目前尚屬少見，但相信藉由公共化 AI 的契機轉向多方合作的思維，不只限於 AI 發展，都將有助於開發更多社會共善的可能性。

　　第三章由技術領域的王道維分享其自身如何從理論物理領域，投入 AI 相關應用研究過程，並藉由反思其中的挑戰與應變方式，闡述推動公共化 AI 的歷程與願景。本章指出，以當前 AI 的技術環境而言，在不涉及新程式或演算法開發時，要實際投入相關技術應用，並不需要擅長程式或複雜數學的能力，反而更需要能跳脫自身的思維限制，具有整體觀點的人才。包括從資料端的開發整理、標註分析，技術端的模型訓練與參數調校，到應用端的現況分析與溝通討論、協調評估等等，都需要藉由整體性的思維架構統合。作者也以相關合作經驗指出，相較於單純演算法技術開發，涉入真實社會情境的應用開發有極強的跨領域特性，因而需廣納不同思維，也要相關領域參與者協調出共同目標與默契才能達成。然而當前技術端人才往往聚焦於技術，而人文社會學者則熟悉也掌握資料，卻較少顧及其他領域與環節時，往往錯失合作機會。若要推進這種整體觀點與合作，不但需要協調各領域的人力與物力資源，更必須跳脫制度上與研究生涯上以學科為主的目標與慣性。本章與第二章的公共化與跨領域合作思維模式，可在本書第二部分得到許多呼應與對話線索。

　　在公共化與跨領域合作思維之外，與 AI 基礎設施建置密切相關的還有法制與倫理思維。第四章由法律領域的李建良剖析 AI 相關的人權與法治議題。作者由科技部 2019 年發布「人工智慧科研發展指引」三處提及「人性尊嚴」的脈絡提問：人性尊嚴的保障在 AI 創新過程中佔據何種位置？由此本章提出「人本思想與自主性」、「隱私權與資訊自決」、「公平性與禁止歧視」與「數據治理與資料主權」

四大主題，並循「自主」、「表現」與「公平」三種人性需求，逐一剖析人性尊嚴在 AI 時代下的受危境況及其保障需求。立基於此，本章進一步從硬體與軟體兩種思維，提出 AI 系統的公共治理與監控機制，前者主要著眼於 AI 利害關係人的社會對話機制；後者則是 AI 人權論與責任論的辯證，除了探討建置「數位人權」的規範思維與憲法條款外，「企業數位責任」觀念的強化與實踐，亦為 AI 時代下人性尊嚴是否受到充分保障的關鍵之一。藉此，本章嘗試為公共化 AI 的人權底蘊建構一套整全的思維框架與實踐原則，這也可做為參照第三部分法制面向各篇做為各面向的進一步探討與對話。

　　本書第五章由哲學領域的甘偵蓉執筆，提出打造 AI 的實踐倫理與決策議題。相較於多數以既有學理與文獻為基礎的分析，本章為作者參與清華大學若干 AI 演算法的開發研究過程，並長期與建構 AI 模型的工程師交換觀點，再與倫理學理論對話所發展得出的想法。相較於之前自駕車發展時相當熱門的電車問題，作者指出 AI 的倫理與決策問題並非憑空出現，而是奠基於特定脈絡的經驗與價值觀。若不同群體對複雜倫理問題有不同觀點，則期待 AI 作出優於一切人類思考的決定，無疑是過於奢求。本章以美國杜克大學對於腎臟移植的優先順序進行的問卷調查為例，做為公共化 AI 開發的參考。在這些討論中，本章區別 AI 倫理學提出本體論與方法論的不同討論方向，倡議將倫理決策考量從開發端延伸到部署等各個 AI 發展階段，包括從資料特徵選擇，到影響評估與民眾參與等，建議盡可能納入利益關係人，以廣納差異的民主參與及價值思辯，減少可能的弊病。其中關鍵是釐清決策如何可能在應然面與實然面間的許多衝突，可藉由事前廣泛的討論而協商出共識與合理作法。在此意義下，相較於既有對 AI 取代人類的普遍性倫理決策，不如說是藉由大量的數據發展 AI，協助人類提升在特定事項上的倫理決策思維。這種立基於現場的論理思

維基礎，為公共化 AI 開發與應用提供具體的倫理學基礎與建議。

　　這些論述只是可能參與促成在地 AI 發展的一些思維與經驗與脈絡。毫無疑問的是，若 AI 正在更為密集地進入各種生活環節，可預期未來將是人類與 AI 協作的時代，而在這種環境下，跨領域協作、法規制度、倫理決策、公共治理、社會輿論等，充滿無窮可能性也有層出不窮的問題，需要有新思維與作法，共同協商更為可行的公共化 AI 未來。

（二）協作

　　承上討論聚焦在具體脈絡下的跨領域合作思維，無論是預處理非結構性資料、從大量資料中訓練演算法、在何種標準採行 AI 的判准或預測等。AI 的技術特性使得其從問題設定、資料蒐集、標註、程式設計與意義探討等，都無法迴避利害關係人的參與。尤其 AI 應用經常牽涉到社會生活，包含公私部門如何蒐集、運用、解讀、判定資料的方式，在在都關乎社會各群體與整體利益，亦影響到政策資源的投入。因此如同許多新科技一般，AI 應用的發展本質本無法依賴單一領域的技術考量，往往必須密切結合社會脈絡與利害關係人，考量其公共性意涵與影響，而在此過程中也會重新定義科技與人文、專家與常民、專業與非專業的界線，更積極促成有別以往對於公眾的角色與參與的新想像（杜文苓，2015；Funtowicz & Ravetz, 1992）。

　　在此意義下，公共化 AI 是名詞也是動詞。名詞意義下的公共化AI，可以是產物、思維或願景，而在動詞意義下，我們必須協力打造公共化 AI 的基礎設施，藉此實現 AI 做為推進公共福祉與利益的基礎設施。無論是動詞或名詞，這些都需要跨領域參與。因此，本書第二部分闡述各種協作模式的機會的可能性，這些協作除了上述的技術領域與人文社會學者，還有各種利害關係人與社會大眾，其中也有常民

專家（Lay Expert），藉由這些不同合作經驗，希望有助於拓展對於公眾協作以實現 AI 公共性的具體想像。

　　第六章是由心理領域的李坤樺從臨床心理研究與應用角度，提出 AI 在心理疾患診斷的協作可能性。作者先介紹從臨床心理學的角度，心理疾患與治療主要是靠藥物治療為主，心理社會治療為輔等背景。面對越來越多的心理疾患需求，AI 介入則是由公共衛生與預防角度，推進如何更有效的採用三級預防，在不同階段中讓 AI 發揮不同功能。尤其是現階段 AI 技術對偵測、判讀具體疾病起因或特定病兆已有相當高準確率，也應用於醫學領域的診斷、風險評估、疾病爆發預測、健康政策與計畫等面向。藉由經過相關資料訓練的 AI 應用，不但在網路文字進行情緒偵測與分辨，有助於建立預警制度，在心理治療方面，特別是虛擬實境的應用，也有機會成為新世代治療的開端。由此，本章歸納包括心理衡鑑、虛擬實境的心理治療、自殺危機的發掘與預防等三方向，做為 AI 技術應用於臨床心理治療的機會。這類心理專業場域的評估，可以提供 AI 技術領域學者更明確的方向探索，促進未來在心理領域的公共化 AI 發展。

　　在第七章由學習科技領域的區國良與其團隊示範 AI 技術如何結合教育議題的協作。作者團隊針對教育領域中的自主學習趨勢切入，結合人工智慧及網路資源，利用文字探勘及自然語言處理技術，介紹從蒐集資料、發展模型到檢驗成效等 AI 模型建造過程，如何建構高中生自主學習的網路資源推薦系統。本章案例強調人機互動、個別化、差異化的學習方式，正是 AI 技術不同於傳統科技的強處。例如不同於既有一般的關鍵字、分類或搜尋，作者使用包括建構專家知識關鍵字庫、建立關鍵字詞關連模型以及協作互動平台等技術，蒐集將近萬筆經過專業認定的網路文章作為資料庫。再依學生所提供的問題，推薦相關的學習資源，團隊進一步使用自然語言處理辨識文本語

意，讓學生更容易地找到精確內容，而非僅只是搜尋推薦排序。最後團隊也由同學的測試驗證推薦系統的易用性及有用性。面對更為多元的學習需求與資源落差，擴展這種公共化 AI 的應用有助於改善學習資源不平等，值得有志者參考。

　　第八章由社會領域的許峰瑞以 AI 技術教育過程著手，探討臺灣高等教育課堂的機器學習教育普遍去政治化的問題。技術人才培育機制是 AI 發展的重要基礎設施，而在此過程除了技術能力外，是否也有機會培養看到社會與技術關係的視野，是本章的重要問題意識。作者先由常見的技術中立論與技術社會論剖析電腦科學家在資料處理及技術運作的角色，作者特別強調「基礎設施」角度，指出技術中立論者與技術社會論者對機器學習中的資料會有不同的界定與態度，包括在教學現場以不同方式看待資料集及其使用導致的後果，這個技術操作過程中的主導敘事與物質運作正是技術政治性的體現。藉此觀點，本章以實際的課程觀察與訪談指出，現有相關機器學習教學過程常使用「經典」預處理後的資料為基礎，將演算法模型與準確率視為主要目標，忽略資料複雜性與正確性，再加上以去政治化的教學敘事，都使資料中可能彰顯的社會問題被清理後，再轉化為技術問題，而這種忽略也讓學生對機器學習效應漠不關心。最後，本章嘗試提出「照護資料」為解方，亦即從資料產生開始，期望研究者不只以工具性視角看待研究對象，也瞭解資料清理與編碼過程，建立起與資料集信任負責的關連。希望能藉由研究者參與資料面協作的經驗，鬆動演算法教學的技術政治問題。

　　第九章為法律領域的王震宇以創辦「人文社會科學異質跨域實驗室」（X-Lab）為例，介紹匯集跨領域參與的 AI 跨界實驗場域。雖然本章是籌組跨域研究的經驗書寫，但此經驗記錄了人文社會群體在本地學術環境中，如何探索公共化 AI 的實踐與願景，值得借鏡。作者

首先從異質跨域的嘗試，思索人文社會科學在科技變動時代的角色，藉此擴大「實驗室」如何作為教研場域、思辨空間與書齋沙龍的不同想像。作者指出在 X-Lab 的發展過程中，要跨越不同學科領域的對話合作，有實際執行的重重挑戰。尤其人社領域學者面對 AI 技術門檻，往往不斷猶豫其介入的角度與層面，作者不但運用許多 AI 相關之大眾小說與經典名著，也嘗試從許多具體議題研究帶出不同學門如何看待 AI 技術的複合式發展與發展相應之創新作法，以及借鏡不同時空的學術社群與反思 X-Lab 的各團體的跨域碰撞經驗，探索現實與想像中的各種公共化 AI 必要性。本章最後強調，人社研究的優勢在於游移與 AI 的距離，將 AI 置於更深廣的人類存在「時間」與「空間」，運用價值判斷與社會分析優勢，提出更多反思與批判。

第十章由韓采燕、李其儒等五位新生代跨領域學者合作，以籌辦「資訊化社會科學夏季研習營」（The Summer Institutes in Computational Social Science, SICSS）為例，提出在地公共化 AI 的教育推廣可能模式。本章首先指出為了促成跨域研究的研習環境，2017 年由美國杜克大學和普林斯頓大學教授合作發起的 SICSS 旨在解決不同領域學者在技術與術語上的歧異，希望提供孕育轉譯的語言與工具的環境，讓人社學者學習資料科學家如何工作，也讓資料科學家理解人社學者在意的問題。為此，SICSS 的研習聚焦在系統地學習資料科學知識外，也獲得實作技巧的培養與組織共學社群的機會。相較於美國脈絡，本章也檢視臺灣現有條件與實際推動經驗，省思相關困難，包括背景條件上，教育的分流分科造成跨域人才稀缺、缺乏促成資工與社科領域合作資源，以及科技領域內的性別隔離與資源分配不均等問題，都造成跨領域人才培育及合作的隔閡。因此，本章也介紹 SICSS-Taiwan 於 2021 年在臺灣首次舉辦的籌備、過程與成果。雖然這些過程凸顯在地調適與困難，但也在 2022 年有進一步調整，而

其中由各領域碩士生到副教授參與者所組成的跨世代的共學社群組成具有一定新意。這種新嘗試有助於有志者進一步思考如何推進公共化 AI 導向的學習協作模式，以避免 AI 人才培育只限制在技術產業化的方向。

第十一章由工程領域的蔣子平以「集眾人之力解眾人之難」為題，探討運用深度學習對於公共治理的機會與挑戰。本章透過與日常生活息息相關的道路工程案例，分析資料庫檢索與法規，並做問卷調查，尤其是藉由 AI 技術做為匯集公眾意見的協力管道。作者指出結果顯示，蒐集、整理、辨識與判斷公眾意見是 AI 有助於改善道路工程治理的核心，但使用 AI 輔助技術時，不論辨識或預測仍有偽陰、偽陽的問題，決策風險還需回歸自然人或法人判斷。相較於現有的諸多資料監控與錄影，AI 不只是能由行政管理的治理角度協助公共治理，作者期待運用 AI 提升對政府公共工程的監督、降低交通違規行為，乃至路面與橋樑管理系統的提升等結合技術與政策的作法，提升民眾參與協作治理的意願。不過，這些應用也有其限制，尤其是反映了不同社會經濟、公共工程認知、不同運具條件下的主觀感知與價值判斷等，都需要透過更多元的來源管道汲取公眾意見與資料，甚至加上更多如 AI 技術的輔助，方可強化資源分配效率的判斷。這是廣納公眾與 AI 協力公共治理的一種可能。

同樣方向，資訊技術領域的鍾明光與陳伶志在第十二章以近年來為空污資訊貢獻良多的「空氣盒子」（Air Box）為例，闡述如藉由資訊技術廣納社會大眾參與。本章詳述空氣盒子研發的初衷與目標，主要希望由下而上建構一個綿密的感測網絡，並以開放資料協助民眾瞭解生活環境中的空污風險。這個想法在初期創客社群、學術團隊，以及科技廠商的參與下，在多次嘗試中透過更多跨界參與者形成的社群協力，持續改善且成長，而使「空氣盒子」成為臺灣近年來最重要的

公民科學與常民專家參與的案例。從本文章案例，我們看到單靠先進技術支援與專業群體並不足以使「空氣盒子」擴散為家喻戶曉的空污資訊管道，最終是透過學校、市政府的參與，建立以城市為範圍的生活實驗室，搭配地圖視覺化與資料加值服務的基礎設施，其中牽涉許多專業社群與民眾參與，才能使空污知識建構成為一個公共參與的過程。這種公眾協力模式由此打破原本空污資訊專業知識生產的思維模式，創造新協作生產模式與知識公共性。

既有科技與社會交織互動的案例再再提醒我們，科技在成為問題解方的同時，也有可能發展出新的問題與風險。公眾協作與參與讓科技發展有更全面的視野與權衡機會，納入潛在利害關係人與貢獻者間的溝通、互信與協力，才能在不同目標中找到最適合的技術與社會安排，以回應公共問題與願景。以上案例更從心理健康、自主學習、道路工程、空污防治、資訊人才培育、人社協作與學術跨界為例、帶領我們走出技術範疇，看到 AI 如何與各種意義下的公眾社群相遇，形構在地公共化 AI 的基礎設施過程。在不同場域與主題中，這些討論嘗試彰顯原本隱而未顯的各種行動者、思維與實作模式，如何進一步在磨合與協作中相互影響與變化，凸顯公眾協作參與的關鍵意義。

（三）法制

朝向公共化 AI 的思維模式與公眾協力都是在現實世界中發生，若要展望更進一步改變的可能性，必然牽涉各種規範性條件，這也是本書第三部分的法制主題。現代民主法治國所奠基的法秩序，旨在保障人民基本的自由與權利，確保個人自我實現的可能條件。回顧人類歷史並放眼當今世界，法治國家雖非普遍型態，卻是世界各國競相建立的治理體制。法律無疑是現代法治國家的基本秩序框架、權利保護機制、資源分配工具，國家運行與社會秩序莫不受到法律的影響與形

塑。AI 的發展應獲得社會的信賴，而社會對 AI 的信賴則又來自對法律的信賴。演算法與 AI 是科學技術的產物，但不是純然的「客觀」、「中立」。只要是人類的創造物，就必然帶有人類的目的設定與價值取捨，需要進行人權法治與民主思辨，不是單純科技發展的技術問題。

　　在過去 AI 發展中，已經浮現關於政府資料治理、公共投資、科研方向、隱私人權等法律規範問題，當前世界各國也都積極重新調整評估中。尤其是本書的公共化與 AI 大幅進入社會生活的趨勢下，相關規範不能只是擺盪於限制監管的角度與追隨市場潮流的兩極化方向，必須更貼近大眾需求與呼應公共價值。因此，本書第三部分著重探討 AI 公共性的法制基礎設施，其中重要規範性的挑戰與反思包括對公共領域結構數位變遷的認知，以及面對公私部門與虛實空間界限模糊難辨等議題中，聚焦於法學領域的觀點作為思維視角，分別從 AI 與智財產權、專利保護、資料治理、機器智能等關聯面向切入，嘗試勾勒 AI 公共性的法治課題與未來藍圖。

　　如同本書相當強調的政府資料開放與資料治理，這些除了涉及電子化政府與公部門的管制思維轉型，以及人民參與機制的數位轉型，更牽涉民主治理的法治圖像，也是促進公共化 AI 的先決法治要件。有鑑於此，在開放資料的理念下需要相當細緻且符合法規的機制作為基礎設施，才有實現的機會，因此在第十三章翁逸泓從個人資料保護的角度切入，對資料治理的法制建構進行縱向探索。本章旨在思考建構以個資保護為核心的治理法制，並且納入「資料可攜權」作為法制拼圖的起點，並提出透過資料賦權促進資料流通與共享的可能性，再輔以資料中介者的管理制度，建立資料共享的信任關係。本章對於公共化 AI 所需的開放資料理念，提出以個人資料保護為核心價值，結合研發與應用考量的資料治理模式，於法制上形成合作、信任與課責

的資料治理機制，實為為公共化 AI 不可或缺的法制基礎建設之一。

　　第十四章李紀寬則進入 AI 產出成果歸屬問題，從宏觀的視角探討智慧財產制度與「共益」的理想與現實。本章以智慧財產觀點，觀照 AI 研發過程的「原始資料／資訊」、「資料集／知識」與「產出／成果」的三個階段，其法規則涵蓋著作權法、專利法與營業秘密法等領域。本章介紹國際規範、各國法制比較以及重要案例，呈現智慧財產與人工智慧之間如何在「排他智慧權」與「智慧共益化」之間取得平衡的法制問題。這彰顯當前與未來 AI 從技術研發之始，至技術本身各面向之保護，以迄技術完成後應用，皆與現有智慧財產制度密不可分。其中重要關鍵在於，人類創作多少奠基於前人，而 AI 技術發展及應用，不能不考量人類共益，以致於智慧創作保護的法制設計始終徘徊於「排擠效果」與「消弭創新」效應之間。本章的智慧財產權法制切面，提供一窺 AI 公共化面臨公私利益與法制建構的權衡難題，以及未來的實踐課題。

　　第十五章陳龍昇進一步以無人為因素介入的 AI 技術創作成果為例，同樣聚焦剖析專利權保護問題，探討 AI 產出成果的智慧財產議題。本章由著名的 DABUS 申請發明人案脈絡，先分析本專利發明人申請案在歐洲專利局與澳洲專利局的爭訟經過及法院的正反意見，並比較英國、美國及我國等有關 DABUS 專利申請案的處理情形，彰顯「專利發明人」是否限於自然人的解釋爭議點，及其與「專利權人」暨研發成果權利歸屬的區別。藉此，本章分別由發明人的微觀角度與整體產業的宏觀角度，探討「賦予人工智慧產出成果專利保護之必要性」，並論及「人工智慧開發資料之利用共享與管制」。最後，本章也呼籲 AI 技術發展需要大量的資料比對及分析，有賴資料治理機制與規範之建立，促進開放資料的蒐集利用，方能形塑有效運作的 AI 生態系統。

　　進一步，相對於智慧財產權利的排他特性，在第十六章劉奕昇進一步宏觀的權力平衡主軸，藉由不動產法規脈絡，探討如何健全法律規範，以保障數據世界的基本權利。本章探討包含網路應用、大數據應用、機器智能應用等資訊科技在不動產市場中的應用，並在基本權利保障的問題導向下，分別探討「資訊公開」（不動產實價登錄）、「虛假訊息」（不動產交易訊息）、「數據蒐集」（不動產估價）等問題。本章也進一步剖析如何重構數據世界中的權力平衡，尤其強調信任與平等對於數據監管之控制力，以及形成在數據世界法治之影響與重要性。在這些討論中，本章藉由社會、經濟、政治與法律等跨領域學科洞見，探索 AI 技術發展產生的具體影響，進而提出法律如何應對相關社會變遷。這些都指向建立法治基礎設施的重要性。

　　以上的法制案例討論都指向 AI 的核心：以 artificial 形容 intelligence 形成與天賦的人類智力慧能，似乎形成某種傳承與對比的關係。亦即，AI 除了來自人類的「智慧」或「智能」發明之外，還意味了人類對自身「聰慧」、「智力」或「潛能」的探索與突破。尤其是 AI 發展也被稱為「第四次工業革命」，不單是因為技術發展，也不只是可能改變工作與產業型態，而是人造物似乎開始具備自主學習、自主修正、自主推論、自主決定，以及自主解決問題的可能性。而這些可能性，如同對於基礎設施的討論指出，過去我們以各種法制基礎引導或限制了人類行動的可能性，而在當前 AI 時代中，法治基礎當然也是重要一環。

　　在此意義下，植基於既有社會的 AI 轉型過程，舉凡國際組織、政治體制、政府權力、經濟模式、市場結構、（非）營利行動、生活關係、文化表現等等既有構成人類生存與文明的根基，都開始或顯或隱地面臨其相關法制規範的遷易，乃至於蛻變。在此過程，資本化 AI 有其特定法制想像，而如何展望 AI 的公共性，即必須回歸信任、

權力與共享等公共性的人文價值根柢，甚至是回應 AI 時代更為迫切的「被遺忘權」與「資料可攜權」等的思維與法制，思索人類與技術共存之法，以及人類自身的共榮之道。這些普遍議題，也是公共化 AI 在地展望的關鍵。

五、結論

　　本章的核心任務是界定公共化 AI 的基礎設施方向，並由此說明本書由基礎設施角度，以展望跨領域 AI 發展的思維、協作，以及法制面介紹當前各國趨勢與在地機會與挑戰，進一步的論述就請讀者進入每一章的討論。總結這些介紹，其中的根本公共性挑戰在於：AI 研發與應用的資本化挑戰既有許多思維、作法與制度基礎，甚至影響人類共存的各種公共價值，而面對這些挑戰，則有賴各界投入專長與智慧一同協作以促成不同的改變機會。這些發展在各地脈絡有不同交互影響，關係微妙，而本書則以在地經驗與案例展望在地公共化 AI 的未來。

　　若從展望 AI 公共化的各種基礎設施討論，以下稍做整理，希望做為以下閱讀本書各章的共同基礎：首先，立基於公共價值尊嚴的需求與保護，為貫串 AI 公共性的核心價值，因此從規範性角度，無論是 AI 訓練用資料、個人擁有之資訊、研發過程與產出的歸屬等，均不能脫離公共價值與尊嚴保障的基本原則，也才能避免 AI 發展過度資本化而侵蝕公共性與人性之害。扼要言之，AI、公共化與人性化互為條件，彼此影響。

　　其次，AI 發展對人類社會的衝擊，包括其資本化趨勢對公共性的挑戰，可能已經超越我們過去歷史經驗與理解，單一專門知識也無法提供因應新局的解方。因此，我們需要重新考量 AI 技術設計與發

展的影響範圍與層次，重新界定所需的知識系統。在此，我們看到各
種新型態協力的必要性，無論是 X-Lab、空氣盒子、應用開發專案、
跨領域共學等、都挑戰既有各自界定問題的知識想像，以異質跨域的
實驗鬆動知識藩籬與體系，朝向建構根著於本土脈絡的公共化 AI 協
作而努力。

　　進一步，AI 在社會各領域的應用日漸重要，牽動了越來越多的
新行動者並影響社會。這使得 AI 的發展必須考量更多社會議題，才
能回應真正需求而有助於社會公共性。在此方向下，如何精確定位並
考量各界既有思維與慣性的落差，更是在發展新協作模式之際的重要
工作。儘管全球的 AI 技術發展有其共同趨勢，這些隱微的社群、學
科領域、立場與需求差異，則具有相當在地特質，更需要考量在地脈
絡與契機建立適當的發展基礎。

　　總結而言，從思維、協作與法制等面向探討公共化 AI 基礎設施
的在地機會與挑戰，也是嘗試定義 AI 技術發展的問題。要回應長久
以來的公共性與人性的根本價值關懷，就必須以更為多元的方法尋求
解方。由此而言，以公共價值與人性尊嚴為考量的法制轉型，在廣納
公共協作參與的技術發展，以及重塑各界思維與慣性的跨領域過程，
都是豐富與深化科技民主的過程。

　　呼應這些嘗試，本章最後也希望指出本書相關的協作與資源。本
書的緣起有兩個重要基礎，其一是科技部人文司推動的兩項計畫：
2019 年的「人工智慧的創新與規範：科學技術與人文社會科學的交互
作用跨領域專案計畫」，以及 2020 年開始的「公共化 AI」兩期增能
專案。[2] 這兩個計畫目標都是匯集人文社會為主的跨領域人才交流，

---

[2] 兩項人社 AI 計畫前者由李建良主持，共同主持人有王大為、吳重禮、劉靜怡、
蔡政宏、邱文聰、林文源。後者由林文源主持，第一期由杜文苓與王道維共同

推動 AI 發展的跨領域合作。其二是我們在清華大學也匯集了相關社群與推動量能，成立「人文社會 AI 應用與發展研究中心」（人社 AI 中心），並在清華大學出版社成立「AI、科技與社會」叢書，[3] 並出版《人文社會的跨領域 AI 探索》，我們藉此持續人社跨領域的交流與累積，做為公共化 AI 的基地。

　　此外，在科技部人社中心與「公共化 AI」專案合作下，清大人社 AI 中心拍攝「人文社會 AI 導論」系列線上課程，[4] 並發展 AI 文字標註系統並進行推廣，希望降低人文社會文字資料 AI 化的起步門檻。這些都在編者團隊所主辦全國性系列跨領域論壇與「公共化 AI 學門工作坊」中介紹，也已累積為線上資源，歡迎參考。[5] 這些起步工作都是建置公共化 AI 基礎設施的一環，期望未來在此理念匯集更多跨領域合作與實踐方式。謹此邀請有志者一同參與拓展公共化 AI 的在地實現。

主持，第二期由楊晰勛、劉紹華、杜文苓、李建良、彭松嶽、連賢明、黃旻華、游琇婷、王道維共同主持。

[3] 請搜尋或請見 https://nthuhssai.site.nthu.edu.tw/p/405-1535-211857,c18456.php。

[4] 人文社會 AI 導論線上課程由清大人社 AI 中心在科技部人文司公共化 AI 計畫及科技部人文社會中心人社 AI 研習計畫之支持下，錄製「人文社會 AI 導論」一系列 10 集影片。此系列影片由清華大學人文社會 AI 應用與發展研究中策劃，王道維主講，循序由 AI 發展歷史、資料與技術面向，以及各種人文社會相關範例，進而引導人文社會領域接觸 AI 發展。請搜尋「人社 AI 導論」，或請見 https://nthuhssai.site.nthu.edu.tw/p/412-1535-18712.php。

[5] 活動錄影與相關資源請見 https://nthuhssai.site.nthu.edu.tw/p/412-1535-18816.php。

參考書目

王道維，林昀嫻（2020）。如何用 AI 創造社會共善？——AI 公共化的契機。取自 https://ai.iias.sinica.edu.tw/how-to-create-common-good-in-society-with-ai/（瀏覽日期：2023/5/28）

李建良，林文源（2022）。人文社會的跨領域 AI 探索。新竹：國立清大出版社。

李開復，王詠剛（2017）。人工智慧來了。臺北：天下文化。

杜文苓（2015）。環境風險與公共治理：探索臺灣環境民主實踐之道。臺北：五南。

林文源（2022）。小心 AI：從諍友到盟友的人文社會介入。載於維吉妮亞·尤班克斯（Eubanks V.）著，懲罰貧窮：大數據橫行的自動化時代，隱藏在演算法之下的不平等歧視，頁 10-13。臺北：寶鼎出版社。

林文源（2023）。STS 如何介入 AI：ANT 取徑朝向 AI 公共性的思考實驗。科技、醫療與社會。

邱大昕（2008）。「殘障設施」的由來：視障者行動網絡建構過程分析。科技、醫療與社會，6，頁 21-68。

凱西·歐尼爾（O'Neil C.）（2017）。大數據的傲慢與偏見：一個「圈內數學家」對演算法霸權的警告與揭發（許瑞宋譯）。臺北：大寫出版。（O'Neil, C. (2016). *Weapons of Math Destruction: How Big Data Increases Inequality and Threatens Democracy.* New York: Broadway Books.）

Bareis, J., & Katzenbach, C. (2021). Talking AI into Being: The Narratives and Imaginaries of National AI Strategies and Their Performative Politics. *Science, Technology, & Human Values, 47*(5), pp. 855-881.

Bowker, G. C., Baker, K., Millerand, F., & D., R. (2010). Toward Information Infrastructure Studies: Ways of Knowing in a Networked Environment. In J. Hunsinger, L. Klastrup, & M. Allen (Eds.), *International Handbook of Internet Research*, pp. 97-117. Dordrecht: Springer Netherlands.

Dencik, L., Hintz, A., & Cable, J. (2016). Towards Data Justice? The Ambiguity of Anti-surveillance Resistance in Political Activism. *Big Data & Society, 3*(2), 2053951716679678.

Dencik, L., Hintz, A., Redden, J., & Treré, E. (2022). *Data Justice*. New York: Sage Publications Ltd.

Floridi, L., Cowls, J., King, T. C., & Taddeo, M. (2020). How to Design AI for Social Good: Seven Essential Factors. *Science and Engineering Ethics*, *26*(3), pp. 1771-1796.

Funtowicz, S. O., & Ravetz, J. R. (1992). Three Types of Risk Assessment and the Emergence of Postnormal Science. In S. Krimsky & D. Golding (Eds.), *Social Theories of Risk*, pp. 251-273: Westport, Connecticut: Greenwood.

Hanseth, O., Monteiro, E., & Hatling, M. (1996). Developing Information Infrastructure: The Tension Between Standardization and Flexibility. *Science, Technology, & Human Values*, *21*(4), pp. 407-426.

Hughes, T. P. (1983). *Networks of Power: Electrification in Western Society, 1880-1930*. Baltimore, Maryland: Johns Hopkins University Press.

Lehtiniemi, T., & Ruckenstein, M. (2018). The Social Imaginaries of Data Activism. *Big Data & Society*, *6*(1), pp. 1-12.

Mager, A., & Katzenbach, C. (2021). Future Imaginaries in the Making and Governing of Digital Technology: Multiple, Contested, Commodified. *New Media & Society*, *23*(2), pp. 223-236.

Mantelero, A. (2018). AI and Big Data: A Blueprint for a Human Rights, Social and Ethical Impact Assessment. *Computer Law & Security Review*, *34*(4), pp. 754-772.

Pasquale, F. (2015). *Black Box Society: the Secret Algorithms that Control Money and Information*. Cambridge, Massachusetts: Harvard University Press.

Shapin, S. (1989). The Invisible Technician. *American Scientist*, *77*(6), pp. 554-563. http://www.jstor.org/stable/27856006 (last visited: May 8, 2023)

Star, S. L. (1991). The Sociology of the Invisible: The Primacy of Work in the Writings of Anselm Strauss. In D. R. Maines (Ed.), *Social Organization and Social Process: Essays in Honor of Anselm Strauss*, pp. 265-283. Hawthorne, NY: Aldine de Gruyter.

Star, S. L. (1999). The Ethnography of Infrastructure. *American Behavioral Scientist*, *43*(3), pp. 377-391.

Susser, D. (2019). *Invisible Influence: Artificial Intelligence and the Ethics of Adaptive Choice Architectures*. Paper presented at the Proceedings of the 2019 AAAI/ACM Conference on AI, Ethics, and Society, Honolulu, HI, USA.

Timmermans, S., & Epstein, S. (2010). A World of Standards but Not A Standard World: Toward A Sociology of Standards and Standardization. *Annual Review of Sociology*, *36*. Tomašev, N., Cornebise, J., Hutter, F., Mohamed, S., Picciariello, A., Connelly, B., … Clopath, C. (2020). AI for Social Good: Unlocking the Opportunity for Positive Impact. *Nature Communications*, *11*(1), pp. 1-6.

Winner, L. (2004). Technologies as Forms of Life. In D. M. Kaplan. (Ed.), *Readings in the Philosophy of Technology*, pp. 103-113. Oxford: Rowman & Littlefield.

Zuboff, S. (2019). *The Age of Surveillance Capitalism: The Fight for a Human Future at the New Frontier of Power*. New York: PublicAffairs.

思維

第二章
如何用 AI 創造社會共善：
AI 公共化的契機 *

王道維 教授　國立清華大學物理系

林昀嫺 副教授　國立清華大學科技與法律研究所

一、前言

　　進入 21 世紀以來，AI 相關的資訊技術已有突破性的發展，正在以各種形式滲入我們當代的生活中。雖然 AI 與過往科技有相當的類似性，都加速了社會資源與人才流動的 M 型化，並帶來更多關於人權、隱私與倫理的挑戰，但是仍有若干重要的本質差異。舉例而言，過往的先進技術多是由學術機構開發，成熟後再進入業界，所以相關的發展進度還是比較容易由主導學術資源的公部門掌握。但是近年 AI 的發展顯示最新的研究都是由科技公司所主導，甚至不需要學術發表

---

* 本文曾於 2020 年 8 月 14 日發表於「臺灣人工智慧行動網」，今略作修補增添。本文主要來自筆者 2019 年執行科技部人工智慧製造系統研究中心（AIMS）「競爭或合作？人工智慧在人文社會的應用與影響探究」的子計畫：「可解釋性人工智慧在家事裁判之應用與其限制」與國立清華大學人文與社會科學領域競爭型計畫「民法親權酌定與改定的量化研究」的反思結果。詳參：王道維，林昀嫺（2020）。如何用 AI 創造社會共善？ —— AI 公共化的契機，臺灣人工智慧行動網。取自 https://ai.iias.sinica.edu.tw/how-to-create-common-good-in-society-with-ai/（瀏覽日期：2023/4/22）。

或公部門的經費而直接變成為產品，資本化的速度更遠快於以往。這些 AI 的特質使得其社會影響可以更加廣泛，但也讓人文社會領域的學者可以有更多機會參與在 AI 相關的研發。因此與目前過度商業化與資本化的 AI 應用相比，「AI 公共化」的發展也將成為重要的開展面向，可以用來彌補 AI 資本化發展對社會共善推動所不足之處。以下筆者將分別從「AI 技術的特色」、「社會共善的再思」、「AI 公共化的機制」與「多贏局面的創造」等四個面向來就此主題依序闡述「AI 公共化」的論述基礎。最後再補充一些例子說明，面對 AI 時代的挑戰，為何積極善用 AI 可能更勝於消極預防。

二、AI 技術的特色

　　前三次的工業革命主要是建立在以物理定律所規範的硬體發明上，例如蒸汽機之於熱力學、發電機之於電磁學、電晶體之於固態物理學等。但是 AI 技術的重點卻在於軟體方面的演算法突破，因此在應用方面與過往的科學技術有以下幾個重要的差異，是討論 AI 公共化之前所需要先行了解的。（為方便後續引用，前面加了編號）

　　S1. 資料主導而非規則主導：眾所周知，AI 的概念在 1950 年代就已萌芽，但是到 21 世紀才進入廣泛應用。其中最重要的原因在於發展出一些可以讓機器從巨量資料中作有效學習的演算法，完成一些以前只有人類才能做到的非結構性工作，如影像辨識或語意理解等。這種以「資料主導」而非「規則主導」的機器學習[1] 本質上需要大量

---

[1] 更準確而言，機器學習可分為「監督式學習」、「非監督式學習」與「增強式學習」三種主要類型，而前兩者才需要大量的資料來訓練。監督式學習是使用

且高品質的資料來訓練。但是除了網路以外，擁有最多有公共價值的資料恐怕是政府與公共事業部門，並且多半是長期研究這些資料的人文社會學者才能有適當的整理評估。因此相較於過往的工業革命，人文社會領域的研究對 AI 技術的影響與應用其實具有更關鍵的影響力。

S2. 非結構化資料的處理：一般電腦大量且快速計算的能力是建立在資訊間精確的邏輯對應關係上，僅適合可以用明確規則來操作的場域。但是當今 AI 演算法卻能對一些非結構性資料（如語言與影像）有超乎過往的處理成效，而這恰與學術研究中，人文社會領域特別需要藉由語言或影像來表述的資料特質密切相關。換句話說，過往科技發展是以結構性的知識為基礎，因此可以讓人文社會學者隔著某種方法論的距離來批判檢視。但是當前 AI 對於非結構化資料的處理能力（特別是文字語言的部分），讓人文社會相關的研究可能也需要有新的思維來面對。

S3. 統計有效並非規律有效：當今所有 AI 得驚人的應用（例如圍棋程式 AlphaGo）其實並非一般人所以為的，彷彿 AI 找到一個必勝的圍棋心法。事實上，這些都是 AI 根據資料而習得的統計性結果，並不像過往的科技是建立在精確必然的物理定律，因此前者不若後者，對於少見的個案或者系統性的問題是幾乎毫無可靠的處理能力。以類神經網路（Artificial Neural Networks）為例，雖然有高準確度與應用場域廣泛的優點，但並非是以人類可以理解的方式來模擬，因此即便是熟悉範圍內的數據，也不見得總可以給出合乎常理的結果。這些事實代表在使用 AI 時，如何定規其適用的範圍、決定最終的權責

有標註的資料，但非監督式學習則是用無標註的資料。增強式學習雖不用現成的資料，卻要設計某個虛擬環境中的獎懲機制來讓機器摸索學習，其實可能更難直接應用在複雜多變的現實生活。現今大部分的 AI 設計是以監督式學習為主，也因此受限於資料來源而有明確的應用範圍，也是本文所主要考慮的對象。

歸屬、賦予其價值與意義，都是人類自己不可逃避的責任，促進使用者之間需要有更深的溝通與對話才可能達到共識，無法像以前直接歸因於自然定律或市場供需所決定。

由以上幾點關於 AI 技術相較於過往科技的差異，我們可以發現 AI 的應用不但未能排除人類的參與，反而凸顯出在整個 AI 應用的過程中，從資料蒐集、資料標註、程式設計、應用範圍、權責歸屬、意義探討等等，都需要人類智慧的深度介入才能創造出更高價值（或低副作用）的產品。因此在未來的 AI 時代，人文社會學者的角色不應再如過往只能被動地等待新科技出現後，才作相關的後設分析、社會影響評估或法令配套等等修補性的工作。

因此，雖然 AI 技術的特色本身並不代表與其公共化有必然的關聯，但明顯意味著對科技發展最有反思批判能力的人文社會學者現在有機會以更積極的方式參與其中。這也讓 AI 科技的發展有機會不僅僅是透過資本集中的方式來發展，也可能直接透過公共服務來拓展。而當 AI 技術被應用到關乎社會整體利益的範圍時，當然就更不該是目前檯面上所看到，幾乎完全由 AI 技術專家或某些科技大廠所主導的情形。[2] 這使得我們思考：AI 的公共性與人文社會學者的參與，兩者之間或許可以互相支援與加強。反之，如果沒有開闢 AI 公共化的方向，AI 相關的發展將如過往的科技影響，仍然會由技術端所主導，因此難以將 AI 所創造的福祉擴及社會各個層面。

---

[2] 即便未來 AI 入門的門檻在結構模組化與程式碼開源的環境中會越來越低，彷彿每個人都可以有機會寫 AI 程式。但其實這些套裝程式本身還是需要根據所擁有的資料特性與使用目的來調整參數組合（客製化），並非如當前以規則主導的電子產品有標準化的使用方式。而且越人性化的程式往往是越困難設計，因此後來還是會變成少數大公司的 AI 產品獨佔大部分的市場。

三、社會共善的再思

　　本文標題與以下所討論到的關於「善」、「共善」乃至於「公共性」等相關問題與其概念，始終是哲學、法律、政治、社會、經濟甚至於文學藝術等人文社會領域所長久研究的重要主題，包含許多密切相關但不易分析的角度與內涵。為了釐清 AI 技術在社會共善的實踐中所扮演的不同角色，方便此文後半部討論具體的實踐機制，筆者此處僅先就外在形式，將所討論的社會共善以「利益加值型」與「溝通協調型」作簡單區分。[3] 這樣的二元劃分必然有其未盡之處，但筆者並未排除其他角度的分析方式，有待未來相關領域的學者作進一步探究討論。

　　科技應用於大眾生活來創造公共利益，早在第一次工業革命後的十九世紀就已出現，一直到現代社會中許多不可或缺的基礎建設如電力設備、大眾運輸、網路服務、醫療保健、乃至食品衛生等等。類似的功能當然也可能因為附加上 AI 技術而有更好的應用。但是這些應用都是建立在假設社會已有的共同價值基礎上所發展，屬於「利益加值型」的社會共善，與過往的科技應用其實沒有本質上的區別，亦可在現有社會結構中繼續發展或調整。

---

[3] 「利益加值型」與「溝通協調型」是筆者於本文所使用的說法，可參考維基百科對 Common Good 有關於「實體（substantive）」與「過程（procedural）」的兩種共善定義，Wikipedia (2023). Common good. https://en.wikipedia.org/wiki/Common_good#Definition（last visited: April 22, 2023）。而這也在某種形式上可以呼應哈伯瑪斯（Jürgen Habermas, 1929~）在其「行動溝通理論」中所區分出的「工具合理性」與「溝通合理性」，可參考林遠澤（2018），溝通行動理論，華文哲學百科。http://mephilosophy.ccu.edu.tw/entry.php?entry_name=溝通行動理論。（瀏覽日期：2023/4/22）。前者是可以透過科技的精密計算，達到某種價值的最大化，但是後者卻是「以理解做為機制，對於不同行為者之行動計畫進行協調的互動方式」，很可能是 AI 技術所可以有特別貢獻的地方。

　　相較起來，「溝通協調型」的共善恐怕更為我們當前邁向後現代的社會所特別需要重視的，畢竟不同族群與階級間出現越來越多的價值觀衝突甚至法律糾紛，逐漸侵蝕瓦解許多當代社會有效運作所倚賴的共同價值。造成這些情形的主要原因之一可能是當代社會中過多紛雜的資訊與社群媒體的同溫層效應，讓一般人很難在短時間內蒐集有價值的資料、整理相關文獻或數據、以致於難以安靜的聆聽或平和務實的討論。[4] 事實上，民主社會所賴以維繫的社會共識，在其形成的過程中也需要有實證的方式來檢驗其可行性，才能減少群體的偏見或盲從。

　　從這些角度來看，AI 對於大量非結構性資料的處理能力（S2）與從資料模擬不同結果的可能性（S3），的確可能有助於實踐「溝通協調型」的社會共善，讓過往不同觀點的資料可以充分的再利用（S1），促進更高品質的對話溝通。這是過往以硬體設備為基礎的科學技術所難以達到的功能。以筆者開發的親權判決預測為例，[5] 假設 AI 模型可以從過往的判決因素有效的預測判決結果，那未來準備要離婚的夫婦，就可能可以透過這個預測系統了解各自取得親權的機率

---

[4] 以筆者比較熟悉的家事案件為例，由於近年社會快速變遷，家庭結構改變，個人權利意識高升，使得家事案件的數目連年增加。雖然家庭法律紛爭本身不見得複雜難解，只是案件牽涉家庭中長久以來的問題，當事人在不清楚判案原則之下，常藉由訴訟表達個人情緒或爭取協商的空間。

[5] 相關報導可參考例如 Taipei Times, (2019), Program predicts child custody battle outcomes. http://www.taipeitimes.com/News/taiwan/archives/2019/09/21/2003722662（last visited: April 22, 2023）中國時報（2019），監護權怎麼判 人工智慧神預測。https://www.chinatimes.com/newspapers/20190921000590-260107?chdtv（瀏覽日期：2023/4/22）

高低，應該會減少為了爭取孩子的撫養權而對簿公堂的機會，自然也就減少相關的訴訟費用或家庭紛爭，增加提前和解的機會。

　　事實上，如果僅僅由資本化的方式來推動 AI 發展，各私人企業必然首先強調應用於「利益加值型」的方向，透過自由市場轉換成經濟效益，也就犧牲了社會少數族群或中下階層享受到 AI 發展的福祉。因此藉由人文社會領域學者所參與主導的 AI 公共化發展，應該可以提供另一個僅靠科學技術所難以達到的 AI 資源重分配的效果。

　　藉由以上從技術面與需求端的分析，我們發現將 AI 技術應用於增進當代社會的共善應該有其特殊的時代機緣。筆者因此建議可以將「AI 公共化」作為應用 AI 技術來實現社會共善的策略：以政府部門重要的公共資料[6] 作為誘因（S1），藉由與學術界的跨領域合作（包括人文社會領域並 AI 技術領域，見 S2），轉化成為大眾都可以享受到的成果。應用場域可以著重於（但不限於）「溝通協調型」的社會共善（S3），這樣或許可以彌補在 AI 資本化過程中所無法兼顧的分配正義，促進社會資源與資訊在更多群體間流通，減少誤解與衝突所帶來的內在消耗。[7]

---

[6] 政府公部門的重要資料若能經過 AI 或大數據技術作更充分的整理分析，不但可協助人民更多了解政府運作與社會樣態，以比較便宜方便的方式來保護自己的權益，並可作為政府相關政策制定或檢討的重要參考。例如教育部的學生學習資料、內政部的警政與民政資料、交通部的大眾運輸資料、法務部與司法院的案件資料等等。

[7] 筆者需要再次澄清，並非私人企業或個人研究的 AI 發展無法帶來社會共善，而是說因為 AI 需要的大量資源，通常會受到資本市場的影響而僅能應用於少數人，擴大社會貧富或資源差距。藉由人文社會領域學者與政府參與的 AI 公共化研究，或許比較可能期待能惠及更多中低階層的族群，促進更大的社會共善。

四、AI 公共化的機制

　　但是實踐這樣的「AI 公共化」策略仍須要有實際可行的機制，並非只憑一個理念呼籲就會出現。畢竟在當前「AI 資本化」的大趨勢下，擁有足夠資金的產業已經大量吸收學界的人才來為其利益效力，甚至在技術開發層面產生過去所沒有的逆轉現象。[8] 這對於政府的公共事業部門或推動社會公共利益的非營利組織來說，想要導入 AI 技術來更新服務顯然更加困難（資料工程師相對高的薪資即為現實原因之一）。

　　因此筆者認為，在目前臺灣社會的制度中，要啟動以上所提到的「AI 公共化」來平衡「AI 資本化」，就必須結合政府與學界的力量。一個可能機制是，政府以長期的經費補助研究型大學設立若干專門作人文社會或跨領域公共議題的「AI 公共應用研究中心」（名稱暫定），將已在國內外開發共享的 AI 技術導入政府的公共資料庫，專門發展對於社會大眾有重要公共利益的 AI 應用系統。[9] 當然，該中心也不見

---

[8] 以美國為例，近年若干網路科技公司如 Google 與 Facebook 等用數倍以上的高薪挖角學界優秀人才為其工作，以雄厚的資金投注於 AI 演算所需要的硬體設備，開發出許多最重要的 AI 技術研究，又將之應用於自己的產品中來得到暴利或鞏固市場。因此學術界 AI 技術的開發，不論從人才、資金與應用場域而言，都已經難再與這些科技公司競爭。這種「AI 資本化」與過往前沿科技多數先在大學或研究單位發展雛形，才透過技術移轉至科技公司來進入市場，是完全無法同日而語。也就是說，這些網路科技公司很早就知道利用自己的資料與資金來鞏固 AI 優勢。這樣的精神若能被政府積極應其公共資料於公共領域方面，也當然可以帶來另一種改變。

[9] 本文所提的「AI 公共應用研究中心」在架構上比較接近目前筆者所熟悉的「國家理論科學研究中心」的模式，反而與科技部在臺清交成所設立的四個 AI 中心有所不同。前者是有長期穩定的計畫聘任專職的研究員來與各學術單位合作，但後者是由旗下各個計畫單獨聘任計畫助理獨立運作。由於人文社會領域在性質上更接近基礎科學，社會共善的應用又與產業發展或技術研發的目標不同，

得需要是全新或獨立單位，也可以是現有的學術研究機構作某種任務區隔或藉由跨領域合作而建立。

在組織內容上，這個中心應該是由熟悉 AI 應用領域的人文社會領域學者（或對 AI 公共化的理念有認同的 AI 技術學者）所領導，以合理的薪資聘任有 AI 技術專業的資料工程師或數據處理人員成為研發中心，利用政府或公共事業部門的資料庫（或其他來源）執行各項促進社會共善的應用計畫。[10] 這中間當然也需要依據計畫的性質，與其他人文社會領域或資工技術領域的學者進行各種短、中、長期的合作計畫。中心的運作績效應以其 AI 產品的公共性與影響力來評量，輔以相關的學術發表，可參考圖 2.1 的架構。

需要強調的是，這些在中心工作的資料工程師可能多是來自資工或理工科系的畢業生，因認同 AI 公共化的理念而願意將其專業投入相關的應用。由於中心是以開發公共應用為目的（有點類似工研院的角色，但並非只是服務產業界），因此也必須提供合理的薪資（至少如業界同類工作的起薪）才能留住人才，合適者甚至可以長期聘任，這是一般人社學者的研究計畫所無法提供的。這些資料工程師不但接手不同的案件來應用所學，也可以互相交流研發經驗（也可外聘學界或業界技術顧問指導）。等到在中心有若干實際研發的經驗後，他們應可以順利在業界找到理想的工作，也將技術傳承給合作單位或相關的非營利組織來維護。所開發出來的 AI 產品當然也可能透過技轉而成立社會企業，讓這些對大眾有幫助的應用能夠帶動非以私人利潤追求為目的的經濟模式，創造更大的公共價值。

所以筆者認為前者的架構可能較為貼近，但並未排除其他可能的模式。

[10] 有人可能會擔心這些公共資料可能被政府利用來做維繫政權或控制人民的工具。但是越有這樣的擔心就越需要將這樣的 AI 應用機制更透明化與規範化，而非隱藏起來造成更多被誤用的機會。

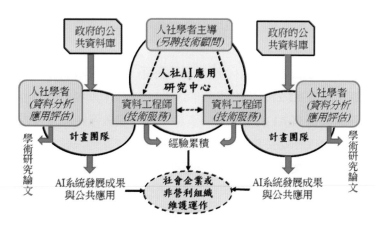

圖 2.1　AI 公共應用研究中心可能的運作模式 [11]

來源：作者繪製

五、多贏局面的開創

以上所討論的尚未直接觸及相關的產業問題，但是並不代表不會影響產業界。事實上，以目前 AI 技術與應用領域還在快速擴展的情況，傳統科技與社會的研究方式恐怕無法及時掌握業界瞬息萬變的發展。即便目前有不少人文社會學者投入 AI 發展所帶來的社會影響評估或相關的法令配套研議，或是研究國外相關的案例與法制規範，仍可能因為學科專業與思維方式的差異，無法確實掌握本土 AI 發展的核心需求而有隔靴搔癢的問題。[12] 這種人社領域研究與 AI 技術產業

---

[11] 由中心聘任資料工程師或相關 AI 技術專家，以計畫合作的形式與其他單位的人社學者合作，將政府公共資料作具有公共價值的應用。參與計畫的人社學者團隊可進行相關的資料標註與配套措施分析研究，由中心技術專家提供客製化的 AI 程式設計與資料分析。最後的成果若能成功運作，可由合適的社會企業或非營利組織進行維護更新。

[12] 相較於傳統產業，科技產業的發展都是有國際化的性質，受外在環境影響較大。

的脫節會讓相關的法規調整失去有效的參考基準，若非過於保守就是過度開放。但最差的情形莫過於政策法令互相矛盾，讓產業莫衷一是，影響整體的發展。

因此，當政府將資源投資於「AI 公共應用研究中心」，就有可能讓本來產業發展與法令規範之間的張力，藉由「AI 公共化」而轉變為另一種良性循環（見圖 2.2）。在這樣的循環中，透過釋放公共領域的資料讓人文社會學者參與分析與標註，不但可以利用 AI 技術來推動更多與社會共善相關的應用發展，其他人社學者也可以藉由這個「AI 公共化」的過程直接了解 AI 產品的研發歷程，因而可以更貼近技術的發展脈絡而提前思考 AI 應用時所需要的配套，讓 AI 技術在公共領域的導入能減少對於人權、隱私或倫理方面的疑慮。這些後來也必然可以協助解決前文所提及的法令規範修訂的問題，讓產業界可以有更成熟前瞻的法規來輔佐引導（而非只是限制）相關的 AI 發展。

最後，當產業有更理想的環境做好產品開發與應用，後來也會反饋回「AI 公共應用研究中心」來提升其技術能力，做出更好的 AI 系統，甚至以經費或人才的投資鼓勵「AI 公共化」的發展。這樣產業發展與社會公益就可能產生良性循環，帶給政府、產業、學界與社會大眾多贏的局面，成就範圍更廣闊的社會共善。

六、積極善用勝於消極預防

本文首先分析了 AI 技術與過往科技的主要差異，重點在於 AI 對

但是人文社會的研究與相關法令政策仍需要落實於在地的環境，因此兩者要能有交集並相輔相成並不容易。目前臺灣最成功的例子可能就是三十年來的半導體產業。

資料的倚賴性與應用時的特殊性，但也因此看出人文社會領域學者所能扮演的特殊角色。藉由將社會共善分為「利益加值型」與「溝通協調型」兩類，我們發現後者不但是後現代社會所特別需要，也剛好是AI技術不同於過往科技所能獨特發揮的面向。為了在目前以產業為主的環境下實現這樣社會共善，筆者提出「AI 公共化」的策略，引入「AI 公共應用研究中心」的機制，藉由政府或公共事業單位的資料來推動相關的發展，讓人文社會學者與 AI 技術專家可以做更深的合作，不但實踐社會共善，也可推動相關政策配套的深入研究，間接造福產業界與社會大眾，形成正向循環。

　　回到臺灣社會當前的環境，雖然據筆者所知尚未有類似「AI 公共應用研究中心」的相關機制被提出，但是若干類似的努力其實已經出現：有許多 AI 技術團隊投入屬於「利益加值型」的應用來促進公共

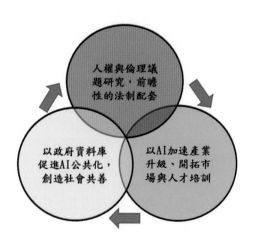

圖 2.2　AI 公共化（左下的黃色區塊）可打破原來社會規範（上方紅色區塊）與產業發展（右下方綠色區塊）對立的局面，促進產業發展與社會關懷的良性循環，創造各方多贏局面，帶來更大的社會共善。

來源：作者繪製

利益（可見於目前科技部四個 AI 中心的部分研究計畫），而「溝通協調型」的應用也開始有少數團隊在實踐。[13] 只是相較於網路所取得的資料或私人企業內部的資料，政府相關單位具有公共價值的資料，即使在不影響個人隱私與人權的前提下，要能充分利用仍可能面對更多跨領域合作的困難。因此面對 AI 時代的挑戰，這樣的公共化應用很難僅由個別熱心的學者投入或外包的形式來達成，也顯示出為何需要有專門的研究機構（如本文所提及的）來投入長期的規劃與努力。畢竟相較於防範 AI 所可能帶來的負面影響，不如積極善用創造更大的社會共善，可能才是最好的預防。[14]

　　以司法領域為例。由於國內法治教育的不足與政治氛圍的影響，一般民眾對司法判決的信任度並不高，這對於平日兢兢業業埋首於過量案件的專業法官並不公允。但是在缺乏對整體案件資料的分析下，往往也很難有效的回應民眾的期待。一種可能的改善方式便是利用 AI 技術來將過往案件的判決結果與判決因子作自動蒐集分析，以大眾較容易明白的方式來呈現出來，甚至對常見的案類建立判決預測系統讓民眾多方接觸。這除了有助於專業法官或未來的國民法官在審判量刑

---

[13] 例如臺大資工系陳縕儂教授與臺灣人工智慧實驗室合作，用自然語言處理技術架設新聞分析，詳見島民衛星網站。取自 https://islander.cc/latest/（瀏覽日期：2023/4/22）。自開播以來每天即時分析各家網路媒體對於某個議題或人物的評論取向，了解是否有爭議性的報導角度或有雷同的趨勢，協助新聞受眾了解不同媒體背後的立場與可能的多面性。本文作者以自然語言技術所開發的 AI 親權判決預測系統（見註 6）亦為一例。但這類「溝通協調型」的 AI 系統仍需更進一步理念推廣與相關配套。

[14] 有些理工科系的學者可能認為 AI 研發只應該由科技專家所主導，而人社學者只應該研究科技產品出現後的社會影響與法令規範，不應該參與 AI 系統的設計以免與此角色有所衝突。其實如本文起頭所說的 AI 技術特色，人社領域的學者本來就應該可以扮演與傳統印象中相當不同的角色，而越參與這樣的研發才能越知道如何善用與規範（特別是如果應用在社會公共領域）。

時有所依據，也可幫助民眾更多了解爭端所在，提高庭外爭端和解的比例與司法透明度。當然，這樣的系統建立後如何正確的使用以減少偏見或誤解，仍需要許多相關的配套，但法界人士正好可以藉由參與這套 AI 系統的研發而可以有第一手的了解，不再只是透過新聞或期刊來間接評論國外過時的案例。

　　從這個例子我們也可以看出，這樣的具有公共價值的 AI 系統開發顯然包含許多複雜的跨領域溝通與協調，需要高度專業的知識，幾乎不可能單由法律學者或 AI 技術團隊就可以承攬外包，而是需要由主管相關業務的資料源頭（如司法院）主動投入，藉由類似「AI 公共應用研究中心」的機構來搭建 AI 技術與法學交流平台（見圖 2.1），經過一段時間研究與合作，不受學術論文發表的壓力或商業利益變現的引誘，才有可能開發出這類「溝通協調型」的 AI 系統來創造可能的公共利益。顯而易見的，各個政府單位或公共事業都可以有類似的發展可能（見註 8），未來可以透過整體的評估來決定相關研發的優先順序，此處就不再細談。

　　筆者於開始時曾提到，本文的內容大部分是在兩年前開發親權判決預測系統時所發想，經由與若干學術界與實務界的人士多方討論後才逐漸整理而成。因此囿於筆者本身學識與經驗的限制，以上所提及的觀點仍可能有不夠成熟或未臻完善的部分，所提出的策略或機制也絕非利用 AI 創造社會共善的唯一模式。筆者歡迎各方學者專家就這些部分給予建議指教或持續深度討論，以達到拋磚引玉之效，一同以更積極的態度來面對未來 AI 時代的挑戰。

參考書目

王道維，林昀嫻（2020）。如何用 AI 創造社會共善？ —— AI 公共化的契機，臺灣人工智慧行動網。取自 https://ai.iias.sinica.edu.tw/how-to-create-common-good-in-society-with-ai/（瀏覽日期：2023/4/22）

中國時報（2019）。監護權怎麼判人工智慧神預測。https://www.chinatimes.com/newspapers/20190921000590-260107?chdtv（瀏覽日期：2023/4/22）

林遠澤（2018）。溝通行動理論。華文哲學百科。http://mephilosophy.ccu.edu.tw/entry.php?entry_name=溝通行動理論。（瀏覽日期：2023/4/22）

島民衛星網站。取自 https://islander.cc/latest/（瀏覽日期：2023/4/22）

第三章
打造跨領域 AI 的研究經驗 *

王道維 教授　國立清華大學物理系

一、前言

由於 AI 應用有強烈的跨領域特質，不管對於資工相關專業或是非資工領域的學者來說，這過程中所面臨的跨領域溝通的問題，特別是相關研究主題的選擇與評估、研究團隊的建立與磨合、資源整合的挑戰與公共化理念的實踐等等，都是不小的挑戰。雖然筆者自身所能觸及範圍仍是相當有限，但過去幾年從理論凝聚態物理跨域到 AI 於天文、腦科學、司法實務以及心理等人文社會領域，也稍微累積若干經驗，或許可以提供給未來有心於 AI 跨域研究的團隊參考。本文最後則說明在人文社會領域開發 AI 系統的困難，反映出為何過往強調資工技術的 AI 科技未來應該更多往公共化的方向推展，才能將此技術的好處更多落實對社會大眾的日常生活。面對 AI 時代更多類型的

* 本文初稿最先是筆者應 2019 年受邀於科技部人文社會科學研究中心所舉辦的會議中簡介 AI 相關應用而寫的。筆者感謝國立清華大學資工系李哲榮教授、通識教育中心林文源教授、科技與法律研究所林昀嫺教授和政治大學資訊科學系劉昭麟教授詳閱初稿並惠予寶貴意見。本篇文章有再就初稿略作增補。詳見王道維（2019），如何進入 AI 公共化相關應用研究：一些個人經驗與心得分享。取自 http://blog.udn.com/dawweiwang/125378006（瀏覽日期：2023/4/22）

跨域整合發展，期待能藉此文拋磚引玉，促進未來更豐富的科際對話與交流。

二、轉入 AI 應用的背景與動機

　　雖然筆者過往的學術背景歸屬於理工科系無疑，但是從高中以來對於工程方面（包括資訊工程）其實未展現過任何興味，甚至遠比不上對哲學、文學或藝術等接觸。現在想來可能還是受到學科本位主義的影響，會認為從理論基礎來看，這些科技應用都還是奠基於數學或物理的基本定律而不可能超越，即便所強調的實用價值也是見人見智，並非普遍永恆的。因此，當幾年前 AI 相關消息越來越多的時候，筆者也只當成媒體的炒作，未曾認真看待。

　　但是 2016 年初，當 AlphaGo 在象徵人類智慧結晶的圍棋上壓倒性贏過世界冠軍李世乭時，筆者才恍然驚覺一個新時代的到來！因為一些簡單的估算就可以曉得，圍棋不是用窮舉計算就可以贏得的比賽。也就是說 AlphaGo 的 AI 程式應該是掌握到某種類似人類的思考模式，但卻又不是其發明者所能賦予的（因為其圍棋功力不可能贏過世界冠軍），才讓這樣的事情成為可能。這讓筆者開始想要更深入了解人工智慧有關的研究：除了閱讀資工領域的相關論文與程式寫作實務之外，也從一些翻譯的科普書籍中，學習用不同的角度來看待這個開啟第四次工業革命的 AI 科技：它已經不只是力量、數量或速度上的增加而已，或許也可能反映出人類心智中某些更為本質的東西。[1]

---

[1] 在物理上常見的功能主義比喻是，我們可能永遠無法知道上帝創造這物質世界真正的規律是甚麼，但是如果我們可以用物理模型來精確預測大部分的自然現象，就可以合理相信這樣的模型能反映真實規律的某些部分。同樣的，也許我們永遠無法了解人類心智的運作，但是如果能有某種方法（如 AI）模擬得夠好，

　　因此，筆者自己起初轉入 AI 研究的動機主要是想借用此技術來從不同角度認識人類的心智，或許可以與心智哲學、認知科學、或行為經濟學的觀點互相補充；另一方面當然也盼望走出理論物理的象牙塔，以此與其他領域的學者合作。只是當初也真的沒有仔細規劃，甚至都是抱著學習面對錯誤的心態來摸索，沒有想過如何可能真的做出一些成果。

三、跨域學習的過程與反思

　　在筆者所閱讀過與 AI 相關的科普類書籍中，數學家凱西・歐尼爾（Cathy O'Neil）對大數據的質疑、[2] 前 Google 與微軟的亞洲區總裁李開復的審慎樂觀、[3] 並 Google 工程總監庫茲威爾（Raymond Kurzweil）的超人類主義[4] 大抵可以代表從質疑到樂觀的幾種看法，幫助筆者稍微拼湊出對於 AI 發展的多層次理解。筆者個人認為這種宏觀圖像對於像自己這種沒有過往基礎的研究者是非常重要的：才能比較清楚自己的目標或定位，而非盲目地跟風起鬨。[5]

或許也就足以反映出心智的若干運作模式，不一定需要從細胞或神經的物質基礎來建立。

[2] 凱西・歐尼爾（O'Neil, C.）（2017），**大數據的傲慢與偏見：一個「圈內數學家」對演算法霸權的警告與揭發**（許瑞宋譯），臺北：大寫出版。（O'neil, C. (2016). *Weapons of Math Destruction: How Big Data Increases Inequality and Threatens Democracy.* New York: Broadway Books.）

[3] 李開復，王詠剛（2017），**人工智慧來了**，臺北：天下文化。

[4] 雷蒙德・庫茲威爾（Ray Kurzweil）（2015），**人工智慧的未來：揭露人類思維的奧秘**（陳琇玲譯），經濟新潮社。（Ray Kurzweil, (2014), *How to Create a Mind: The Secret of Human Thought Revealed*, Brilliance Audio; Unabridged.）

[5] 對於 AI 的社會心理影響，筆者個人是偏向悲觀的。原因並不是 AI 可以有多厲害，而是人性的貪婪與意志的軟弱比我們所想像的還要嚴重。筆者目前的看法

　　2017 年開始筆者學習第三波 AI 中最重要的演算法，深度學習（Deep Learning），想要了解這背後有何神祕之處。還好以前做研究生的時候也常需要寫程式作計算，理論物理的背景也讓筆者對其中所涉及的數學公式不會感到任何困難，甚至可以看出所隱含的物理圖像或意義。不可否認的，這樣的背景使筆者放心不少，畢竟學校行政教學的事務繁忙，幾乎不可能都有時間 debug（經驗也不足），但是初步看來還是有可能因為了解基本原理而可以與學生討論程式執行的結果，勉強可以作些實務應用。[6] 這些評估都是筆者往後在進入每一個 AI 應用研究領域時前需要不斷審慎評估的，才能認清哪些是可以合理完成或是需要與他人合作的部分。

　　當後來有機會與其他同仁討論時，筆者才發現上述兩類型的接觸中，人文社會背景的學者多是由哲學思辨或社會影響角度來接觸 AI 主題，而理工背景的學者多是如由程式撰寫或實務技術直接把 AI 當工具，不太會去反思這些社會影響。雖然這是學科訓練下很自然的結果，但也就因此很容易回到自己的領域來發表文章而了結，看似跟上時代潮流，其實並未跨越出自己的學術的同溫層，只是針對自己領域的學者學生來交流。但是在面對這個人類有史以來最能跨領域的科技，如果我們願意藉此重新審視這些壁壘分明的學科分際，或許比較有機會帶來一些根本性的改變。

可見於王道維（2018），電腦的深度學習，人類的深度困局。取自 https://www.storm.mg/article/401682（瀏覽日期：2023/4/22）

[6] 事實上，目前有許多免費的線上課程與開源的程式碼來教授 AI 程式寫作，讓 AI 技術的應用門檻越來越低。但是為了確保計算結果的正確，筆者每個計畫幾乎都會安排兩位以上的學生或助理用不同的方式分別開發，後來再互相對照討論結果。

四、研究主題的選擇與分析

　　如同所有的研究計畫，主題的選擇都是計畫是否能順利成功的最重要關鍵，但是對 AI 應用研究而言，這可能又是格外複雜的。原因是，AI 的成功是需要與資料來源、品質、數量、特性、研究目標、對象並其知識結構密切配合，甚至也牽涉到後來如何變成一個長期可以使用的「系統」，讓後續的使用者可以更快的享受相關的應用成果，否則可能前功盡棄而後來又需要從頭開始。因此，這個過程無法只單憑研究者的興趣或熟悉技術就能完成（除非只想給自己領域的人看）。以下筆者會簡要描述自己曾作過的評估取捨，或許可供有志於進入這個領域的同仁參考。

（一）AI 技術只是其中一小部分

　　用更具體的方式來說，整個 AI 應用可以分成資料來源、AI 工程以及應用環境三個範圍。一般所謂 AI 技術的專業訓練是在於「假定資料已經被處理成電腦可使用的格式」而且「已經有可以展示應用成果的平台」，然後進行相關的程式撰寫與建模開發，把模型的效能調教到最大。舉例來說，一般資工系學生的訓練是在了解統計與機器學習相關的基本原理後，下載網路上已經開源而隨手可能的資料來進行模型訓練，重點會比較容易放在如何比較不同的演算法或參數範圍，讓最後的正確率會更加提升。這可以是研究如何用更快速或更少的計算資源來完成，或是研究如何解決某些技術上的困難，好提升資料的可解釋性或應用範圍。這些結果最後只需要經由程式計算的數值來作圖，寫在會議論文或期刊論文中發表，並且讓其他的資工人員可以重複驗證即可，並不需要考慮可能的使用者。

　　但是 AI 應用的實際情形，往往比以上簡述的演算法開發更為複

雜，也因此更有挑戰。例如資料來源端所具有的資料形態，受限於取得資料時的方便性（多半並未想過要應用於 AI），並不一定是符合電腦判讀所需要的格式，甚至夾雜許多錯誤或雜訊。這些雜訊對人類判讀來說雖然不一定是問題，反而是方便人類理解與篩選，卻很可能並無法被電腦處理（除非資訊本身就是來自於儀器設備的數字化資料）。例如一篇文章可能會用「一」、「（一）」、「1」或「（1）」等數字符號來為每一段的要點開頭。這些對中文讀者來說都是一樣的意思，甚至大腦會自動分層級來排序，但是對電腦來說，並不會有人告訴他這些規則，都是一種符號而不分大小前後。因此這些資料往往需要首先被適當的清理或標註，有一致性與結構性的表達，後來才能成為 computer-friendly 的結構化資料。

此外，AI 計算的結果往往只是一個機率而已，如何化身成應用端（也就是人類）可以理解的結果並能藉此判讀相關的意義，又需要一整個視覺化的系統建置過程。畢竟多數的應用並不是靠計算的機率做成圖表就能完成，而是要連接到其他使用者或相關的設備，往往需要包裹在一個更大的系統中，才能讓終端使用者可以看到這結果的意義，並評估如何影響未來的決策。如果沒有在這個外在呈現費心規劃，AI 的應用成果可能會變得不夠親切或讓人覺得礙手礙腳，一段時間的好奇心沒有了，也就很難成為長期關注而因此得以持續運作的成果。

簡單來說，AI 應用像是建造一台汽車，AI 是這個汽車的引擎，最重要且不可取代的部分。但是如果只有引擎也不能跑，還需要有油箱與合適的燃料輸入，更要有傳動軸與輪胎將引擎的馬力帶出來。若這台車要能坐人，也總是需要有椅子與坐墊才會舒服。若缺少這些，沒有人會只買一台引擎回家。所以這中間的關係可約略用圖 3.1 來表達：

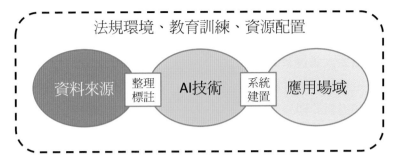

圖 3.1　AI 應用所需要互相搭配的三個範圍，以及中間連結的環節。中間虛線的方框代表如果沒有 AI，需要藉由傳統人工直接處理的部分。

來源：作者繪製

（二）資料來源與特性的評估（自然科學領域）

　　如前所述，筆者起初想投入 AI 研究的動機是想要了解是否能因此更多瞭解人類心智的運作方式，或許可以用建立物理等效模型（Effective theory）的經驗來理解這些「類神經網路」（Artificial Neural Networks）的運作。但是後來才發現這個想法其實過於天真，因為這類「Explainable AI」正是目前 AI 研究最核心的困難之一，國外的相關研究也才剛開始沒多久。[7] 對毫無實際 AI 開發經驗的筆者而言，應該從具體的應用開始學習比較實際。也就是說，研究 AI 技術本身與應用 AI 來研究其他領域，應該是兩種不同的取向。初入手的研究者應該還是要先有相當的應用經驗，才能比較掌握實際問題的需求與各種演算法的特性，或許以後才會有更好的基礎來研究演算的問

---

[7] 例如，美國國防高等研究計畫署（Defense Advanced Research Projects Agency, DARPA）於 2016 年公開徵求關於可解釋性 AI 的計畫。相關資料可見於 Matt, T. (2016), Explainable Artificial Intelligence (XAI), *Defense Advanced Research Projects Agency.* https://www.darpa.mil/program/explainable-artificial-intelligence（last visited: April 22, 2023）

題或開發新的模型。

　　若要進入 AI 應用，首要的問題就是，資料從哪裡來？因為 AI 模型多半需要大量優質的資料來訓練，[8] 所以資料的來源決定了應用的範圍。這是為何筆者當初並非立刻從自己最熟悉的理論物理開始，因為筆者知道對於理論物理來說，資料都是研究者根據物理公式自己計算出來的，很難想像為何需要 AI 模型。（雖然現在也有很多相關的研究，而筆者自己後來也有應用 AI 於理論凝聚態物理的成果發表，但所使用的方式與主流的 AI 應用仍有所不同。此處就不再細述。）

　　所以筆者就從物理相關的領域往外看，發現擁有最多資料的無疑就是天文領域，畢竟天上的星星比海邊的沙還多。於是筆者 2017 年底是直接發信詢問本校天文所的教授，得到專門研究恆星形成的賴詩萍教授正面回應。經過一番討論以後，發現的確可以訓練 AI 來從星體的光譜中辨認出極少數的初生恆星（Young Stellar Objects），以便對恆星形成的機制有更多了解。筆者認為這是個適合入門的題目，因為除了數據量大以外，整個光譜可以直接表達成向量形式，又有過去的理論結果可以對照比較。

　　經過大約一年的努力，我們不但可以準確重現過往的結果，也與最新的實驗結果符合甚佳。我們更藉由誤差分析與特徵選取，發現決

---

[8] 嚴格來說，AI 典型的三類演算法中，只有「監督式學習」（supervised learning）與「無監督式學習」（unsupervised learning）是需要大量的資料來訓練。「強化式學習」（reinforcement learning）是藉由設計一個虛擬環境（例如遊戲平台或棋類比賽）與獎勵機制，讓 AI 藉由與環境無數次互動與反饋來學習問題解決的方式，所以不需要事先提供訓練資料，但是所訓練的結果如何能應用於虛擬環境以外的真實世界，往往是最大的挑戰。可參考王道維（2021），機器學習簡介。載於國立清華大學（錄製），**人文社會 AI 導論線上課程**，第 5 集。取自 https://nthuhssai.site.nthu.edu.tw/p/412-1535-18712.php（瀏覽日期：2023/4/22）

定是否是出生恆星的最重要光譜波段是在 10 微米左右，而那卻是一般天文觀測所得不到數據的區域。也就是說，雖然目前的巡天望遠鏡並未對這個波段有觀察數據，AI 模型還是可以根據前後波段的數據來猜測到這部分的情形，因而給出相當準確的預測，因而發表於國際期刊。簡而言之，我們一開始是使用八個波段的數據來作預測，得到與過往理論近乎相同的結果。但是應用 AI 可以將這樣的資料減少到只有三個波段，卻仍有相當好的準確率，大大提升可以觀測到更多初生恆星的機會。這個原因是因為該三個波段剛好跨過 10 微米的區域，可以比其他波段更準確的測量到此處所隱藏的物理資訊。這個研究給筆者的啟發是，AI 不只是做簡單的分類，也可以經過輸入資料的設計而成為進深研究的重要工具。

　　但是筆者也發現到，像天文領域的大數據，基本上都是向全世界公開的。這也就使得相關的研究也可能面臨競爭者而不見得有特殊性。後來筆者知道本校生命科學院江安世院士有想要藉由 AI 協助處理他們那全世界最大的腦神經光學影像資料庫。若能與他們合作，就幾乎必然可以有最重要與獨特的數據，會是其他研究者短時間內很難複製的。2018 年筆者與負責計算神經領域的羅中泉教授請教後，討論出一個可能可以做的研究題目，也就是利用 AI 來從果蠅腦神經的影像辨識出神經訊號的傳遞方向。其應用是可以協助建構出整個果蠅大腦的神經網路，更清楚相關的資訊是如何從某個區域傳遞到另一個區域。

　　起初筆者懷疑這個題目太過困難，畢竟每條神經的大小與形狀都不同，而以實驗方式明確知道結果的也不過百餘條，對於機器學習來說可能數量太少而且規格難以統一。但是後來我們設計出一種將三維神經結構投影到二維平面結構的數據處理方式，並以每條神經中數百個節點來作訓練資料的擴充（而非以神經作單位）。最後也加入物理

中關聯係數與轉動慣量等特徵（feature）來重新處理這些果蠅圖像，這使我們的 AI 模型更容易處理相關資訊並增加訓練效能。經過幾個月後，我們已可對腦神經的傳遞方向達到 98% 以上的準確度（以樹突或軸突的端點性質計算），大幅超過以前預測的結果。這個研究工作後來也成功發表於腦科學的國際期刊，並且用來更新原來腦科中心的果蠅神經資料庫，成為未來進一步研究的基礎。

　　從這個研究，筆者學習到在 AI 時代，所謂的「資料」其實可以有更多不同的理解觀點，並不一定是傳統研究者所熟悉的資料形態。這也是跨領域研究的特色：即便資料提供者對於資料本身有領域知識的優先性，但是當我們要將這些資料轉成 AI 可以處理的形式時，也就等於摸索其他可能更有效的表達方式，有機會發掘出過往不一定能夠看出的問題關鍵。這樣的跨領域就不只是一個簡單的使用者與工具人的角色，而是創造出新的研究觀點或方法，為原來的傳統學科理論注入新的理解。

　　以上兩個於自然科學的應用，都是以發表論文或連結到資料庫來作為 AI 應用結果的呈現，所以最後的應用來說是單純許多。雖然這兩個領域筆者也都還有後續的相關研究，但此處就不再提及。至於筆者應用 AI 或機器學習的技術於自己本行的理論凝聚態物理研究，雖然也已經有兩篇文章發表，但是由於需要對量子力學等非日常生活可理解的觀念有更多的說明，所應用的方式更多是將物理觀念應用於演算法的開發，也與本文的目標不同，此處就不再說明。

（三）資料來源與特性的評估（人文社會科學領域）

　　但是在 AI 相關應用中，筆者最感興趣的始終是自然語言處理（Natural Language Processing），不但因為語言文字是最貼近心靈的表達方式，也是源於筆者個人對於文學的興趣。但是自然語言處理向

來被公認為人工智慧中最為困難的領域，對於初入 AI 應用的筆者而言，應該並非合適的方向。但 2018 年剛好有一位從學生時代就認識的年輕工程師李亞倫從 AI 學校結業，知道筆者對 AI 有興趣，也想找自然語言處理（Natural Language Processing）的題目來練習，此外，當時筆者也剛聘任到一位有商管背景的研究助理林雲貂小姐，能夠有效的協助處理許多複雜的文字標註資料，筆者才想說可以嘗試看看這一類的研究。起初並沒有抱持太大的希望，也是摸著石頭過河。

　　但是當筆者在思考哪裡會有適合 AI 處理的文字資料時，幾乎盤點了所有的人文社會學科。這部分也因為筆者個人過去有許多機會到人文社會領域的課堂上旁聽，結識許多相關領域的同仁而得到許多幫助，間接有助於相關的評估。舉例來說，談到文字資料，一般人最容易想到的可能是網路文字、新聞領域、文學領域或歷史學的古代典籍等等。網路文字是目前最容易蒐集與下載做相關機器學習的文字資料，也已經有許多資工領域的學者參與。筆者當時自忖自己這部分的能力有限，人力經驗與設備並不足以給出特別有價值的貢獻，所以應無必要投入這個快要變成紅海的領域，而是應該好好針對其他更有價值且不容易被取代的資料來進行相關研究，才有長期的效果。這也是從以上所提及筆者由天文（雖大量但公開可及）的資料往腦科（有特殊價值性）的資料過渡的原因。新聞類型的文字資料雖然不見得有很強的個人風格，也可以應用於假新聞偵測或文章生成等領域，但由於也已經有一些學者參與而且並非當時筆者所特別有興趣研究的，所以暫時就沒有考慮。

　　至於文學性的文字資料，顯然比較會受限於這些文字，通常也會有帶有作者很強的個人風格，所以文字的統一性或結構性恐怕並不是容易應用於 AI（當然仍然是有的，甚至有 AI 撰寫的詩文，只是這如何能對該領域有重要影響，或許還需要再評估）。而歷史方面的文字

資料，雖然也有相當豐富的內容可供使用，但是總得來說資料型態是屬於封閉型的（也就是說並無法繼續補充）且筆者當時並未想到合適的主題，所以並未列筆者當時考慮的範圍。

　　後來筆者注意到法律文字或許是個可以考慮的方向。畢竟法院的裁判書數量相當大，不但品質高（作者都是專業訓練的法官），內容又可以與社會生活相關，不必擔心與社會脫節而斷源。雖然法律文件有其特殊的語法和用詞，卻也因此有相當高的一致性、精確性與邏輯性，與一般常用的新聞語料或網路文字不同。而法律相關的 AI 應用也在國外已經開始，國內才剛剛起步，似乎還有可以發展的空間。最重要的是，許多 AI 相關的應用也會牽涉到法律與人權議題，因此也應該是法律學者或司法單位所關切的。這樣就不只是技術端的興趣而已，可能也會與資料來源端（司法部門與法律學者）並應用端（社會大眾）都有交集，比較有長期推動的能量。舉例來說，若能有合適的 AI 來協助較單純的案件，讓當事人不必進入法院也可以對自己的案情訴訟結果有相當的了解，或許可以增加庭外和解的機會，減少進入法院的案件，讓法官更專注於較為複雜的案件，提升判決的效率與品質。這是為何筆者後來覺得可以往此方向發展的原因，並且有幸與本校科技與法律研究所的林昀嫺教授討論 AI 應用在親權判決上的可能性，[9] 並藉由法律背景的研究生來進行專業標註。這部分以下會再另文說明。

　　除了以上所提及的親權判決相關研究以外，在自然語言處理上，

---

[9] 就 AI 應用於親權判決而言，國立臺灣大學法律系黃詩淳教授與國立臺灣師範大學東亞學系邵軒磊教授是這方面最早投入研究的學者，也早在 2017 年已經發表幾篇相關的學術論文。但是當時筆者主要的重點是關於使用自然語言處理技術作文字相關的 AI 應用，對於資料的處理方式與重點與黃邵兩人使用計量式的標註資料並不相同。

筆者 2020 年開始也與本校學習科學研究所的區國良教授並教育心理與諮商輔導學系的李昆樺教授合作，希望能開發出可以於各大社群媒體上自動巡邏，能偵測是否有憂鬱或自殺傾向的貼文，給予即時的回報並後續的關懷救助，擴展自殺防治的前線到網路上。2021 年也接受司法院刑事廳的委託，與本校科技與法律研究所連孟琦教授、國立中正大學法律系的盧映潔教授與謝國欣教授合作，利用 AI 文字自動標註的功能來作刑事案件的量刑資訊系統更新。後者應該是有望替代未來人工標註判決書的需求，也讓法官對相關案件的刑期判斷更符合過往的經驗，增加司法的穩定性與可信賴性。但是由於這些部分是比較最近的發展，對於資料來源與標註的評估也已經承襲之前的經驗，從未來發表的平台來說也比較不會是學術期刊而是系統的建構。此處就不再另行說明。

五、文字資料的專業標註

　　由於本文的讀者可能多對人文社會領域的應用有興趣，所以此處也更多強調文字資料的處理，特別是專業標註的部分。所謂「專業標註」，是指藉由特定領域的專業人士（如法律背景的學生標註判決書、心諮背景的學生標註危機訊息）對於文字資料的標註。這個標註與一般常見使用非專業背景的素人來標註照片或影像不同，因為後者幾乎不需要專業知識，只要稍具訓練根據常識就可以執行，屬於勞力型的標註員，可替代性很高。筆者這裡所謂的「專業標註」就是強調對於某些特定的文本或資料，提供該專業角度的註解，使該資料也被賦予重要的價值來作其他應用。

　　因此我們可以了解，由於專業標註的標註員多半是受過該專業至少大學或甚至研究所程度的訓練，因此對於資料類型的判斷很難由未

受專業訓練的其他人來代替，因此也在某種程度上有難以取代的性質。從資料的研究上，當然也有可能屬於被詮釋過的標註資料，會受到所訓練的專業學派或價值觀的影響。也因此，這樣的專業標註資料其實有其重要的價值，也比較不是一般資工領域或 AI 技術人可以從網路上搜尋得的內容。[10]

　　以法律方面的文字資料（例如法院判決書）為例，目前都是大量未被標註過的「純文字」，因此並不容易直接被 AI 理解或使用。筆者在開始親權酌定相關研究的時候，有發現臺灣大學黃詩淳教授與其合作者其實已經有開始類似的研究，[11] 只是並未標註文字而是類型化的標註（例如，案件的父親還是母親是孩子的主要照顧者，標註的結果是有限的選項，而非連續性的文字描述。）已「純文字」當作標註對象有個重要的意義，在於雖然法官認為自己寫作的判決書都有某種既定的格式，但是這些格式往往也伴隨著相當多的例外，並且並不一致的被使用（例如前面提到的數字表達方式，或是法條引用的方式、段落的結構等等）。這些不一致或例外對於人類的讀者（特別是該領域的專家）往往不是困難，因為我們早就有一些既定的閱讀經驗可以無意識地容許這樣的差異而不會有錯誤的解讀，但是這些簡單的格式問題往往可能讓電腦卡住，無法作有效的判讀，因為很難用窮舉法讓電腦處理所有的例外。所以若要找出重要的資料，除了寫下以規則為

---

[10] 關於文字標註的意義、類型與使用方式可以參考筆者所拍攝的影片。詳見王道維（2021），文字標註與偏見處理。載於國立清華大學（錄製），**人文社會 AI 導論線上課程**，第 9 集。取自 https://nthuhssai.site.nthu.edu.tw/p/412-1535-18712.php（瀏覽日期：2023/4/22）

[11] 黃詩淳，邵軒磊（2019），人工智慧與法律資料分析之方法與應用：以單獨親權酌定裁判的預測模型為例，**臺大法學論叢**，**48**(4)，頁 2023-2073。黃詩淳，邵軒磊（2020），以人工智慧讀取親權酌定裁判文本：自然語言與文字探勘之實踐，**臺大法學論叢**，**49**(1)，頁 195-224。

基礎的程式語言來搜尋之外，最可靠的還是需要經過專業標註，讓這樣的資料可以變成結構化，方便 AI 進一步使用。而這些人工標註的資料，未來也可以用來訓練 AI 自動標註的功能，協助解決人工標註耗時費力而電腦語意自動標註不夠精準的問題。

　　以判決書標註而言，我們首先需要找一些有法律背景的學生來協助作基本的標註工作。這一標下去就可能超過半年以上的時間，其中包括多次開會討論以及群組中無數次的意見交換。而在親權相關案件中，一開始我們是用 excel 來整理，就是複製貼上。但是這樣不但比較緩慢，而且容易出錯，並且很難回溯到原始的文字。所以我們後來租用商用的標註平台，甚至用回饋意見給廠商協助開發一些重要的功能，才因此加速相關標註的進行。而這個過程中間，筆者很感謝有個極為優秀且具有統計與管理背景的林雲貂助理協助，才能將整個標註團隊所得的資料作統整，藉由適當的統計分析來找尋可能的標註問題，才能將這大批的資料交由 AI 處理，減少偏見或錯誤。也因為這樣的經驗，使我們後來了解這個標註平台對於將非結構化的原始文字轉換為結構化的文字資料的重要性。

　　其實從更廣闊的角度來看，藉由人工標註後的文字資料，AI 在人文社會領域的應用可能會比傳統的量化研究更有意義。因為人文領域的量化研究主要是根據目前已有的資料來檢驗其變量之間的關係性，需要先滿足相關統計理論的假設並且對於相應變量之間的若干知識才能有好的設計。但是 AI 的應用可以不需要先假定變量之間的關係或形式（圖片、文字或語音影像皆可），而是完全交由大數據來讓 AI 模型自行學習。但是當然，這樣的使用也可能會需要有相關的配套，因為 AI 不見得能看得懂所有的表達方式而產生誤解。這就會是後來如何放在適當的平台並合宜使用的問題，也是 AI 進入社會應用時需要面對的挑戰。

六、AI 系統開發的挑戰

　　以上所分享的主要是圖 3.1 左半邊，由資料來源端到 AI 工程的部分。但是如果只有停在這裡，AI 計算所得的結果最多也只是當作一篇論文來發表，讓人知道有此結果，但不會有更實際的影響。可是在面對未來 AI 應用的場域，特別是要推動 AI 公共化的過程中，一定會需要面對如何將 AI 計算的成果展現到外在世界，給更多不了解 AI 但會受到這些結果影響的人知道。因此就會需要有「系統開發」的過程，才能真正的進入應用場域。若要進入這樣的系統開發，所需要的技術端人力就絕對不只所謂的「AI 工程師」，還需要資料轉換，有前端網頁的設計製作，有後端資料庫的維護與資安保護，也要有系統整合的人員來將各部分結合等等，所以更多是偏向工程系統的部分。

　　在筆者目前有現的經驗中，應用機器學習或 AI 於自然科學領域比較沒有系統開發的問題，而比較多的是在與司法與心理相關的應用。關於親權判決預測的部分，是藉由一個開放的免費網站來呈現，[12]而網路危機文字偵測的研究目前還未有相關的結果。可能比較完整而適合做例子說明的會是筆者所參與的司法院刑事廳量刑資訊系統更新計畫。只可惜這部分才剛完成最後的審查，詳細的說明也許還需要先等到整個計畫結案以後，由司法院將系統上線或公開發表後，筆者才比較合適進一步說明。不過這個部分更多會因為不同領域或不同使用者而有很大的差異，或許也比較不適合放在本篇文章中。但筆者希望提醒讀者，這部分也是相當不容易的，可能更牽涉到 AI 實際應用的問題，需要在開始相關計畫前也納入思考的部分。

---

[12] 相關的網址與說明可見於清華大學首頁故事（2019），AI 能斷家務事？清華開發監護權判決預測系統。取自 https://www.nthu.edu.tw/hotNews/content/936（瀏覽日期：2023/4/22）

七、研究團隊的磨合與信任

　　由於 AI 的跨領域性質，研發團隊的建立常會牽涉到主導權的歸屬。以筆者目前的了解，研究團隊大概有以下幾種類型：

　　第一種：如目前市面上常看到的，都是由產業界所主導，AI 技術提供者是為了應用端的需求而研發。

　　第二種：由資工相關領域的學者所主導的技術研發，此時資料提供端僅是輔助性的角色。

　　第三種：由理工的科系（包括理工生醫等非技術導向的科系）在其主導的研究中，部分利用到某些現成的 AI 技術或產品，但不需要另外發展 AI 模型。

　　第四種：是以人文社會研究團隊所主導，討論 AI 發展在法律、社會或經濟制度的影響，或是和哲學、心理與人文學科的對話。

　　第五種：不同領域（通常一個是資料提供端，另一個是技術開發端）的研究者都有相當的主導權，需要彼此緊密合作才能創造新的成果，如同筆者前述與法律或心理相關的合作。

　　以上前四種都是屬於比較單純的，因為角色與功能有明確的劃分。於此筆者就不再多言。但是最後一種型態，筆者稱之為「跨域研究型」的合作。這個類型是需要特別值得關注的原因在於，AI 模型在跨領域應用時往往需要重新處理原始的資料型態，這就會有個「資料清理（或預處理）」的重要過程，[13] 如同圖 3.1 所顯示的。這是雙方專業領域的交會處，往往也是結果分析最關鍵的地方。此時學科間

---

[13] 有些研究資料本身就已數值化，直接餵進 AI 即可訓練（如筆者與天文所的合作）。但有些資料很複雜，需要先作進一步處理（如筆者與法律團隊的合作）。其實困難的研究之所以能夠有所突破常常不在於更好的 AI 模型，而是用更有創意方式作資料的處理，而這正是跨領域的價值所在。

的差異就可能會為彼此合作的關係帶來挑戰與契機。最好是能尋找出對雙方都有前景的主題作長期的合作，這樣就會有比較多的研究角度或發表機會來各取所需，又能持續累積相關的成果。

在 AI 應用於人文社會領域時，這種在學科與角色間的差異自然就更為明顯：人社學者對於原始資料豐富的觀點與詮釋角度常常無法反映在這些有限的資料中，但是為了要讓 AI 有效發揮，這些資料又常需要被「去脈絡化」的處理，以致於可能使參與的人社學者覺得其專業不受到尊重。對技術方而言，卻必須先從相對單純的資料開始測試，後來才能掌握參數範圍以確保整體的效果。舉例來說，若用 AI 來作訴訟判決的預測，目前只能從法院公開的裁判書來分析，無法回溯事件真相。而動輒數千上萬字裁判書，自然也只能先從某些部分開始分析標註。這樣得到的預測結果該如何定位其意義，自然也會是 AI 應用時的重要議題。[14]

因此當人文社會領域研究導入 AI 技術作跨域研究，的確更考驗著合作雙方的默契與誠意。此處筆者也以 2021 年所參與的司法院刑事廳量刑資訊系統的更新案為例：筆者為此進出司法院前後可能超過 20 次，也與法律團隊開過無數大小會議討論標註的原則與結果分析，才能更清楚掌握使用端所需求，以及法律人對於這樣系統的疑問與關切重點。如果此時雙方沒有積極合作的意願，只想計較而不肯更多的付出，最後的成果與相關研究就可能無法符合期待。同樣的情形也一

---

[14] 更深一層來看，傳統量化研究只是將資料作一種「描述性的（descriptive）」或「闡釋性的（interpretive）」整理。而 AI 發展為了要能擬合出不同因素間尚未知曉的關聯函數，容易以某種「選擇性的（selective）」姿態來介入資料處理，然後又以「預測性的（predictive）」方式來呈現其計算結果，卻無法對這些演算法的參數選擇提供解釋。當這樣的應用取得某種「成功」，的確可能也容易引起若干的偏見或誤解，或許這正是人社學者對 AI 應用最感疑慮的部分。

樣能發生在其他領域之間的合作。

　　以此而言，筆者個人在這幾年還算順利轉進 AI 研究，其實足以令筆者謙卑感恩，除了上帝的眷顧更有許多同事的寬容與支持，不嫌棄讓筆者這個沒有任何經驗的人也能藉此跨足參與。畢竟在學術界，跨領域很容易受到原領域學者（甚至學生）的質疑與對方領域專家的輕視，彷彿只有專業能力不足的人才會這樣不務正業，更何況所投入的努力最後也很可能敗陣而歸，一無所獲。不過或許也正是因為如此，跨領域合作才更顯難得，而相信類似的成功案例也會越來越多出現而被廣傳。筆者認為或許這會也是一個因為 AI 研究而更加凸顯的特色。

八、資源整合的挑戰與公共化

　　由於本文是源自對人文社會領域的學者分享 AI 相關應用的心得，所以最後筆者也從個人對人文社會領域有限的了解來思考相關資源的整合問題，其中最主要就是資料標註與技術端的人才問題。

　　一般而言，標註人力多半是由資料提供端（如人社領域）來尋找相關領域的學生來協助。但是筆者個人覺得若是有價值的資料，應該要從資料的產生開始就作有系統且大規模的整理，而這當然也就涉及到許多學界大老們如何看待時代的趨勢。[15] 以筆者前述的司法院計畫

---

[15] 以哈佛大學法學院為例，他們總共用了五年的時間將西元 1600 年至今約三百五十萬件美國法院所審理的案件全部電子化。所有的檔案超過四千萬頁，並在 2018 年底全部免費釋出，就是為了全面推動 AI 在法律方面的應用研究，相關新聞可見 Erin, W. (2018), Harvard just put more than 6 million court cases online to give legal AI a boost, *MIT Technology Review.* https://www.technologyreview.com/the-download/612361/harvard-just-put-more-than-6-million-

而言，目前也的確開始思考是否可以在法官撰寫判決書的時候就能有結構化的輸入，這樣不但後來可以省去這類勞時費心的標註工作，更可能讓判決書更清晰易懂，一舉擺脫過往被社會大眾認為遠離人間的感受。而這樣的資料產生機制，事實上也可能會需要應用 AI 文字生成或其他相關的技術，就會讓 AI 技術的發展與資料生成的穩定性環環相扣，讓人文社會領域的學者可以從資料的產生端直接的進入 AI 系統的開發，而不只是事後的批評與反思，也可以因此增進人文社會領域的量化研究並推廣 AI 的相關應用空間。

至於 AI 技術面的人力，現階段若要以教授個人研究經費來聘任有經驗的專任助理恐怕相當不容易，薪資也難以與業界相比。畢竟現在整個產業界都在搶學術界的 AI 人才。但是我們仍可以相信，其實有些 AI 工程師仍是可能暫時放棄業界的高薪而來學校參與研究，除了個人因素以外，研究主題是否能讓他們覺得有公共價值或長期的影響，因而加值他們日後重回業界的視野經驗，會是重要的考慮。當然，如果能與一些理工或資工相關領域的研究群合作，甚至吸引其學生來參與人文社會的研究也是可行的作法。只是人文社會的資料通常蒐集較久，成果產出較慢，如何與資工技術領域研究的快速變動配合，就需要很認真的討論彼此合作的模式，讓雙方都能分享共同研究的成果。

經由以上的說明，我們就可以了解 AI 科技的發展為何必然有經費集中、技術集中、資料集中與人才集中的特性，形成「AI 資本化」的現象。事實上，由美國與中國的發展趨勢來看，許多重要的技術與

court-cases-online-to-give-legal-ai-a-boost/?utm_source=facebook.com&utm_medium=social&utm_campaign=owned_social&fbclid=IwAR3Ud1TKZObjWeBilR99xASwiC2ZlF6v3cPTsxd9tJIIygMzvn-GvLOLAtA (last visited: April 22, 2023).

成果已經是掌握在產業界而非學術界手上。這種人才磁吸的結果將會讓許多重要的人社資料難以被分析開發，只因為缺乏長期有計畫的投資。這一推一拉的結果，未來恐怕將使人文社會研究更被邊緣化或者反過來被利用服務於產業的現實需求。對此筆者認為可能的解決方法是積極推動「AI 公共化」：不但理工資訊學界的 AI 研究應該更往公共價值的創建來引導，還需要由政府以長期的經費補助研究型大學設立專門作人文社會或跨領域公共議題的 AI 應用研究中心，以合理的薪資聘任有興趣的資料科學家來協助相關領域學者做全國性與基礎性的 AI 應用研究，並且逐步開放政府部門的相關資料做為發展的基礎（如內政部、教育部、法務部、交通部等都有重要的數據與資料）。這些中心不見得需要用最新最好的 AI 技術，但應該提供最符合人社研究或公共需求的 AI 模型與資料管理能力，亦可擔任相關技術傳承與推廣的角色，讓人社領域的師生或政府單位能掌握第一手的發展，為將來的 AI 時代做好政策、法律或教育上的預備。[16]

---

[16] 關於 AI 公共化的作法與以上所提及的 AI 應用研究中心，筆者在本書第二章有更仔細的說明。

參考書目

王道維（2018）。電腦的深度學習，人類的深度困局。取自 https://www.storm.mg/article/401682（瀏覽日期：2023/4/22）

王道維（2019）。如何進入 AI 公共化相關應用研究：一些個人經驗與心得分享。取自 http://blog.udn.com/dawweiwang/125378006（瀏覽日期：2023/4/22）

王道維（2021）。機器學習簡介。載於國立清華大學（錄製），**人文社會 AI 導論線上課程**，第 5 集。取自 https://nthuhssai.site.nthu.edu.tw/p/412-1535-18712.php（瀏覽日期：2023/4/22）

王道維（2021）。文字標註與偏見處理。載於國立清華大學（錄製），**人文社會 AI 導論線上課程**，第 9 集。取自 https://nthuhssai.site.nthu.edu.tw/p/412-1535-18712.php（瀏覽日期：2023/4/22）

李開復，王詠剛（2017）。**人工智慧來了**。臺北：天下文化。

清華大學首頁故事（2019）。AI 能斷家務事？清華開發監護權判決預測系統。取自 https://www.nthu.edu.tw/hotNews/content/936（瀏覽日期：2023/4/22）

凱西・歐尼爾（O'Neil C.）（2017）。**大數據的傲慢與偏見：一個「圈內數學家」對演算法霸權的警告與揭發**（許瑞宋譯）。臺北：大寫出版。（O'neil, C. (2016). *Weapons of Math Destruction: How Big Data Increases Inequality and Threatens Democracy*. New York: Broadway Books.）

黃詩淳，邵軒磊（2019）。人工智慧與法律資料分析之方法與應用：以單獨親權酌定裁判的預測模型為例。**臺大法學論叢**，48(4)，頁 2023-2073。

黃詩淳，邵軒磊（2020）。以人工智慧讀取親權酌定裁判文本：自然語言與文字探勘之實踐。**臺大法學論叢**，49(1)，頁 195-224。

雷蒙德・庫茲威爾（Ray Kurzweil）（2015）。**人工智慧的未來：揭露人類思維的奧秘**（陳琇玲譯）。經濟新潮社。（Kurzweil, R. (2014). *How to Create a Mind: The Secret of Human Thought Revealed*. Brilliance Audio; Unabridged.）

Erin, W. (2018). Harvard Just Put More Than 6 Million Court Cases Online to Give Legal AI a Boost. *MIT Technology Review*. https://www. technologyreview.com/the-download/612361/harvard-just-put-more-than-6-million-court-cases-online-to-give-legal-ai-a-boost/?utm_source=facebook.com&utm_medium=social&utm_campaign=owned_social&fbclid=IwAR3Ud1TKZObjWeBilR99xASwiC2ZlF6v3cPTsxd9tJIIygMzvn-GvLOLAtA(last visited: April 22, 2023)

Matt, T. (2016). Explainable Artificial Intelligence (XAI). *Defense Advanced Research Projects Agency*. https://www.darpa.mil/program/explainable-artificial-intelligence(last visited: April 22, 2023)

第四章
人工智慧與人性尊嚴：
認識論與規範論的交互思維

李建良 特聘研究員　中央研究院法律學研究所

> 法不外人性，科技亦應然。
> 人工智慧讓人越來越像人，還是越來越不是人？

一、前言

（一）思維的起點

　　窮盡人類的知識與智能，追求前所未有的發現與突破，探索科學上與技術上的所有可能，是自然科研發展的趨向；思考人的價值、防止人受到傷害，避免人性淪喪，則是人文社會科學的核心任務，人文社會科學家觀察並指出（可能的）倫理與規範問題，提供人類反思的機會與觀點。

　　工業自動化、無人載具、物聯網、區塊鏈，加上各式智慧設施的廣泛應用，無疑，人類已進入以大數據驅動、電腦自主學習的所謂 Age of Artificial Intelligence（以下簡稱 AI）時代。AI 由弱轉強，儘管仍是進行式與未知數，已然引起人們的期待，也帶來憂慮、乃至於恐懼；但科技創新的幅度、深度及速度，卻也容易讓人分心而忽略問

題。人類的生活受到 AI 的影響，誠屬不爭的事實，問題只在程度大小的認知及其正負衝擊的評估。此所以人文社會科學，從哲學、社會學、心理學、認知科學、神學、倫理學，到經濟學等，無不投注心力，探討 AI 對人文領域及價值的衝擊，法學亦不例外。

面對 AI 的發展，法學思維有兩種可能的取向：一是從科技的角度出發，探討法律是否有助於科技的創新或如何規範科技創新的社會衝擊；另一是以法學為立足點，反身思索在科技發展的大環境中法律如何與時俱進而有所興革。本文側重於前者，主要立基於 AI 可能侵蝕人性尊嚴的人文關懷，思維起點是：「人工智慧無所不能？人性尊嚴不容侵犯！」以一個問號和一個驚嘆號標誌「認識論」與「規範論」的分合與交互作用，據此檢視並思考 AI 的運作與應用是否改變了人類的思維模式與行動取向？人類是否逐漸自願或被動地讓 AI 接手自己的自主與自由？科研發展是否價值中立、如何可能？AI 加劇了還是解決了價值的衝突？進入 AI 時代，人性尊嚴的潛在敵人與防火牆在哪裡（Kissinger, Schmidt and Huttenlocher, 2021, Preface）？應先說明者，一般將 21 世紀人類廣泛使用數位技術而形成生活各領域數位化的現象，稱為「數位時代」；AI 則是數位「科技」的一種，其運用益形廣泛，故有 AI 時代之稱，其發展對人權保障所帶來的正面與負面影響，尤其值得關注，而人性尊嚴的保障為人類共同生活的共通價值，同時是 AI 科研與運用的指引準則，為 AI 公共化不可或缺的基本前提，此本章之作的主旨。

（二）設題與提問

本文以人性尊嚴作為 AI 科研的對應思維標的，緣於科技部基於推動全國科學發展與技術研究及應用的任務，以「科研人員」為訴求對象，於 2019 年 9 年發布「人工智慧科研發展指引」（下稱科技部

AI 指引），英文名稱：AI Technology R&D Guidelines，希望能夠藉此提升 AI 的正面效益。本指引揭示「以人為本」、「永續發展」與「多元包容」三大核心價值，並且延伸出八大原則，囊括 AI 作為一項科技與個人、社會交互作用的相關議題，涵蓋面廣。本指引提及「人性尊嚴」者，計有三處（黑體字為作者所強調）：

（一）以人為本 Human-centred Values：AI 科研應遵循以人為本之價值，以提升人類生活、增進人類福祉為宗旨，構築尊重**人性尊嚴**、自由與基本人權的人工智慧社會。
……
2. 公平性與非歧視性 Fairness and Non-discrimination
AI 科研人員應致力於 AI 系統、軟體、演算法等技術及進行決策時，落實以人為本，平等尊重所有人之基本人權與**人性尊嚴**，避免產生偏差與歧視等風險，並建立外部回饋機制。
……
5. 個人隱私與數據治理 Privacy and Data Governance
個人資料隱私侵害的預防，必須建立有效的數據治理，在 AI 研發與應用上，AI 科研人員應致力注意個人資料蒐集、處理及利用符合相關法令規範，以保障**人性尊嚴**與基本人權，並針對 AI 系統內部之個人資料架構有適當的管理措施，以維護資料當事人權益。

　　大數據的運用與 AI 的科研可能侵犯人性尊嚴！為什麼？現在式的規範論題，或者是未來的假設題？單從科技部「AI 指引」中出現人性尊嚴的所在脈絡以觀，可知 AI 與人性尊嚴的相互關連者，為「以人為本」、「公平性與非歧視性」、「個人隱私與數據治理」，其中

蘊含的問題約有：人性尊嚴在 AI 的創新過程的位置為何？如何保障？何以人性尊嚴如此重要？人性尊嚴在 AI 研發過程中是否占有位置？或者反過來說，不歧視的 AI、值得信賴的 AI、尊重個人人格權的 AI、避免權力濫用、強化透明性等等問題的提出，是否係以人性尊嚴為中心點，而不致因 AI 而被推向邊陲地帶？以此為基礎，本文將之歸納並衍生為四大主題：

1. 人本思想與自主性
2. 隱私權與資訊自決
3. 公平性與禁止歧視
4. 數據治理與資料主權

扼要以言，從昨日的預言，到不久的未來，機器與人類的互動關係，實則由來已久，非始自今日。誠然，在自動系統的運作之下的資料處理，不管在速度或數量上，皆遠甚於人類的天賦智能，特別是寬頻能量的提高與鉅量資料的俱增。不過，在過往的工業革命歷程中，儘管生產工具的自動化製造出新的社會問題，例如貧富差距，然機器主要操之在人類的手上，法律的規範基本上仍是以「看得見的人類活動」為對象。相對於此，大數據串連下啟動的第四次工業革命，AI 站在前沿，據估計，AI 的全球經濟產值將上看數以兆計，而資料近乎全面的數位化，造就了 AI 系統越快越強的可能條件，同時也因資料演算的「黑箱化」而潛藏了人類失去自主性的高度危險。現行法制建置與決策機制是否以未來為取向，突破地理的疆界，並且作出相應的計算與推論？影響的關鍵性因素，出於無可爭辯的客觀事實，抑或存有爭議的主觀評價？機器的智慧能否與人類的智慧等同視之、相提並論？人類是否具備判斷演算過程「正確」（誤差）的能力？能否保有隨時「接管」或「退出」的可能？「自我學習」的機器是否「組織」或「創造」出人類未曾料想或無法產生的知識或智能？以碎片化、

不完全的資料為基礎的機器學習，是否產生以偏概全的效應，或複製並強化既有的刻板印象？更有甚者，人們如果無法遁逃於數位天地之間，動輒受到數位或顯或隱的左右，需要思考的問題是否已經不再侷限於自主決定「個人」的資料，而是如何掌控或利用資料，不管是否屬於個人？

　　諸般提問，基本上是人文社會科學研究者基於認識論的所見所思，一再提出問題、表達疑慮；如何解答、有無答案，從法律人的視角來看，則是規範論的課題。比方說，新科技的運用對於提高效能、產值，疾病防制等民生需求，無疑有較高的潛能，但必須在法制上建立安全防線，構築防火牆，並且使科技發展更適合人性，消弭因科技進步而產生的社會衝突。又如，在數位經濟的時代，既有以資訊自決權為基礎的法制，已有不足，尚須建立所謂「數位主權」（Digital Sovereignty）或「數據主權」（Data Sovereignty）等觀念，以強化人們對資料的主控權，特別是增能「數位平台使用者」的行動能力與決定自由，使之得以在數位世界中以不同的角色行動，不管是作為市場的參與者或平台服務的消費者，乃至於「prosumer」（生產消費合一者），不致成為演算法下自動化決定的客體（例如評分機制）。

　　以上種種，在在昭示傳統法律制度有所不足、既有法學慣性思維有突破的必要。就此，本文先提出一項簡要的提問：**AI 系統的決定是人的決定，還是 AI 系統自己的決定？**這道問題的思考路徑首先是：AI 系統的決定「是否」基於人的決定？於此涉及認識論的問題，需要相關知識方足以檢驗、證實。設若答案為肯定，也就是 AI 系統的決定始終基於人類決定，尚未逸出以人為本的常軌，則規範論題可以依循既有的法秩序思維續行；反之，答案若為否定，也就是 AI 系統的決定於特定情況下可能逸脫人類的預設或想像，則進一步的規範論思維即是：我們是否接受此種可能情境？如果不能接受，要如何防止

此種情境的發生？是否應該建立一套預防或排除危害的法律機制？

二、AI 時代下的社會與人類的處境

　　AI 以何種方式或方法改變人類，基本上是一項認識論的問題，涉及人類的認知能力與觀察視角，需要翻轉腦袋、移轉視線，還要有定位點，後者則是價值取捨的規範論題。例如有些國家的政府部門利用 AI 監測人民，讓國家的權力無限擴大；有些國家則把資訊權力掌握在若干大企業手上。臺灣是否也是如此，或想要如此？跟進？抵禦或預防？再以科技部「AI 指引」為基點：「AI 科研應遵循以人為本之價值，以提升人類生活、增進人類福祉為宗旨，構築尊重人性尊嚴、自由與基本人權的人工智慧社會。」其中預設了我們將進入「AI 社會」，這是什麼樣的社會？人類的處境為何？應先有所認識，而後方得以進一步思考如何尊重人性尊嚴、自由與基本人權。於此應先說明者，數位時代中 AI 發展與人性尊嚴保障之間的關聯課題。

（一）AI 社會的虛實之界

　　今日的社會無疑是一種資訊社會，人們不再生活於離線或上線的狀態，而是一種所謂「掛在網路上的生活」（onlife），線上線下的界限逐漸泯沒不分，學者以「紅樹林社會」（Mangrove Society）為喻象，形容人們如同生長在半鹹水的環境中；若問在河與海交會之處，水是甜的還是鹹的，徒顯不知實境為何的窘境（Floridi, 2018）。在這些「紅樹林社會」裡，機器可讀的資料、新式的智慧裝置、線上的互動等，正持續不斷地演化中，全球的版圖與國家的權力結構被衝擊，政府的運作模式被重塑，國家與人民的關係被改變，商業交易更朝虛

實整合的全通路概念發展。AI 的發展帶來前所未見的破壞力，但同時也在方方面面帶來各種機會，進而以重磅之勢衝擊人性尊嚴。植基於傳統「類比社會」的生產、教育、就業、健康、娛樂、政治與安全等某些根深蒂固的觀念可能被動搖或顛覆，數位革命正在翻轉我們的價值觀念及其優先順序的視界。

（二）AI 社會的人類處境

　　網路可能是人類所建構卻對其知之甚微的世界。AI 社會的虛實二界，人類面臨的大抵可能有兩種處境：一是虛實難辨；另一是虛實不分。在實體的類比世界中，人們面對的是目視可及或手可接觸的實物，其「真實性」的辨識度較諸線上往來或虛擬世界的數位符碼來得容易，驗證可能性也較高。以傳播媒體為例，平面媒體如報章雜誌，相較於以社群媒體傳播的數位資訊，閱聽者比較容易判別表意者與表意內容的同一性，儘管表意內容可能虛假。因此，在 AI 社會中，人們獲取的資料雖然多於過往，卻未必正確，甚至易受操縱而不自知，至於識見的深度。試問：今人之哲學理論的廣度與深度是否高於純靠閱讀紙本、手抄筆錄的康德哲學或黑格爾哲學？

　　不同於虛實難辨的是虛實不分的問題。人類進入數位時代，線上場景的變換越來越快速，人們在一個接著一個的虛擬世界中不斷轉換不同面貌，角色扮演與身分切換是否重建自己的心智生命、找到新的人格定位，還是實體與虛擬多重身分的角色紊亂或認同錯誤。以時興的元宇宙為例，虛擬實境的營造或可讓人們在無可遁逃的人世間得到一處安置身心的所在。但人類生命的延續與給養生息仍然離不開自然軌道，如果錯把虛擬實境當成實體立足之地，則人們當回到現實世界時，可能會大失所望或適應不良（想像的虛境、失落的實體），網際網路受到攻擊或許會影響實體世界，但虛擬世界不會推翻或取代現存

的實體世界（Schmidt and Cohen, 2013）。

　　除了虛實的問題外，電腦無窮的記憶能力是人類所不及的，若善加利用可以使世界變得不一樣，但也意味了人們留在網路上的足跡可能永遠不會消失。在 AI 社會中，人們透過搜尋引擎或即可知天下事，但同時也可能如同透明人般被他人一覽無遺，而更為嚴肅的問題是：誰依據什麼決定誰該知道什麼？

三、AI 時代下的人性尊嚴受危境況

（一）思維主軸：自主、表現與公平

　　人類在 AI 社會中可能面臨各種處境，或枯或榮，卻不等於人性尊嚴受到侵犯。德國基本法第 1 條第 1 項規定：「人性尊嚴不可侵犯。其尊重及保護，為所有國家權力之義務。」將人性尊嚴奉為一種絕對、不可觸犯的人類核心領域；我國司法院大法官釋字第 603 號解釋揭示：「維護人性尊嚴與尊重人格自由發展，乃自由民主憲政秩序之核心價值。」亦寓有人性尊嚴屬具本質性而不可侵犯之核心價值。不過，人性尊嚴作為一種憲法概念，其重點首先不在能否及如何界定「尊嚴」的內涵和外延，而是思考人性尊嚴的規範意義。就 AI 而言，關鍵在於如何著眼於 AI 研發與應用可能帶來的危險，為具有自主決定能力及享有政治自決權之公民，建構一套合於人性尊嚴的保障意旨與體系。反面以思，Google、Amazon、Facebook、Apple……，何以如此之強勢，讓人無可抗拒、失去防禦能力？全面性地滿足人類的基本需求，消費的需求、情感的需求、表現的需求、尊嚴的需求、自由的需求、多元的需求、助人的需求……，也就是如何著眼於 AI 的研

發與應用，關注其是否使人類逐漸喪失了自主決定能力、稀釋了政治決斷權的質量。

　　AI 的運用具有多面性與影響力，權力、政府或人性尊嚴，但也帶來機會、希望與新的願景。AI 的發展，對於人文社會的影響其實不像其他科技般的主線明確、結構清晰，AI 也不是單一的邏輯機器，有太多入微的細節，與宏大的視野交織。因此，**如何安全並永續使用 AI**，唯有掌握對人性尊嚴的危害風險，並且設法減輕之。AI 與人性尊嚴的關係，實則就是一種損益分析的思維過程。

　　人性尊嚴是人之為人的根本，人性尊嚴的維護不單只是免受屈辱，而身為人的之存在的肯認。尊嚴的需求，包括理性、安全、人權、透明、公平、可課責性、機會、創新、包容性。人性尊嚴不可侵犯的規範誡命，效力輻射範圍及於各法領域，且是可以到法院提告的基本人權。人性尊嚴是否受危，一般運用所謂「客體公式」，以「**人不得被貶抑為物**」作為檢視人性尊嚴是否被侵犯的判準，根本上就是植基於「人之為人」的人本思維，如何具體化與司法實踐，則需逐案探討與逐步累積。

　　進入大數據的 AI 時代，數位轉型而演化為資訊文明，大量的資料及其所包含或衍生的資訊，必然直接影響或潛移默化身處其中之人，同時也架構出可能不同以往的決策或決定機制，人性尊嚴是否受到侵犯，人是否被降格為物，可以從「資訊的釋放者」（下稱表現者）與「資訊的接收者」（下稱接收者）兩種人之為人的要素（我思故我在，但思與言不可分；言之是否有物，繫於思之所由），若再佐以「決定者」與「被決定者」兩種身分（**誰決定誰，如何決定**），則人性尊嚴是否受到 AI 系統的危害，綜要以言，可以從「自主」與「表現」兩種缺一不可的人性基本需求出發，構成平行思維的橫軸，「**被公平對待**」的人性需求則是貫穿二者的思維縱軸。至於 AI 系統可能遭受

網路攻擊或駭客入侵的資通安全的問題，輕則發生系統性錯誤而未覺或資料被竊或遭毀損，重則導致數位關鍵基礎設施全面停擺的危機，屬於數位時代的科技風險，可能危及個人的隱私與資訊自決權，於必要處併予論述。

（二）AI 系統與自主的人性需求保障

　　自由且自主而理性的決定，為人之為人的核心要素；正確而足夠的資訊，則是人自主決定的基本前提。以資料驅動的 AI 系統，理論上可以提高人類理性決定的資訊基礎，但 AI 產製的資訊亦可能弱化人類的理性決定。以 deep-fake 為例，我們在網路世界所接收的資訊，真假莫辨，短時間內難以檢驗其真偽，若以之為決定的基礎，即可能產生錯誤的決策，甚至動搖人與人之間的信賴關係。換言之，機器的決策理性與行為模式可能帶來人類思維模式與行動取向的改變於無形之中。縱使資料正確無誤，資訊不受操弄，人們也可能因頻繁使用 AI 系統逐漸習慣並接受機器設定的思考模式，因而陷入喪失自主理性的危險，成為「網路系統」的一個物件環節，隨著數位網絡而制約反應。今天，有多少人可以抗拒「網路平台」？有多少的對抗能力？

　　進一步言，人機合作或合體，為 AI 的實踐與發展趨勢，無疑可以增強人類的智能與體能，所謂 Augmented Intelligence 的說法，旨趣在此。例如透過 AI 預測疾病的療程，或者人（腦）機介面的仿生學（Bionics），被標舉為身障者或智能障礙者的福音。問題在於其中潛藏的是同步系統，或某種控制系統，病人的自主權受到威脅，以 AI 為介面的驅動指令是否來自人的決定，甚或取代人的決定；又或者，即使指令來自人類，但過度依賴 AI 系統的結果，可能喪失人類自主的洞察力與判斷力，讓人性麻痺，不知不覺間失去了對個人的尊重，還有尊重的能力。除了存在著隨時被駭客入侵的危險外，當 AI 系統

故障或失靈以致於（機器）手腳不再為「己用」，如同被操作的傀儡時，其後果不只是商品瑕疵責任的問題。

退步言之，AI 可以製造深偽，也可以精準辨偽，透過 AI 技術可以偵測 hate-speech，防止語言暴力或網路霸凌，但相同技術更有可能的是用來偵測個人的一言一行。用於警察勤務（所謂 Predictive Policing）掌握人民行蹤的監控技術或人臉辨識系統，只是顯例之一。此種全面監控導致寒蟬效應的情境，發生在有一定權力疆界的「老大哥」身上，更是「全球玩家」科技巨擘的慣用手法，學者所謂「監控資本主義」之說（Zuboff, 2019），已滲入網路外的離線世界，其所表彰的不僅僅只是鉅子萃取個人剩餘價值、累積財富的圖像（後詳），而是凸顯所謂的「自主」不止於積極地作出決定，還包括消極不受干擾的人格整全性，當人無所措手足、惶惶不安時，如何期待其作出自主的決定，遑論人格的自由發展與自我實現，「自在」為「自主」不可分割的面向（**自在的人性需求**），私領域的保護為人格發展的基礎與前提，此隱私權之原初始意，於 AI 時代的受危處境，益形嚴峻。

（三）AI 系統與表現的人性需求保障

人是社會的動物，實體的社會網絡逐漸被線上的社群媒體所取代，英文 social 一詞作為「社會的」與「社群的」修飾詞彙，其意涵正在質變之中。自主本身不是目的，而是人格發展的基礎；追求知識，滿足求知與表現的心理需求，為自我實現的一種試誤過程，驗之文明所由，為人類最重要的本能之一（**求知與表現的人性需求**）。

過去以國家為主要訴求對象所形成的「知的權利」，包含「接近使用傳播媒體」之權利，表面上是從資訊接收方的角度思考，實則同時是人民表達意見的前提要件，亦屬憲法所保障言論自由之範圍（釋字第 364 號解釋）。進入數位時代，接收資訊的自由（資訊自由權）

往往形塑表意的內涵。從「被決定者」的角度出發，不管是來自公權力或私部門，考量欲知其故（透明）的人性需求，科技巨擘發展的高度科技暨 AI 驅動下形成的「黑箱社會」，可能自外或溢脫於公眾的監督或法的規制，進而危及個人的表現自由與人格發展。尤其 AI 系統在各種知識領域創造並加速創新的無限可能，重新塑造知識的面貌，而知識數位化的跨國傳輸與接收，形成網路社群的全球串連，思想與意見百花齊放，表面上是意見多元，但在 AI 系統的運作下（另一隻看不見的手），可能阻絕特定的意見、強化特定的偏見，全球「各地」其實接收到的是完全不同的資訊！？

　　相對於資訊接收的需求，個人資訊的減量、乃至於去之而後快，使之不復存在，同樣亦是基於人格發展的需求。所謂「被遺忘權」觀念的提出與實踐，涉及的即是表現面向之一般人格自由，旨在保護個人免於受到涉及其個人的報導，以及不受足以嚴重損及其人格發展之資訊的傳播，確保個人得以自主發展及維護其個人性的基本條件。今日的數位社會，除了「未來取向」的逐步數位化外，「回到過去」（歷史）的數位化也正如火如荼的同步進行，線上檔案資料庫的大舉建置，只是其中的顯例。檔案資料庫可以讓外界易於接近資訊，同時是記者報導及史料研究的重要資料來源，對於教育和民主政治的公共論辯，扮演舉足輕重角色。不過，在當今資訊科技及網路的時代，有關資訊傳播的時間因素必須重新加以考量，構成有待探討的憲法上新面向。過往在平面媒體及傳統廣播電視的時代，一般人接觸到資訊的時間相對較短，且隨之忘卻。然在今日的數位及網路時代，人們接觸的資訊可以長時間的被保留下來，讓不明的第三人接收、甚至下載，特別是透過搜尋引擎，只要鍵入特定人的姓名，即可跳出與該人有關的片段資訊，顯現（拼湊）出的「局部」人格圖像，不是當事人所能決定的；再加上數位分享平台的出現，改變人們的互動與溝通模式，提

供大量碎散的影像，雖打破表意的詮釋權威，但也產製出個人所欲或非所欲的人格圖像。

（四）AI 系統與公平的人性需求保障

　　AI 結合 big data 的「資料驅動」預測或判斷模式，皆為公私部門所用，資料的歧視因素或既存刻板結構可能經由機器學習而複製甚或強化，邏輯合理可推，已非只是統計學上的基礎事實，更而進階成為一種人之常識。所謂「原味復刻」，往往就是自私基因不斷遺傳的過程。

　　AI 系統是一種預測性分析技術，可以探勘大量資料集，辨識出一般人類難以發覺的行為模式或趨勢。對 AI 系統的使用者或被使用者而言，例如以演算法決定是否給予信用貸款（包含同意信用卡的申請），所謂信用評分，或者以之選定醫療對象及方式，則使用者或被使用者可能無法洞悉 AI 造成歧視的製造過程；另則可能讓原本未被察覺的不平等浮出檯面，為人類所察知。前者如 AI 在醫療上的運用，可能形成 AI 在執行健康照護過程中的偏見；後者主要顯示在警務預測或犯罪預防系統。又如，運用演算法系統決定社會福利給付對象，可能置入內含弱勢族群刻板印象的資料，致使給付對象「被標籤化」，進而外溢到其他公私部門成為增能不平等待遇或歧視的破口，甚至威脅到其他公民權利，例如參政權、隱私權與言論自由權等。再如於街道等公共場所啟用人臉辨識系統，透過 AI 攝影技術監視掃描過往行人的臉部特徵，再與官方的犯罪嫌疑資料或通緝犯名單進行比對，用以即時發現罪犯或可疑人士。問題在於，比對的資料若具有歧視性或存有偏見因素，則經由 AI 系統辨識出來的「可疑人士」，即可能是「特定人士」（Green, 2019）。

　　社會凝聚力的強化來自機會平等的確保，虛擬世界與實體世界交

織構成的數位社會，無可避免地製造社會結構性的不平等（數位落差），AI 系統的運用亦可能形成「弱勢者恆弱、強勢者恆強」的系統性不平等。相對於不公平對待的直接侵犯，此種隱藏性的尊嚴侵害，其負面的影響力更為深遠。因為 AI 系統會學習且複製人類的錯誤、偏見或刻板印象，例如 Amazon 透過演算法發展的取才系統，可以汰選出全世界最優秀的工程師，但同時排除了女性的工程師（Dastin, 2018）。又如智慧醫療的突飛猛進，卻可能造成人民就醫權的不平等；某些行業或正在逐步減少或消失，新興行業或工作機會，代之而起，社會的資源分配與貧富差距正在重組又改變，造就永久性的階級分化。

（五）經驗與希望的人性尊嚴保障論

回顧人權來路，新的社會條件，往往會引動新的人性需求，召喚新的人權理念。例如照相技術的發明與應用，引動了人們對隱私的需求，因而萌生隱私作為一種人權的理論（Warren and Brandeis, 1890），進而實踐。AI 系統改變了人們的生活條件與互動方式，以數位形式的資料構成主要知識的來源與認知的客體，以知識為保護標的的權利內涵，所謂之 epistemic rights（Watson, 2019），必須被重新定義。

個人的經驗與個人之間具有不可分性，如影之隨形而不可奪，經驗（是否）分享無疑是一種重要的人性需求，於數位的 AI 時代，其重要性與日俱增，是否成為一種「獨立」的權利，即所謂 the right to know about one's experience（Zuboff, 2021），自可探討與論辯，但可以確定的是，在 AI 時代下，吾人對於資料／資訊的理解如果不夠全面，則我們在線上留下原本專屬於我們、可以自決的經驗及各種足跡，就有可能被網路巨擘輕易地僭取、掠奪、乃至於利用。

持續發展並改變個人的確信及行止，屬於自由的一部分。因此需要建置某種法律框架與機制，讓個人得以安然地行使其自由，使犯錯和誤失有成為過去的機會。法秩序必須防止一個人要為其過去的立場、表述及行為受到公眾毫無止境地指責。唯有讓過往的事情褪去，方有自由重新開始的可能（**希望的人性需求**）。帶有時間向度的被遺忘權，其來有自，有待開展。

四、AI 系統的公共治理與監控機制

拜資料數位化、網際網路、軟體運用之賜，數位文化得以成就，如果資料停留在紙本形式，資料要在彈指之間散布與接收，實無可能，但所有（新）問題也皆因數位化而生。前述人性尊嚴的受危情境，足以反思 AI 系統的規範課題，不是因為其特別聳人聽聞，而是這其實就是問題的原型（archetypal）。[1]

人之可課責性為社會信賴與安全的基礎，AI 系統可以辨識出線上人的惡意或攻擊行為，但同時也對人的可課責性帶來巨大的挑戰。因為 AI 系統演算過程出現的錯誤或偏差，可能讓人類難以追蹤來源而進行問責。以巨量資料數位驅動運行的智慧駕駛，經由破壞式創新催化的社會變遷，極廣且深；AI 系統對自然環境、社會互動、私人領域及公部門的外部性，顯而易見，如何評估衝擊效應，防患於未然，為 AI 系統的結構性法治課題。以下從人權觀點出發，嘗試剖繪 AI 系統的公共治理與監控機制課題。

---

[1] 關於數位時代假訊息所引發的規範問題，參見 Watson, L., (2021), *The Right to Know: Epistemic Rights and Why We Need Them*, p. 1.

（一）制度選擇：倫理指引或法律規範？

信賴是一種關係往來，而不是利益交換，信賴關係只能建立在互動所生之相互尊重的基礎上。有社會，就有法！可信賴的 AI 需要雙重的信賴基礎：AI 的發展應獲得社會的信賴，而社會對 AI 的信賴，則又來自對法律的信賴。法的正常運行，唯賴社會對法秩序的信賴。AI 的規範具有從倫理規範至法律規範、從實驗規範到管制規範，以及國際規範與內國規範交互影響的多種與多層特性。科技部「AI 指引」基本上即是一種綱領性倫理規範；法律層面僅止於「無人載具科技創新實驗條例」或「金融科技發展與創新實驗條例」二部「沙盒計畫」，由此顯示我國立法者對於 AI 的發展仍抱有某種遲疑的態度。固然，當規範遇到新的事實發展時，在已知與未知之間，立法者到底應該是由上而下，制定適用於所有領域的一般性法規，建立統一的誡命規範，還是讓諸各該部門針對各種領域問題逐步開展、局部累積，考驗立法者的智慧與識見。誠如歐盟 AI 高級專家小組（the High-Level Expert Group on Artificial Intelligence）的「可信賴 AI 的倫理指引」（Ethics guidelines for trustworthy AI）所言：

> 成就可信賴的 AI，需要的不僅是合於法律……。法律不會總是趕得上科技的發展，可能不會及時與倫理規範若合符節……。要讓 AI 系統獲得信賴，AI 系統必須同時是符合倫理，也就是要確保其與倫理規範合拍。[2]

---

[2] European Commission, Directorate-General for Communications Networks, Content and Technology, (2019), *Ethics guidelines for trustworthy AI*, pp. 6-7. Publications Office. https://data.europa.eu/doi/10.2759/346720.

　　儘管如此，此後不久，歐盟執委會於 2021 年 4 月提出一項規範 AI 的法律草案，名稱是「Regulations」（規則），對於歐盟成員國來說，實際上相當於直接有效之法律，故一般多以 AI Act（人工智慧法）稱之。該法欲將 AI 的問題透過一部法律進行全部性的規範，[3] 引發討論，能否如期通過，仍待觀察。惟不管是倫理指引的軟法，抑或具有法律強制力的硬法，「知識落差的平衡」、「多元專業的橋接」、「信賴關係的建立」，以及「利害關係人（stakeholders）的兼籌並顧」，為確保人性尊嚴免於 AI 系統侵害的基本原則，其具體化與實踐機制，則又可從「硬體」與「軟體」兩種面向分進合擊。

（二）硬體思維：AI 利害關係人的社會對話

　　人創造科技，科技的規範亦來自人。民主法治國家之規範，非決諸一人，而是眾人共決，需有一定的審議與決定機制。AI 系統的規範尚無法直接以法律定之，或難以套用傳統法律的規範框架，一定程度反映所涉事物的專業性、未知性與跨域性，以及所涉利益的多元性與歧異性。從制度與程序建構論的角度來說，若不欲受制於技術導向的「專家支配」，就必須建立 AI 利害關係人的社會對話機制，將產業、技術專家、利害關係人、選民、決策者、立法者、執行者、司法部門等，進行公共諮商、民主審議，以尋求共識，且應循由下而上的「部門治理」模式。例如組成前述提出歐盟「可信賴 AI 的倫理指引」（Ethics guidelines for trustworthy AI）的 AI 高級專家小組。[4] 又如德

---

[3] 其中最引人注目的是直接禁止社會信用評分系統與大規模生物特徵辨識系統（real-time remote biometric identification systems）的使用（參見草案第 5 條）。

[4] 關於 AI 高級專家小組，參見 https://digital-strategy.ec.europa.eu/en/policies/expert-group-ai.

國聯邦交通暨數位基礎設施部成立的「自動化駕駛及車聯網倫理委員會」（Ethik-Kommission Automatisiertes und Vernetztes Fahren），該委員會於 2017 年發布全球首部「自駕車倫理規範」（Ethische Regeln für den automatisierten und vernetzten Fahrzeugverkehr），均為足資參考的典範之例。

再從公部門的組織思維進一步言，AI 發展與應用的主管機關難定於一，而只能有所謂的「目的事業主管機關」，且需建置跨部門暨跨部會的機制或組織，必然牽動組織改造。2021 年 12 月 28 日，立法院三讀通過制定「數位發展部組織法」、「數位發展部資通安全署組織法」、「數位發展部數位產業署組織法」，以及「國家資通安全研究院設置條例」，並同步通過相關配套的法律修正案，經總統於 2022 年 1 月 19 日公布，施行日期由行政院以命令定之。「數位發展部」掌理事項（第 2 條），計有：「一、國家數位發展政策之規劃、協調、推動、審議與法規之擬訂及執行。二、通訊傳播與數位資源之整體規劃、推動及管理。三、數位科技應用與創新發展環境之建構及人才培育。四、數位經濟相關產業政策、法規、重大計畫與資源分配等相關事項之擬訂、指導及監督。五、國家資通安全政策、法規、重大計畫與資源分配等相關事項之擬訂、指導及監督。六、政府數位服務、資料治理與開放之策略規劃、協調、推動及資源分配。七、數位基礎建設之整體規劃、推動及管理，相關工程技術規範、系統及設備審驗法規之訂定。八、數位發展之國際交流及合作相關事項。九、政府資訊、資安人才職能基準之規劃、推動及管理。十、其他數位發展事項。」表面觀之，數位發展部囊括所有數位發展重要課題，確實可以擔負起 AI 系統主管機關的任務。然受限於組織法的規範框架，數位發展部尚乏完整的實質職權，猶需行政作用法的配合與授權，始能發揮功能，而其所牽動的行政實體法秩序關聯，才是數位發展部成立之後的

嚴峻法治挑戰。[5]

　　除了公部門的制度建構外，另一思維取向是私部門的組織建置，例如在企業部門內部設置建立資安專員或成立 AI 倫理委員會等。蓋 AI 系統的規範與管制，非能單靠公權力的片面規制，尚須產業及科技界的自律與自我管理。鑑於課予各事業設置「環境專員」的義務，已是環境保護法制的常規，AI 的發展與運用亦得比照為之。

（三）、軟體思維：AI 人權論與責任論的辯證

　　組織與機制乃外顯的硬體形式，若要有機運作，尚需理念、原則或規則等軟體配件。以下試從「人權論」與「責任論」兩個視角分別闡述之。

　　AI 時代下的人權論題，首要觀察的重點是數位人權的入憲運動，可先從幾則憲法規定說起。以德國為例，各邦憲法散見資訊自決或數位隱私的保障條款，例如布蘭登堡邦憲法第 11 條第 1 項規定：「任何人享有決定其個人資料揭露及使用之權利，於涉及個人權利及不影響他人權利之情況下，享有知悉其個人資料儲存之權利、請求閱覽卷宗及其他官方文件之權利。與個人有關之資料須經權利人自願且明白之同意，始得蒐集、儲存、處理、移轉或其他之利用。」石勒斯益格—荷爾斯泰因（Schleswig-Holstein）邦憲法第 14 條規定：「（第 1 項）邦在其權限範圍內，確保數位基礎服務之建設、發展及維護，以及人民分享數位基礎服務。（第 2 項）邦在其權限範圍內，確保得以親自、書面及電子方式接近邦行政機關及法院。無人得因接近之方式而受到不利對待。」第 15 條規定：「邦在其權限範圍內，亦提供人民在**數位私領域之保護**（Schutz der digitalen Privatsphäre）。」黑森邦憲

---

[5] 參見李建良，數位組織三法之包裹立法，**台灣法律人**，**9**，頁 159-163。

法第 12a 條規定：「任何人享有自主決定其個人資料揭露及使用之權利。資訊系統之私密性與整全性應受保障。前述權利之限制應以法律為之。」

　　以上規定雖僅屬邦層級之憲法條款，仍具規範上之重要意義，足以引領人權法治思維，藉人權的進化助推法制的進化，將演化觀念轉換成政策指引，盤整現行相關法制，或 update 或 upgrade。例如將生產鏈與系統變遷的新思維帶入消費者保護法領域，透過自由競爭市場的建立，維持公平的交易法秩序。在數位時代中，消費者關心的問題不再只是產品的合用性與價格的合理性，而是個人資料的安全性與自主性。因此，避免數位消費者對科學技術的依賴性，防止企業透過程式改變強迫消費者購買新的產品，建立資料可攜性的規範要求，減少「綁約」的可能性等（數位消費者保護法）。

　　再以自動駕駛系統發展引動的連鎖反應為例，自動交通工具是工業革命的先聲之一，工業革命引發的社會問題與政治動盪，則遠大於交通工具產生的衝擊。18 世紀，工業蒸氣機的發明（改良）標記了工業革命的新頁，隨著蒸氣機驅動模式的進化（自動化），歐洲的社會秩序與經濟關係為之丕變，自由貿易、資本主義等成了機器時代的關鍵詞，擴及全球，影響及今。工業革命改變了人類的生活方式，開啟了法律制度的轉型與進化，專利權的濫觴（1623 年）只是一例；與之併發的社會問題，如資產分配不均、貧富差距加大形成的社會階級，衍生出時代性的管制與規範需求。社會弱強之異，促使現代「勞動法」從傳統私法秩序中肇分而出，民法的「僱傭關係」被勞動基準法的「勞雇關係」所取代，勞工之於僱主的依附性與從屬性，既成為規範的需求所在，又是規範的標的特徵。在勞動法的規範天平上，僱主的權重逐漸下降，砝碼大舉朝向勞工（受僱人）方向移動，衡器傾斜已是正常之舉。勞動者的保護蔚為法規範秩序的核心要素與勞動法學的主軸

任務。立法者不時舉起看得見的手，進入私法秩序中調整允應對等的利益關係（應然），修正實際上不對等的權力結構（實然），形塑類如勞動集體抗（鬥）爭的新式實踐工具。

　　從大歷史的角度看人權發展進程的腳步，實即國家權力與私人權力的角力與消長關係。如果說工業化的特徵是勞動的資本化，那麼數位化的現象與趨向則是**資料的產值化**，一般所謂的 Data Monetization（數據貨幣化），特別是個人資料的流量與跨國變現率與日俱增。時興的大數據課題，絕大多數且值得關注的其實是巨量個資。身處數位時代，個人的資料或有意或無意或被迫地釋出，同時也釋放出巨量的實驗可能與創新能量。儘管機會人人平等，但無可諱言的是，有能力大規模、無窮盡蒐集、處理、利用個資的是數位時代的 Janus——「國家」與「企業」，正展開質與量的數位軍備競賽，後者主要是在全球化之下變身的數據資本家，如 Amazon、Apple、Facebook、Google、Intel、Microsoft 等；前者如中國、歐盟與美國等，已被歸類為 AI 賽局的贏家。數位世界的個人，其己身所從出或從己身所出的資料，與擷取個人資料的雙巨頭（新巨靈）之間形成的不對等關係，近似於勞動者與雇主之間的歷史演進過程。個人資料保護的規範法制，早在上世紀即已成形，並蔚為一項獨立的法領域。隨著科技的快速發展，個資法制逐漸捉襟見肘，其本身也正處於轉型、進化與升級的階段，是否建構足以調整並平衡「資料當事人」（類如勞工）與「資料控制者」（類如雇主）之間利益關係的法律框架，有待觀察。以數據為元素所形成的 AI 規範網絡與法秩序的建立，或許可以借鏡勞動法中以勞工保護為取向的規範思維與法律機制（把砝碼集中到「資料所有者／新勞工」身上）。與此同時，AI 也可能促使勞動法本身的調整進化，乃至於典範變遷，自是不容忽視。要而言之，數位轉型是一個高度動態、未來發展無法預見的過程；法律只能設定框架，也必須設定；數

位轉型可以推波法學思維轉型，更能促進法制典範轉移。

　　AI 人權論是從「守備方」的角度探索人權的守備範圍可以有多廣多遠，換到「攻擊方」的位置思考，重點則不再僅侷限在如何對之極盡防範之能事，而是如何穿透「侵害者」的體制，將之翻轉為「保護者」。人類世界的面貌從類比進化到數位，人與人接觸的方式及其信賴關係，逐漸在轉變與解構之中，個人權利的保護機制已非人民對抗公權力的二元對立關係，而是國家與企業雙雙負有責任，即所謂「數位課責」（Digital Accountability），國家固然應擔負起保護人民基本權利之責任（基本權保護義務），在公共網路平台上，必須擔負起「數位責任」，尤其是照顧社會的「數位弱勢者」，企業亦不能置身事外，此企業社會暨人權責任之所由生。

　　「企業社會責任」（Corporate Social Responsibility, CSR）的概念起於 1960 年代，隨著時間的推移，此一觀念於今已無爭議，問題只在如何實踐及其程度。舉凡產品製造、服務提供或技術研發，永續發展為經營原則，已被越來越多以獲取利潤為目的的企業奉為經營原則，強調以善盡社會責任為己任。在企業的領導階層，CSR 已是不能想像其不存在的經營思維與行動策略。不過，CSR 的內涵隨著時代的改變持續變遷之中。曾幾何時，數位化已經全面佔據人類生活的每個角落，不論是政經社文等公共領域，還是民生日常的私人領域，電子產品無處不見，數位服務無所不在。數位化帶來生活便利的同時，也隱藏了危機，特別是對既有價值與規範的挑戰與顛覆。因數位化而形成新的行為模式，或改變生活習慣，隱然牴觸或逸脫了現有的價值與規範，爰有「企業數位責任」（Corporate Digital Responsibility, CDR）觀念的興起（Lobschat et al., 2021）。質言之，在大數據時代「機器學習」暨 AI 的領域，企業不僅只是被要求必須遵守相關的個資保護法律規範，還需自主性地共同行動，在法律框架之外，主動形成友

善人類的數位環境，保護消費者免於受到傷害，並保有對個人資料的自我決定權，強化資訊安全、保護個人資料，除非必要，不得蒐集。企業於研發 AI 時，必須設定高標的 IT 安全標準，並對上市的產品隨時進行檢測、更新技術；科技發展與產業模型的開發應做符合個資保護的技術設計。總之，從 CSR 到 CDR，強調的不單是法律上的責任，還包括倫理道德上的責任，在 AI 時代下，倫理與法律如何相互為用，足以作為人性尊嚴是否受到充分保護的關鍵突破計畫。

五、數位時代 AI 公共化的人文底蘊

　　AI 的發展不是讓我們見識到科技征服世界的無限可能，而是讓人們意識到 AI 的發展可能對根基於人文底蘊的理性世界產生翻天覆地的改變；指出問題並不能拯救我們，但可以打開我們的想像力。技術系統具備「自我」的「真正智慧」可能還有一段距離，儘管如此，AI 造成的影響已然開始，且持續進行之中。AI 革命不會踏著漸進式的腳步前進，而是等比級數銳變式的快速遞增，虛擬實境的發展更是無可限量，人們自願或非自願地受到數位世界的驅策。如果科學的進步不是知識的線性積累，而是推翻典範的週期性革命，那麼根基於人性（善或惡）的規範科學是否也要賴此路徑？

　　AI 帶來人類的希望，但也是當前嚴峻的挑戰；AI 是否及如何改變人類的生活及工作。棋藝上勝出、人類駕駛人的取代……，AI 不再只是某種單純的演算法。根據科學家的說法，AI 可以「自主學習」，「模仿」人類的行為！如果人類學習為出現偏差，機器亦有可能犯錯，或者說機器會「正確地」學習人類的錯誤。

　　大數據已森然地入侵人類的生活，各種程式設定迫使數位使用者的空間，如同塞入緊身衣內。在數位條件下，人類是否仍然可以自由、

自主的言行舉止？面對來自科技發展的挑戰，對抗科技，不能只依賴科技，多學一點科技的專業知識，固然必要，而且需要時間，但人文素養的培育與社會價值的儲備，更為重要，也更需要時間。「十年樹木，百年樹人」一定程度可以對比「科技」與「人文」的關係，同時彰顯 AI 公共化的重要性。更進一步申論，儘管人流與車速一日千里，人性與尊嚴則是與生俱來，但未必與時俱進。有人，就有人性論與尊嚴議題，從人權思想啟蒙到立憲行動實踐的漫漫長路上，法學論著或法律文件中大量出現「尊嚴」，卻是在第二次世界大戰之後，顯示歷史經驗的反省，遠勝於抽象理論的推演。個人資料受到侵害或許不如人身自由遭到剝奪來得有感，只是一旦被國家或企業點滴侵蝕、乃至全面佔領，人之所以存在的根基可能會被淘空。不要相信或過度誇大人類會被機器接管的說法，因為人類的災難始終來自人類自身。

AI 時代下人性尊嚴保障的新課題，說到底，還是「自由與安全，孰輕孰重；理性與尊嚴，如何可能」的老問題。這新時代老問題的四個要素可以有多種組合，可以是正反回饋的關係。人是否為理性的動物，可以不斷辯論、反覆驗證；人的尊嚴不容侵犯，則是規範上的定言誡命。自由的社會需要規範，方足以運作，受學術自由保障的 AI 研發，亦然；人性尊嚴的不可侵犯性，則不容被稀釋。也因此，身處 AI 時代，人們的思維重心必須從人類理性轉換到人性尊嚴（Kissinger, Schmidt and Huttenlocher, 2021）。

無可諱言，身在今之社會，營造數位環境、建立數位社會、打造智慧政府，口號此起彼落，我們被不斷提醒，我們生活在一個資訊時代，應該接受數位轉型下的生活方式，必須與數位時代俱進。數位化已是不可逆的時代趨勢，（學習）使用數位產品，是個人的權利，或是時尚的追求，但也可以說是一種道德義務。因為不使用數位產品的結果是，凡事需要由別人代勞。如本文開篇所論，我們其實生活在

online，「離線」或「上線」已經很難分辨。勸阻人們盡量少使用數位產品，或是一味抵拒數位化，甚或以從不使用數位產品而自詡，皆不切實際，亦非所宜。重要的是，如何建立法律制度與社會規範，透過介面的互動與資料信託者，還給人們對個人資料的掌控權，並且學習如何掌控。「資料主權」或「數位主權」強調的是「即時地」、「等速地」對個人資料取得主控權，從以「輸入」為取向的個人資料保護轉換成資訊的主控權。時至今日，也許我們還不是真正知道什麼是尊嚴，但我們可以設法讓個人保有自主，把尊嚴留給每一個人自己。

參考書目

李建良（2022）。數位組織三法之包裹立法。台灣法律人，9，頁 159-163。

Dastin, J. *Amazon Scraps Secret AI Recruiting Tool that Showed Bias Against Women*. Reuters. https://www.reuters.com/article/us-amazon-com-jobs-automation-insight/amazon-scraps-secret-ai-recruiting-tool-that-showed-bias-against-women-idUSKCN1MK08G. (last visited: October 9, 2018)

Floridi, L. (2018). Soft Ethics and the Governance of the Digital. *Philosophy & Technology, 31*, pp. 1-8.

Green, B. (2019). *The Smart Enough City: Putting Technology in Its Place to Reclaim Our Urban Future*. Cambridge, Massachusetts: The MIT Press.

Kissinger, H. A., Schmidt, E., & Huttenlocher, D. (2021). *The Age of AI, And Our Human Future*. New York: Little, Brown and Company.

Lobschat, L., Mueller, B., Eggers, F., Brandimarte, L., Diefenbach, S., Kroschke, M., & Wirtz, J. (2021). Corporate Digital Responsibility, *Journal of Business Research, 122*, pp. 875-888. Schmidt, E., & Cohen, J. (2013). *The New Digital Age: Reshaping the Future of People, Nations and Business*. New York: Alfred A. Knopf.

Warren, S., & Brandeis, L. (1890). The Right to Privacy. *Harvard Law Review, IV*, No. 5.

Watson, L. (2021). *The Right to Know: Epistemic Rights and Why We Need Them*. Abingdon: Routledge.

Zuboff, S. (2019). *The Age of Surveillance Capitalism*. London: Profile Books.

Zuboff, S. (2021). The Coup We Are Not Talking About. *The New York Times*. https://www.nytimes.com/2021/01/29/opinion/sunday/facebook-surveillance-society-technology.html.(last visited: January 29, 2021)

第五章
為何應該以人工智能強化倫理衝突的緊急決策？ *

甘偵蓉 助理教授　東海大學哲學系

前言

　　AI 公共化的思考，除了批判反思 AI 目前發展完全在資本與技術主導下對於社會的影響外，或許探討什麼樣的 AI 才是人們迫切需要的，是一種跳脫目前發展框架的思考方式。

　　其中，以 AI 來改善人們通常不擅長的事項來讓人類增能（empowerment），有可能會是人們迫切需要的。本文在此思路下擬探討，如果人們通常不擅長在涉及公共重大且複雜倫理衝突的緊急情況下做出良好決策，有無可能且應該利用 AI 來做這方面決策？本文採取肯定立場並為此辯護。辯護目的在於，AI 若能在良好設計下為涉及特定公共重大且複雜倫理衝突的情境提供決策，或有可能降低人們常因各種主客觀決策限制而在前述情境下的傷亡或遺憾機會；但應用在這類情境下的 AI，良好設計關鍵絕不只是提升技術如具備穩健性而已，公民參與應該要納入 AI 決策模型挑選及應用調整等設計過

* 本文修改自作者於 2023 年刊登在《資訊社會研究》期刊第 45 期 7 月同篇名文章（https://doi.org/10.29843/JCCIS.202307_(45).0002），尤其第二節有大幅度修改與增寫。

程中。以此方式設計且應用在這類特定情境下的 AI，不只可望為人們生活帶來改變（The public with AI），亦可望形塑出新的公共基礎（AI as the new public），為探討 AI 公共化提供一種思考的方向。[1]

一、倫理衝突決策

2021 年臺灣發生一輛公車撞死一名高中生事件，起因是該公車疑似煞車失靈，司機供稱當時雖看到前方有 10 多名高中生正依據綠燈指示穿越馬路，但「當下只有 2 個選擇，一是讓公車撞山壁，二是繼續往前開，因車上有 40 多名乘客，所以只能往前開」（中央社，2021）。

若我們不論這起事件調查結果司機所言是否屬實，任何人處在司機的情境中都很難抉擇，或許會和司機做一樣的判斷，但也許不一樣。諸如這種有倫理衝突的決策情境在哲學上稱為倫理兩難（Ethical Dilemma）：決策者當下可選擇的決策有衝突，亦即無論選擇哪一種，都有人會因為決策者沒選擇的那項決策而受到傷害；即使這些人受到傷害的原因，絕非決策者蓄意使然，但與決策者所做的選擇有直接因果關聯，屬於該選擇下無可避免會產生的惡果，只是該惡果與決策者所意圖達到的善果相比，並不會不成比例。換言之，當決策的行動本質是善的、無論被選擇還是放棄的決策都是出於善動機及手段、決策產生的善果與附帶惡果並非不成比例等這三條件皆滿足時，相關決策可視為有雙重效應（Double Effect）的倫理決策（McIntyre, 2019）。

倫理衝突情境本來就很難抉擇，若再加上情況危急，不容許有仔細思考時間，且決策發生在公共場域或涉及公共事務、決策結果涉及

---

[1] 有關 AI 公共化的兩面向思考請參考林文源（2021）一文及相關演講。

人類生命或重大權益影響而需考量因素複雜，多數人都只能憑直覺驟下決定。儘管決策結果無論為何，人們通常不太會苛責決策者當時所做的決策，但在那類情境下所做的決策不但難有品質，且未必符合決策者在深思熟慮下所認可的倫理原則或價值。

當然所謂有品質的決策，雖然有很多不同的評估指標，但基本上多屬於風險／影響評估（risk/impact assessment）的形式：亦即針對可達成預定目標下各項可行的決策，逐一列出每項決策所可能導致的後果，以及各利益相關人員在每項決策下可能受到的影響，然後從中選擇一個既能達成目標又能讓各利益相關人員受到最小負向影響的決策。

但那些涉及公共且有複雜倫理衝突的重大緊急決策之情況，多數人很容易受到如時間限制、環境壓力、資訊限制等客觀因素影響，或是受到如疲倦、偏見、遺忘、緊張、疏忽、注意力不集中等主觀因素影響，以致於在當下所作出的決策，很可能與去除前述那些主客觀因素的理想情況下所做的決策不同。主客觀因素在這裡是指，那些人們對自身做出錯誤判斷通常會歸咎的因素，且人們多認為若沒有那些因素干擾通常做出來的決策會比較理想或比較是自己所偏好的（Sinnott-Armstrong & Skorburg, 2021; Richardson, 2018）。

但這麼說不意味著，理想或較佳的倫理決策是不包含情緒、感知或情感的。事實上除了理性外，情緒與社會學習亦是人類做道德判斷的重要構成因素（De Sousa, 1979; Kauppinen, 2022），[2] 當人們認為AI缺乏情感能做較佳決策時，心裡想的是 AI 缺少衝動、緊張或情緒化等多被認為是阻礙個人審慎思考的因素，而不是缺乏同情、同理、正義感等這類偏向正向評價的情緒。

---

[2] 此點感謝審查人的提醒。

　　此外，針對某些涉及公共重大且複雜倫理衝突的緊急決策事項，人們即使去除上述那些阻礙審慎思考的主客觀因素，其實也不保證人們就一定能做出良好決策。這是因為那些決策事項通常涉及倫理規範的難以決定性，例如選擇採取行動與不採取行動在導致他人死亡、殺害和放任死亡等，在道德上究竟有無根本上的差異尚有爭論。不僅如此，那些決策同時還涉及知識的不確定性，例如當下情境究竟存在多少可行的選項、各選項可能帶來的後果有哪些、不同選項之間的比較孰輕孰重、他人的選擇對於原本選項構成哪些影響等。

　　事實上某些緊急決策事項，尤其是必須在生命、財產、安全或自由、動物生命福祉、環境安全永續、社會共善等各種重要的利益（interests）之間選擇與比較，一旦受到時間、體能、思維模式、資訊不全或過於繁雜等因素影響，人們本來就難以在這類情況下穩定地做出良好的倫理決策。

　　所以在前述影響理想決策的主客觀因素、道德規範的難以決定性、知識的不確定性等因素干擾下，實在很難要求人們都能做出較佳或適切的倫理決策，往往只能任由當事者憑直覺判斷，且因人而異。但目前已有不少實驗證明，直覺是不可靠的倫理判斷依據，不僅容易受到各種認知偏見影響，甚至會被人們以為瑣碎或不相干的事物影響當下倫理決策（Knobe & Nichols, 2017），以致於很難寄望在相關緊急的重大公共決策上可獲得穩定的決策結果。[3]

二、AI 倫理決策系統

　　有鑑於涉及公共重大且複雜倫理衝突的緊急決策事項，不論是人

---

[3] 此點感謝審查人的提問使作者有機會思考的更清楚。

們受到前述那些主客觀因素影響而很難做出良好倫理決策，還是因為涉及的倫理考量太過複雜只能倚賴不可靠的直覺來做決策，基本上就是屬於人類並不擅長穩定做出良好決策的事項。針對這項缺陷，本文主張人類應該要開發 AI 倫理決策系統來提升（enhance）在這類事項上的決策品質。開發目的，表面上是以 AI 取代人類在這類事項上的決策，實質上是透過事先蒐集人們認為在這種兩難決策事項上應該納入哪些考量因素／特徵，然後藉助 AI 演算法擅長找出那些因素／特徵的複雜關聯性，並進一步生成最佳化的預測／決策之特點，最終達到改善人類對於那些不容細想但涉及公共且緊急重大的倫理決策之品質。

　　此處以 AI 提升決策品質，主要是指直接執行 AI 所生成的倫理決策，但亦不排除是由 AI 篩選出幾項倫理決策後供人類挑選與執行。前項做法雖然易引起爭議及憂慮，但這正是本文論證為何有必要以 AI 提升決策品質，相關論述可參見本文第三～四節。至於後項做法雖然是目前常見的使用 AI 方式，似乎較無爭議，但過去論述多忽略有些涉及公共領域或公共安全的倫理衝突決策 AI 應用，並不只關乎個人價值選擇而已，這是本文為何論證應該以 AI 提升這類決策的公共性，相關論述請參見本文第四節的第（二）小節之（1）人工改良民主與（2）倫理兩難決策的公共參與基礎。

　　本文所討論的複雜倫理衝突 AI 決策系統，尚在初探階段（甘偵蓉、許漢，2020），但如自駕車或類似的倫理衝突決策，不論是從技術還是從概念層面的討論，其實都累積到自成一特定領域的討論（Cervantes et al., 2020）。本文擬將這些涉及倫理衝突的批評區分為，屬於方法論還是本體論的批評，並在第三、四節分別檢討及釐清這兩類批評。

（一）以 AI 作為一種決策工具

　　凡是涉及複雜倫理衝突的緊急決策，不論是交由 AI 直接執行所生成的決策，還是由 AI 生成選項交由公眾挑選與執行，本文將這類決策視為從資料驅動到 AI 驅動的決策。

　　所謂 AI 驅動，在此是強調借助 AI 的計算與賦能，至於執行決策者則不限定是 AI 或人類。又主張經過適當設計的 AI 能夠提昇有公共性且緊急的倫理衝突決策，不但是著眼於 AI 可從過往人類諸多且複雜的決策經驗當中學習與分析，能找出在特定情境下有哪些較佳決策的可能；且其決策速度相較於人類更能應付緊急狀況，少了前述造成人類做出不理想決策的主觀因素如緊張或客觀因素如知識不確定性等限制，使得相關決策結果在健全的設計下有一定程度的可信賴度與一致性。

　　或有人認為上述公車司機所遇到的情況在現實中罕見，但正因為罕見，任何人處在類似情況中，可能都很難做出良好決策，僅能憑倫理直覺判斷。但已有諸多實驗證明人類的倫理直覺並不可靠。再加上情況罕見，這意味人們很難事先設想並多做演練以利屆時做出較佳決策。[4] 而與其祈禱不幸發生時上天保佑傷亡不要太嚴重，為何不設法

---

[4] 有審查人建議，要解決人們難以在「情況緊急、不容細想」的倫理兩難情境中做出較佳倫理決策的問題，最好方式是提供人們倫理兩難的思考教學，而非使用 AI，因為如此一來容易養成人類的倫理決策倚賴性而有卸責風險。本文以下指出倚賴性與卸責是兩回事，但倫理兩難的思考教學與本文主張相容。因為平時若能教導人們針對非罕見的倫理兩難情況如何來思考與決策，人們在遇到緊急情況時或許有可能比較知道如何決策，但也不排除仍受到文中所述的不良主客觀影響。而緊急情況如果是罕見的，這意味平時的兩難教學也未必派得上用場。不過作者完全認同審查人的另項建議，AI 輔助倫理決策可用在那些倚賴複雜專業知識且容許長時間細想的事項上，像是要採取什麼措施以減輕全球暖化所帶來的生命損傷、國家能源配置要如何研擬、長達 2-3 年的大規模防疫政策

利用那些內建法令規範、人民生活慣俗與常識的 AI 決策系統來因應？當然在罕見的緊急情況中利用 AI，既不是因為 AI 可能預測得到罕見情況，也不是因為相信 AI 比人類聰明，而是人們針對罕見情況應該做出哪些決策的評價，並非毫無所本，仍舊是根據與該情況有關的法令規範、生活慣俗與常識來判斷。例如避免撞人及降低傷亡的盡可能安全駕駛，可說是道路駕駛的最高原則，而在多數情況下，遵守交通規則確實最能滿足該原則的要求。但也不排除有罕見情況是，只有闖紅燈或越過對向車道等違反交通規則的做法才能滿足該原則，而人們通常也會認為在那當下駕駛者就應該違反交通規則才是對的或較佳的決策（D'Amato et al., 2022）。

　　換言之，與其倚賴駕駛人當下的判斷、反應以及駕駛能力，倒不如事先將道路駕駛一般認為應納入判斷的因素所組合出來的倫理決策模式建立起來，並內建在自駕車道路識別與決策的 AI 系統中，一旦遇到倫理衝突情境不論是否罕見，自駕車就依據該模式來生成決策，而不會受到上一節所提到的諸如過於緊張或時間太緊急等不良主客觀因素、知識與道德規範不確定性等影響，如此更有助於促進交通安全這項終極目標？[5]

要如何制定等，宜多加運用。

[5] 或有人憂慮自駕車與人駕車屆時能否在道路上順利協作的問題，此問題雖值得考量，但偏離本文主題將不討論，建議參考劉育成（2020）一文針對此問題相當細緻且有啟發性的探討。他指出 AI 技術儘管形塑了人類智能與 AI 如何共存，但只要 AI 持續以窮盡外在環境資訊與情況為邏輯的話，不但 AI 要像人類一樣思考還有相當長一段路得走，且更有可能是以犧牲人類智能為代價才有可能達到，像是將自駕車無法準確執行的原因，歸咎行人不遵守號誌、不走斑馬線、不依照規定來行動等。另該文不但從技術人類學與現象學的角度探討 AI 與人類智能之異同，還探討 AI、人類、環境三者交互作用之關係。本文不同於劉文，純粹將 AI 只視為協助人類找出涉及公眾利益的倫理衝突情境下有哪些最佳緊急

當然所謂最佳的倫理衝突決策，因為涉及價值衝突或倫理原則衝突，可能沒有顯而易見等先驗的正確決策可供挑選，同時最佳與否還有脈絡化的差異，也就是可能受到當下情境的法規制度、環境與人員等文化差異影響，所須考量因素相當複雜。但正因為複雜，若能利用當代設計 AI 主流的機器學習特性，善於以人類經驗為師，可從過往大量相關經驗中找出較佳的倫理決策選項，然後再由人類從中界入調教、選擇與學習，例如採取類似人類回饋的強化式學習（Reinforcement Learning from Human Feedback）。畢竟堅持只倚賴人類當下自身的倫理判斷且無論好壞都應該接受的主張，卻拒絕利用科技幫助人類保護那些所珍視的重要利益，究竟有多少說服力頗令人懷疑。

所以，人類借助 AI 找出在緊急情況下通常不擅長做出良好倫理決策的事項上之最佳決策，尤其利用機器學習能自動且迅速處理巨量資料的特點，以改善人類在特定事項上需緊急採取決策或行動的倫理判斷品質，這件事值得受到更多重視與努力。在此同時，無需也不應該宣稱 AI 已發展出如人類一樣有做各種倫理決策的道德能力，更不必陷入 AI 可不可能或應不應該做倫理決策的論辯。未來不論是否真有可能研發出能力與人一樣的通用 AI（Artificial General Intelligence）或強 AI（Strong Artificial Intelligence），而值得探討這類 AI 能否如人一樣發展出有能力做各種倫理決策的道德主體，目前主張以特定功能的弱 AI（Artificial Narrow Intelligence or Weak Artificial Intelligence）來提供有關特定事項的最佳倫理決策，可以純粹指設計一個在功能上可處理及產出特定決策資訊的 AI，而無任何本體或形上學的承諾這

決策的工具，探討焦點是人類應該如何看待這類工具，以及相關設計過程應該如何規範才有可能找到那些較佳的倫理決策。

類 AI 足以被視為有倫理決策的能力。[6]

　　釐清為何要以 AI 來處理特定事項的倫理兩難決策，以及現階段應該如何看待研發這類 AI 系統的目的，不但是回應近年來當人們發現日常生活有越來越多地方使用 AI 時，人們對於 AI 的看法常出現兩極化的現象：或者過度期待 AI 能做到目前還是只有人類才能做到的事，或者過度擔憂 AI 已經取代原本以為只有人類才能做到的事。上述釐清，也有助於我們從 AI 有無能力或是否應該做倫理決策的論辯泥沼中脫困，改將焦點放在有關提供特定事項的 AI 倫理決策系統，究竟應該以哪些因素或特徵作為參考指標以及它們相互作用結果等方面的探討。

　　就如同臨床上被用來監測臥床病人在哪些情況下需要醫生緊急救治的心電監護診斷儀，在設計這種儀器時，就得決定要參考及監測哪些生理參數，並得決定當哪些參數超過預先設定的正常值範圍時，需要發出警示好讓醫護人員趕緊過來救治。若從擬人化角度來看心電監護診斷儀所展現的功能，也可以說該機器必須依據所輸入的數據特徵，在極短時間內迅速判斷並做出是否通知醫生前來救治的倫理決策。但基本上不會有人問這種機器有無能力或是否應該做這麼重大的倫理決策，因為該機器只是依照預先設定的內建程式運作，並無稱得上在做倫理決策時所應具備如自主與自由選擇的能力等。再者，若希望這種機器能更精準達成在最恰當時機警示醫護人員前救治的目標，更要緊的是檢視所設定監測的生理參數項目是否正確或足夠，以及相關警示閾值的設定是否需要調整等。

―――――――――――――――――――――

[6] 有關不論是弱 AI 目前還是未來通用 / 強 AI 可能帶來的倫理問題，相關國外文獻頗多，若希望對此有一初步的整體掌握，推薦閱讀劉湘瑤，張震興，張瓅匀，趙恩，李思賢（2021）一文，該文整理了近期文獻共 82 篇，內容涵蓋了特定倫理議題及倫理政策治理，相當全面。

　　AI 系統雖然不若心電監護診斷儀，它有自主決策的空間，但該自主意涵與人類的自主意涵包含了自我設定目標且有自由選擇空間等，尚有非常遙遠的差距。尤其以機器學習設計的 AI 系統，是指系統依據演算法所設定的搜尋方式，可自動比對目前所輸入的資料特徵與過往所學習到的資料特徵，是否有相似之處以及相似程度，然後輸出可對應到或最相似過往所學過的資料特徵類別及數值。所以 AI 研發人員要給機器學習什麼資料特徵、那些資料特徵對應到什麼類別、或對應的數值所代表的意義等，便決定了所建立的 AI 系統能否達到預期目標或展現預期功能。

　　如以本文所談論能對於特定公共重大事項提供最佳倫理決策的 AI 系統來說，這類 AI 系統在實際應用時，將輸出哪些類別的倫理決策，相當大程度取決於當初所學習有關倫理決策的訓練資料，究竟如何定義決策所需考量的因素與資料特徵，以及如何定義各特徵在不同權重與順序組合下所對應的決策類別。因此，探討與檢視這類決策 AI 系統的訓練資料究竟定義了哪些資料特徵，以及所輸出的結果是否偏向人們認為在深思熟慮下會做出的倫理決策，借助科技力量來提升人們在相關事項上的決策品質與穩定度，現階段來說會比討論 AI 是否如同人一樣（personhood）有資格做倫理決策更加重要。

　　尤其這類 AI 所做的倫理決策既然屬於倫理兩難情境，這代表每項決策皆涉及對於不同重要價值或利益衝突的權衡（trade-off），而權衡結果也就是系統所輸出的結果，究竟對哪些群體有利或不利。尤其所不利的群體，是否包含了以下現象：多集中在歷史上曾構成歧視的如性別、膚色、外貌、身形、種族、社會階級等特定社會身分，但那些身分一般認為與相關倫理決策無關，以致於不論當初有無被列入訓練的資料特徵中，但決策結果卻明顯不利於擁有那些身分的群體。一旦系統開發團隊發現有此現象，就需回頭檢視當初所輸入的資料、

演算法的設計與模型建立等，究竟哪個環節出了問題，而讓特定群體承受不平等的對待。

（二）決策倚賴性與卸責問題

本文主張利用 AI 做涉及公共重大且倫理衝突的緊急決策，可能遭致最大的擔憂有二：一是人們容易對於相關決策產生倚賴性，二是容易在決策出錯時成為人們卸責的藉口。[7]

首先有關第一項的決策倚賴性的擔憂，不可諱言，只要利用 AI 來決策的事項，都可能出現倚賴性的問題，並不限於倫理層面的決策。但決策事項出現倚賴性若值得擔憂，必須是該決策事項由 AI 來決策沒有人類決策來得佳，若是這樣過度倚賴 AI 確實是個問題。但本文所談論的複雜倫理衝突的緊急決策事項，本來就是人類所不擅長的，在已知 AI 擅長從複雜決策當中找出較佳的決策選項，且決策快速，若能嘗試應用在複雜倫理衝突的緊急決策事項上，就算出現倚賴性問題似乎也無需太過擔憂。

此外，倚賴性的問題如果值得擔憂，主要涉及目前在學術討論中的演算法欣賞問題（Algorithm Appreciation）：人們會過度信賴 AI 所生成的決策，而未能察覺其決策有時候會發生錯誤。目前研究結果發現，算法欣賞問題可能與決策者是否為決策事項的領域專家有關（Logg, Minson & Moore, 2019; You, Yang, & Li, 2022）：屬於決策事項的專家，較不會遭遇算法欣賞問題，但越是外行者，越會面臨此問題。另有研究結果顯示，算法欣賞問題涉及告知決策來源的陳述框架是否涉及專家權力（Hou & Jung, 2021）：決策即使都由 AI 生成，當人們被告知的陳述是該決策出自「一群專家的成果」或「AI」等時，

---

[7] 此點謝謝審查人的提出。

比起被告知的陳述是出自「一組／項算法」或「電腦程式」等，人們更願意信任採取前者陳述的決策。[8]

不過，演算法欣賞問題就如同與其相反的演算法厭惡問題（Algorithm Aversion）——人們不願採用有大量證據證明由 AI 所提供比人類更佳的那些決策，都涉及複雜的人類心理認知因素，相關實證研究結果的差異性大，尚未形成共識。但可確定的是，減緩倚賴性或算法欣賞所帶來的問題，提升 AI 決策的準確度達到人們多可接受程度才能現實應用外，時時監控其決策準確度而無模型偏移現象，同樣重要。

其次，有關以 AI 來做倫理決策一旦出錯時人們容易卸責的第二項擔憂，似乎來自於懷疑以 AI 來決策會降低人的自主性，進而引起 AI 所提供的決策究竟是人的決定還是系統的決定之質疑。

然而，人的自主性與人性尊嚴不應該是建立在人們決策不良而造成生命損失或嚴重傷亡的代價上，人類歷史已經有無數借助科技工具來促進較佳決策的案例，例如醫師借助 AI 來偵測癌細胞有無病變以決定是否做進一步檢查或治療等，但醫師的專業與個人自主性並不因此就受到減損。

事實上人們利用 AI 來做決策是否會造成容易卸責的關鍵在於，AI 如果出錯是否有辦法釐清出錯環節與咎責，而不在於人們的自主決策能力受到 AI 影響，或是對於 AI 產生倚賴性。目前許多自動化機器上面都有安裝紀錄器，本文所主張的可做倫理衝突的緊急決策 AI 當然也可安裝紀錄器，一旦發生錯誤，就可透過紀錄器來釐清責任，

---

[8] 有審查人指出可容許決策時間越短，也就是情況危急且不容仔細思考的決策，越可能誘發人們倚賴的問題，目前尚未看到相關研究發現，但值得注意未來是否有這方面研究。

究竟問題出在系統開發、部署、還是實時監控的哪個環節，抑或該歸咎於解除由 AI 決策而選擇自行決策的人。AI 來輔助人類決策或是直接執行決策（前述已指出相關執行決策的 AI 模型必須經過人類的介入調教），究竟這類決策是人還是 AI 在做決定，或有形上學探究的旨趣，但就現實應用來說，利用 AI 來改善人們所不擅長決策事項的決策品質是倫理的，且與是否提升卸責風險是兩回事。

有關涉及重大公共的倫理衝突事項之緊急決策，本節在說明完為何應該採取 AI 驅動的決策以及回應可能的擔憂之後，以下兩節將處理那些認為不應該以 AI 來做倫理決策的批評，這些批評基本上可區分為方法論以及本體論兩種。第三節有關方法論的批評是指，這類批評未必反對以 AI 來提昇某些事項的倫理決策品質，但反對資訊科學界目前常以眾包（crowdsourcing）方式來獲得輸入機器的訓練資料，並批評研究團隊在資料特徵的選擇上有複製社會偏見甚至歷史歧視之嫌。第四節有關本體論的批評則是指，這類批評基本上反對以 AI 來提升某些事項的倫理決策品質，他們既不認為以量化計算為本質的機器學習有可能成功模擬倫理決策，也不認為透過蒐集群眾意見有可能獲得在倫理兩難情境下應該如何決策的答案。

三、方法論的批評與釐清

本節討論有關倫理兩難決策 AI 研究在方法論上的批評，又可區分為輸入資料眾包與資料特徵選擇不當，以下將分成兩小節來討論。第一小節將在簡介有關眾包的批評內容後指出，眾包是一種蒐集經驗資料的方法，如同過往社會科學中許多蒐集經驗資料的研究方法，皆有優缺點，只要研究分析時能切合所蒐集的資料特性及限制，以眾包資料驅動機器學習如何做倫理決策未必不行。第二小節則在簡介有關

資料特徵選擇不當的批評內容後指出，究竟要選擇哪些資料特徵來驅動機器學習以符合決策系統開發目標，不只涉及技術問題，還涉及價值選擇與承諾，換言之，當研究團隊在取捨要納入或排除哪些資料特徵時，就是一種價值選擇，本文將同時建議應該以決策系統所提供的結果如何促進平等價值來引導，也就是以平等主流化觀點來擬定學習模型的設計、檢測與調整等策略。

（一）不當使用眾包資料的批評

　　以群眾外包資料來探討未來以 AI 作倫理兩難決策的研究，最有名的莫過於 2016 年美國麻省理工學院所設計的道德機器（Moral Machine）的眾包網站。[9] 它以哲學上著名的電車難題這個思想實驗作為設計原型，以一輛自駕車遇到煞車失靈而必須在直行與轉向其他車道之間做選擇，但選擇代價是以犧牲兩組行人或行人與乘客其中之一的生命。該網站提供了十種語言讓無任何身分限制的網路使用者線上填答，以便蒐集他們在包含了十幾組不同選擇條件的這種兩難情境下的決策結果，並宣稱此研究目的在於讓社會、道路監管政府單位、車商等眾人了解，未來上路的自駕車如果要內建這類倫理兩難決策，來自至少 233 個國家或地區在一年半內就累積近四千萬人次的看法。該眾包網站推出後獲得不少關注，不但有媒體報導及部落格討論，在《自然》雜誌上一篇由該團隊介紹此項研究成果的文章，至今已獲得三百多篇學術論文引用（Awad et al., 2018）。

　　爾後我國清華大學研究團隊也自行設計了以繁體文為主有關 AI 的倫理兩難決策眾包網站，在他們設計的四種倫理兩難決策的類型當中，有一種就是自駕車，該網站同樣也在短短一年就迅速收到三萬多

---

[9] 請參考 MIT Moral Machine website，https://www.moralmachine.net/。

筆資料。[10]

　　兩研究團隊的背景及研究目的並不相同：MIT 團隊的研究背景主要是由社會科學家所組成，研究目的在於呈現社會大眾期待自動駕駛車輛預先植入哪些倫理決策的看法，無意宣稱應該以眾包資料來設計自駕車的倫理決策系統；清大團隊的研究背景則是演算法設計專家，研究目的在於企圖設計能模擬常民道德（Folk Morality）的演算法，而透過眾包所蒐集的資料主要是作為測試案例，並非真要建立適合內建在自駕車上的倫理決策模型。但兩研究團隊尤其是 MIT，因為在研究主題上都涉及以「AI 做倫理決策」這項頗為敏感主題，而受到不少批評。

　　之所以敏感，不只因為碰觸到許多人的不安全感，像是 AI 是否擁有向來被視為人類專屬的倫理決策能力，更在於某些人的生命，竟以自駕車這類機器預先決定未來危急時刻是可被犧牲的，這似乎在預謀殺人。尤有甚者，建立自駕車的倫理兩難決策模型所需訓練資料，如果類似這兩團隊都來自眾包，在已知這類資料常複製歷史偏見的情況下，未來以這類資料作為機器學習的輸入資料，相關輸出結果將對於原已受到社會歧視的非主流或弱勢群體更加不利。

　　上述三項引發人們不安全感的來源，前二項在第二節已說明，人們的不安全感與擔憂在目前並無必要，且人類若能事先審慎評估遇到緊急狀況應該如何決策的選項內建在自駕車，總比倚賴個人當下憑直覺做選擇佳。當然這不表示應該在自駕車中內建屆時哪些人將被犧牲的決策模型，這樣在道德上確實有問題，有關這點將在第二小節有關

---

[10] 相關資訊放置在目前已下架的人工智慧倫理學網站：https://aiethics.ml/index.php。作者曾針對 MIT 及清華大學這兩項實驗，另外撰文探討那些實驗背後為何涉及 AI 系統開發過程中的倫理權衡（ethicaltrade-off），詳細內容請參考甘偵蓉（2024）一文。

資料特徵選擇的討論中釐清。

　　有關引發不安全感的最後一項，也就是眾包資料不應該作為 AI 倫理兩難決策系統的訓練資料，確實需要注意與釐清。因為前述已指出，現階段只具有特定功能的 AI，距離人類具有在各種不同事項上做倫理決策的能力還相當遙遠，而倫理兩難決策如果確實屬於有雙重效應的決策，相關決策所產生的惡果基本上就不應該視為蓄意殺害。

　　然而必須留意的是，雙重效應決策當初提出的倫理兩難情境，在設想上屬於偶而需做出單次決策的情境，未必能擴充解釋也適用在每次類似決策都對於相同群體不利的重複決策情境。這表示相關 AI 開發團隊在系統正式部署前，若已得知系統輸出結果總是對特定群體不利，但未進一步檢視相關不利是否在道德上可被合理說明，例如在自駕車案例中，不利的如果總是未遵守交通規則的群體，便有可能獲得初步（Prima Facie）說明，但不利的如果總是高齡群體或男性群體，可能就難以獲得初步說明，而有透過自駕車蓄意殺害特定群體之嫌。

　　不過眾包資料就如同以往各種不同研究方法所蒐集的經驗資料，相關經驗資料特性總是受到蒐集方法的影響。像眾包資料如果是透過網路平台匿名蒐集，雖然蒐集速度快且數量多，但相對地也容易蒐集到不需承擔任何選擇後果而不假思索就輕率回答的資料，以致於所蒐集到的資料未必能真實反應填答者的想法，更別提與填答者在真實世界的作為一致。當然來自線上匿名填答的眾包資料，這麼多年來學術界也發展出減緩前述缺失的研究設計策略與統計方法，但體認這類資料的本質限制並適當解釋與應用，是使用這類資料來設計系統並部署的 AI 團隊基於科學整全性應該遵守的。

　　若依據上述，MIT 與清大兩團隊利用眾包資料的目的，都不在於說明或找出自駕車的倫理兩難決策系統「應該」如何設計。像 MIT 團隊是有意透過眾包方式，以找出不同地理區域的網路使用者有關自

駕車作倫理決策的看法。即使他們所收到的資料，是否真的與自駕車有關，或純粹與道路駕駛的倫理兩難決策有關，頗令人懷疑。例如，若將他們網站上的題目及圖片改成「有一輛人類駕駛的車子因為煞車故障，您認為駕駛當下應該如何決策？」，或許有不少人所填寫的答案與目前在自駕車題目中所填寫的答案一樣，也說不定。

　　至於清大團隊蒐集眾包資料的目的，如果正是為了設計能成功模擬常民道德的演算法，那麼所收到的眾包資料是否針對自駕車則無妨，但得留心填答者在倫理兩難與非兩難情境中，或線上填答與現實場景中，所考量的倫理特徵或原則是否一致與穩定。若不一致，屆時以演算法所模擬的是屬於哪一部分的常民道德，則必須釐清。例如，據此資料所模擬的毋寧是數位常民也就是網友的道德觀，且偏向直覺反應而非深思熟慮下的道德選擇；而這類道德觀究竟與一般人在現實生活中差距有多大，或是與有受過訓練的倫理學家的道德觀差距有多大，尤其網友常被認為帶有偏見與歧視是否果然如此等，諸如這些問題正好可藉由清大透過眾包所蒐集到的資料來回答與比較。

　　其實兩研究團隊的研究目的，如果都是想探討多數人在涉及自駕車的倫理兩難情境下是如何決策，那麼在確認填答者於兩難與非兩難情境下所做的選擇是否一致的研究設計，或許能以增加問答題項以及兩種情境交錯詢問等方式來確認。又線上填答與置身現實場景的差異，則目前已有利用擴增虛擬實境技術來讓個人仿佛置身在自駕車的決策情境等來彌補。

　　不過對於反對以眾包資料來探討自駕車倫理決策的批評者來說，他們或許認為其批評重點在應然面而非實然面，也就是不可能透過眾包找出自駕車「應該」如何做倫理決策的資料。若是如此，這項批評涉及的就不只是相關研究方法論而是本體論上的批評了。因為目前主流設計 AI 系統的機器學習，正是透過讓機器學習大量的人類經驗資

料，以便能對新輸入的資料進行正確預測或分類，但正確的倫理決策如果不可能從經驗資料中獲得，這表示以機器學習來找出倫理衝突情境下的最佳倫理決策是錯誤的。有關這項批評將在第四節再仔細處理。

（二）不當選擇資料特徵的批評

　　然而，正確的倫理決策就算有可能從經驗中學習，該如何確認過去有關特定事項的倫理兩難決策經驗中，哪些是道德相關因素而需要被納入考量？

　　上述舉例的 MIT 團隊所設計的「道德機器實驗」眾包網站，在這部分尤其受到許多批評。因為實驗是從以下七項特徵當中隨機分配約 1~3 個特徵在各個決策兩難的場景中，提供填答者權衡與選擇：物種（人／貓狗）、年齡（年輕／老人）、性別（男／女）、體型（胖／瘦）、社經地位（運動員／行政人員／醫生／流浪漢）、拯救或犧牲的生命數量（在繼續直行車道或改變車道上的行人與行人或乘客與行人之比較）、行人有無遵守交通號誌等。在這七項特徵當中，有些特徵會是現實中道路駕駛遇到緊急狀況時，通常不被認為是道德相關因素而應該列入考量的。例如將性別與體型納入考量，難道是認為男性或體型較大者比女性或體型較小者耐撞嗎？不僅如此，這些特徵還強化了社會常見的刻板印象與歧視（Jaques, 2019; Bigman & Gray, 2020），例如社經地位高低被列為考慮特徵，意味著人不但可從外觀來判斷個人的職業或社會階級，還可用來判斷生命價值的高低。

　　甚至，研究團隊將這七項特徵設計成兩難決策的二擇一選項，似乎傳遞出有哪些特徵可以拿來權衡生命價值高低的訊息，而違背了多年來許多社會在人權與動物權方面的努力與平權倡議。例如，不論是基於國際人權宣言與許多國家相關人權法規，還是基於德國倫理委員

會 2017 年所公布的〈自動駕駛與車聯網指引〉（Ethics Commission on Automated and Connected Driving），諸如性別、年齡、外表、社會階級等，皆被禁止作為區辨生命價值高低以致於可以被優先拯救或犧牲的決定因素，在決策上是屬於任意且道德無關因素。同樣地，人類福祉將永遠置於動物生命之上的價值觀，也是動物保護運動人士多年來反對且不斷教育民眾應該改變的。所以像 MIT 這類的 AI 相關實驗設計，似乎復辟了社會多年來努力在道德上取得進展過程中想要揚棄的價值觀。儘管 MIT 團隊宣稱他們從眾包網站收到的資料，目的在於呈現一般民眾對自駕車做倫理決策的看法，並不是要直接輸入自駕車。但不論是否要實際設計 AI 系統，諸如這類 AI 研究在某種意義上可視為企圖研發或有關「殭屍 AI」（zombie AI）的研究──指將過往被揚棄的價值觀不當內建在 AI 系統裡（Vallor, 2021）。

　　針對上述有關研究條件設計不當的批評，如放在以機器學習研發 AI 系統的相關研究脈絡中，其實與機器學習的資料特徵選擇有關。MIT 實驗（或許清大實驗也是）所受到的批評，正可凸顯以下二件事的重要性：一是輸入 AI 的資料在特徵選擇上，應該如何與 AI 系統的開發目標與期待功能一致，不只是技術問題，還有倫理目標的選擇與承諾（陳瑞麟，2020）；另一是系統開發團隊決定輸入 AI 哪些資料特徵，本身就是一種價值判斷與選擇，並非價值中立，而判斷與選擇的理由對於如何看待模型的分類或預測結果，其實影響很大。

1. 特徵選擇不只受技術還受 AI 開發目標影響

　　首先，當有研究團隊宣稱探討以 AI 解決倫理兩難的決策問題時，即便所解決的問題都屬於倫理兩難或衝突，但針對不同事項與目標所需設定的倫理考量因素，也就是所謂的資料特徵，就會不同。例如，有關自駕車倫理兩難決策系統的資料特徵選擇，將與器官移植分配決

策系統的資料特徵選擇不同。但即使都有關自駕車的倫理兩難決策系統，在以交通安全作為所要達到的最高決策目標下，針對突然煞車失靈的自駕車，其決策問題訂為「要拯救／犧牲乘客還是行人」，就可能與「避免／減少任何人傷亡」，在資料特徵的選擇與計算上便有所不同。

　　兩者僅管都應該將乘客與行人兩組人員的人數列為資料特徵，但根據 MIT 的設計情境，工程師在該情境中所要解決的問題顯然是「要拯救／犧牲乘客還是行人」。但如果將決策問題修正為「避免／減少任何人傷亡」，那麼不僅是兩組人員的人數會被列入資料特徵，車子前方沒有出現人類或出現最少人類的道路位置，以及車輛本身可承受的撞擊力道等，都會是需要列入計算的資料特徵，以便在綜合計算車內外人數與環境等資料特徵後，最終所找出的決策會是在行人與乘客都不會或受到最少／輕傷亡的最高數值。

　　這樣或可理解，為何有不少程式工程師對自駕車倫理兩難問題頗為反感（Kalra & Groves, 2017; Iagnemma, 2018; Furey & Hill, 2021; Dixon, 2020; van Wynsberghe & Robbins, 2019）。因為對他們而言，在設定自駕車的決策選項時，即使有些決策後果無可避免帶來人員傷亡，但堅持任何情境下的決策選項，都絕不包含以撞擊、犧牲、或殺害人類作為目標，也就是不論個人還是群體的生命，都不應該成為權衡的項目。即便承認減低人員傷亡數量在道路交通安全中常是相關的道德考量，但以一人還是五人傷亡作為權衡目標來設定車子應該直走還是轉彎，或是以直走還是轉彎所產生的結果可能減低多少人傷亡作為權衡目標，兩者是有差異的。目前許多 AI 倫理指引裡都以《世界人權宣言》或國際人權公約等作為綱領（Fjeld et al., 2020），並強調以人為本、公平對待與不歧視等基本價值或倫理原則的促進。儘管如何做到保護人權與具體實現那些基本價值或倫理原則，方法相當多

元，但「絕不以人類作為目標」（No Human Targets），應該是 AI 相關開發人員必須遵守的最基本行為規範（Ethics of Design），且是任何 AI 系統稱得上是倫理的設計（Ethics in Design）都應該滿足的條件。

2. 特徵選擇與模型建立的平等主流化

其次，輸入 AI 的資料在特徵選擇上，不只如上述受到 AI 決策目標所隱含的基本價值或原則所引導，研究團隊對於社會上常見的偏誤，像是性別、種族、階級、障礙等差異所導致的不平等對待，是否有敏感度，也會影響研究團隊決定要納入或排除哪些資料特徵（王道維，2021），以及如何解讀由那些特徵及其關係所建構的模型其輸出結果是否要修正或調整。換言之，機器學習從資料特徵選擇到模型產出結果，這整個資料分析、演算法設計、模型建構以及結果產出的過程，不單只是技術與科學整全性的考量，還有研究團隊的價值選擇與判斷。

針對相關模型所產出結果如何避免可能導致不平等，目前雖已發展不少偵測的技術，但本文建議針對輸入 AI 的資料特徵選擇宜採取平等主流化（Equality Mainstreaming）的策略與思維。就如同為促進性別平等而採取性別主流化之後，不但可讓相關公共政策在計畫與施行時，就會將不同性別所受到的影響列入評估分析，目前幾乎所有科學量化研究在蒐集樣本時，性別通常都被視為基本資料欄位來蒐集。當輸入 AI 的資料特徵採取平等主流化（Equality Mainstreaming）策略時，相關開發團隊就必須思考與檢視，是否有輸入系統的資料原本應該將性別、種族、階級、障礙等列為資料特徵，卻被忽略了？或者檢測模型產出結果，有無原本不應該但實際上卻在前述項目上有明顯差異的現象，而有調整模型的必要？

例如，AI 人臉辨識系統過去曾被發現，其應用結果可能讓原本

已受到社會歧視的有色女性落入更不利處境。究其原因是這類系統的
預測模型，在建立時所輸入的訓練資料嚴重缺乏有色族群尤其是女性
的照片，以致於對女性有色族群的正確辨識率很低。所以當這類系統
被應用到住宅或辦公大樓門禁解鎖、犯罪嫌疑者與警政資料庫的人臉
比對等事務時，可能老被鎖在大樓外面不得其門而入，或被誤當嫌疑
犯扣押而冤枉無辜，最終導致女性有色族群受到不平等對待的惡果
（Gebru, 2020）。

　　此外，研究團隊對於造成社會歧視的那些差異與不平等若缺乏敏
感度，也將難以察覺有些資料特徵雖然不是受歧視的那些特徵，卻可
能是那些特徵的代理因素（proxies），以致於所建構的模型其決策結
果，仍舊讓原本已受到歧視的那些群體持續處於不利處境。例如，個
人的性格描述、生活興趣、就讀學校等特徵，在過去社會長期存在性
別偏見下，很有可能就成為性別的代理因素。或者心理健康、犯罪紀
錄等特徵，在社會過去長期存在種族偏見之下，有色群體常落入低收
入、低成就感、低自尊、警務過度稽查與監控等不利處境當中，而往
往成為種族的代理因素（Braun, 2021）。

　　針對那些歧視案例的檢討，目前多認為 AI 開發團隊有性別盲、
種族盲、階級盲之嫌，以致於未能意識到如果是開發有可能被廣泛應
用的人臉辨識系統，那麼在建立模型的訓練資料上，就應該涵蓋越多
膚色、五官組合、族群、性別等差異，屆時模型的容錯率／可包容性
才會越佳。所以相關解決辦法大致如下。像是盡可能讓訓練資料的內
容多元化，但這會受限於資料量是否足夠的問題；倡議建立模型卡
（Model Card），在卡片上清楚標註輸入模型的訓練資料於地理區域、
種族、性別等方面的資訊（Mitchell et al., 2019），就如同食品標示一
樣，以便模型使用者可了解模型的特性、限制條件與使用脈絡，降低
模型被應用在錯誤環境而帶來未預期的負向結果。

　　不過若有些事項既存數據存在嚴重偏差或稀少等缺陷的話，那麼建立模型卡的做法，就對於設計出能做出良好建議的決策模型沒什麼幫助。例如美國黑人家庭相較於白人家庭，因為較少機會接觸器官移植相關資訊，即使根據統計黑人發生腎衰竭的比例高於白人 2~4 倍，但目前美國的器官移植分配資料庫紀錄，不論是器官捐贈者還是等待被捐贈者，黑人數量都遠少於白人，在已知種族是降低器官移植後身體排斥機率所應考量的因素，以致於黑人接受腎臟移植的機率將遠比白人小很多。因此，若以目前資料庫數據來開發器官移植分配 AI 決策系統，可想而知就會複製甚至加劇美國社會在器官移植分配這件事情上目前的種族不平等現象。

　　如果能以平等主流化觀點來看上述這類 AI 決策系統的開發與部署，在選擇資料特徵時，就會意識到種族這項特徵很可能應該列為資料特徵，以避免種族盲的效應，且思考是否需調整某些與醫療及社會階級有關的健康因素其排序和權重，以檢測所輸出的模型結果是否有助於改變黑人在相關事項上的不利處境，或至少未複製或加劇目前不平等的現況。又或者開發團隊可將排除種族為資料特徵所產出的模型結果，拿來比較種族是資料特徵之一的模型結果，若有差異且無法被合理說明，那麼就是這類決策系統應該調整模型的方向。當然研擬如何提供黑人家庭更多器官捐贈相關醫療資訊，以逐漸增加黑人在這類決策系統的捐贈與受捐贈的資料量，將是改變黑人在器官移植分配這件事情受到不平等對待的根本之道。

　　如果目前的 AI 決策系統多以資料驅動的機器學習來設計，相關開發團隊究竟從資料當中提取哪些特徵來建立模型，有無符合平等主流化變的很重要。以目標是建立「避免／減少任何人傷亡」的自駕車兩難或衝突決策系統來說，諸如性別、種族、階級、障礙就不應該成為系統決策所應考量的特徵，但以前述各項特徵尤其障礙這項特徵來

檢測是否會明顯影響決策結果，將有助於檢視有無其他資料特徵成為阻礙平等的代理特徵。這麼做或許可視為繼 Mitchell et al.（2019）倡議模型卡來改善模型應用可能造成不平等的方案後，另一種同樣採取非技術路徑來推動 AI 促進社會平等的倡議。

四、本體論的批評與釐清

　　針對研發 AI 倫理決策系統在本體論上的批評，主要有二：一是批評倫理決策的必要條件之一是倫理敏感度，但這種敏感度並非以量化計算的機器學習所能成功模擬與複製的（Véliz, 2021）；另一是同樣針對眾包資料的批評，但不若上述方法論的批評是指這類資料常包含社會大眾的偏誤，而是根本否定正確的倫理決策有可能透過調查大眾經驗與看法中獲得（祖旭華，2020；Braun, 2021）。

（一）計算系統無法模擬倫理敏感度的批評

　　有關以量化計算為本質的機器不可能模擬倫理敏感度的批評，一方面得釐清何謂倫理敏感度，另方面得釐清機器學習要模擬的是什麼倫理決策。

　　首先所謂的倫理敏感度，在後設倫理學的討論當中通常是指，決策者能認知或感受到決策情境中的道德相關因素，並且能隨著情境改變而作出相應的行為調整。暫且不論倫理敏感度這種能力是否一定要有自我意識、心靈及反思等能力者才有可擁有，但針對這種能力所認知或感受到的那些道德相關因素，並不排除仍有可能逐一分析及羅列出來。當然這些因素或特徵可能因人、因情境、因不同事項等而有差異，相當複雜，但如果我們鎖定針對特定事項的倫理兩難決策，且兩

難的內容涉及可能讓人失去生命，例如自駕車必須在有很高機率強力撞擊行人或車上乘客將受到強力撞擊之間做選擇（請注意，如前述這不等於說此為目標是撞擊兩方任一方，而不能是目標在減少總體傷亡人數，即使前述兩種都採取後果論的效益主義立場）、特定器官移植登錄系統在各條件組合起來分配順位不分軒輊的兩位病人之間做選擇等，諸如此類特定且重大事項的倫理兩難／衝突決策。

　　當我們將倫理兩難決策事項及範圍限縮許多之後，便盡可能去調查人們認為在這類決策中應該與不應該考慮的因素。而增加調查不應該的因素在於，研究團隊必須在那些被排除列入應該的眾多因素當中，進一步區分人們究竟認為不應該列入道德相關或只是認為無關緊要，後者可能無限多，前者往往觸及過去歷史上人們犯下歧視的錯誤。例如，自駕車兩難情境中，傷亡數量、有無遵守交通規則可能常被認為是應該列入考慮的道德相關因素，但種族、性別、年齡、社會階級、甚至車禍致死刑責與賠償金高低等，則常被認為絕對不應該列入考慮的因素，至於行人與乘客的外貌、體型等許多因素可能會被認為是道德無關。

　　此外，調查對象應該盡可能涵蓋這類決策的利益相關所有人員，即使沒辦法都涵蓋，那麼至少要符合社會科學量化調查研究的抽樣代表性等方法規範。而在調查這些人員有關這類決策中應該考量的因素時，還需詢問這些因素的優先考量順序，以瞭解對他們而言這些因素的重要程度與排序。不過人們或許不會被各因素的單一排序所困擾，但這些因素一旦有各種排序及程度或數量差異的組合時，可能就已經複雜到人們未必都能清楚說明為何從各種組合當中挑出其一。然而對於前述複雜性的掌握高低，或許正是對於個人倫理敏感度高低的考驗與評價：當個人所挑出的排序組合，也就是所做出的決策，受到越多利益相關人員的認同，可能就被認為倫理敏感度越高。

　　而利用機器學習的目的，不在於模擬人類的倫理敏感度，而在於模擬人類透過倫理敏感度所做出來的決策。就如同自然語言處理利用機器學習將某個語言翻譯成另一個語言，所模擬的是符合被翻譯出來的語言表達方式，其中包含該語言的語意、語法結構、甚至語用等，但不模擬這類雙語的人類翻譯者是如何翻譯的能力，而這種能力通常被視為評價個人是否擅長做某事的敏銳／敏感度。

　　所以，針對特定事項的倫理兩難決策所調查出來應該考量的因素，若能將它們列為輸入機器的資料特徵，並參考調查出來的各特徵排序來設定權重等，然後以機器學習找出那些特徵各種排序組合所產出的決策模型，再將決策結果徵詢該決策事項的利益相關人員，刪除不恰當並保留可接受的決策結果，不斷地回頭調整模型，直至模型所產出的決策結果在正確率也就是利益相關人員可接受程度達到一定數值時，便可視為其模型能穩定產出正確或合理決策的 AI 倫理決策系統。

　　所以就算接受倫理決策所需的倫理敏感度，並非以量化計算為本質的機器所能模擬，但機器可學習在特定事項中利益相關人員所曾做過的倫理兩難決策，可望最終能成功模擬人類做出那些決策的模式。但那項模式完全與人類做出類似決策的推論或感知方式 [11] 不同，且往

---

[11] 倫理推論究竟只包含理性的認知成分，還是也包含非認知的感知或情緒等，一直是後設倫理學中討論道德推論的構成要素之爭議重點（Richardson, 2018）。而這項爭論放在 AI 的脈絡中，作者相當贊同審查人的洞見：「在發展 AI 上經常提到的框架問題（the frame problem），正凸顯出人類就是因為有『情緒』才有辦法為有關行動的思考提供出框架，限縮行動的可能選項，使行動得以可能（De Sousa, 1990, Ch7）。相反地，少了情緒的 AI 因無框架而不知如何開始行動。換言之，情緒不見得對決策不好，甚至在某些情況下是不可或缺的。」儘管作者對於 AI 應否視為無框架有所遲疑，但即便 AI 有框架，那項框架是傳遞了系統開發人員擷取世界的某些面向而產生出的資料特性，而與人類是以如

往不能套用在其他事項上，不若人類在具備一項能力後常能快速類推適用，以致於 AI 倫理決策系統至目前為止沒資格被稱為有倫理敏感度可言。簡言之，若以機器學習來設計針對特定事項的 AI 倫理決策系統，至目前為止 AI 都只是模擬人類在該事項上曾做過以及可能做出的倫理決策，可說只是道德殭屍（Moral Zombies）而已（Véliz, 2021）。

　　所以倡議設計針對特定事項的 AI 倫理決策系統，與其說是取代人類在特定事項上的倫理決策，倒不如說是人類透過 AI 來提升在特定事項上的倫理決策品質。人類應該有權拒絕由這類系統所提供的決策結果，但透過這類系統，期待降低有些人類決策已知常受到無關或不應該納入道德考量的因素所干擾之機率，例如，個人深思熟慮後可能也不認同的當下直覺反應、個人不自覺但得知後也不認同的隱性偏誤、決策生熟手的差異等。

（二）正確倫理決策無法從經驗資料獲得的批評

　　不過對於機器不可能模擬人類倫理敏感度的駁斥，倚賴於以下預設：透過調查人類針對特定事項的經驗及看法，有可能獲知在該事項上人們認為正確、合理或可接受的倫理兩難決策。然而，若根本否定這類正確的倫理決策有可能透過調查獲得的假設呢？尤其涉及的是倫理兩難／衝突的重大決策，這意味決策結果本身就容易引起人們爭議，不容易達成共識，又如何確保透過調查就能獲知正確的決策，而不是只反映了受調者的觀點甚至偏誤而已？

　　康德的理性克服情緒或如大衛・休謨的情緒指導理性的框架來採取行動，大相逕庭。所以作者才指出 AI 只是道德殭屍，所模擬的是人類外在的倫理決策行為而非內在的決策過程。

1. 人工改良民主

　　以下將透過對於美國杜克大學研究團隊的實驗簡介，以回覆上述批評至少犯了兩項錯誤。該團隊認為器官移植分配由於常在搶受贈器官移植時效下得迅速決定分配名單，即使負責分配決策的醫師可能半夜被臨時通知，或是相關決策委員會委員並無足夠時間了解資訊而只能聽從主要決策或報告者意見等，往往處於無法深思熟慮與評估的不佳決策狀態，而當試圖以機器學習來協助找出這類事項的最佳決策時，除了依循器官移植分配相關法規及採取相關醫療專業從業人員的意見外，社會大眾對於如何分配器官才是公平的看法也應該被納入考量。腎臟移植分配的看法，所以他們在設計有關腎臟移植分配的 AI 倫理決策系統時，採取四個步驟來將公眾意見納入考量（Sinnott-Armstrong, W. & Skorburg, 2021）。

　　首先他們針對輸入 AI 的資料特徵選擇，以開放性的問題調查一般人、醫生和醫院管理人員在腎臟移植分配排序上，應該考慮與不應該考慮的因素各有哪些，以蒐集應該與不應該被列入機器學習的資料特徵清單。第二步驟是他們在編輯資料特徵時，除了將前述人員所提供的因素整併與清理外，還加入哲學家與倫理學家認為應該與不應該考慮的因素有哪些。

　　第三步驟則為了測試透過前二步驟所編列出來的資料特徵清單是否正確，所以他們調查不同於第一組的民眾對於清單的看法。而調查結果顯示，他們也如同前二步驟的人員認為，舉凡種族、性別、性傾向、宗教、政治立場、財富、接受社福補助款等，都不是分配腎臟移植順序時應該考量的因素，但諸如需接受移植的醫療急迫性、排隊等候時間、移植成功率、被診斷應接受移植前是否有抽菸、吸毒或酗酒等不良習慣等，則是分配腎臟移植順序時應該考量的因素。

　　最後步驟則是研究團隊為解決應該考量的幾個因素在組合與排序上的兩難／衝突問題，便設計一個線上調查平台來尋求社會大眾的看法。平台上的兩難情境是包含兩位病人 A 與 B，在分別已知他們各自的年齡、有無或扶養幾位子女、診斷前每天喝幾杯酒等這三個在不同程度的組合條件下，請填答者選擇應該讓 A 或 B 先接受移植。選項中除了 A 或 B 可選擇外，還有丟硬幣這個選項來隨機決定誰應該先接受移植，目的是為了掌握填答者認為雙方在哪些三條件所構成的組合下其差異不大。

　　值得一提的是，選項不絕對二分，而是容許選擇有程度差異這種更貼近人類決策實際情況的調查設計方式，在清大研究團隊所設計的調查平台也可看到，該團隊將二選一改為五選一的選項，即除了贊成與反對之外，還多加了傾向贊成、傾向反對、無意見等三種選項，以期在輸入資料供機器學習時，能更精準模擬人類決策的樣貌：相同決策結果對於不同人來說，可能有決策信心程度的差異，而這種差異可能會與其他特徵的強度或先後順序改變有所關聯；有時候難以做出決策，則是因為兩邊的幾項關鍵特徵加總起來，可能都不足以構成讓人做出誰應優先被分配的決策。

　　在腎臟移植分配可能遇到倫理兩難／價值衝突這件事情上，杜克大學團隊透過綜合一般人與領域專家意見等多輪評估倫理決策因素的研究設計方法，以企圖找出人們認為最應該考量的道德特徵組合及正確決策模式，但批評者認為該研究團隊的做法不可行，由於無法跨越早在十八世紀哲學家大衛・休謨就提出實然與應然的鴻溝：從人們做決策的現實情境中，並無法找到人們應該如何做決策的規範（Braun, 2021）。

　　批評者以種族特徵尤其是美國黑人的研究證據指出，杜克大學雖獲知幾乎所有調查者都認為種族不應列入分配考量，但這樣反而如本

文前述會產生種族盲的效果：目前全國各資料庫不論是腎臟捐贈者還是接受移植者的人數，在白人與黑人都相差懸殊下，這使得機器學習的訓練資料如依據這些名單來建立決策模型，不在資料特徵上特別標註種族，那麼即便調整醫療與社會相關健康因素的權重，所建立的模型其產出結果，仍然會讓黑人比起白人更難獲得腎臟移植。

　　然而類似上述批評至少犯了二項錯誤。第一項錯誤是，休謨所提出的實然與應然鴻溝儘管多年來受到不少挑戰，但即便在接受這項鴻溝下，人們提出有關某項決策應該或不應該列入哪些考慮因素的意見時，此時這些意見雖然屬於經驗資料，但卻是評價性的經驗資料，而屬於應然並非實然的範圍，人們不只是單純在描述一項事實而已。所以研究團隊企圖從經驗資料中找出與腎臟分配決策相關的規範特徵，並不適用實然與應然鴻溝的問題。此外，蒐集大眾意見儘管或無可避免包含集體偏誤，但研究團隊如果盡力透過研究方法的設計來去除，像杜克大學與清華大學在蒐集訓練資料時，除了調查一般人意見外，都會調查相關領域的專家意見等。尤其杜克大學還將整理自一般人與專家都認為應該與不應該納入決策考量的清單，再拿去給前述以外的其他一組人員再次詢問是否能接受該清單，並且針對選擇兩難／衝突的特徵建立一些假設情境來詢問大眾意見，例如建置腎臟移植分配的兩難決策眾包平台，然後再將最後都確定下來的特徵清單輸入機器學習，以便建立相關決策模型，最後請決策事項的利益相關人員協助挑選最適切的模型，或者依據個人的價值偏好與倫理信仰來客製化適合個人或特定群體的決策模型。甚至，可以將不同群體的決策模型拿來比較差異，或提供個人參考其他決策模型與個人偏好決策模型有何差異，當然也可回頭糾正相關模型的錯誤與偏誤等（Sinnott-Armstrong, W. & Skorburg, 2021）。

　　杜克大學研究團隊將上述設計 AI 倫理決策系統的方式，視為「人

工改良民主」（Artificial Improved Democracy，簡稱 AID）。之所以是民主的，在於開發這類系統是建立在對於公眾意見的調查基礎上；而之所以是人工的，在於這種改良民主的方式是透過電腦程式來實現。他們倡議以 AID 來開發 AI 系統，將能廣泛應用在諸如醫療、法律、軍事、商業、甚至是個人生活等領域。換言之，從輸入機器的資料特徵選擇、清理、編輯、測試、分析、訂定，再到相關模型的建立、挑選、部署與調整等，若能納入一般民眾或專家知識的調查與參與，而不僅限於系統開發團隊，這樣所開發出來的 AI 倫理決策系統將有助人們了解或參考在相關決策事項中，那些經過深思熟慮與眾人智慧淬煉出來的決策有哪些，或是了解自身與他人或其他群體偏好的決策有哪些差異，同時也可校正那些開發疏忽或混亂等有演算法偏誤的模型（Sinnott-Armstrong, W. & Skorburg, 2021）。

　　AI 倫理決策系統依據杜克大學研究團隊所倡議的 AID 來開發，是否如他們上述所宣稱的，真有助於改善民主社會的某些決策，還是會削弱人類的倫理決策能力，尚待在現實世界的時間驗證。但透過黑人腎臟移植分配數據偏誤的案例之批評，確實有一件事值得我們留意。

　　過往人類做決策常犯的盲點是，誤以為決策當下未納入不應該考量的因素如種族，最後所得出來的決策結果就是正確或公正的，而忽略了程序正義通常不保證結果的實質正義（許漢，2021）。雖然不確定杜克大學研究團隊所建構的模型在實際部署時，是否會拿有標記類似他們所蒐集的那些不應該納入決策考慮因素的資料庫，以作為相關模型產出結果是否符合公平性的檢測，而無法斷定該團隊所開發的系統未來是否會發生種族盲效應。但機器學習由於有資料驅動的特性，以致於不論相關開發團隊事先在選擇資料特徵等特徵工程階段，以及建立與調整模型等開發階段，究竟有多麼符合科學方法中減少偏誤的

設計標準，並且在選擇特徵與解決特徵衝突時都納入公共民主參與程序，然而一旦在輸入現實世界真實資料的部署階段，就須格外小心從 AI 系統開發目標來看，所輸入的那些資料有無人口學的代表性，或是有無既存的人口學偏誤等。

　　諸如人口學上無代表性或有偏誤的資料，最容易反映在公開或官方所紀錄的資料上：通常不是紀錄太少如美國黑人的器官捐贈與移植名單，就是沒紀錄如每年美國有多少人因犯罪紀錄而被排除在公共住宅等候名單，但有時候又紀錄過多，如警政系統的犯罪資料庫裡男性黑人就高的不成比例。而這些真實資料的缺陷或偏誤，往往就導致系統在學習時有所偏誤，最終所輸出結果就有算法或編碼偏誤（algorithmic or coded bias），亦即 AI 系統性的錯誤導致其應用結果，或者讓特定群體處於難以在道德上被合理說明的劣勢，或者讓特定群體在分類或預測上總是錯誤率較高，而使得這類 AI 被視為是一種會產生不公平結果的數位科技系統。

　　當然上述可以爭議的是，在評價 AI 系統是否符合程序正義時，所謂程序是指，AI 在部署之前包含目標設定、問題形塑、資料萃取、資料分析、資料預處理及特徵工程的系統設計階段，還是也包含模型的選擇、訓練、測試、驗證、修正等系統發展與部署階段。但不論程序正義與否的評價範圍到哪個階段，都可確定 AI 系統被實際應用的後果，究竟能否為社會所接受，而不會視為對特定群體有不公平對待之嫌，相關風險的掌握與預期，確實無法事先透過完善的 AI 系統開發與部署流程獲得。

2. 倫理衝突決策的公共參與基礎

　　最後，批評杜克大學研究成果者至少還犯了另一項錯誤是，當他們批評正確的倫理決策無法從經驗證據或透過量化調查來找尋時，往

往缺乏積極說明，究竟如何找到正確的倫理決策？又如何定義正確的倫理決策？尤其本文所討論的 AI 倫理決策系統是有關倫理衝突的決策，這意味相關決策必須從人們所珍視的重要價值彼此衝突下做出權衡，所以權衡結果，很可能不一定有明顯對錯，也可能因人判斷而異。例如，沒有腎臟移植急迫性且剛登記等待移植的 A，以及有醫療急迫性且等待時間已有 3 年的 B，醫院此時如讓 A 比 B 優先接受移植，多數人會認為是錯誤的決策；但如果將 A 改為與 B 的醫療急迫性同等級，且等待時間 2 年又 10 個月，再加上還有 2 個未成年小孩需要扶養，醫院此時如讓 A 比 B 優先接受移植，或許不少人會同意，甚至認為是正確的決策。

　　既然倫理兩難的決策結果，無論選擇哪一方都未必有明顯對錯，還可能因人而異，那麼當決策事項將會影響個人權益或涉及公共事務時，在民主社會中誰有特權（privilege）而得以主張：像這類涉及價值多元與衝突的事項應該如何決策才是正確的？以及所謂正確決策的標準，是依照他們所信仰的價值觀或支持的倫理理論？

　　當特定決策事項涉及公共事務或與許多人的生活有關時，該決策事項的領域專家可協助提供決策所需資訊，並協助釐清決策的疑惑與概念，但最終應該要有該決策事項的利益相關人員參與，可說已經是當代自由民主社會相關公共政策實施前的基本要求與做法，同理也適用在開發針對特定事項的倫理兩難 AI 決策系統上。

　　前述已說明有必要研發這類決策系統，是因為已知人們對某些事項的決策，往往在時空或能力等限制下得匆忙或直覺反應，來不及深思熟慮，以致於所做出的決策結果或行為，是否與當下情境適切或合宜，不但常有運氣成分，也未必與決策者個人經過深思熟慮後的決策結果一致。而為了協助人類改善對於這類事項的決策品質，機器學習既然擅長從大數據中分析與找尋資料中的特徵關聯模式，就可事先將

考量特定事項應該相關的倫理特徵輸入機器裡，好讓機器學會如何產出一組適切的倫理決策模式，屆時就可利用 AI 來提升相關事項的決策品質，改善個人不及深思熟慮而作出事後可能都不認同的決策之缺點。

不過，機器學習應該事先輸入考量特定事項的哪些道德相關資料特徵，並讓機器學會可產出哪些結果的決策模式，便是關鍵所在。同樣地，領域專家知識對於資料特徵及決策模型的選擇有幫助，但不應該是唯一來源。根據當代民主社會的基本理念，有可能受模型決策結果所影響的利益相關人員，甚至一般民眾，都應該有機會在 AI 系統週期的不同過程中被納入參與。像杜克大學便是讓利益相關人員與一般民眾有機會參與資料特徵的選擇，而後續的決策模型挑選、模型部署後的意見回饋等，按理說也應該有參與的機會與管道。

此外，如何避免 AI 複製人類社會既有的不平等，舉凡從資料的蒐集、清理與特徵選擇，到模型的建立、檢證與調整，再到模型部署的環境脈絡確認與限制，最後再到產出結果的監控與回頭調整模型設計甚至所輸入的資料等，亦即從 AI 開發到部署整個系統週期（lifecycle），便需要建立一套包含輸入資料、參數設置、歷次模型版本的健全管理方案。這項管理方案除了包含相關技術作業的設計與記錄之外，應該還包含對於 AI 系統目標的倫理價值承諾，那些承諾由於將表現在輸入機器的資料特徵之評估、篩選、建模與產出結果等面向上，若能採取平等主流化，將可以減緩或消除 AI 應用可能帶來不平等對待的後果。

五、結論

本文第二節主張使用 AI 來做人類所不擅長的倫理決策事項，即

使表面上是以 AI 直接取代人類在這類事項上的決策，但實際上是借助 AI 找到對於這類事項的較佳或最佳倫理決策，進而得以改善自身在這類事項上的決策品質。

之所以期待 AI 在這類涉及公共重大且倫理衝突的緊急決策事項上產出較佳的倫理決策，主要是人類往往受到如時間限制、環境壓力、資訊限制等客觀因素影響，或受到如疲倦、偏見、遺忘、緊張、疏忽、注意力不集中等主觀因素影響，而難以做出較佳決策，或是所做出的倫理決策很可能與未受前述主客觀因素影響下的決策不同。針對這類特定事項，若能事先蒐集人們做相關決策所會考慮的因素，那些因素是人們在盡力不受前述主客觀因素影響下做深思熟慮的決策時所會考慮的。

所以如果能將那些因素作為輸入機器的資料特徵，讓機器學習找出由那些因素在排序與重要程度有著各種差異組合的決策模型，該模型所輸出的結果亦受到人們的檢視、評估及確認，那麼便可由這類 AI 系統直接執行所生成的決策。或至少可作為人們自我鍛鍊，即使在前述主客觀因素下仍然有可能做出較佳決策的練習。而這樣的倫理決策形成過程，可視為是一種從資料驅動（data-driven）到 AI 驅動（AI-driven）的決策過程（Colson, 2019）：這類 AI 系統最終所提供的決策，不只來自所輸入的資料，且包含 AI 先提供一系列針對某緊急事項的各種較佳倫理決策選項模型，並在人類利益相關決策者的檢視與挑選模型後，未來以該模型所產出的決策才能被視為是最佳倫理決策。

不過上述願景要能實現，首要就是得開發出針對特定事項能產出可能是較佳倫理決策的 AI 系統。這種針對倫理尤其是涉及倫理兩難的 AI 決策系統，目前都還在初期嘗試中，但可確定的是，若期待以機器學習來成功開發這類系統，除了相關軟硬體技術的討論與處理外，就不應該忽略系統開發與部署過程中，舉凡有關輸入機器的資料

蒐集來源、資料特徵選擇、不同資料特徵組合的衝突處理、模型建立後的挑選、驗證、測試與修改等，都將涉及倫理目標的承諾與倫理價值／原則的選擇問題。

因此本文第三～四節透過檢討對於這類倫理兩難決策系統相關研究的批評，並區分為屬於方法論還是本體論的批評，分別討論那些批評有哪些值得注意，但有哪些可能出於誤解。

第三節所討論的方法論批評是指，不當使用眾包資料以及不當選擇資料特徵等二項。本文以美國 MIT 大學與我國清華大學所做的研究作為討論案例指出，只要研究團隊在使用資料時，清楚掌握眾包資料的特性與限制，並了解線上調查題項對於填答者的引導或暗示，透過適當設計，這類 AI 倫理決策系統未必不能使用來自眾包的資料。而資料特徵的設定與選擇，本身就會受到決策目標及問題設定的影響，但絕不以人類生命作為蓄意傷害目標且權衡結果合比例等，可滿足雙重效應的倫理兩難標準與基本人權規範，基本上不但是系統開發人員都應遵守的設計規範，且才是倫理的設計。此外，從資料特徵選擇到算式的參數設定再到歷次模型版本紀錄等，應該要有一套健全的資料管理方案，此方案需要內含倫理價值／原則的設定，本文建議平等主流化是可考慮的選項與策略擬定。

至於第四節所討論的本體論批評則是指，計算系統無法模擬人類的倫理敏感度，以及正確倫理決策無法從經驗資料獲得等二項。本文指出模擬人類的倫理敏感度本身，並不同於模擬人類基於倫理敏感度所做出的決策，而 AI 倫理決策系統可以僅就後者而不包含前者為開發目標，簡言之，所開發出來的 AI 決策系統，充其量只是能做出倫理決策但不足以視為有倫理決策能力的道德殭屍而已。

不過，這類系統如何產生出正確的倫理決策選項，便是關鍵。第四節第（二）小節便介紹美國杜克大學的研究作為案例且援引其主

張，有關如何設計得以產出正確的 AI 倫理決策系統本身，以及這類系統對於人類決策所帶來的影響，皆可視為人工改良民主的一種方法，而這種方法本身就預設了 AI 系統從開發到部署盡可能納入利益相關人員甚至一般民眾參與的重要。尤其當倫理兩難決策本身就涉及價值與倫理原則的權衡時，不論是專家還是政府官員或是研發團隊等，皆無特權依照他們所信仰的價值觀來訂定何謂正確的倫理決策標準，可說是信奉自由主義的民主社會之基本信條。若我們仍相信這信條在 AI 科技來臨的時代也應該繼續適用，那麼有些事項若一定得在倫理兩難／衝突的情況下做出決策，不論有無利用 AI 來決策，所謂正確的、可接受的或是合理的決策，都應該是在盡可能尋求公共參與且獲得共識後的結果。

　　以上是本文藉由檢討對於 AI 倫理決策系統相關研究的方法與本體論批評，以期釐清且主張，若有可能避免不當的方法設計，並對這類系統作出清楚定位後，針對那些涉及倫理衝突／兩難的緊急決策事項，且已知人們通常在相關決策上通常品質不佳、不穩定或不一致，我們有理由嘗試開發 AI 倫理決策系統來改善或提升有關這些事項的決策品質。

　　而這類 AI 系統所生成的倫理決策，有可能是模擬人類自認為在去除那些主客觀因素的理想情境下之倫理衝突／兩難決策，但更可能是協助人類找出如自駕車在道路上的兩難決策、器官移植的倫理衝突分配決策等諸如這類涉及公眾利益或公共政策的倫理決策。而尋找方式，就是確保這類 AI 在產出倫理決策的過程及結果，都應該符合民主社會的正當決策模式──利益相關人員甚至公眾的意見應該要被納入討論、審議及盡可能取得共識。

　　這麼一來，利用 AI 的目的，不在於解決涉及公眾利益的倫理兩難／衝突，因為它們在價值多元的民主社會本來就是常態，而是借助

AI 來讓人類更精緻且一致地處理這類倫理價值衝突的窘境，找出更切合民主社會成員所期待的決策模式及決策結果，如此在改變公眾生活的同時，也形塑了新公共基礎，此即為本文一開始所指出的一種對於 AI 公共化的想像。

參考書目

中央社（2021，2021/4/30）。台中嘉陽高中女學生校門前車禍喪命 肇事司機赴靈堂道歉。取自 https://www.cna.com.tw/news/asoc/202104300259.aspx（瀏覽日期：2023/4/20）

王道維（2021）。文字標註與偏見處理。載於國立清華大學（錄製），人文社會 AI 導論線上課程，第 9 集。取自 https://nthuhssai.site.nthu.edu.tw/p/412-1535-18712.php（瀏覽日期：2023/4/20）

甘偵蓉，許漢（2020）。AI 倫理的兩面性初探：人類研發 AI 的倫理道德與 AI 的倫理規範。歐美研究季刊，50(2)，頁 231-292。

甘偵蓉（2023）。為何應該讓人工智能強化倫理衝突的緊急決策？資訊社會研究，45，頁 19-50。DOI: https://doi.org/10.29843/JCCIS.202307_(45).0002

甘偵蓉（2024）。AI 開發過程的倫理權衡：自駕車決策案例研究。歐美研究季刊，54(1)，頁 1-68。DOI: https://doi.org/10.7015/JEAS.202403_54(1).0001

林文源（2021）。公共化 AI（II）：朝向公共化的生態圈。科技部專題研究計畫申請書。

祖旭華（2020）。自駕車道德難題與問卷調查的研究方法。取自臺灣人工智慧行動網。https://ai.iias.sinica.edu.tw/self-driving-car-survey/（瀏覽日期：2023/4/20）

許漢（2020）。正義。載於王一奇（編），華文哲學百科，2021 版。取自 URL=http://mephilosophy.ccu.edu.tw/entry.php?entry_name= 正 義（瀏覽日期：2023/4/20）

陳瑞麟（2020）。科技風險與倫理評價：以科技風險倫理來評估台灣基改生物與人工智能的社會爭議。科技、醫療與社會，30，頁 13-65。

劉育成（2020）。如何成為「人」：缺陷及其經驗作為對人工智能研究之啟發——以自動駕駛技術為例。資訊社會研究，38，頁 93-126。

劉湘瑤，張震興，張礫勻，趙恩，李思賢（2021）。人工智能倫理的挑戰與反思：文獻分析。資訊社會研究，41，頁 27-62。

Awad, E., Dsouza, S., Kim, R., Schulz, J., Henrich, J., Shariff, A., Bonnefon, J.-F., Rawan, I. (2018). The Moral Machine Experiment. *Nature*, 563, pp. 59-64.

Bigman, Y. E., & Gray, K. (2020). Life and Death Decisions of Autonomous Vehicles. *Nature, 579(7797)*, pp. E1-E2.

Braun, E., Broestl, N., Chou, D., & Vandersluis, R. (2021/10/15). The Challenges of Using Machine Learning for Organ Allocation. Reply to Sinnott-Armstrong and Skorburg. *Journal of Practical Ethics*. https://journals.publishing.umich.edu/jpe/news/14/ (last visited: April 20, 2023)

Cervantes, J. A., López, S., Rodríguez, L. F., Cervantes, S., Cervantes, F., & Ramos, F. (2020). Artificial Moral Agents: A Survey of the Current Status. *Science and Engineering Ethics*, *26*(2), pp. 501-532.

Colson, E. (2019). What AI-driven Decision Making Looks Like. *Harvard Business Review*. https://hbr.org/2019/07/what-ai-driven-decision-making-looks-like (last visited: April 20, 2023)

D'Amato, A., Dancel, S., Pilutti, J., Tellis, L., Frascaroli, E., & Gerdes, J. C. (2022). Exceptional Driving Principles for Autonomous Vehicles. *Journal of Law and Mobility*, *2022*(1), p. 2.

De Sousa, R. (1990). *The Rationality of Emotion*. Cambridge, Massachusetts: The MIT Press.

Dixon, B. (2020/3/11). The "Moral Machine" is Bad News for AI Ethics. *Mind Matter News*. https://mindmatters.ai/2020/03/the-moral-machine-is-bad-news-for-ai-ethics/# (last visited: April 20, 2023)

Furey, H., & Hill, S. (2021). MIT's Moral Machine Project is a Psychological Roadblock to Self-driving Cars. *AI and Ethics*, *2*(1), pp. 151-155.

Gebru, T. (2020). Race and Gender. In M. D. Dubber, F. Pasquale, & S. Das (Eds.), *The Oxford Handbook of Ethics of AI*. Oxford: Oxford University Press.

Hou, Y. T. Y., & Jung, M. F. (2021). Who is the Expert? Reconciling Algorithm Aversion and Algorithm Appreciation in AI-supported Decision Making. *Proceedings of the ACM on Human-Computer Interaction*, *5*(CSCW2), pp. 1-25.

Iagnemma, K. (2018) Why We Have the Ethics of Self-driving Cars All Wrong. *World Economic Forum Annual Meeting*. https://medium.com/world-economic-forum/why-we-have-the-ethics-of-self-driving-cars-all-wrong-

92566f282733 (last visited: April 20, 2023)

Jaques, A. E. (2019). Why the Moral Machine is a Monster? *University of Miami School of Law*, 10.

Kalra, N. & Groves, D. G. (2017). The Enemy of Good: Estimating the Cost of Waiting for Nearly Perfect Automated Vehicles. *RAND Corporation*. https://www.rand.org/pubs/research_reports/RR2150.html (last visited: April 20, 2023)

Kauppinen, A. (2022). Moral Sentimentalism. *The Stanford Encyclopedia of Philosophy*. Edward N. Zalta (Ed.). https://plato.stanford.edu/archives/spr2022/entries/moral-sentimentalism/ (last visited: April 20, 2023)

Knobe, J. & Nichols, S. (2017). Experimental Philosophy. *The Stanford Encyclopedia of Philosophy*. Edward N. Zalta (ed.). https://plato.stanford.edu/archives/win2017/entries/experimental-philosophy/ (last visited: April 20, 2023)

Logg, J. M., Minson, J. A., & Moore, D. A. (2019). Algorithm Appreciation: People prefer Algorithmic to Human Judgment. *Organizational Behavior and Human Decision Processes*, *151*, pp. 90-103.

McIntyre, A. (2019). Doctrine of Double Effect. *The Stanford Encyclopedia of Philosophy*. Edward N. Zalta (ed.). https://plato.stanford.edu/archives/spr2019/entries/double-effect/ (last visited: April 20, 2023)

Mitchell, M., Wu, S., Zaldivar, A., Barnes, P., Vasserman, L., Hutchinson, B., Spitzer, E., Raji, ID., Gebru, T., (2019). Model Cards for Model Reporting. *In Proceedings of the Conference on Fairness, Accountability, and Transparency (FAT* '19)*. Association for Computing Machinery, New York, NY, USA, pp. 220-229. https://doi.org/10.1145/3287560.3287596 (last visited: April 20, 2023)

Richardson, Henry S. (2018). Moral Reasoning. *The Stanford Encyclopedia of Philosophy*. Edward N. Zalta (ed.). https://plato.stanford.edu/archives/fall2018/entries/reasoning-moral/ (last visited: April 20, 2023)

Sinnott-Armstrong, W. & Skorburg, J. A., (2021). How AI Can Aid Bioethics. *Journal of Practical Ethics*, *9*(1). https://doi.org/10.3998/jpe.1175 (last visited: April 20, 2023)

Vallor, S. (2021). The Digital Basanos: AI and the Virtue of and Violence of

Truth-Telling. In *the Keynote Presentation of 2021 IEEE International Symposium on Technology and Society (ISTAS 21)*. https://ieeexplore.ieee.org/xpl/conhome/9628888/proceeding (last visited: April 20, 2023)

Van Wynsberghe, A., Robbins, S. (2019). Critiquing the Reasons for Making Artificial Moral Agents. *Sci Eng Ethics*, *25*, pp. 719-735.

Véliz, C. (2021). Moral Zombies: Why Algorithms are not Moral Agents. *AI & SOCIETY*, *36*(2), pp. 487-497.

You, S., Yang, C. L., & Li, X. (2022). Algorithmic versus Human Advice: Does Presenting Prediction Performance Matter for Algorithm Appreciation? *Journal of Management Information Systems*, *39*(2), pp. 336-365.

協作

第六章

臨床心理學與人工智慧（AI）的相遇：機器學習下的心理疾患診斷與治療

李昆樺 助理教授　清華大學教育心理與諮商學系

一、前言

　　隨著 ChatGPT 的推出，很多人對於 AI 對人類生活的幫助更加好奇，也有不少人開始會想是否可以藉由 AI 或 ChatGPT 進行心理治療或提供心理的協助，例如：有人會在 ChatGPT 中詢問關於心理疾病如何診斷或治療的方式，然後就可以獲得很多詳細的相關資訊，然而當這些資訊越容易獲得時，又該如何與目前的臨床心理學專業相互結合呢？本章內容將從目前心理疾患之盛行率和相關的介入方式開始說明，以強調為什麼人工智慧需要導入臨床心理學的專業中，接著介紹臨床心理學的專業內涵，再介紹目前人工智慧應用於臨床心理專業的相關現況發展，最後介紹未來可能的發展方向。

　　首先，當我們提到心理疾病，不少人會聯想到《我們與惡的距離》這部影片，除了對片中演員的精湛演出感到佩服外，劇中思覺失調症患者李曉明和應思聰，當精神症狀出現時，對於身邊的人展現出強烈的敵意和攻擊性，甚至李曉明在失去現實感的情況下，出現隨機殺人的遺憾。此劇不僅演出心理疾患患者的苦痛，也演出了家屬的無援和疲累。不僅是思覺失調症，事實上，有研究指出 2015 年全世界

27 個國家調查顯示有 6.5% 的青少年或兒童有焦慮疾患，以及有 2.6% 的青少年被診斷為憂鬱症（Polanczyk, Salum, Sugaya, Caye & Rohde, 2015）。看起來好像不多的數字，但對應全球將近 80 億人口中 15 歲以下佔 17.8% 來看（約 14.24 億），至少有 1.296 億的青少年是苦於心理疾患的影響。

　　另有研究根據 192 份全球的研究結果分析後，指出這些心理疾患會在不同年齡（分別是 14、18 和 25 歲，其中 14.5 歲是產生心理疾病的高峰時期）中會有逐漸增加的盛行率，例如：憂鬱疾患在不同年齡層的盛行率分別是，在 14 歲是 2.5%，18 歲是 11.5% 和 25 歲是 34.5%，其中 20.5 歲為高峰時期（Solmi, et al., 2021）。此研究結果意味著青少年或兒童的身心健康照顧是刻不容緩的。事實上，不論是哪一種心理疾患，青少年都是罹患心理疾患的高危險群之一，他們也是未來很重要的世界主角。如果他們從小就開始受到這些心理疾患之苦，對於未來世界的發展而言，是相當不利和需要重視的。

二、心理疾患之治療與預防

（一）藥物治療為主

　　目前關於心理疾患之治療主要是以藥物治療為主。因為目前多數的心理疾患都與大腦與神經功能異常有關聯，因此，透過服藥的方式可以改善或調節大腦神經功能的異常，以幫助心理疾患患者能夠恢復正常的大腦功能，例如：關於憂鬱症的病因，有學者認為是大腦內有個神經傳導物質——血清素（Serotonin）——缺乏的緣故，血清素對人的情緒扮演重要的角色，當大腦釋放大量的血清素時，會讓我們感

受到愉快的心情，也能夠有高的動機去表現自己和肯定自己，但當腦中缺乏血清素時，就可能讓我們缺乏活動和喜悅的感覺，因此，有抗鬱劑就是以維持腦中血清素恆定為主。然而，有些心理疾患的藥物可能會在長期服藥後產生不良的副作用，例如：服用抗精神病藥物時，可能會出現口齒不清、眼球上吊或坐立難安等症狀，因此會讓有些患者對於服用藥物的動機或意願降低。無論是服用何種藥物，目的都在降低症狀的嚴重度，幫助患者可以恢復正常的生活表現。

（二）心理社會治療為輔

　　除了透過藥物服用來緩解心理疾患的症狀嚴重度之外，也可以透過心理社會治療協助心理疾患患者來改善或降低因症狀所造成的適應問題，事實上，心理疾患的成因不僅是單純生理的因素，更是以多元的起因而導致的產物，稱為生物—心理—社會模式（Bio-Psycho-Social model）。生物—心理—社會模式是指一種疾病的產生可能是透過特定的遺傳或生理因素，搭配特定的內在因素（例如：個性、氣質、思考模式或情緒狀態），當環境中出現特定事件或壓力時，就可能引發相關的心理疾患，最常見的例子就是重度憂鬱症。

　　有研究指出憂鬱的母親在懷孕時或生產後，會因母親本身過於敏感的特性，進而影響剛出生寶寶的氣質表現，特別是負面情緒表現，換言之，早期的母嬰關係對於寶寶將來的心理健康扮演著重要的角色（Bouvette-Turcot, et al., 2020）。因此，若是能夠透過藥物服用，再搭配能夠移除或學習因應來自社會或心理相關的病因，就可以幫助患者順利地回到社會中，並完全地展現個人的能力，有更良好的適應表現。

（三）衝擊與影響

近期的一份肋刺針研究（2020）指出每年有將近十億人至少被診斷出一種心理疾患，而 2010 年花費在因心理疾患所造成的開銷將近 2.5 兆美元，預期到 2030 年會上升到 6 兆美元。這樣的開銷是 2021 年臺灣國內整年的生產總值 7591.04 億美元的 3.4 倍，是相當龐大的開銷。如果能夠早期預防、減少疾病發病的機會、或減少症狀維持的時間，就可以有效地降低這些支出，甚至將這些錢用於改善世界貧窮國家，幫助他們改善生活的品質。根據聯合國全球永續發展小組（SDG）報告指出全球有 9.5% 人口是屬於極貧人口，有將近 1.5 億五歲以下兒童處於營養不良的情況，因此，如果可以將這些支付在心理疾患的費用，用於改善教育環境、生活品質和幫助基礎建設，更是令人值得期待的事情。

三、心理疾患的治療與預防

（一）何謂臨床心理學？

從 1890 年開始在美國心理學會被提出討論，並且設有訓練計畫至今已經有將近 132 年的時間。根據美國心理學會對臨床心理學的定義是：

> 心理學中一個特別領域，對於個人或家庭提供持續性和廣泛性的心理與行為健康照護，也提供社區與機構諮詢的服務，以廣泛性或整合性心理學基礎的知識與技巧用於了解嚴重的心理病理現象，其服務內容包括：心理病理、診斷和治療的

規劃、研究不同心理疾患之心理病理現象、心理衡鑑、諮詢，
及研究。（American Psychological Association, 2008）

　　長期以來，臨床心理學家積極地投入在心理疾病治療與預防工作
上，其服務對象包括：一般大眾、罹患慢性疾病之患者和心理疾患患
者（如：思覺失調症或躁鬱症等），透過各種心理學方法，幫助不同
的族群，達到疾病困擾的減少外，更提升不同族群在心理健康的品
質。換言之，臨床心理學家除了著重於如何協助患者在疾病中康復之
外，更是幫助個體建立一個健康的生活。

（二）臨床心理學的現況作為

　　整體而言，當代臨床心理學家的作為可分為兩大項，一是心理衡
鑑（Psychological Assessment），另一是心理治療（Psychotherapy）。
臨床心理學家透過上述兩種作為來了解個案，並提供專業的協助，分
別說明如下：

1. 心理衡鑑

　　所謂的心理衡鑑是以系統性程序收集資訊，以作為推論個案特性
或轉介議題的可能原因。心理衡鑑包括處理個別化的質性反應、測驗
使用與設計、臨床判斷、管理照護、財務效能、病理因素、治療計畫、
生態效度、理論基礎與測驗之間的關聯性等（Groth-Marnat, 2000）。
進一步的可以將心理衡鑑的類型區分幾種類型，包括：行為衡鑑
（Behavioral Assessment）、診斷會談（Diagnostic Interviewing）、
智力衡鑑（Intelligence Assessment）、性格衡鑑（Personality
Assessment）、投射衡鑑（Projection Assessment）和療效評估工具等。
上述之衡鑑類型在資料收集方面，仍倚重個體填答問題之表現，換言

之，就是以當事人在回答問題時，透過筆或電腦施測方式回答測驗問題，其測驗問題可能是一連串的情境或行為或性格特徵的描述、或模糊圖片，讓當事人根據當下的感受或想法加以回應。

　　臨床心理學家會根據當事人所填寫的資料進行統計和計分，並將計算完的分數和常模（norm）做比對。[1] 每個衡鑑所採用的測驗工具（Psychological Testing）均須要具備良好的信效度。信度是指測驗工具的題目是否具有一致性，換言之，就是這些測驗工具的題目內容都是圍繞在同一個主題上，例如：智力測驗的信度就是這些智力測驗題目之間可以是有相關的，因此，如果信度較低的話，意味著這些測驗工具題目之相關性不高；此外，效度是指可靠程度，就是指測驗能不能測到想要了解的內涵，例如：性格測驗的目的在於想了解個體在某種特質或性格上的表現，但若效度偏低時，顯示該測驗工具的內容都跟性格表現沒有太多的關聯。

　　整體而言，臨床心理師透過訪談方式分析當事人所填寫的自陳式問卷、或對於模糊刺激所完成的回答內容進行分析，與臨床心理學家自身對當事人困擾的事件所做的假設進行核對和比較，結合相關的心理學理論，然後提出一個統整性的報告，幫助個案與臨床醫師作為了解其心理疾患診斷與可能引發疾患的因素，進一步提出適合個案的治療計畫。為了完成一個嚴謹的報告，除了充足的臨床訓練和對心理疾患的敏感度外，臨床心理學家所使用的工具準確度也是需要被重視的，但最為人所擔心的是紙筆測驗，往往獲得的資料與個案實際問答有所出入，有可能是當事人誤解測驗的題目，或是有可能是當事人為

---

[1] 常模（norm）是指解釋測驗結果的參照依據，測驗分數必須借助常模以解釋其意義，常模代表標準化樣本在測驗上實際表現的平均成績或中等水準。參考國家教育研究院雙語詞彙 https://terms.naer.edu.tw/detail/1309579/。

了某些私人的理由而拒絕或錯誤填答了資料，以致於測驗結果解讀有了不同的結果。因此，如何有效地提升測驗工具或評估工具的準確性就是相當重要的議題。

2. 心理治療

　　另一個臨床心理學家所擅長的作為就是心理治療。所謂的心理治療就是透過各種心理學的知識與技巧，幫助當事人或個案解決或克服心理困擾或減緩心理疾患症狀的嚴重度，依據治療目標的深淺，可以從症狀改善、問題解決到人格探索與重建等。

　　因為人的多元性，因此協助個體改善或增進自我了解的方式也相對多元。依據美國心理學會對心理治療的分類，可以根據所處理的議題和個人問題的起因假設不同，而有五大類的心理治療取向，包括：

(1) 心理分析與心理動力治療：其主要是透過揭露內在的潛意識意義和動機來改變個體的問題行為、感受或想法。

(2) 行為治療：認為異常或正常的行為都是學習來的結果，包括兩種學習歷程：

　　(a) 古典制約：認為人的情緒反應或生理反應與情境中的刺激呈現配對有關，例如：成癮行為的初期，透過使用非法物質改善情緒，進而將物質使用和情緒紓緩互相配對而成。

　　(b) 去敏感化：是一種古典制約的結果，例如：透過去敏感化教導對於害怕公開演講或說話人，當其緊張的時候，可以透過放鬆方式降低焦慮。

　　(c) 操作制約：相信透過酬賞方式可以增加或降低某些行為出現的頻率或次數，進而達到型塑行為的目的。

(d)認知行為治療：聚焦在改變個人的想法和行為修正上，主要是針對個體對事情所產生的非理性想法，所引發的問題行為，透過改變想法，以達到問題行為的改變。

(3) 認知治療：重視個人內在的想法勝過於行為表現。問題行為的來源是因為失功能的想法導致問題行為和困擾情緒之由來，例如：憂鬱症的認知三角，認為憂鬱症患者對世界、個人和未來都是抱持著負向的想法和態度。

(4) 人本治療：強調個人有能力去做合理的決定和發展個人最大的潛能，關注和尊重他人都是很重要的議題。

(a)個案中心治療：拒絕治療權威，強調個案個人的經驗。

(b)完型治療：旨在於幫助個體覺察當下和接納個人的責任。

(c)存在主義治療：其目的在於自由聯想、自我決定和意義尋找。

(5) 全人治療：是一種折衷學派，將各種不同取向的治療進行整合，以提供不同類型的問題之解決需求。

(6) 治療的多元取向意味著個人問題的多元性，不少的心理治療取向，在心理治療中派上用場，以達到和測試該治療的程序或合宜性。就目前為止，心理治療雖然能夠改善求助者的困擾，但對於精確地說明其對應治療的長度與內涵，仍需要搭配治療師本身的訓練和經驗，且是否能夠維持改變的效果，以及改變本身是否由該治療取向所引起的，在目前心理治療理論中並未有清楚地說明。

（American Psychological Association, 2009）

（三）預防重於治療

　　心理衡鑑與心理治療是臨床心理學家用來改善或促進民眾心理健康方法之一。站在公共衛生的角度，預防與治療是三級預防不同階段中重要的概念與工作。三級預防分別為初期、次級與三級預防：

1. 初期階段是指篩檢和提高民眾對身心健康或重要議題的覺察和認識，透過講座、教育或實際問卷篩檢方式，一方面教導民眾自我辨識外，另一方面找出高風險的個案，目的在於早期發現、早期治療為主。
2. 次級階段是指介入為主，針對已經生病或確認或疑似個案進行治療，以降低症狀干擾、提高生活適應為主要目的。若有精準的介入方案時，可以讓罹病或疑似確診的個案所展現的症狀嚴重度降低，並且縮短生病的歷程。
3. 三級階段是指復健與預防復發階段，針對已接受治療和完成療程的個案進行追蹤與復健，幫助他們可以順利地回到社區或適應生活，所以重點在於賦能和維繫個案的改變。

（四）小結

　　面對一個處於心理疾患困擾或生活適應不良的當事人而言，臨床心理學家透過心理學的知識，以及心理病理相關研究成果，作為評估在受苦中的心理疾患患者或適應不良的個體之困擾嚴重程度、困擾的可能起因和後續的影響，雖然臨床經驗是很重要的參考資料，但就目前所使用的工具而言，仍有可能會因臨床心理學家的資訊不足、敏感度不足、或是個案的防衛心等諸多原因下，造成衡鑑的進行以及後續治療介入時的阻礙。若能夠藉由大量數據提供，透過機器學習方式，或許能夠協助臨床心理學家在面對上述之個案時，可能提供較可靠的

資料，作為後續規劃治療重要的參考。

四、臨床心理學中人工智慧之應用現況：

（一）心理衡鑑方面的應用：

　　關於人工智慧應用於臨床心理學專業的討論，初期主要比較在進行心理狀態或心理健康的評估上，Hartman（1986）試圖去歸納人工智慧如何應用在臨床心理服務中，包括：臨床紀錄的儲存、測驗報告的解釋、自主地進行資料收集與晤談、整合心理衡鑑報告與提供專業心理服務。然而在當時，這樣的討論真的實際落實的工作，較多是放在前兩項，仍未有所謂的進行晤談或提供專業心理治療服務等。直到最近人工智慧的日漸成熟，才有能夠進行會談或資料收集的階段，例如：在 Google 母公司 Alphabet X 實驗室中所發起的 Amber 計畫，是有意圖地將人工智慧做為評估或早期偵測心理疾患之工具，該實驗室透過提供大量的憂鬱症患者之腦波圖（EEG）作為機器學習判讀的資料來源，主要比對的是憂鬱症患者與一般民眾在酬賞迴路中腦波圖的差異，透過人工智慧的演算後，有 98.4% 準確率判斷出某些重度憂鬱症和焦慮症的症狀差異，但距離要經精準的判斷和鑑別不同的憂鬱症症狀特徵，仍有一段很長的路要走。（雷峰網，2020）

　　此外，有研究指出診斷與衡鑑帕金森氏症方面，在不同的演算語法中對於帕金森氏症的衡鑑與評估效果是不錯的（Belić, Bobić, Badža, Šokaja, Durić-Jovičić & Kostić, 2019）。換句話說，人工智慧的技術現階段來說，對於偵測或判讀具體疾病起因或特定病兆所引發的疾病具有不錯的效果，進一步根據 Schwalbe 和 Wahl（2019）所做的文獻回

顧後，認為人工智慧技術可應於醫學領域的幾個項目，包括：診斷、死亡風險評估、疾病爆發預測、健康政策與計畫等四方面。

　　對於臨床心理學家而言，雖然心理疾患的起因相較於其他疾患而言，較沒有清楚地或特定的病兆或起因，在找尋適合的臨床症狀或生理指標作為判讀有較大的困難，但若能夠以測驗本身的資料作為機器學習之資料來源，或許有可能可以達到某種程度可靠的評估效果，不僅如此，若是透過結合生理資訊（包括：腦波、呼吸或心跳等），搭配大量的測驗結果，或許更有可能找到適合的指標以提供後續機器學習之資料來源。

（二）心理治療方面的應用現況：

　　在心理治療方面，人工智慧多應於數位治療為主，過去主要運用手機上 Apps 進行特定行為或心理健康資料的收集，透過即時的資料傳送方式，幫助臨床心理學家了解當事人目前的身心狀態，提供適切的數位心理治療方案（digital intervention）（D'Alfonso, 2020）。有學者也認為人工智慧下的心理治療會是一個新世代的開端，他們借用希臘神話的百眼巨人（Argus Panoptes）[2] 來形容未來人工智慧下的心理治療提供，稱為心理治療師潘諾普忒斯（Therapist Panoptes）（Alexios, 2019），因為心情波動和生活事件的多樣，而且不少心理疾患患者因為睡眠困擾，使其之情緒困擾與危機處理更容易在夜間出現，然對於需要耗費體力和精神的心理治療，對於無法提供 24 小時服務的心理治療來說，如果能夠透過人工智慧的協助，在生命線或電話張老師無法提供諮詢的時段，讓需要求助的個案都可以有專業的心

---

[2] Argus Panoptes，希臘神話中的百眼巨人，因為有一百隻眼睛，所以睡覺時，有些眼睛還是睜著，有別名為「潘諾普忒斯」（維基百科）。

理服務，必然可以減少個案因無法提供即時服務，而產生無法挽回的憾事。

也有所謂的人工智慧驅使虛擬實境治療角色（AI-enable Virtual Reality Human Avatars）提供相關的心理諮詢或治療服務（Fiske, Henningsen & Buyx, 2019; Luxton, 2014），這些虛擬治療師透過手機應用程式（Apps）與用戶互動，當用戶需要諮商或心理治療相關服務時，透過開啟 Apps，與 AI 所驅使的虛擬治療師進行會談，藉此改善個人的情緒或憂鬱症狀（例如：WYSA 這款軟體提供一般民眾進行即時的心理治療或諮商的服務（wysa.com）等）。換言之，透過 AI 應用於臨床上的心理治療服務，似乎可以提供即時和相關專業的服務，並達到還不錯的滿意效果。De Mello 和 De Souza（2019）指出 AI 與心理治療的結合，可以提升個體在情緒辨識、建構個人信念、自我探索、認知風格與自我覺察等方面的改變，而這些面向都是在心理治療或心理諮商會引發個體改變的重要面向。

雖然 AI 對於提升心理治療或諮商服務的品質和效果是值得期待，但在相對的倫理議題也需要被重視，目前對於 AI 應用於諮商相關的倫理規範與議題，建議包括：AI 應用的限制、個人隱私、文化多樣性的考量（Fulmer, Davis, & Joerin, 2019），整體而言，是鼓勵使用 AI 於臨床與諮商的應用，因為期待藉由 AI 技術，提高個案在諮商或心理服務的效果，但仍需要考慮在諮商過程中，AI 所提供的決策討論與結果，應回到個案自主，而非由 AI 予以主導，現階段而言，AI 於臨床或諮商的應用所帶來的倫理影響是需要被持續關注和討論的。

承上述，在心理治療方面人工智慧似乎可以扮演著守門員的角色，透過機器學習的演算，在網路上搜尋可能的危機警訊，並進一步的提供可能的協助或轉介。在筆者與校內其他先進（包括：物理系王道維教授、電機系劉奕汶教授、學習科學研究所區國良教授、資訊工

程系陳宜欣教授、教育心理與諮商學系許育光教授和陳承德教授）所執行的計畫，名稱為「人工智慧輔助社群媒體高風險訊息偵測系統」，獲得清大教育部深耕計畫補助，其目的就是試圖想扮演網路巡邏的角色，透過機器學習的方式，辨識網路上的文章，以期找到可能的自殺或自傷高風險對象，並進一步的提供轉介或協助。

　　在本研究中，研究者透過爬蟲程式在 Dcard 網頁中下載兩千多篇文章，在參考情緒字典中不同的情緒字眼與情緒強度，評估文章中的情緒字眼辨識與分類，區分出不同情緒強度的文章，再參考過去的自殺與自傷相關文獻，建置包括；危機程度、壓力事件類型、是否曾接受相關服務等三類不同程度的指標，並透過人工標註，即是邀請具諮商心理背景之人員針對兩千多篇文章進行自殺相關文字的標註，標註出無助與無望感、憂鬱和自殺認知、正向認知、正向情緒、負向情緒和行為（含生活型態）及生理反應之相關文字，搭配機器學習，希望當網路文章有這些相關詞彙時，能夠進行辨識該文章之自殺風險程度，為能針對不同的危機程度提供適切的介入，研究者將危機程度區分為四種等級，根據自殺光譜中從無自殺意念、有自殺意念但無自殺企圖、有自殺企圖、到自殺行為，從無風險、輕度、中度、中重度風險四種等級，初步結果顯示可以區分出中低度和高度危機之文字，準確率為94%，但後續仍需要更多的資料分析，以確定其準確率（尚未表發表資料）。

（三）小結

　　對於人與人互動的心理衡鑑或心理治療而言，當個體面對機器時，是否能夠怡然自得呢？確實有不少學者針對此議題進行討論，但就上述的分析資料來看，似乎這個百眼治療師有其必然的存在性。在臨床心理工作中，無論是心理衡鑑或心理治療，是需要高度專注的專

業工作，因此，當臨床心理學家在面對個案時，因個人的身體狀態、情緒或其他的影響因素下，確實是需要一個「金槍不倒？」的輔助夥伴，但對於個案而言，他究竟想面對的是一個被設定要噓寒問暖的「機器」人？還是一個「活生生」但可能會分心或疲累的「專家」呢？是值得較多的探討。

五、結論

最後，筆者要試著在回顧文獻和檢視現況後，試著以「作夢」的角度來想像未來，到底臨床心理學和人工智慧還還能有哪些精采的配對和合作呢？

（一）心理衡鑑機器人？——遠端診斷工具

隨著網路的發達，又因為疫情的催化，大家見面總是隔層紗（口罩），甚至是帶電的紗（電腦螢幕或手機螢幕）等，打破了不少的物理空間障礙，大家天南地北的聊天視野竟是電腦螢幕。遠距醫療醞釀而生，透過遠端視訊的方式，讓在 A 處的醫療人員可以替 B 處的患者進行診治，那心理衡鑑呢？有可能嗎答案當然是「有」，因為目前已經有許多電腦版測驗可以透過線上測驗的方式進行，換言之，需要接受衡鑑的當事人可以先在網路上完成測驗評估，然後，人工智慧機器再進一步評估測驗間的結果，提供一個衡鑑報告和後續的治療建議，再協助其轉介至相關的心理服務單位接受幫助。

為了達成上述的目標，臨床心理學家需要提供更多多元個案的衡鑑報告，幫助電腦進行學習和辨識，其中找出不同診斷間的衡鑑特色，以期提供適切的建議，幫助個案可以早點遠離受苦經驗。

（二）虛擬實境的心理治療

關於虛擬實境的心理治療，目前使用最多是在失智症患者或焦慮症患者身上，透過虛擬實境的設置，模擬失智症患者在習慣的生活空間中，練習找到物品擺設或空間位置，以減少迷路的情況（Flynn, Van Schaik, Blackman, Femcott, Hobbs, & Calderon, 2003）；對於焦慮症患者而言，則邀請個案接受虛擬實境練習，可以提早練習放鬆技巧或因應策略，幫助焦慮症患者透過暴露方式，降低焦慮和有適切的表現（Maples-Keller, Bunnell, Kim, & Rothbaum, 2017）。但這些研究似乎仍未能考量到個案本身的限制，例如：對這些個案而言，虛擬實境治療似乎無法提高個案的改變動機，以及無法適性的調整個案所需要的強度，因此，無法給予有個別化的介入方案。因此，如果可以透過人工智慧細緻的處理，在「精準（precise）」和「個人化（personalized）」之原則下，針對每位個案的特性安排適切的因應方法或放鬆情境，或許可以讓更多的當事人得到幫助。

（三）自殺危機的發掘與預防

目前的人工智慧應用於防範自殺的介入上，多聚焦在文字類型辨識，但有很多時候，個體在網路上發布的文章可能是篇牢騷文（或廢文），所以較無法提供機器更多的學習，甚至會有偽陽性比率的增加，因此，如果可以搭配個體的運動手環監測生理資訊，當個體上網時，監測其上網的生理指標（如：呼吸、心跳或腦波等），再搭配其發送的文章，送至機器進行判斷，當呈現高度風險時，可以立即給予介入，或許可以更準確的給予自殺或自傷個案協助。就現階段來說，雖能夠獲得上述的相關生理指標，但對於生理指標與當事人當時的行為之間的對應，仍可能會有所不一致，例如：有自殺衝動的個案，在

呼吸或腦波上確實有些所波動，但同樣的腦波或呼吸頻率，也可能出現在愉悅的行為或表現上，因此在生理指標與實際行為表現的對應上，是有可能會不一致的情況，需要透過大數據的收集和累積，才能夠有助於資料的判讀。此外，對於資料收集應須多元，並予以謹慎地判讀。然而，在資料收集的階段中，雖然能夠立即評估當事人的精神狀態，但是對於當事人的隱私和自主權似乎有明顯的影響，因為當個體的身心狀態上傳至雲端時，已經有暴露個人隱私或內在狀態的風險，而且對當事人而言，關於拒絕接受醫療的自主權也是需要被關注的焦點，所以在面對人工智慧的高度發展之際，立即性與可及性的優點，卻可能會與當事人本身的隱私保護與自主展現之間產生衝突，後續若在進行相關的工具研發時，更應細緻地考量如何在保障當事人的隱私與自主之時，又能夠讓他們可以獲得適當且即時的醫療協助，如同目前的精神衛生法所規範，醫事人員應有保密之原則，但除非當個案有傷人或自傷之虞，應立即通報，換言之，當醫療情境出現倫理之兩難時，身為醫事人員的我們，不傷害原則可能是優先於自主與保密原則。

（四）未完待續

　　人工智慧的世界已經來臨，雖然過去的調查中，可能因為人工智慧技術提升，造成某些職業的消失，但也有調查指出心理相關服務專業（臨床心理師和諮商心理師）仍舊屹立不搖，畢竟個案還是想與活生生的肉身進行對話，進行情緒的交流，甚至意識層面的流動，聽到不少的臨床心理學同業說，這門行業是越老越吃香，因為人生閱歷豐富了助人者的心靈，而助人者再帶著豐厚的心靈去敏銳感受個案的受苦，然後找到讓受苦心靈得到平撫的道路繼續過生活下去。

　　面對人身即是肉身的限制，我們也可以敞開心胸邀請這位鋼鐵夥

伴一起加入助人工作行列中，創造出更多的助人方法，幫助更多元的
生活難題，提升更多受苦心靈對活下去的勇氣。

參考書目

AI 輔助校園自殺防治與高關懷學生篩檢整合系統——子計畫三：網路自我傷害訊息的偵測與通報。教育部深耕計畫補助校內研究計畫（計畫編號：110Q2723E1）。

雷峰網。（2020）。3.5 億憂鬱症患者背後，Google AI 做了什麼？https://technews.tw/2020/11/07/sharing-project-amber-with-the-mental-healthcommunity/.

Alexios, B. (2019). Psychotherapy in the Era of Artificial Intelligence: Therapist Panoptes. *Homo Virtualis*, *2*(1), pp. 68-78.

American Psychological Association. (2008). Clinical Psychology. https://www.apa. org/ed/graduate/specialize/clinical.

American Psychological Association. (2009). Different Approaches to Psychotherapy. https://www.apa.org/topics/psychotherapy/approaches.

Belić, M., Bobić, V., Badža, M., Šolaja, N., Đurić-Jovičić, M., & Kostić, V. S. (2019). Artificial Intelligence for Assisting Diagnostics and Assessment of Parkinson's Disease—A Review. *Clinical Neurology and Neurosurgery*, *184*, 105442.

Bouvette-Turcot, A. A., Fleming, A. S., Unternaehrer, E., Gonzalez, A., Atkinson, L., Gaudreau, H., ... & Meaney, M. J. (2020). Maternal Symptoms of Depression and Sensitivity Mediate the Relation Between Maternal History of Early Adversity and Her Child Temperament: The Inheritance of Circumstance. *Development and Psychopathology*, *32*(2), pp. 605-613.

De Mello, F. L., & de Souza, S. A. (2019). Psychotherapy and Artificial Intelligence: A Proposal for Alignment. *Frontiers in Psychology*, *10*, p. 263.

Flynn, D., Van Schaik, P., Blackman, T., Femcott, C., Hobbs, B., & Calderon, C. (2003). Developing a Virtual Reality-based Methodology for People with Dementia: A Feasibility Study. *CyberPsychology & Behavior*, *6*(6), pp. 591-611.

Fiske, A., Henningsen, P., & Buyx, A. (2019). Your Robot Therapist Will See

You Now: Ethical Implications of Embodied Artificial Intelligence in Psychiatry, Psychology, and Psychotherapy. *Journal of Medical Internet Research*, *21*(5), e13216.

Groth-Marnat, G., (2000) Visions of Clinical Assessment: Then, Now, and a Brief History of the Future. *Journal of Clinical Psychology*, *56*(3), pp. 349-365.

Hartman, D. E. (1986). Artificial Intelligence or Artificial Psychologist? Conceptual Issues in Clinical Microcomputer Use. *Professional Psychology: Research and Practice*, *17*(6), p. 528.

Health, T. L. G. (2020). Mental Health Matters. *The Lancet. Global Health*, *8*(11), e1352.

Luxton, D. D. (2014). Artificial Intelligence in Psychological Practice: Current and Future Applications and Implications. *Professional Psychology: Research and Practice*, *45*(5), p. 332.

Maples-Keller, J. L., Bunnell, B. E., Kim, S. J., & Rothbaum, B. O. (2017). The Use of Virtual Reality Technology in the Treatment of Anxiety and Other Psychiatric Disorders. *Harvard Review of Psychiatry*, *25*(3), p. 103.

Polanczyk, G. V., Salum, G. A., Sugaya, L. S., Caye, A., & Rohde, L. A. (2015). Annual Research Review: A Meta-analysis of the Worldwide Prevalence of Mental Disorders in Children and Adolescents. *Journal of Child Psychology and Psychiatry*, *56*(3), pp. 345-365.

Solmi, M., Radua, J., Olivola, M., Croce, E., Soardo, L., Salazar de Pablo, G., ... & Fusar-Poli, P. (2022). Age at Onset of Mental Disorders Worldwide: Large-scale Meta-analysis of 192 Epidemiological Studies. *Molecular Psychiatry*, *27*(1), pp. 281-295.

Schwalbe, N., & Wahl, B. (2020). Artificial Intelligence and the Future of Global Health. *The Lancet*, *395*(10236), pp. 1579-1586.

第七章
AI 應用於高中生自主學習網路資源推薦系統 *

區國良 教授　國立清華大學學習科學與科技研究所
王珮瑜 碩士生　國立清華大學學習科學與科技研究所
柯奕訴 碩士生　國立清華大學學習科學與科技研究所

一、前言

　　素養導向課程綱要旨在培養學生具有「自主行動」、「溝通互動」與「社會參與」核心素養之「終身學習者」，素養導向學習超越了大部分教案中對於「能力」所定義的範圍，轉而更重視學習過程中的情意態度，尤其 108 課綱啟動後，高中生畢業前必須完成至少十八節課的「自主學習」課程，學習目標及學習內容由學生自行安排，讓學生在沒有學分也沒有成績的安排下，培養良好的學習習慣及學習態度；但是，由於學生自訂的學習主題可能超過現行教科書的範圍，若學校缺少領域師資、互動管道以及學習資源，將使得學生進行自主學習活動遇到問題時難以獲得良好的支持，這些都是現階段推行高中自學方案時必需優先面對的問題。

　　自主學習或稱自我導向學習（Self-directed learning, SDL）（Pieger

* 本研究感謝科技部計畫經費支持，計畫編號：MOST 109-2511-H-007-006-MY3。

& Bannert, 2018）與其它常見學習策略有著截然不同的思維，傳統的課室教學是以「教師為中心」，由教師主導班級的學習內容與進度，優點是備課容易、教學效率高，但相同標準的教材以及評量方式難以照顧到學生的個別差異；為了改善這個問題，近年來發展成以「學生為中心」（Student-Centered Learning）（Hoidn, 2017）的教學方式，強調適性化的教學，也就是所謂的「因材施教」，教師雖然可以依照每位學生的學習狀況安排適性的學習進度，但在所有人必須接受相同學習內容的情況下，仍然難以激起學生們的學習動機；SDL 則是再進一步提出以「知識為中心」的學習策略（Silén & Uhlin, 2008），除了兼具了以學生為中心的適性學習理念外，更要求學生必須自我規劃及主導學習內容，進行知識探索及反思，此外，教師還必須協助建立同儕之間探究知識的互動管道，交換彼此的學習知識與學習資源，並適時的介入引導，以誘發學生自主的學習動機（Law & Nguyen-Ngoc, 2008）。

　　SDL 雖然強調「自我導向」的學習，但是在 1967 年最初被 Tough 提出時，其主要是探討成人學習的過程中所需要的各種協助，尤其是來自於與同儕之間的資源與互動（Tough, 1967），因此，在高中階段的 SDL 除了必須提供具有高相關性且權威性的知識來源外，學習過程中還必須提供適合的互動平台以及互相討論的對象（Sze-yeng & Hussain, 2010）。使用網路互動平台將有機會提供自我引導學習者有效地自行擬定學習計畫、收集學習資源、分享學習內容以及討論互動的環境，對於高中以上的學生來說，自我引導的學習過程中若遇到學習問題時，也可以利用網路互動平台自行學習或尋求幫助。

　　由於 SDL 的學習策略是以「知識」為主軸，學生依學習興趣自行設定學習目標時，所涉及的內容可能包羅萬象，甚至是跨領域的複雜議題而超出教師的能力範圍，再加上現行教科書僅能提供固定教材

內容的情況下，勢必難以提供足夠的學習資源，這使得原本就頗受學生習慣使用於日常生活中的網路資訊，躍升為 SDL 活動的主角之一，扮演了提供教科書以外跨域知識來源的重要角色。搜尋引擎雖然使用起來簡單方便，隨手可得，但其所使用的搜尋演算法並不透明，尤其容易受到使用者過去經驗以及商業導向的影響，以致於回饋給使用者的品質參差不齊，若是 SDL 學習者偏好利用網路資源進行學習，且過度依賴搜尋引擎所提供排序的網頁作為學習資源，反而可能產生學習迷思（Gu, 2016）。

　　事實上，網路世界能提供的資料豐富多元，若能經過適當的過濾篩選、發掘關聯以及排序，許多優質的文章仍然可以提供 SDL 使用，當師生面對如此海量而結構複雜的網路資源，搜尋引擎卻只能提供精準的關鍵字搜尋結果，難以滿足自主學習活動中對於訓練學生蒐集及整理其它廣泛而相關性高的學習資源時，實務上需要另外發展一套合適的網路資源推薦工具。近年來有許多研究應用自然語言處理（natural language process），或是文字探勘（text mining）技術來幫助人們處理、分析大量的文字資料（Akçapınar, 2015），其中最廣為使用的研究方法莫過於使用機器學習中的分群（cluster）以及分類（classification）演算法，幫助人們快速地從海量的文字資料中獲得許多有用的資訊（Harrag, 2014）。例如利用分類法將專家標註的類別資料，經由演算法建立分類模型後，即可由從其它大量的文字資料中找出潛在同類別文章之特徵，對未知的未來文章類別進行預測；而分群法則是透過計算文字資料特徵間的距離將文章自動區分為若干個群體，期待各群內的文章彼此之間具有較高的相似度，而不同群別之間的文章則具有較高的相異性。

　　自主學習已成為高中畢業必修的學分與基礎素養，現今各校在推行自主學習活動時經常遇到超出課綱範圍或教師能力的跨領域主題，

於是，參考網路文章便成為學生獲得相關知識的主要來源之一；但是，使用關鍵字搜尋的結果將可能限縮學生對於相關知識的探究能力與興趣，其搜尋結果若不考慮權威文章及正確性，更可能造成學習迷思與干擾；本研究結合人工智慧及網路資源，利用文字探勘及自然語言處理技術，結合 AI 公共化的理念，尤其對於學習資源及師資缺乏的偏鄉學校，建構一套適合高中生進行科學領域自主學習時使用的網路學習資源推薦系統，收集來自 9 個權威性科普領域網站內容後，篩選領域專家所發表的 9397 篇網路文章，再依學生所提供的問題推薦相關的學習資源，協助學生自行提出學習主題、規劃學習進度、尋找相關資源並與同儕互動學習。本研究實際應用在四所高中 120 位學生為期一個學期的自主學習課程後，於期末分析教師及學生的問卷回饋，證明本研究所建構的網路資源推薦系統具有相當良好的易用性及有用性，可幫助高中生完成自主學習的過程，而本研究提供的相關經驗期待能持續擴展到各種學習領域，建構一個「自發」、「互動」以及「共好」的素養導向終身學習環境。

二、文字探勘及相關技術

文字探勘的研究發展至今已累積了相當豐碩的成果，大部分研究進行文字探勘的第一步即是收集大量的數位文本，接著再提取和選擇文本中的文字特徵，並利用適合的機器學習（Machine Learning）演算法將文本進行分群或分類等工作。特徵提取的種類如單詞、詞頻、詞性等（Aggarwal & Zhai, 2012），所謂的單詞和詞頻：即對於每個詞彙計算其在文本中出現頻率，可以用二進制加權（如果單詞出現則為 0，否則為 1）或使用單詞權重以及統計上在母群體正規化後的數據來表示特徵的相對重要性（Mejova & Srinivasan, 2011）。

　　接下來可利用適合的演算法分析各字詞在文件中的重要程度，提供使用者以關鍵字查詢時，計算出與該關鍵字依相關程度。其中以統計方法為基礎的 TF-IDF 演算法多年來已被廣泛運用在文字探勘的研究中（Salton & Buckley, 1988），其中 TF 詞頻（Term Frequency）是一個詞在單一文章中出現的頻率，其假定在不同類文章中詞彙出現的頻率應不相同，例如在生物領域相關的文章中可能會出現「食物鏈」這類專有名詞，而在非生物領域的一般文章則機率較少，此時「食物鏈」在生物領域文章中的 TF 值就會高於一般文章。而 IDF 則為反文檔頻率（Inverse Document Frequency），是一個詞的普遍性指標，例如語助詞「的」幾乎出現於所有文章當中，那麼其 IDF 將較低，代表其普遍性高不適合作為分群的重要參考。藉由結合 TF 和 IDF 並將兩者相乘，我們將更有機會提取出有助於分類的重要詞彙特徵。常見公式如下，其中 TF 的部分：

　　其中 n_{ij} 是該詞在檔案 d 中的出現次數，而分母則是在檔案 d_j 中所有字詞的出現次數之和。另外需使用的 IDF 則是：

$$idf_1 = \log \frac{|D|}{|j : t_i \in d_j|}$$

　　其中 | D | 代表語料庫中的檔案總數，$| j : t_i \in d_j |$ 則為包含詞語 ti 的檔案數目。最後可以得到以下公式：

$$\text{tfidf}_{i,j} = \text{tf}_{ij} \times \text{idf}_j$$

　　雖然 TF-IDF 已被證實適合運用於文本分類任務中，不過亦有研究指出其不足之處（HE KD & CHENG, 2016），舉例來說如果語料庫中生物領域類別中包含特徵詞「弱肉強食」的文檔數為 m，而在文學類別中包含「弱肉強食」的文檔總數為 n，則 d＝m＋n，當 m 增大

時，d 亦會增大，按照 IDF 公式得到的重要性權值會變小，結果造成該詞彙被判定為不適合作為文章分群或尋找關連性之參考，但事實上「弱肉強食」依我們的學習經驗而言其實是生物領域中相當重要的關鍵字，對於這樣的詞彙應給予較高的權重以避免誤判。

　　由於詞頻及統計為基礎下所發展出來的文字探勘技術仍有以上問題與限制，於是許多研究就開始嘗試不同的人工智慧演算法提供解決方案，尤其類神經網路的快速發展，被認為是處理自然語言理想的解決方案之一，例如卷積類神經網路（Convolutional Neural Network, CNN）以及深度神經網路（Deep Neural Network, DNN）等，其處理效率良好，降維造成的影響極少，可惜這些演算法設計複雜不容易支援系統開發及應用，直到 Word2Vec（https://code.google.com/p/word2vec/）這套開源工具被提出來後，類神經網路才開始大量被各種處理文字以及語言的應用環境採用。Word2Vec 是 Google 於 2013 年所提出，其套件包含了 bag-of-word 以及 skip-gram 結構，並採用 n-gram 的概念，計算一篇文章中考慮上下文相關的字後特定字詞出現的機率，其方法是取前 n-1 個字中作為訓練集，並以類神經網路法計算第 n 個字出現特定關鍵字的機率。舉例來說當 A、B、C 三個字詞若同時出現在一篇文章時，就表示三個詞是有相關性的，若使用者對 A 有興趣時，B 與 C 就有機會成為相關字的候選字之一，但 B 與 C 出現時與 A 的上下文距離也一併列入考慮，愈接近者代表關係愈近，故其計算機率時需考慮 n-gram 的長度，也就是所謂的 windows-size，但若 n 長度愈長，訓練樣本數愈多，計算複雜度也就愈高，而類神經網路則可以有效減少計算複雜度。

　　由於使用類神經網路時，隱藏層的深度以及 n-gram 可能影響預測的結果以及複雜度，故字詞的出現皆以向量表示（Rong, 2014），可以有效提昇運算效果，也因此在 Word2Vec 中所有字詞的距離皆以

餘弦表示，距離為 0 至 1 之間的浮點數，值愈大代表距離愈近，另外也有使用抽樣進行降維，甚至負面抽樣 negative sampling 的方法，將不相關的字詞列出，也可有效降低運算負荷。

　　有了字詞關聯分析工具，接下來可將查詢融入自然語言對話當中，相關技術發展多年，然而大部分以英語為主，在其它支援多語系（包含中文）的自然語言處理技術中，以 Google 提出的 Bidirectional Encoder Representation from Transformers（BERT）預訓練效果最為良好（Vaswani et al., 2017）。BERT 同樣利用類神經網路的運算結構，但不同的是在通過所有層（layer）的上下文之間追蹤了序列資料之間的距離及關係，以偵測上下文之間的脈絡及關聯性，如此即可從未標記的大量文本中進行雙向訓練，建立一套自然語言預訓練模型。BERT 預訓練模型簡化了自然語言處理上特定結構的需求，使用者只需在 BERT 等預訓練模型之下對特定任務進行微調，即可出色地達到自然語言上的需求，例如問答任務。本研究將透過 BERT 問答任務模型，可將一段包含答案的文本，自動斷定出問題的答案

三、建構學習資源推薦系統

　　以上簡要地介紹了本研究所採用的文字探勘相關技術，接下來說明將如何串接這些技術工具以及相關資料，並利用支援行動裝置的協作平台與使用者互動，建構一個適合高中生進行 SDL 使用之學習資源推薦系統，本節分別以「收集及清理網路文本」、「建構專家知識關鍵字庫」、「建立關鍵字詞關連模型」以及「建構 SDL 協作互動平台」等四個模組分別說明如下：

(1) 收集及清理網路文本

　　本研究所收集的文本以自然科學為主題，為確保文本內容的正確

性及權威性，在文本蒐集上選擇臺灣較為知名的科普網站如下表所
列：

表 7.1　文本來源

網站名稱	網址	文章數
科學 Online	https://highscope.ch.ntu.edu.tw/	5124
環境資訊中心	https://e-info.org.tw/	577
臺灣網路科教館	https://www.ntsec.edu.tw/	315
科學人雜誌	https://sa.ylib.com/	1987
科學月刊	https://www.scimonth.com.tw/	373
物理雙月刊	http://pb.ps-taiwan.org/	439
Case 報科學	https://case.ntu.edu.tw/	152
生活化學	https://www.lifechem.tw/	229
關鍵評論	https://www.thenewslens.com/	135
國家地理	https://www.natgeomedia.com/	66

資料來源：作者繪製

　　爬文所使用的工具為 Web Scraper 與 beautiful soup、selenium、
scrapy 等 Python 語言套件。Web Scraper 是一款開源的軟體，使用者
可在 Google Chrome 瀏覽器中安裝的擴充功能，即使不具有程式設計
能力也可使用的爬文工具，使用上雖然簡單，但功能固定較缺少彈
性，對於複雜的網頁結構較難發揮作用。而以 Python 語言為主的相
關套件則需以程式撰寫的方式獲取網路資料，需要一定的網頁結構知
識，可指定爬取不同網頁的標題、內文、相關連結等。本研究同時採
用兩種爬文工具爬取網站，指定讀取其文章連結、文章領域、文章標
題、文章內文、文章關鍵字等資料作為文字探勘建模使用，模型建構
後即刪除文本內容，僅留下網址提供推薦作為學習資源時使用。

　　本研究共蒐集 9397 篇文本，因網站結構不同，難免有編碼錯

誤或文章重覆等問題，必須先加以清理。本研究選用 python 提供之 openpyxl 套件修正相關錯誤，快速並有效的處理大量資料的異常值問題。

(2) 建構專家知識字庫

接下來進行文字探勘工作前，必須先以斷詞系統來提取文章中的詞彙並分析其詞頻，常見的斷詞系統如開源的 Jieba（Hu, X., Shu, J., & Jin, Z., 2021）或中研院發表的 CKIP 等，各有不同的優點及特性，本研究在比較不同的斷詞系統後，考慮其系統反應效能後決定以 Jieba 對所收集的文章進行特徵選擇，在去除停用詞和詞幹後將文檔轉為詞袋（Bag of Words, BOW）。詞袋的優點為可以大量擴展提取出的文字特徵，用於後續建立分類效能更佳的預測模型，但同時也可能導致特徵維度過度膨脹造成運算成本上升，故通常會搭配去除停用詞等特徵選擇方法縮減特徵維度以節省運算成本。例如「的」、「也」、「乎」等一般而言就屬於停用詞，像這類不具任何實質意義，僅為了表達語氣或使句子變得通順的詞彙，即使將之移除對句子欲表達的意涵影響有限，卻可以省下大量電腦運算的成本。

由於科學領域有許多專有名詞不在 Jeiba 字典當中，因此另外採用國家教育研究院所提供的科學詞彙以及學術名詞，以提高計算的準確性。除此之外，也納入了教育部公布之 108 年高中課綱，以及自行爬文收集之權威性科普文章，作為專家知識字庫的來源，由於課綱所公告的各領域文字內容皆經由領域的專家學者多年來反覆討論後的結果，其用字潛詞具有高度的可信度，例如，教育部所公告的 108 課綱中：「Ad-II-2 人們透過儲蓄與消費，來滿足生活需求」領綱條目，系統可以自動斷詞為「人們」、「儲蓄」、「消費」、「生活需求」等名詞，計算詞頻後存入專家知識關鍵字庫中，本研究另外爬取網路上權威性的文章，其所包含的知識領域則較為廣泛，兩者皆適合作為

專家知識字庫的來源。

(3) 建立關鍵字詞關連模型

在收集及整理自然科學相關文本後，接著以 Word2Vec 獲取相近字詞與相似度，作為關聯詞，語意越相近分數越高，例如表 7.2 所示，學生欲查詢「物理」一詞時，系統回應最相關字元為「物理學」，相似度為 0.71，其次為凝聚態，相似度為 0.63，依次前 10 項最相似的字詞分別為力學、理論物理、基本粒子、化學、量子光學、量子力學、天體力學以及數學，這些名詞皆收錄在所收集的文本當中。

表 7.2　字詞向量距離

查詢字詞：物理		
回應排序	關聯詞	關聯度
1	物理學	0.71
2	凝聚態	0.63
3	力學	0.63
4	理論物理	0.61
5	基本粒子	0.61
6	化學	0.61
7	量子光學	0.60
8	量子力學	0.60
9	天體力學	0.60
10	數學	0.58

資料來源：作者繪製

取得關聯詞後，每個字詞分別依照 TF-IDF 算法取得前五個關聯字元分別最相關的三個文本，包含文本標題、來源網址以及 TF-IDF 關聯值，再依照關聯度排序後回應給查詢者閱讀（如圖 7.1）。例如

- 地熱
  - 從中國電子廢棄物污染看生產者延伸責任（上）
  - 利用地球的熱情發電吧：深層地熱發電
  - 地熱電力（Geothermal Electricity）
- 發電
  - 有必要蓋水壩？馬國「再生能源走廊」完全剖析
  - 合理、實際的做法——核能，不能輕言放棄的選擇
  - GIS發展與多樣化應用 - 以部落地圖為例
- 地熱資源
  - 人類未來能源的七種選擇(地熱Geothermal Energy)
  - 地熱能源的地震風險
  - 地熱加熱（Geothermal Heating）

圖 7.1　關聯查詢結果

來源：作者繪製

查詢地熱一詞後，前三名相關的字詞分別為地熱、發電以及地熱資源；而與地熱最相關的網頁標題分別為「從中國電子廢棄物污染看生產者延伸責任（上）」、「利用地球的熱情發電吧：深層地熱發電」、「地熱電力（Geothermal Electricity）」，實際關聯查詢結果。

　　若 Word2Vec 模型中無此字元，則先以 TF 算法取得系統字典中最相似詞彙，若無法取得任何結果，則再將查詢字元斷詞，再以斷詞後詞彙進 TF 算法找相似詞，若依然無任何結果則回報錯誤。其中斷詞後詞彙可能拆出一個或多個具意義之字詞，例如「流體力學」若不存在文本或字典中，可能拆分為「流體」及「力學」，若為多個字詞則將多個結果依序返回。

　　本研究將提供使用者選定關鍵字詞後，再計算此關鍵字詞與專家知識關鍵字庫其他詞彙的關連程度。例如：使用者若查詢關鍵字詞「生活」時，可能會與「物質」以及「精神」兩個名詞有關，故使用者選定「生活」為關鍵字詞時，便能檢索與「物質」和「精神」兩個名詞有關的文本內容。另外一個例子，假如學生在學習「颱風」為主題的科學知識時，可能會依其先備知識列出「夏天」、「風大」、「雨大」、「土石流」等主觀認定的關鍵字，而「夏天」其實也會和地軸偏斜、四季、黃道、北迴歸線等字詞相關，也會與科氏力相關，若再探討科氏力時，又會相關出許多與力學有關的條目，便可提供接下來的學習資源推薦系統使用。

　　為使使用者在觀看答案中更易於理解與方便，本研究同時也採用文字雲（Word Cloud）的形式視覺化的方式表現其字詞與專家知識關鍵字庫相關字詞之間的關連，文字雲是透過 Python 相關套件並撰寫斷詞等程式可達到文字雲視覺化效果。在完成文字雲圖片後，必須另存圖片後再將圖片上傳至第三方平台 Imgur 後再回饋給使用者。如圖7.2 所示，當使用者查詢「人工智慧」之後，相關的字詞會有不同大小及距離表示，便於使用者接續查詢使用。

圖 7.2　以文字雲表示字詞關連
來源：作者繪製

以上使用 Word2Vec 可成功地尋找相近的單詞，接下來將進一步讓問答系統可以處理自然語言的提問，例如：原本只能回覆學生查詢「地熱」單一字詞及文本，但對於複合型字詞或組合為口語化的句子時，例如學生想查詢「什麼是地熱？」時，就需要另外採用自然語言處理的機制，本研究以 BERT 下游任務中的問答任務作為主軸，模型透過由台達電提供的台達閱讀理解資料集 Delta Reading Comprehension Dataset（DRCD）微調，作為繁體中文問答模型。透過 BERT 的問答模型可達到無監督式的自動問答回饋。本研究中以使用者詢問的問題作為模型的問題需求，並以與問題相關領域與關鍵字的文本作為模型的找尋答案參考。

```
Python 3.6.7 Shell
File  Edit  Shell  Debug  Options  Window  Help
Python 3.6.7 (v3.6.7:6ec5cf24b7, Oct 20 2018, 13:35:33) [MSC v.1900 64 bit (AMD64)] on win
32
Type "help", "copyright", "credits" or "license()" for more information.
>>>
============== RESTART: C:\Users\user\Desktop\QA_model\0321.py ============
==
植物進行光合作用時，葉片會吸收太陽光和二氧化碳並利用根部所吸收的水分，經過
一連串的反應最後會產生葡萄糖和氧氣並合成水分，而且二份葡萄糖在酵素的協助下
便可以合成一份蔗糖，有些植物還會將蔗糖再合成澱粉。甘蔗和甜菜所蘊藏的蔗糖量
較一般植物高，而且較容易製作取得蔗糖，遂被選為製糖原料。台灣的氣候屬於亞熱
帶季風區，全年高溫多雨適合種植甘蔗，目前所生產的甘蔗主要有供搾汁用的巴西蔗
（俗稱白甘蔗）、供直接啃食的生食紅甘蔗（俗稱紅甘蔗）及糖用甘蔗等三大類( 如圖
3 ~ 5 )，巴西蔗的水分含量高、蔗糖的濃度低，生食紅甘蔗的纖維較少、精分及水分適
中，仍然不符合製糖成本。糖用甘蔗的蔗糖濃度高、水分含量較少，所以最適合製造
蔗糖，由於本身纖維含量高不容易咬斷，不適合推廣用來直接啃食。在塑膠製品尚未
量產以前，精用甘蔗製糖剩下的蔗渣纖維是製造隔熱蔗板和造紙的主要原料，具有多
方面的經濟價值，但是，目前都已經被低成本原料所取代了。

請輸入問題：巴西蔗又名為什麼
Keyword arguments {'add_special': True} not recognized.
Keyword arguments {'add_special': True} not recognized.
白 甘 蔗
>>>

請輸入問題：糖用甘蔗的特點是什麼
Keyword arguments {'add_special': True} not recognized.
Keyword arguments {'add_special': True} not recognized.
蔗 糖 濃 度 高 、 水 分 含 量 較 少
>>>
```

圖 7.3　問答模型範例，其中前段藍字為文本，下方回應為模型答案

來源：作者繪製

👤 **小幫手** 已附加「kAynv13.png」到這張卡片 8月1日 下午2點54分

回覆

👤 **小幫手** 8月1日 下午2點54分

> led 能 夠 用 較 簡 單 的 方 式 發 光
> ❶ [影音] 大師講座：中村修二《嶄新光明大道》

😊・回覆・新增連結為附件・刪除

👤 **小幫手** 8月1日 下午2點54分

> 短 波 光 的 一 端
> ❶【2014諾貝爾物理獎特別報導】藍光—把嶄新的光明帶到世界的角落

😊・回覆・新增連結為附件・刪除

👤 **小幫手** 8月1日 下午2點54分

> 物 理 藍 光 雷 射 blue la ##ser 常 見 的 藍 光 雷 射 結 構 ， 由 n 到 p 可 以 分
> 成 以 下 幾 層：現 代 科 技 簡 介 int ##ro ##du ##ctor ##y modern
> technology 所謂 藍 光 雷 射 泛 指 發 出 藍 色 可 見 光 的 雷 射
> ❶ 藍光雷射（Blue laser）

😊・回覆・新增連結為附件・刪除

👤 **小幫手** 8月1日 下午2點54分

> 天 空 為 什 麼 是 藍 的
> 🔗 方勵之談天空為什麼是藍的

圖 7.4　問答結果回應至 trello 看板
來源：作者繪製

　　圖 7.4 則為完整的查詢過程及回饋的結果，可見當學生在看板的卡片上提問「藍光是什麼？」時，系統回答了學生的問題，並且列出答案來源的文本位址，讓同學可以觀看全文而更深入了解，並且透過文字雲匯集所有相關文本，快速而且清楚了解相關文字說明。

(4) 建構 SDL 協作互動平台

　　考量現在的高中生對於電腦及行動裝置的使用習慣，本平台在提供查詢及推薦 SDL 學習資源時，必須具有操作直覺、結構簡單、支援多平台以及內容結構化等要點，同時要能提供小組協作以及教師記錄學習歷程等功能，在比較了幾種目前常見的學習平台以及 CSCW 線上工具後，最後決定採用 Trello.com 雲端協作平台作為本研究人機互動的介面平台，Trello.com 的操作介面類似合作式學習常用的 Group Scribbles，或可以說是日常生活常用的便利貼的數位版，看板系統在本研究中主要提供學習者在自我導向過程中，透過卡片活動互相討論學習進度，其直覺的人機介面方便建立資料蒐集清單，該平台的畫面示意如下：

圖 7.5　學生使用看板系統進行自主學習的情況

來源：作者繪製

Trello.com 是由 Atlassian 公司所發展的產品，以日本企業常見的流程控管工具「Kanban」（看板）為基礎，提供個人或群體設計工作流程、討論互動以及共享資源等工具，以圖 7.5 為例，由左至右使用者自訂了 5 個列表，分別為「預計計畫日程」、「主題」、「假說」、「實驗規劃設計」以及「實驗及記錄」等，教師也可以從旁觀察及引導該組學生學習進度；而每一個看板由上至下各有若干個卡片，每張卡片可能代表一件工作任務，或是一個學習活動所使用的關鍵字或知識條目，卡片內容可以是文字、圖片、表格、網址或常見的多媒體附件，提供學生及小組成員共同匯集學習該知識的相關素材。看板的排列可依各人需求彈性排列，系統提供直覺式的拖放人機介面，可利用滑鼠或行動裝置上手指點放動作，搬移複製卡片到其它看板上，或邀請其它同儕共同編輯，當小組的卡片或看板有任何改變或更動時，系統會自動寄 email 通知小組成員。透過本研究所串接的學習資源推薦功能查詢相關知識，學生可自定學習的目標，一但確定學習主題後，進一步可在看板系統中確認 SDL 所需之人力與資料，協助小組成員系統化地建立待完成清單以完成學習過程，例如：以週期為學習單位或以任務階段為主，最後看板可視化的介面將幫助學習者瀏覽學習歷程，自我評估學習結果。

Trello.com 提供了 API 開發端介面，提供看板中的所有動作及文字與第三方即時介接的功能，例如讀取卡片編號、新增卡片、讀取討論文字內容及附件等功能，提供本研所開發的推薦系統可即時掌控小組成員在看板中提出的問題，並作出回應與回饋。本研究提供參與 SDL 學習的高中生個人版的 Trell.com 帳號，只要學生在卡片中發表以「小幫手我想知道」為開頭文字的問題時，隨時監看各看板最新動作的自動化 API 會將該卡片文字傳送到建置於國立清華大學的學習歷程管理伺服器，進行文字探勘的工作，依預先建構的關鍵字詞關連模

型，推薦與該問題內容最接近的三個關鍵知識相關字詞，以及相關科普文章，提供學生進行 SDL 學習活動使用。

四、系統接受度分析

　　本研究對象為臺灣南部地區二所與中部地區二所高中共計四所高中的四個班級學生，總計 120 位高中學生依學習主題分為 34 小組，並邀請四所高中班級導師擔任 SDL 專家引導學習活動的進行。實驗時間為 110 學年度第一學期，期間參與研究的學生在 Trello.com 平台中共創建了 321 個列表、1788 張卡片、290 個問題，期末再以問卷的方式，分別依系統認知易用性（Perceived ease-of-use, PEOU）、認知有用性（Perceived usefulness, PU）以及使用態度（Attitude toward using, ATU）等，請學生評估本系統的使用接受度，問卷共 18 題，信度為 0.964，包含以里克特（Likert Scale）五點量表設計之 17 題選擇題及 1 題開放性簡答題，問卷內容與分數統計如下表：

表 7.3　使用者接受度問卷

編號	構面	問題	平均數	標準差
1	PEOU	對我而言，操作小幫手問答系統是很容易的	3.54	1.11
2	PEOU	我覺得小幫手問答系統介面回饋的答案很清楚	3.19	1.18
3	PEOU	我覺得比起純文字的回答，小幫手問答系統回的文字雲圖片能幫助我更清楚了解重點	3.35	1.08
4	PEOU	我可以透過小幫手問答系統回饋的文字雲圖片知道答案	3.2	1.11
5	PEOU	使用手機版的 Trello 能幫助我在使用上更方便	3.53	1.07
6	PU	使用小幫手問答系統的過程讓我感到十分有趣	3.23	1.23

表 7.3　使用者接受度問卷（續）

編號	構面	問題	平均數	標準差
7	PU	我認為 Trello 平台能幫助我在自主學習時與小組互動、討論	3.3	1.05
8	PU	我覺得小幫手問答系統整體來說回應結果是正確的	3.09	1.2
9	PU	我認為小幫手問答系統能對自主學習是有幫助的	3.13	1.18
10	PU	我認為小幫手問答系統回饋的資料能成為自主學習的參考資料	3.26	1.2
11	PU	比起純文字的回答，我更傾向於觀看小幫手問答系統回饋的文字雲圖片	3.26	1.14
12	ATU	我在課餘時間也會使用小幫手問答系統	2.61	1.07
13	ATU	我經常使用小幫手問答系統	2.6	1.12
14	ATU	我會主動使用小幫手問答系統	2.91	1.19
15	ATU	我會和小組成員討論並一起使用小幫手問答系統	2.91	1.16
16	ATU	我會期待再次使用小幫手問答系統	3.15	1.23
17		請問您對小幫手問答系統回饋內容整體是否滿意？	3.22	1.15
18		請問對於小幫手問答系統有什麼建議或回饋嗎？		
		總平均	3.15	1.15

資料來源：作者繪製

　　在認知易用性方面，問題 1 的分數是所有問題中最高的，也表明本系統利用看板系統的列表及卡片設計，即時串接人工智慧的學習資源推薦系統，讓學生使用上感到方便。另外，第 5 題的分數為 3.53，可見系統提供手機版的互動介面也讓學生感到使用方便，可滿足小組成員隨時進行自主學習的需求。

　　在認知有用性方面，問題 2、6、7、8、9、10 的分數表明本系統在學生自主學習上能夠輔助討論、提供參考資料、增加學生學習動機

等。本問卷另外針對關鍵字的文字雲進行分析，其中問題 3、4、11 表明文字雲圖片比起純文字敘述更可以讓學生了解重點，視覺化的呈現也易於學生觀看；而問題 9 的分數表明系統回覆的答案與參考資料仍有進步的空間。

最後，在學生的使用態度方面，問題 12、13、14、15 分數皆低於 3 分，代表學生雖然完成了一個學期的自主學習活動，但可能透過其它管道例如 e-mail、Line 以及 Messenger 等其它即時通訊平台，甚至利用下課時間以面對面的方式溝通。以問題 17 詳細析學生的滿意度，共有 40.7% 的學生非常滿意問答系統的回饋（5 分）、8.1% 的學生滿意問答系統的回饋（4 分）、39.7% 的學生對問答系統的回饋覺得普通（3 分）、6.8% 的學生不滿意問答系統的回饋（2 分）以及 4.7% 的學生非常不滿意問答系統的回饋（1 分）。平均數約為 3.17，標準差約為 1.34，結果說明此學生對於本問答系統尚可接受。最後，整體問卷滿意度總平均為 3.15，標準差為 1.15，可見學生對於系統的接受度良好，且感受大致一致。

問題 18「請問對於小幫手問答系統有什麼建議或回饋嗎？」許多學生給出正向回饋，如：「他能將我們詢問的問題做一個延伸讓我了解更多」、「小幫手問答系統是一個很方便的東西，他能幫你快速的解答對於剛使用 Trello 的人是個非常有用的工具」、「在使用小幫手問答系統時，讓我可以清楚的知道我所提出問題的答案」；也有學生給出系統需要改進的回饋，如：「希望答案可以更明確，問問題時不需太多限制」、「希望資料可以多一些」、「有些回答問題可以準確一點」、「同類型的答案放在同一版面，再去細分會更簡潔方便」等；也有許多學生期待系統未來的發展性，如：「可以繼續發展，它能回答的問題也會更多」、「使用上還是有些不便，期望未來更快速精準豐富且便利！」、「可以把小幫手設計成一個按鈕，想用時就有。」

五、結論

　　自主學習以知識為中心的學習策略，培養學生自我設定學習目標、搜尋學習資源、規劃學習進度並與同儕互動學習，將學習的主導權回歸在學生的手上，將可有效的提昇學習動機，並在發現問題以及解決問題的過程中，深化學習的效果；在設計高中階段的自主學習課程時，可能因為涉及大量跨領域的知識範圍或超出教科書的內容，造成學生尋找學習資源的困難，所幸網路上具權威性的科普資源豐富，不乏適合作為高中生作為自主學習時的參考資源，但一般網路搜尋引擎提供以關鍵字為基礎的精準查詢，並不能滿足自主學習時需要廣泛而跨域的知識需求。本研究基於權威性科普網站文本，利用文字探勘及自然語言處理技術，建構一套適合高中生進行科學領域自主學習時使用的網路學習資源推薦系統，協助學生自行提出學習主題、規劃學習進度、尋找相關資源並與同儕互動學習。在推薦相關聯的學習資源方面，本研收集由科普領域專家發表的網路文章內容共 9397 篇，經由收集及清理網路文本、建構專家知識關鍵字庫、建立關鍵字詞關連模型以及建構 SDL 協作互動平台等四大模組，配合四所高中自主學習課程使用，並收集教師及學生的回饋以了解其成效，問卷的結果顯示學生在系統認知易用性（Perceived ease-of-use, PEOU）、認知有用性（Perceived usefulness, PU）以及使用態度（Attitude toward using, ATU）等反應良好，唯對於資料的豐富度表示仍有進步的空間，待本研究後續收集更多優質權威性文章，應可獲得改善，期待未來能擴展到各種學習領域，促進「自發」、「互動」以及「共好」的素養導向終身學習環境。

參考書目

Aggarwal, C. C., & Zhai, C. (2012). *Mining Text Data*. Springer Science & Business Media.

Akçapınar, G. (2015). How Automated Feedback Through Text Mining Changes Plagiaristic Behavior in Online Assignments. *Computers & Education*, *87*, pp. 123-130.

Gu, J. (2016). Understanding Self-directed Learning in the Context of Mobile Web 2.0 - Case Study with Workplace Learners. *Interactive Learning Environments*, *24*(2), pp. 306-316.

Harrag, F. (2014). Text Mining Approach for Knowledge Extraction in Sahîh Al-Bukhari. *Computers in Human Behavior*, *30*, pp. 558-566.

HE KD, Z., & CHENG, Y. (2016). A Research on Text Classification Method Based on Improved TF-IDF Algorithm. *Journal of Guangdong University of Technology*, *33*(5), pp. 49-53.

Hoidn, S. (2017). *Student-centered Learning Environments in Higher Education Classrooms*. New York: Palgrave Macmillan US, 2016.

Hu, X., Shu, J., & Jin, Z. (2021). Depression Tendency Detection Model for Weibo Users Based on Bi-LSTM. In 2021 IEEE International Conference on Artificial Intelligence and Computer Applications (ICAICA). Dalian, China, June 28-30, 2021.

Law, E.LC., Nguyen-Ngoc, A.V. (2008). Fostering Self-Directed Learning with Social Software: Social Network Analysis and Content Analysis. In Third European Conference on Technology Enhanced Learning, EC-TEL. Berlin, Heidelberg, September 16-19, 2008.

Mejova, Y., & Srinivasan, P. (2011). Exploring Feature Definition and Selection for Sentiment Classifiers. In Fifth International AAAI Conference on Weblogs and Social Media (ICWSM-11). Catalonia, Spain, July 17-21, 2011 in Barcelona.

Mikolov, T., Sutskever, I., Chen, K., Corrado, G. S., & Dean, J. (2013). Distributed Representations of Words and Phrases and Their Compositionality. *Advances in Neural Information Processing Systems*, 26.

Pieger, E., & Bannert, M. (2018). Differential Effects of Students' Self-directed Metacognitive Prompts. *Computers in Human Behavior*, *86*, pp. 165-173.

Rong, X. (2014). word2vec Parameter Learning Explained. *aArXiv Preprint arXiv:1411.2738.*

Salton, G., & Buckley, C. (1988). Term-weighting Approaches in Automatic Text Retrieval. *Information Processing & Management*, *24*(5), pp. 513-523.

Silén, C., & Uhlin, L. (2008). Self-directed Learning - A Learning Issue for Students and Faculty. *Teaching in Higher Education*, *13*(4), pp. 461-475.

Sze-yeng, F., & Hussain, R. M. R. (2010). Self-directed Learning in a Socioconstructivist Learning Environment. *Procedia - Social and Behavioral Sciences*, *9*, pp. 1913-1917.

Tough, A. M. (1967). *Learning Without a Teacher*. Toronto: Ontario Institute for Studies in Education.

Vaswani, A., Shazeer, N., Parmar, N., Uszkoreit, J., Jones, L., Gomez, A. N., Kaiser, L., & Polosukhin, I. (2017). Attention Is All You Need. In. Ithaca: Cornell University Library, arXiv.org.

第八章

機器學習教育的資料應用與教學敘事：對技術中立論的反省 *

許峰瑞 碩士生　國立臺灣大學社會研究所

一、前言

電腦科學社群近年致力於發展機器學習的技術，然透過機器學習運作的人工智慧卻可能成為性別歧視者、種族主義者（Zou and Schiebinger, 2018）。電腦科學社群針對偏誤（bias）的論戰，激起了兩組敘事，本文分別稱為技術中立論與技術社會論。推特上的電腦科學社群在 2020 年流傳一張以機器學習方法將馬賽克圖片解碼的照片，人腦能輕易辨識被馬賽克的圖像是美國第一任擁有非裔血統的總統歐巴馬，但經過機器學習還原後，卻將歐巴馬「還原」成白人。賓州大學的心理學副教授 Brad Wyble 轉推回應：「這張照片清楚顯示

* 本文延伸自 2021 年臺灣大學林鶴玲教授開設之資訊社會研究的期末報告與 2021 年 STS 年會〈技術政治的基礎設施：以機器學習的教育為例〉，原為團體合作作品，感謝同儕歐孟哲、張承宇、張庭涓、陳崎佑。而後作者獨立參與觀察與訪談並全篇改寫，提出論點「照護資料」。感謝兩位機器學習的研究者讓我有機會參與課程，在學到非常多知識的同時，也對於臺灣未來的技術實力充滿希望；亦感謝受訪者分享自己的意見。限於匿名，無法一一致謝，僅在此表達感激。本文初稿承蒙林鶴玲教授與匿名審查人給予重要修改建議，文責仍由作者個人自負。

了 AI 偏誤的危險。」Meta 首席人工智慧科學家、且被譽為深度學習三巨頭之一的 Yann LeCun 便回應此說法，表示「機器學習系統的偏誤來自資料的偏誤……如果以塞內加爾的資料集來訓練這個模型，那麼所有人都會看起來像非裔。」這個說法將偏誤的後果歸因於資料集，並未反省科學家的角色，持技術中立的論調。此話一出，推特的科學社群群起譁然，強烈反對 LeCun、時任 Google 倫理團隊電腦科學家的 Timnit Gebru 強調：將偏誤歸因於資料治標不治本，更需要檢討的是資料形成過程的結構不平等，專家有責任透過調整樣本或演算法來矯治偏誤（Johnson, 2020）。本文將這類觀點視為技術社會論的敘事。在人工智慧專業社群內部，這兩組敘事對於技術運作的理念存在衝突，最核心的差異在於專業者需不需要為機器學習的公平性（fairness）擔負責任。

科學社群當下的價值衝突顯示機器學習技術仍存在詮釋彈性，承認專業者的責任與否將使機器學習的運作有截然不同的軌跡。價值衝突的敘事透過學術界制度化的方式（例如研討會、期刊等）與非制度化的方式（跨國人際網絡、社群媒體）傳播，全球化的電腦科學專家難以自外於這場科學社群的爭論。價值衝突影響的尺度也不只包含創新和應用技術的專家，專業培訓過程的學生仍處於培養專業認知的階段，分析他們所獲得的資訊，能夠初步掌握學生價值觀的養成。教學現場再現的敘事，影響了專家的價值，即便無法直接解釋機器學習負面的社會效應（本文無意宣稱人才培育過程的敘事導致機器學習的負面社會效應），也能藉此預想未來專家普遍的價值傾向。Erin Cech（2014）發現大學階段的專業文化對學生的價值觀具長期的效果，她分析大學工程教育的意識形態如何影響個人看待公共議題的價值觀，她指出教育過程中去政治化的傾向——認為工程實作以外的關切（如公共福利）都與「純粹的」工程無關——使得工程領域的專業者，抽

離對於公共議題的關切，抽離的態度甚至會延續到執業後，大學教育因而培養一代傾向忽略公共事務的工程師。本文檢視臺灣的大學教育如何培養下一代的學生，觀察教學現場如何討論專家的社會責任（ibid., pp. 53-54）。進一步而言，當大部分的學生投入產業或學術界，教學現場的敘事如何在追求利益、研究發表的目標之外，培養未來的專家更有意識地關照新興技術帶來的社會效應，是臺灣非常重要的社會議題。

　　本文立基於臺灣的技術教育經驗並期待社會共善，在電腦科學的價值衝突的時機，提問機器學習教育是否、如何培養學生的公共價值？本文並以大學機器學習教育作為案例，討論機器學習教育的過程，試圖展望臺灣機器學習技術運作的前景——若教學現場採取技術中立的立場，培養出來的專業者更可能不在意公共價值，也就能預想現行技術運作帶來的偏誤更可能持續，特定群體難以受惠於機器學習的問題仍然難以解決；教學現場採技術社會論的立場，接受這些教育的新一代專業者便會留心於技術運作的社會後果，為自己開發的技術負責，具有潛力改善機器學習造成的負面社會效應。

二、物質與敘事整合的分析視野

　　本節將描述目前以人文社會科學的關切討論機器學習的研究成果，並分別從個人化、企業組織與國家的角度說明這些行動者應用機器學習時的負面社會效應，接著回望早期的資訊科技研究，鋪陳本章的概念框架。最後，筆者期待不只以理論分析教學現場的運作，能更進一步建議可行的改革方向。

機器學習的負面社會效應：個人化、組織、國家與資料

　　機器學習應用帶來的社會後果為人詬病，本文從個人運用、企業組織運用與國家治理等角度整理過往文獻已經指出的機器學習帶來的負面社會效應，機器學習在社會各個領域的運作已經帶來不可忽視的後果。

　　以個人的角度來說，手機的圖像辨識系統、翻譯語言的軟體等，大多是利用機器學習方法。然而，James Zou 和 Londa Schiebinger（2018）在 *Nature* 的一篇短文揭示了現行機器學習運作的不良後果，特別在圖像辨識系統中，能看見駭人的性別不公平。在商業系統辨識人像的準確率上，辨識白人男性的失誤機率為 0.8%，擁有極高的準確率，但當這個系統辨識黑人女性時，最高失誤率卻高達 35%。

　　企業組織運用機器學習來最佳化組織的流程，也飽受批評。其中最為人所知的事件是亞馬遜公司透過人工智慧系統來審閱履歷、決定員工能否具有面試資格，在實際運作後卻發現 AI 人資的預測有極大的不公平，更可能拒絕女性的應徵者，大量選擇了生理男性。亞馬遜在 2017 年便停止使用 AI 人資系統，避免以 AI 為基礎的性別歧視持續擴大（Dastin, 2018）；運用機器學習系統在國家警政人力的部署上，也可能造成種族不平等的惡化。Cathy O'Neil（2017[2016]）將機器學習的演算法模型視為一個黑盒子，她指出大數據「公正客觀」的表象掩蓋了機器運作的不透明性，往往強化了種族歧視和經濟不平等。舉例來說，美國的地方警署預期重新布置警力，透過機器學習計算應該在哪個地方部署更多警力，但混雜了所有犯罪資料而未能區分刑度，只把警力部署在犯罪資料多的地方，更容易在特定地方（往往是黑人貧窮社區）揪出更多小型犯罪（Ibid., pp. 114-119），以 AI 為基礎的的大追捕又使得黑人貧窮社區失去更多機會，產生惡性循環。

　　近期研究除了討論負面的社會效應以外，也從其技術運作前端的資料運用著手，分析機器學習運作的不透明性。Coleen Carrigan 等（2021）從資料生成與運用的方式，指出機器學習的技術革新使得資料逐漸變得隱密，例如，技術中立論者的代表 LeCun 在自監督式學習[1] 的宣言中指出「自監督式學習可以訓練大量的資料來預測世界」，Carrigan 等指出 LeCun 完全沒有提出資料從哪裡來、如何預處理資料等，LeCun 的觀點——拒絕對資料負責——是電腦科學界保守派的典型（ibid., p. 6-10）。機器學習的運作不但再現了不平等，在種族、性別上顯示出資料不平均，而未能意識到這個偏誤，又更使得機器學習的運作強化了結構性的不平等；然而，亞馬遜履歷篩選的例子提示，如果積極的調整制度，便能避免持續惡化。也因此，技術社會論者更加強調專家在技術運作過程中的角色，必須關切偏誤並採取相應的手段矯治偏誤，專家有責使得各個社會群體平等地受惠於技術發展。

價值衝突的內涵：技術物有政治性嗎？

　　學界對於機器學習所造成的負面社會效應已經有充足的認識和警覺，然電腦科學專家對於介入此問題的態度卻還存在斬釘截鐵的論述差異，操作機器學習的專家是否該為此負責並嘗試透過演算法、資料處理過程來改善負面的社會效應？技術政治性的理論恰能夠合宜的介入技術中立論與技術社會論的扞格之處。Langdon Winner（2004）提供了兩組檢驗標準來剖析技術政治性：其一，行動者使用技術隱含的社會效果、圍繞著技術的社會安排，是否排除了特定群體的權利？其

---

[1] 機器學習主要分類大致包含：監督式學習（資料預先標記，所以有正確答案）、自監督式學習（不知道答案為何，但電腦從資料中找出特定模式，以利分類），後者毋須人工介入標籤資料，由觀察資料本身的任何部分預測結果。

二，技術物應用是否必須搭配獨裁的政治價值與政治行動且難以動搖？政治於此的意義涉及技術運作的利益及權力分配，Winner（ibid., pp. 130-138）的分析指出技術的政治意涵無關乎設計者有心或無意，而關乎它的運作將使誰獲利而誰無法受益。Cech（2013, pp. 70-73; 2014, pp. 48-49）所談的「去政治化」也具有類似的概念基礎，她指出教學現場去政治化的意識形態是技術與社會二分的詮釋，這種觀點傾向認為社會問題和純粹的技術無涉。且作者指出科學和數學是工程的基礎，工程教育更容易因此將技術視為客觀且毫無偏見的中立存在，不會有政治性，於是主動迴避誰受益、誰受害的政治意涵。申言之，技術中立論者將技術問題獨立出來，認為技術專家無心、技術又何辜，人工智慧應用時的性別、種族不公平問題無關政治；然技術社會論者留心技術運作時社會配置是否讓少數群體無法受惠，並嘗試調整這些問題，承認社會價值將形塑技術運作的過程、甚至帶來負面的社會效應。

　　技術中立論、技術社會論兩組敘事的差異，將形成截然不同的技術應用模式。在資訊科技的研究領域中，電腦科學背景出身的社會學家 Rob Kling（1996, pp. 4-6, 40-58）關注電腦發展的起步階段，認為局部並細緻分析技術應用時的價值衝突能夠指認技術帶來的社會變遷究竟對誰有益而對誰有害。以機器學習來說，關注機器學習運作的後果與公平性是近年才在電腦科學界開始成為重要的研究方向，白宮在 2016 年時也針對此提出官方報告（US White House, 2016）。在此價值衝突的變動時代，本文的關切能使我們看見專業者的訓練經驗如何看待機器學習運作，藉此展望其應用與政治意涵。

　　在教育領域中，價值存在衝突，也因此有不同的教學方式，教學敘事具有重要的政治意涵。借鏡早期的電腦教育，1980 年代，美國政策要求高中畢業前必須修習一個學期的電腦課，這個政策存在非常大

的彈性，也因此開展不同的教學模式。Kling（1984）的研究表明高中組織的教育期望、教學敘事將引導不同形式的電腦課程，他區分了職業配對敘事（vocational match）與平等敘事（egalitarian schooling），前者認為高中教育是為了增加未來就業的能力，因此，認同職業配對敘事的學校組織將選擇程式語言作為教學內容，配合產業需求，使得中產階級的孩子更容易在這樣的教學中有好的表現，擴大數位落差；後者則認為高中應該是為了讓學生學習社會平等的理念，提供社會流動的途徑。課程內容會著重在電腦科學素養，指出電腦運作的發展史與現行狀況，避免創造電腦萬能的神話，後果是學生能夠公平地理解電腦運作的限制與長處。另外，技術運作除了價值敘事的面向，物質如何被動用也有其政治意涵，Susan Leigh Star（1999）的作品深入分析資訊科技的基礎設施與社會關係。她提醒研究資訊科技的學者，技術運作過程中的主導敘事（master narrative）和基礎設施都可能導致技術政治性。她認為研究者必須指認技術操作過程中的主導敘事，例如宏大的政治議程（如科技將帶來民主）、或是消極的聲音（如讓資料說話），主導敘事可能具有排除特定社會群體、助長優勢支配的政治意涵；接著，研究者必須洞察圍繞著基礎設施運作的兩組工作流程，可見的那組工作流程涉及操作效能；另一組工作流程則必須透過組裝的視野，看見操作的過程中動用的基礎設施與各種物質，且這組隱形的工作流程往往導致特定的社會群體蒙受、承擔技術運作的不良後果。

　　本文以「基礎設施化」（infrastructuring）的分析概念，捕捉在特定的社會情境中，物質因應社會配置成為基礎設施的過程，整合教學敘事的觀察，分析教學現場在價值衝突的脈絡下更傾向何種論調，預想其政治意涵。本文的分析策略主要有三：第一，在技術運作中，有使用者關注的主題，也會有因操作日常化而成為不受關切的基礎設

施（Star, 1999），在機器學習的領域中，更需要關注如何使用資料集
（Carrigan et al., 2021）；第二，教學方式若去政治化，即專業者的培
訓過程將純粹技術抽離社會問題，可能有短期（Kling, 1984）與長期
（Cech, 2014）的社會效應；最後，整合來說，教學現場的資料集如
何被看待、被使用，以及教學現場的敘事，奠基了下一代專業者對於
機器學習應用的價值，基礎設施化、去政治化體現了教學現場的技術
中立敘事。

　　總的來說，機器學習的運作無論在個人、組織甚至國家的層次，
都已經有多元面向的研究揭露其技術政治性，也能看見部分電腦科學
家嘗試從技術端針對技術運作的性別、種族不公平提出挑戰結構因素
的技術解方。機器學習先鋒的教學者、研究者內部存在價值衝突，最
終由誰取得主導地位可能帶來完全殊異的後果：若技術中立的敘事在
教學現場更加普遍，那麼新一代的研究者、產業內的工程師，在此階
段難以意識到技術政治性的社會成因與社會後果；反之，技術社會論
的敘事能提醒未來的學術與產業後備專家，使得機器學習教育更有機
會培養學生的公共價值。

如何鬆動技術政治性？

　　既然人工智慧不必然帶來負面的社會效應，問題便轉化成教學現
場該如何培養更具有公共價值的專家？關乎照護的理論立場強調研究
者必須站在受壓迫的一方檢視社會過程與權力支配的後果，並親身提
出介入的可能性（Puig de la Bellacasa, 2018）。也因此，研究者對社
會問題的照護體現在對於不平等的解釋與挑戰，本文將提出機器學習
教育更具公共意識的實踐方案。

　　在自然科學的研究中，自行處理資料是常見的研究過程，筆者認
為若機器學習教育也能採取照護資料的實踐，便可能挑戰技術政治性

的後果。Clémence Pinel 等人（2020）以雙胞胎學的實驗室田野指出照護資料（Caring for data）的投入，能讓資料更有價值。照護資料的過程從資料產生開始，當雙胞胎踏進實驗室時，研究人員便親切招待、了解雙胞胎的生命經驗，不只把這幾對雙胞胎看作研究的工具。在蒐集雙胞胎的身體細胞之後，基因序混雜、繁多的資料，需經過資料的清理、編碼才可以供後續研究使用。她們把研究人員親自處理資料的過程視為「照護」，她們觀察到研究人員投注認知、照護與情感勞動，和資料集建立起信任負責的關聯，甚至能夠助益後續知識生產。

　　在機器學習的專業中，照護資料不只能使機器有更有效的功能，更重要的是，這也同時挑戰了機器學習的技術政治性。Buolamwini and Gebru（2018）兩位電腦科學家在機器學習公平性研討會上發表的一篇研究，恰能夠體現照護資料的重要性。她們發現現行的商務臉部辨識系統在黑人女性、白人男性的辨識準確率上有系統性的差異，因此透過改善資料的不平均和改變預處理的方法能使準確率更高。原先在學界、政府慣用的資料集，只有不到 10% 的深膚色女性，她們加入了 1270 個新的樣本，創造出膚色、性別更平均的資料集，並且在資料預處理時顧及性別與膚色的基準，以交織性的方式來預處理資料，使每個圖像能夠被演算法理解為深膚色女性、男性以及淺膚色女性、男性，這些調整最後成功使得現行三個商業辨識軟體錯誤率下降，從原本男女錯誤率差別 8%-21%，縮減為約 1%-9%。這兩位電腦科學家照護資料的實作最終使得產品功能提升，也同時挑戰了性別、種族不公平。她們並不會只從演算法改善機器效能，而是觀察資料內在的偏誤，並親身介入資料集的形成過程，提出創新的資料預處理方法。工程師、專家若能親身參與機器學習的過程，並意識到自身對資料的理解、篩選和使用將會帶來社會後果，照護資料的行動便可能鬆動技術政治性。

三、研究設計與方法

　　為了瞭解機器學習教育的敘事，意味著技術的政治性如何可能因為教育現場的安排而延續或消解，筆者實際參與課程、深度訪談曾修過機器學習課程的學生，以這兩類資料相互檢證補充，描述教學現場的教育過程。首先，本文受訪者以自身人際連帶滾雪球，徵求曾經修習過機器學習的學生，訪談時碩畢的受訪者皆畢業未滿一年。筆者盡量使受訪者生理性別平均呈現，在機器學習的學生中筆者過度抽樣（oversample）女性受訪者。據教育部統計，2020 學年臺大資工系生理女性僅占了 14.6%、電機系則占了 15.1%，筆者的過度抽樣一方面能使女性分享其對於機器學習公平性的看法，推論時亦能初步判斷性別如何可能影響其學習經驗，目前尚未發現性別化的差異。最後，筆者訪談了 4 位女性、5 位男性。

　　筆者在 2020 年至 2021 年 11 月間，訪問了 9 位受訪者，僅受訪者 D 並非臺灣大學的學生，他透過線上開放式課程參與了臺大的機器學習教學，由於機器學習的課程多以線上實體混合進行，因此和其餘受訪者學習經驗並不會有太大差距。討論時間持續約一至兩個小時，訪談分成三個部分：課程與專題經驗、與教師互動經驗以及對於資料偏誤的看法，筆者在最後一個部分，分享 Zou and Schiebinger（2018）以及 Buolamwini and Gebru（2018）的發現，請受訪者針對這兩篇研究，回應教學現場關不關注、如何關注資料偏誤的議題。後續針對訪談做理論性的編碼，呈現關於課程資料集、教學敘事的分析。筆者在 2021 年 9 月至 12 月參與了同步的機器學習課程，後續稱為王課，筆者也觀看了同年 3 月至 6 月的機器學習課程，後續稱為陳課，在課程結束後整理課堂的觀察筆記，以理論框架來分析研究資料。此兩堂課

程是機器學習初階的課程，雖然這樣的挑選無法了解學生在長時間的學習過程可能的價值變化，初階課程仍是專業社會化過程中非常重要的定錨時期（Cech, 2013, p. 72），因此，筆者仍決定以這兩堂初階課程為研究對象。

表 8.1　受訪者資訊

代號	曾修過的課	學經歷	生理性別
受訪者 A	陳課	電機系資安所碩士班	生理男性
受訪者 B	陳課	電機系大四	生理男性
受訪者 C	陳課	電機系電信所碩士班	生理女性
受訪者 D	陳課與王課	電機系大四	生理男性
受訪者 E	陳課與王課	電機系大五	生理女性
受訪者 F	王課	資工所碩畢、電商	生理女性
受訪者 G	陳課與王課	資工所碩畢、社群媒體	生理男性
受訪者 H	陳課與王課	資工所碩畢、金融	生理男性
受訪者 I	陳課與王課	資工系大四	生理女性

資料來源：作者繪製

四、資料基礎設施化與教學去政治化

兩組工作流程：模型與訓練作為主題、資料作為基礎設施

　　課程架構與課程內容的安排，顯示機器學習教育的主題為模型和演算法訓練。陳課著重在深度學習的技法，是機器學習發展史中近期較新的技術，有利於直接應用。其課程安排除了最開始的兩個星期介紹機器學習的基礎概念外，接下來的十四週分別介紹不同的深度學習模型及應用。基礎概念介紹了 AI 發展史，目前學界普遍將 AI 發展分

為三波，其分野為功能上的進步。第三波的機器學習與先前的差異在於過去的 AI 技術是設立規則後交由電腦判斷，現在能夠自行學習資料中的模式並判斷規則。討論完技術史後，陳課廣泛地介紹現行常用的深度學習模型包含自然語言處理的 BERT 模型，或是圖像辨識適用的 CNN 神經網絡。課堂的教學目標主要運用方式如模型挑選、參數調整與模型設計。王課的課程規劃截然不同，並不著重於深度學習，從機器學習發展經驗來看，涵蓋了早期運用的基本模型 SVC，以及機器學習的理論概念，期待學生能夠學到「模型的設計哲學」。

在比較這兩門廣為人知的機器學習課程時，受訪者 D 表示王課能更符合未來的就業規劃，比起知道如何快速應用，職場上更需要了解為何特定模型可以得到最佳的預測效果；相反的，受訪者 E 表示自己更喜歡陳課的課程規劃，「因為我並不需要知道每一種模型的數學架構，然後才有辦法來解釋我的結果，我要的只是我最後有一個最好結果，我拿最好那個 model，我要寫文章的時候再去看 paper，再來唸那些數學（指模型的基礎）再研究就可以了。」即使個人喜好、個人對應用的態度大相逕庭，但能夠看出學生在面對機器學習時，其終極目標都是模型產出的「最佳結果」。

本文認為機器學習實作的成果導向，是在課堂過程中漸漸形塑出來的。在機器學習的知識背景下，課堂獲得肯定的關鍵，是透過設計模型和演算法，來獲得更高的準確率。陳課會直接對準確率給出評分（受訪者 B），而在陳課課堂作業的檢討上，學生如果對作業的準確率不滿意，老師提醒應該要檢查「在訓練資料上面有沒有學好，如果沒有學好，可能有兩個原因，第一個可能是 model 的 bias……你可能會遇到的另外一個問題，這個問題是 optimization 做得不好」，具體來說，model bias 的原因可能是模型太過簡單，即使帶入不同的數值仍然沒辦法減少損失函數（實際值和預測值的落差），因此這裡的

「bias」和技術社會論者對資料偏誤的考量並沒有直接關聯。這兩個原因都歸因於模型和訓練函數的能耐，顯示課堂目標更重視演算法的效能。同樣的，即使王課不直接以準確率作為評分標準，也把演算法視為其核心。王課的期中作業多為數學計算，期末專案將重點擺在解釋模型。王課為期末專案設定了一個情境（電信公司舉辦機器學習競賽、模型改善愈多者獲得獎金），但並未要求透過應用經驗定義問題，學生將心力放在解釋模型與準確率的關聯。

在運用機器學習解決問題的過程中，學生在發現機器學習的成果不如預期時，多會回頭調整模型與訓練函數，大多不會思考資料有無偏誤。受訪者 F 觀察到「可能資工系的風氣、資工所的風氣，可能比較多討論還是在技術上面的，例如說我想做一個任務，最後模型出來的結果不如預期，那我要怎麼優化這個模型？……我們比較少討論到，我今天訓練一個模型，那它是不是有一些 bias。」成果導向的訓練經驗，讓最佳化模型的考量只在模型架設、參數調整上。受訪者 A 甚至表示，調整模型以獲得更佳預測率「就能發 Paper」，機器學習的知識生產著重在模型上，也是導致課堂主題成為演算法、準確率的關鍵之一。

在教學過程中形塑的成果導向，定義了教學現場可見、首要的工作流程，也連帶導致學生毋需時刻照看資料集和現實情境。在不同的情境中，準確率也有不同標準，例如自動駕駛對前方物體的判斷，和手寫字的辨識就會因為其出錯的後果而被訂下不同的容錯率（受訪者 B），但課堂中所產出的準確率是抽離現實情境的數值，並不要求學生詮釋應用的成果，也進一步地導致學生認為「如果只是要分數，其實可以不用想那麼多」（受訪者 H）。

接著，當主題、重點被擺放在模型與準確率上，相應的，機器學習教育所使用的資料集則經歷基礎設施化的過程，成為學生無須留

意、自行運作的第二組隱形工作流程。課堂實作中選用的資料集，主要是專門為了供學習者使用的「經典款」，是已經處理過的「乾淨」資料，像是判斷貓跟狗、不同種的食物（ImageNet），或是手寫數字（MNIST）等。陳課在每次模型教學之後都會有作業，讓同學們學習應該如何使用，然這些作業所用的資料多事先由助教做預處理，意即由助教把資料轉置成可以直接使用、且是「一定跑得出成果的」（受訪者 I）的形式。助教多會先從 Kaggle 上選取「比較簡單的資料」（受訪者 H），意即資料量不大、乾淨、易運用的資料。有部分助教會在預先寫好的作業介紹、模型架構上，簡介資料的來源和用途，但學生們都表示毋須太過在意資料（是每位受訪者的共同經驗）。王課的「主題」在數學邏輯上，其作業運用的資料多是隱去標籤變項、無法辨識意義的數值資料，作業的標題是「以（特定數學方法）為基礎的實驗」（Experiment with...）。這類抽離脈絡的小型資料，被稱為玩具型資料（toy data，受訪者 G），玩具型資料是學生學習演算法時的工具，在教學中鮮少強調這些資料的內容或背景，學生重點仍是模型、演算法和其所得出的準確率這些參數，毋需思考這些數字背後的意涵或社會意義。

　　將實驗與真實分割，讓教學遠離實際應用的社會過程，選擇使用已清理過的資料集，導致資料在教學現場基礎設施化。受訪者 B 提到一個鮮明的例子，若要提高機器在各種食物中選出蛋糕的準確率，可以將蛋糕圖片做出不同的角度變換，以避免機器在學習過程中認為只有三角形的尖端朝向特定角度的才是蛋糕。透過對資料的些微調整，在有限的資料中達到更高的準確率，這個過程稱做資料增強（data augmentation）。雖然兩門課都各自在課堂上討論這個技法，但在「實驗」過程中鮮少用到這樣的技巧（受訪者 C），在教學現場的目標設定下，資料集對學生的意義是抽離脈絡的數字，更是提升準確率的工

具，而未能將資料集視為機器學習教育中的重要環節。「之所以老師會希望助教幫我們洗好資料，我覺得是非常合理的，因為並不是每個人未來做機器學習都是用到同一種 data set 嘛……因為 preprocessing 要 case by case 的去處理，所以老師覺得我們沒有必要去研究那些 data 要怎麼去預處理這樣。」受訪者 E 對教學現場毋須自行處理資料的作法非常認同，也恰好顯示了資料基礎設施化的特質，強調這份資料與學生關聯薄弱，只是達成課堂目標的基礎設施。資料因為課程的安排、作業的設計而經歷基礎設施化，課程將模型視為主題，搭配作業和成績考量，使現階段的學生更著眼於模型，沒有機會思考資料是否可能存在偏誤，將模型和資料、應用的階段切分開來。這也反面提示了一種可能性，課程若能使用真實的資料，使得學生更加在意應用情境，建立學生和前置資料、和後續應用的關聯，就能有更全面的考量，意識到機器學習應用的後果。

去政治化的教學現場

王課強調模型的設計哲學，而其基礎便是數學運算。但這門課涵蓋了資料結構的主題，對學生是否意識到技術的公共價值──特別是自身技術專家的責任──是重要的提醒。老師以「機器學習的實用智慧」為題（wisdom on using machine learning），討論機器學習在應用上需要注意的鎩角，其中一個小時討論資料的偏誤。

老師以 1948 年美國選舉的例子來說明抽樣偏誤的後果。當時的總統候選人分別是民主黨的杜魯門和共和黨的杜威，當時一家報紙以電話抽樣調查投票意願，共和黨在民調中勝券在握，然實際的投票結果卻由民主黨贏得了這場總統大選。老師揭曉落差在於抽樣方法造成的偏誤。這家報紙預期的母體是美國的選民，但電話抽樣使社經地位較高的群體更可能被抽到：當時有餘裕的家庭更可能擁有昂貴的電

話，且當時這群人更可能是共和黨的支持者。

> 如果你的資料是以偏誤的方式抽樣，那麼機器學習也會產生
> 一樣的偏誤的後果。這個偏誤可以代表很多事情，例如，現
> 在有些人在研究性別的偏誤或者人口偏誤、種族偏誤等，這
> 類研究針對現在機器學習的資料集是很典型的……這些是其
> 中幾種我們可以關注的偏誤。我們可以把偏誤理解成更一般
> 性的意義，它不絕對代表歧視或什麼，只（just）代表統計
> 上的偏誤、代表資料並沒有顯示出我們期待的抽樣分配。
> （課程以英文授課，作者自行翻譯）

老師接著談，偏誤代表訓練資料集和測試資料集不相符，兩者資料的分布必須要一樣（或類似），機器學習的表現才學得好，「就像是老師教了數學，卻考你英文」，這個落差將使得訓練結果失靈。最後，談到如何解決這個問題時，老師以他的個人經驗表示，資料再怎麼完美都可能會有偏誤，若「經過思考，常常可以系統性的矯正偏誤」。王課對資料偏誤的教學能夠為學生打下基礎，使同學意識到資料可能存在問題，儘管對於如何解決這個問題仍著墨不多。然王課對於資料偏誤的教學敘事更偏向技術中立論，抽樣方法涉及了社經地位，潛藏著誰能夠表達意見、而誰無法表達意見的政治問題，雖然偏誤「可以代表很多事情」，最終的詮釋卻非常去政治化，王課以無干社會價值的「技術問題」來概括資料偏誤，和 LeCun 的說法隱含的意義雷同。

陳課也不忽略機器學習潛在的問題。機器學習的運算常被稱為黑盒子，難以理解其運作的機制，研究者透過可解釋的 AI（explainable AI）來打開黑盒子：「舉例來說……今天也有人想把機器學習的模型用在法律上，比如說幫助法官判案……幫助法官自動判案說一個犯

人能不能夠被假釋，但是我們怎麼知道機器學習的模型它是公正的呢？我們怎麼知道它在做判斷的時候沒有種族歧視等其他的問題呢？所以我們希望機器學習的模型不只得到答案，它還要給我們得到答案的理由。」老師接著說明求得有意義的解釋有其難處，在圖像辨識的任務裡，演算法可以清楚分類圖片來自寶可夢或數碼寶貝，能夠透過畫出顯著圖（Salience Map），透過亮點顯示演算法透過圖片的哪些像素判斷結論。「你發現說機器覺得重要的點，基本上都是避開寶可夢的本體啦，都是在影像的背景上啊！為什麼呢？因為我後來發現，寶可夢都是 PNG 檔，數碼寶貝都是 JPEG 檔。」可解釋性主要希望能夠解決演算法「黑盒子」的問題，透過特定模型（如決策樹、顯著圖）讓機器學習在做出判斷時，也能辨識做出判斷的依據。但在圖像辨識上，機器給出的解釋常常很不直觀。老師展示一張瞪羚的顯著圖（Smilkov et al., 2017），發現機器覺得重要的地方都不是瞪羚的本體。他分享另一個相關的技術 SmoothGrad，在瞪羚圖片上隨機加入雜訊，獲得多張底圖一致、但具有不同雜訊的瞪羚圖片，求得每一張顯著圖的平均，原本的雜訊就會被稀釋，確保解釋更加直觀。但現行可解釋性 AI 的技術操作方式對老師來說矯枉過正，「也許對機器來說，它真的覺得這些草很重要啊、它真的覺得這個天空很重要啊、它真的覺得這個背景很重要啊。」意即以 SmoothGrad 調整的顯著圖，並不一定更能解釋機器運作的邏輯。

老師接著提供他的個人詮釋，他也事先聲明「以下是我個人的看法，並不代表它是對的」，他以著名的插隊實驗來補充他對可解釋性技術發展的註解，進一步詮釋「可解釋性」的意義。這個實驗是這樣的：當實驗者只詢問受試者能否插隊時，成功率僅 60%，但當實驗者詢問時附帶理由，例如在趕時間，插隊的成功率也會上升到 94%，這個例子意味著人們需要理由來展開行動，即使理由聽起來真偽莫辨。

> 所以會不會 Explainable Machine Learning 也是同樣的道理？……什麼叫做好的 Explanation？好的 Explanation 就是人能接受的 Explanation。人就是需要一個理由讓我們覺得高興，而到底是讓誰高興呢？可能是你的客戶，因為很多人就是聽到 Deep Network 是一個黑盒子他就不爽，你告訴他說這個是可以被解釋的，給他一個理由，他就高興了；他可能是你的老闆，老闆看了很多的農場文，他也覺得說 Deep Learning 黑盒子就是不好的，告訴他說這個是可以解釋的，他就高興了；或者是你今天要說服的對象是你自己，你自己覺得有一個黑盒子，你心裡過不去，今天它可以給你一個做出決斷的理由，你就高興了。

這個說法指出可解釋性的重要性，但卻也連帶指出解釋的理由並不重要。本文認為陳課對可解釋性 AI 的詮釋更傾向技術中立論，來自社會爭議的提問經歷了類比（可解釋的機器學習與附帶理由的插隊要求）和去政治化（技術黑盒子成為猜不透、也只需要隨便一個理由的人心），便和純粹的技術毫無干係：客戶的關切、老闆閱讀的「農場文」這些與技術黑盒子有關的警示，實際上的擔憂、機器學習造成什麼負面的社會效應都無關演算法，給個說法就可以解決。

　　本文所訪談的學生也呈現了技術中立論的觀點，並將資料偏誤的成因、後果個人化、去政治化。受訪者 F 談及其指導教授（並非王課、陳課的教師）在會議時會分享許多關於性別、種族在機器學習應用的社會正義的研究。「我跟老師有聊過這件事情，我自己的看法跟老師是類似的，我們都覺得技術本身是沒有好壞的。就是因為人去應用技術，它們才會產生 bias，至於資料的蒐集，因為人去蒐集的資料不平均，所以才會有這樣的現象。」即使教學現場的教師或學生在乎

資料偏誤，也傾向切割資料搜集、演算法、應用的機器學習過程，指出演算法的技術無虞，應檢討資料搜集的人、濫用技術的人，可以再次看到技術中立論區分「純粹的技術」與社會問題的敘事模式，演算法、模型始終價值中立。技術中立論、技術社會論者的價值衝突，也被理解為個人的道德志業，受訪者 A 解釋學界的價值衝突是「個人興趣，如果對不平等有興趣，就會去在意」。受訪者 E 在聽完筆者分享的論文後，回應「我覺得還沒有到種族歧視，或是倫理的問題的程度欸。對我來說比較像是一個公司他的產品有沒有 work 的好，就比如說他是英文講得好，但是中文講得不好那種感覺。」雖然受訪者 E 並未修習王課，也以同樣的形式來詮釋資料偏誤的後果。

　　機器學習的價值衝突在學生的專業化過程中，並非核心的主題，當現今有許多技術社會論的研究者呼籲應該正視這些偏誤背後的結構性議題時，教育訓練在這場價值衝突中展現技術中立論的立場，資料集歷經基礎設施化的過程與機器學習的運作過程抽離，而教學敘事也切割純粹技術和社會相關的問題。藉 Cech（2014）的提醒，筆者認為技術中立論的敘事可能使得現行機器學習運作的技術政治性延續：由於現階段專業培訓系統性的漠不關心（indifference），教學敘事使現行機器學習運作的社會效應被中立看待，教育現場就像另一個不被看見卻至關重要的基礎設施，是形塑與再製技術政治性的條件之一。

照護資料以培養專家公共價值

　　研究後期，筆者開始接觸碩士畢業、目前在產業界運用機器學習的報導人，這些人完成了專業化的訓練，他們發揮專業的實際經驗，提醒筆者關於機器學習的公共價值的可能性。筆者認為「照護資料」是我們直面資料偏誤的努力方向，重新將機器學習的運作，納入社會過程。

　　這幾位受訪者都在公司中以機器學習方法達成組織任務。職場上的工作分配通常不會要求一位工程師從資料蒐集再到模型架設、應用分析都一條龍完成，特別是規模較大的公司，機器學習的工程師會只著重在模型架設與演算法的處理上，像是受訪者 H，在金融公司中只處理演算法而不會接觸到篩選資料、清理資料。然 F 和 G 目前分別在新創的電商平台、新創社群媒體工作，她們有許多親身處理資料的經驗。受訪者 F 談到「如果我們要訓練模型，我們就必須要從問題開始定義」，當工程師知道自己需要什麼資料、應該如何清理資料時，他們便很容易會注意到資料偏誤的問題。以下是受訪者 F 訪談內容節錄：

　　「我得到一個任務是我要找出一個篩選履歷的模型，我過去公司的經驗就會叫我要蒐集資料，找出合適的模型。那蒐集資料的時候可能就只會找我這間公司過去的所有面試過的人……那我如果蒐集過去五年的資料在訓練模型，發現模型比較著重，比較偏好白人男性或某個類型的人，那是不是過去他本身就存在這樣的 bias。人來篩選就有這樣的 bias，那導致我讓機器學到這個 pattern，以及延續這樣的 pattern。」
　　筆者接著詢問：「像這種時候，你會怎麼去改善？」
　　「嗯……我覺得這個可能分兩個層面，一個是，就是我有沒有辦法對現成的資料做一些挑選之後，讓母體不要有那麼多 bias，但是如果我在挑選的時候把更多的女性挑出來，然後男性砍掉一些人，那這些事情本身會不會本身就造成我們的 bias？就是我覺得很難讓工程師或很難讓一些在 preprocessing 的時候，透過挑選資料來讓模型不要產生 bias。另一個層面是蒐集資料的時候，試著改善這件事情，

　　例如說很多現在的公司都會有一些性別友善的政策，或是給
　　不同的族群更多的機會……當他們有比較平衡的資料之後，
　　再來優化、訓練我們的模型，模型可能就會比較容易學到比
　　較沒有那麼容易 bias 的結果。」

工程師和這些資料保持關係，了解這些資料的狀況，也比較容易發現資料的偏誤，甚至發現技術難以解決資料賴以形成的社會現狀帶來的偏誤，工程師便會意識到把偏誤看作純粹技術問題的蒼白無力，進一步嘗試挑戰使資料浮現不平等的社會結構和制度因素。在這樣的過程中，浮現了技術應用兼顧社會公平、避免特定群體無法受惠的可能性，也就是技術社會論者所期待的技術應用模式。

　　筆者接著和受訪者討論教育階段的經驗和執業後的落差，兩位新創公司的受訪者都認為資料整理能更助益機器學習的運作。無論從訪談或筆者自身參與課堂的經驗來說，這個階段的學生、研究生都很少接觸資料整理，受訪者 H 分享，就他的觀察，學界時常使用發展良好的資料集來做為發展模型的工具，毋須耗費太多時間在做資料清理，資料預處理多是為模型準確率而做的調整。筆者和受訪者 F、受訪者 G 分別討論到他們目前在工作時的資料處理經驗，筆者問：「資料整理這件事情在學習，學術的階段不會很在意，那你覺得這樣的風氣或這樣的訓練，到你自己開始就業之後有什麼落差？」F 表示落差在於現實資料的複雜性，教育階段能教給她的是乾淨的資料是什麼格式，「例如說文字裡面它不能有太多的特殊符號，或是它應該要是單一語言，或是它應該要符合長度」，但教學時並未實作，應付複雜經驗時就需要許多練習。G 也同樣覺得教育經驗與實作經驗存在差異。他在社群媒體公司上班，職務內容是透過機器學習推薦文章，他必須自己先撈出資料和變項，再清理這些資料、做預處理後，設計機器學習的

模型，最後，關注推薦文章有沒有獲得正面回饋。「我其實覺得可以碰到資料是不錯的經驗，我可以知道整個流程怎麼運作」，他投入的方式也不只是從資料著手，還會親自使用自己公司推出的社群媒體，在使用過程中觀察推薦文章是否合宜、會不會是自己想點閱的，再進一步重整資料、對資料做另一種定義方式的預處理。

　　照護資料不僅是單次、斷代或個人的社會行動，而是將物質與社會都考量進來的社會過程，不再將技術與社會二分。受訪者 G 談到，在組織中，後端的專案經理會以使用者研究提醒工程師目前發現的限制，例如目前的推薦系統只推薦熱門論壇的文章，而忽略了冷門論壇，專案經理也會和工程師討論，如何定義使用者對一篇文章的喜好，而這個定義將進而影響資料預處理時，怎麼樣的資料會被排除、什麼樣的資料會被定義成需要的樣本。經過後端專案經理的提醒，工程師也在操作演算法的過程中運用可解釋的 AI，觀察推薦系統如何以不同年齡、性別的使用者來判斷推薦內容。從受訪者 F 和受訪者 G 的經驗中能夠看見，工程師親身投入資料清理、資料預處理的過程，使其意識到資料來自何處、如何被定義、又產生了什麼效果，這啟發我們將機器學習視為循環的過程，並把資料脈絡化，甚至仍親身試驗應用的成果，照護機器學習的運作。

　　對於機器學習的專業者來說，實際與資料接觸的經驗使她們重新將機器學習理解為一連串的社會過程，從資料賴以形成的社會制度、到資料預處理時採取的定義及其社會脈絡，再到最後應用時的使用者回饋，都是機器學習的一環，而不再只看見演算法的能與不能。然這並不代表工程師在就業之後、一碰到資料便散發公共價值的光芒，照護資料的實踐發生在投入資料蒐集與清理、預處理與重整的循環過程中。在這個角度上，並不是接觸資料與否決定了專家的技術敘事和技術的社會效應，更加重要地，機器學習的研究者、工程師若能夠親身

參與機器學習運作的社會過程，不再只關注純粹的技術，理解機器學習的技術有舉足輕重的社會後果，也才可能讓社會各個群體都受惠於技術發展。

五、照護資料作為對技術中立論的反省

機器學習這個熱門的技術不只再現了社會不平等，更排除了特定社會群體，導致技術的政治性。本文指出近期學界存在關於機器學習的技術中立論、技術社會論的價值衝突，其中相互扞格的觀點是專家該不該為機器學習的資料應用與後果負起責任，前者強調機器學習的問題源於資料集、資料集偏誤不是演算法的責任，也因此無關設計演算法的專家，並將純粹技術和其他的社會問題二分，認為技術並無政治性；後者則認為專家若能意識到問題，便能看見資料形成時的結構不平等，未經反思的演算法更容易使不平等惡化，因此技術物有政治性，專家有責讓 AI 帶來的效益公平地分配給不同的社群。

本文分析教學現場的教學過程如何培養學生的公共價值，筆者發現教學並不直接忽略資料偏誤、可解釋性的 AI 這些回應社會問題的主題，報導人也都對這些主題略知一二，更有一位資工系的教授經常在實驗室會議上分享技術應用與社會正義的研究，在在說明了機器學習教育培養專家公共價值的潛力。然而，筆者也發現教學現場更傾向技術中立論的敘事，同學鮮少透過課程反省資料偏誤並意識到技術的社會後果。筆者期待學生能有更多機會在初階課程照護資料，應用臺灣資料認識社會問題，教學敘事也能更強調技術與社會息息相關，使得學生藉此機會意識到機器學習的政治意涵。這樣的調整除了培養學生的技術專精以外，也能為學生未來面臨技術落地的考驗做足充分準備。

　　這個篇章捕捉了機器學習前沿的教育經驗，指出技術教育的過程使資料集基礎設施化、教學去政治化，體現了教學現場傾向技術中立論。在這些發現之外，本文也提出了可能的解方——照護資料。然而，這樣的成果存在一些限制，首先，在研究設計上，由於個案挑選的限制，本文提出的觀察可能是特定大學的在地文化，雖說如此，臺灣大學的特殊性卻能預期未來這些學生都可能在產業界、學術界扮演重要角色。另外，本文所探析的兩門課程僅是機器學習的初階課程，未來研究應繼續探索機器學習人才培育的長期過程；再者，筆者並未訪談教師以理解他們對於價值衝突的觀點，僅分析課堂教學，也因此，這些分析不應直接歸因於教師個人的理念，期待未來研究能更系統性的分析教學者的認知與實作如何影響學生對技術與社會效應的看法；[2] 最後，綜合上述兩點限制，筆者並未在這篇文章中討論機器學習教育的制度與資源，這正可能是教師面臨的選擇與限制，也連帶影響到了在教學實務上的餘裕。在這些限制之外，筆者的研究仍能呈現教學現場如何應用資料、如何詮釋機器學習的潛在威脅，並且指出教學現場改革的方向，未來的研究者能持續從實然角度，指出不同形式的技術政治性如何透過教學現場的安排被強化或延續、鬆動或消解，並從應然角度，以照護的立場參與技術運作的社會過程。

---

[2] 筆者於截稿前仍未能訪談授課老師，但截稿後收到王課老師的回信。他認為 fairness 是相較困難的主題，因此在這門初階的課程並未討論，本文的分析對於初階課程不公平，這門課能夠教給同學足夠的基礎知識，使同學在其他課堂上處理機器學習公平性的問題。非常感謝授課老師的回覆，然而，正如筆者於方法處強調的，初階課程仍是專業社會化的定錨階段，因此這個階段所習得的技能、習慣的價值尤其重要，Cech（2014）也發現了此價值有長期效果。然筆者也同意本文只討論初階課程並不能充分證明因果，而筆者也不意在證明初階教育導致技術政治性的因果關係，因此在此特別說明補充。

參考書目

凱西・歐尼爾（O'Neil C.）（2017）。**大數據的傲慢與偏見：一個「圈內數學家」對演算法霸權的警告與揭發**（許瑞宋譯）。臺北：大寫出版。（O'neil, C. (2016). *Weapons of Math Destruction: How Big Data Increases Inequality and Threatens Democracy*. New York: Broadway Books.）

Winner, L. (2004)。技術物有政治性嗎？（方俊育，林崇熙譯）。載於吳嘉苓，傅大為，雷祥麟（主編），**科技渴望社會**，頁 123-150。

Buolamwini, Joy and Timnit Gebru. (2018). Gender Shades: Intersectional Accuracy Disparities in Commercial Gender Classification. Paper presented at Proceedings of Machine Learning Research. New York, US. Feb. 23-24, 2018.

Carrigan, C., Green, M. W., & Rahman-Davies, A. (2021). The Revolution Will not be Supervised: Consent and Open Secrets in Data Science. *Big Data & Society*, 8(2). https://doi.org/10.1177/20539517211035673.

Cech, E. (2014). Culture of Disengagement in Engineering Education? *Science, Technology, & Human Values*, 39(1), 42-72.

Cech, E.A. (2013). The (Mis)Framing of Social Justice: Why Ideologies of Depoliticization and Meritocracy Hinder Engineers' Ability to Think About Social Injustices. In Lucena, J. (Eds.), *Engineering Education for Social Justice. Philosophy of Engineering and Technology*, vol. 10, pp. 67-84. Dordrecht: Springer. https://doi.org/10.1007/978-94-007-6350-0_4

Dastin, J. (2018). Amazon Scraps Secret AI Recruiting Tool That Showed Bias Against Women. *Reuters*. https://www.reuters.com/article/us-amazon-com-jobs-automation-insight-idUSKCN1MK08G (last visited: April 23, 2023)

Johnson, K. (2020). AI Weekly: A Deep Learning Pioneer'S Teachable Moment on AI Bias. *VentureBeat*. https://venturebeat.com/2020/06/26/ai-weekly-a-deep-learning-pioneers-teachable-moment-on-ai-bias/ (last visited: April 23, 2023)

Kling, R. (1984). Value Conflicts in The Deployment of Computing Applications. Paper presented at Proceedings of the ACM 12th annual computer science conference on SIGCSE symposium. Philadelphia Pennsylvania, US. Feb. 14-16, 1984.

Kling, R. (1996). A Readers Guide to Computerization and Controversy. In Kling, R. (Eds.), *Computerization and Controversy: Value Conflicts and Social Choices*, pp. 4-9. San Fransisco: Morgan Kaufman.

Kling, R. (1996). Hopes and Horrors: Technological Utopianism and Anti-Utopianism in Narratives of Computerization. In Kling, R. (Eds.), *Computerization and Controversy: Value Conflicts and Social Choices*, pp. 40-58. San Fransisco: Morgan Kaufman.

Puig de la Bellacasa, Maria. (2017). *Matters of Care: Speculative Ethics in More Than Human Worlds*. Minneapolis: University of Minnesota Press.

Pinel, C., Prainsack, B., & McKevitt, C. (2020). Caring for Data: Value Creation in a Data-intensive Research Laboratory. *Social Studies of Science*, *50*(2), pp. 175-197.

Star, Susan Leigh. (1999). The Ethnography of Infrastructure. *American Behavioral Scientist. 43*(3), pp. 377-391.

Smilkov, D., Thorat, N., Kim, B., Viégas, F., & Wattenberg, M. (2017). Smoothgrad: removing noise by adding noise. *arXiv preprint arXiv:1706.03825*.

US White House. (2016). Big Data: A Report on Algorithmic Systems, Opportunity, and Civil Rights. *Executive Office of the President.* https://obamawhitehouse.archives.gov/sites/default/files/microsites/ostp/2016_0504_data_discrimination.pdf (last visited: April 23, 2023)

Zou, J., & Schiebinger, L. (2018). AI can be Sexist and Racist—It's Time to Make It Fair. *Nature*, *559*, pp. 324-426.

第九章
人文社會科學異質跨域實驗室（X-Lab）：人工智慧公共化的實踐與願景

王震宇 教授　國立臺北大學法律學院

一、前言

　　在全球掀起 AI 熱潮的當下，2016 年英國劍橋大學「萊弗爾梅未來智慧中心」（Leverhulme Centre for the Future of Intelligence，簡稱 CFI）成立時，已故科學家霍金（Stephen Hawking）語重心長地提醒世人：「AI 可能是人類歷史上最好的事情，也可能是最壞的事情，我們還不知道會往哪個方向走。因此，如何引導 AI 往正向發展具有重大價值。」[1] 霍金的疑慮是正確的，在 AI 不斷精進下，許多頂尖科技已經被少數的跨國企業與巨型平台壟斷，反而侵害大多數民眾的隱私、自由、人權；更危險的情況是 AI 已被廣泛應用於軍事衝突，一旦失控，有可能瞬間摧毀人類文明。CFI 的一群科學家們不再專注純粹科技的發展，而開始著眼於探索 AI 能否與「人類價值目標相符」，並確保 AI 可能朝著自主演進的同時（AI 有朝一日可能會擁有自主意

---

[1] Leverhulme Centre for the Future of Intelligence, University of Cambridge. http://lcfi.ac.uk/about/ (last visited: Mar. 7, 2022)

識），不會產生與人類意識相衝突的情況。

　　話說回頭，臺灣在 AI 技術的發展上，或許仍未產生霍金悲觀的顧慮，但人社學者本應從反思批判的角度來審視這樣的現況。「AI 公共化」是近年來對於各種新興科技影響社會現象相當重要的倡議，人社學者不可能也不必直接投入 AI 技術開發，而應自處於一種若即若離的中立視角，讓 AI 技術能更加普及、透明、公益化，降低大眾在面臨 AI 科技所可能產生的疑慮與恐懼，並促成「科技發展始終是對人類社會整體生活改善有所貢獻」這一簡單又清楚的終極目標。本文寫作緣起於應清華大學清華學院人文社會 AI 應用與發展研究中心林文源主任之邀請，將筆者過去幾年來籌組跨域研究之經驗書寫成文字記錄。尤其對於人文社會科學學者而言，在 AI 的「應用性」與「公共化」之間，常因學門領域不同而存在不同程度的認知，在大學中能建立起「跨域對談」之平台至關重要；甚至更進一步與生醫理工學門的「科學家」對話時，對於「社會性」及「公共性」議題又能激盪出更多精彩的思辨火花，本文即以人文社會科學跨域實驗之角度，將「法律・科學・人文主義」之理念加以實踐，試圖探索 AI 公共化之願景。

二、X-Lab（人文社會科學異質跨域實驗室）的發想

　　筆者在因緣際會下以「人文社會科學異質跨域實驗室」（X-Lab）作為跨界理論建構的實驗場域。X-Lab 既不隸屬於任何政府、政黨、企業、團體、法人，也並非大學內正式編制組織，合作與邀請過的對象來自於各領域專家，當初的發想是以德勒茲（Gilles Deleuze）的游牧、冒險、試驗為主要精神，減少外在干擾，以及來自於大學內部管

理階層的短視、介入與阻力。[2]

在國際上，大學內的「實驗室」（laboratory）幾乎是所有理工及自然科學學門之標準研究場域。反而「實驗室」一詞對人社領域而言較為新鮮，這樣的發想是以自然科學與工程學門的實驗室（lab）作為借鏡，實驗室不只是研究設備空間，更是研究團隊共處的教研場域（甚至是虛擬空間），有利於討論風氣的形成。「人文社會科學實驗室」應該像一個小型書齋、思想沙龍、思辨場域。

以法學院為例，自 1870 年代開始，時任哈佛大學艾略特（Charles Eliot）校長與法學院蘭德爾（Christopher Columbus Langdell）院長即主張將法學院的課堂，從教授講演的演講廳，轉變為師生共同研究法律原則的「實驗室」（laboratory）。後來更掀起「法律行動主義」（Legal Activism）、蘇格拉底式教學法（Socratic Method）、法律診所式教學研究（Legal Clinic）等不同的實驗場域。而透過不斷的嘗試與發展，時至今日，美國有更多的法學院於嘗試「跨域研究教學」時，均冠以「實驗室」的名稱，例如：史丹佛大學法學院的「法律與政策實驗室」（Law & Policy Lab）；芝加哥大學法學院的「公司企業法實驗室」（Kirkland & Ellis Corporate Lab）；而英國牛津大學亦成立「氣候變遷訴訟實驗室」（Climate Litigation Lab），[3] 上述法學院中的「實

---

[2] 國內各大學近年來相繼成立校級或院級的 AI 中心，整體而言帶動了 AI 研究的風潮，但仍有部分大學的管理階層以「限時產出」為前提，要求中心必須以標案、績效、獲利（行政管理費貢獻）、以及英文論文發表（單一量化指標）作為評鑑研究中心是否存續的量化標準。至於該中心是否實際對國家社會或知識社群產生影響力，則在所不問。如此高度控制主管、員額、經費、空間的情況下，無異扭曲了學術研究的價值，使得各級研究中心的存在，不過只是大學在帳面上美化績效與數字管理下，一片光彩奪目的耶誕樹（或者搖錢樹）。

[3] 歐美各法學院相關之實驗室（Lab）之成立宗旨與發展，可參考：NYU School of Law, The Law School Classroom as Laboratory, at https://www.law.nyu.edu/

驗室」雖皆以法律為名，但其實都與人文社會科學，甚至自然理工醫學等領域進行跨域合作，將科學「實驗室」中強調「大膽假設，小心求證」的精神，應用於純粹理性思辨的法學及社會科學當中。

談到「人文社會科學異質跨域實驗室」的名稱，由於目前臺灣學界的學門領域邊界圍牆仍難突破，而為求在創新與不受框架束縛，最初乃決定不以「單一領域或主題」作為名稱。因此，「異質」（heterogeneity）是對於「同質」的批判。二十一世紀全球所面臨的問題與挑戰，已經超越過往人類歷史經驗與理解能力的總和，科學與技術帶來的衝擊與影響，更讓我們反省人文素養與社會哲思的重要性。在已知體系逐漸解構與交互浸透下，不能也無法再依循齊一、線性、同質、溫順的思考脈絡。「跨域」（interdisciplinary）是秉持學術自由的理想路線，邀請校內外學術與實務界同道一起探索經典理論、前瞻科技、人文關懷、法商政經，以及文化跨界想像等當代議題，並反思人文社會科學如何回饋於我們身處的社會群體，以扎實的知識基礎，提出豐沛的創新思考，以及正面的行動能量。最重要的基本信念是不以績效、成果、利益作為衡量，許多時候，即使「失敗的實驗」也是 X-Lab 一次「成功的合作」。以 AI 技術為例，在順應新興科技發展的同時，持續邀請跨域專家學者提出 AI 科學之中立、公益、公共化的討論，繼而引起更多倫理道德的價值判斷與質問，開闢另一條哲思路徑。

在 X-Lab 還未正式定名前，筆者已相繼邀集有著相同信念的各領

---

node/29411; Stanford Law School, Law and Policy Lab, at https://law.stanford.edu/education/only-at-sls/law-policy-lab/; University of Chicago Law School, Kirkland & Ellis Corporate Lab, at https://www.law.uchicago.edu/corporat elab; University of Oxford, Climate Litigation Lab, at https://www.smithschool.ox.ac.uk/research/climate-litigation-lab. (瀏覽日期：2023/4/07)

域同道們組成了非正式的研究群（Research Group）。由於 X-Lab 所關注的面向很多，本文以下將以「AI 公共化」為探討主軸，聚焦於過去幾年中，與 AI 較為相關的思想沙龍、學術研究群、專書出版、整合型計畫等的籌辦思路、提問假設與過程經驗。

三、問世間 AI 為何物？

　　開始談論 AI 或進行研究時，對人社學者而言，擺在眼前的第一個問題就是「AI 的技術門檻」。很多人開始疑惑若不懂得機器學習、大數據分析、機器人結構、自然語言分析等技術原理，要如何起步？是否所有研究人員都必須從基礎程式設計與計算機概論學起？人社學者又該如何回應變化快速的 AI 發展？即使來自於不同學院的學者都對 AI 有濃厚興趣，要如何開展有意義的討論，繼而跨域整合？上述提問是筆者在初次辦理 AI 跨域活動時，心中不斷浮出的疑惑。

　　國科會於 2017 年宣布臺灣正式進入 AI 元年，政府挹注大量經費支持推動 AI 相關研究。人文及社會科學研究發展處（簡稱人文處）於隔年在《人文社會科學簡訊》中記錄了一些學門活動的重要討論，鄭毓瑜教授於序言〈向 AI 提問〉中清楚簡要的破題：「提問，是研究的開始，也是跨領域對話的契機；站在『已知』的基礎之上，探索『未知』，向『未來』提問，是所有學術研究歷久彌新的關鍵。」從提問出發，似乎是跨領域學者們所熟悉的研究起點。「與自然科學及工程學門著重於技術開發層面的不同，人文社會科學研究者反而關懷在殊異的時空與文化脈絡中，個人與科技物品之間如何顯現鮮活多元的來回往復的交接樣態」。[4] 艾傑頓（David Edgerton）於《老科技的

---

[4] 鄭毓瑜（2018），頁 1-2。引號標示處為原文章中之文字。該期《簡訊》中，刊

全球史》書中指出：

> 會對人類社會產生重大影響的科技，必然是使用相當廣泛的
> 科技；一項科技要能獲得相當廣泛的使用，距離其發明必然
> 已經有相當長一段時間；然而，大多數的科技史研究乃至通
> 俗文化都把焦點放在發明、創新以及新科技早期的應用，這
> 使得我們對於科技與社會的關係以及科技在歷史上如何發揮
> 作用，理解有所偏差。（Edgerton 著、李尚仁譯，2016，頁
> 32）

　　我們在當下探討 AI，面對的是一個正在發展且無法預測的創新技術，是人類與 AI 同步成長的情境，就如同過去關於力學、醫學、宇宙、相對論等科學發展。人社學者的關注重點，應該是從不同學門中思考自身所處的位置，以及游移與 AI 的距離，而不是努力化身為 AI 技術專家。因此，將 AI 置於人類更深廣的「時間」與「空間」中來討論，人社學者將運用質性研究與價值判斷的優勢，提出更多反思與批判，並以自身專業為基礎，邁出跨域對談的第一步。筆者於 2018 年夏季出席由國立清華大學人文社會 AI 團隊（THSS AI）主辦「當 AI 進入人文社會：跨領域社群和研習營規畫討論會」，會議中與許多人社領域的學者專家進行腦力激盪與交流對話，該討論會是相當成功且意義深遠的一次 AI 跨界對談，對筆者日後思考與籌組 AI 跨域團隊有很大的啟發。[5]

載「法律」、「語言」、「管理」與「哲學」四個學門的學者與 AI 的對話。
[5] 林文源主任於討論會時提出「HHS by AI」、「HHS in AI」、「HHS of AI」的
　分析架構，以國內跨領域人文社會群體為對象，打開學科疆界。首先，指認本
　地人文社會相關學科之 AI 相關議題；其次，以深度議題研討及種子社群經營之

　　AI 所涉及的面相既廣且深，若要進行跨域研究，不同學科研究方法擷取出的「鏡像」，在取景、畫面、內容、色彩都不相同，形成 AI 研究的異質特色。樂觀來說是多元跨域，但合作起來常陷於無法聚焦的窘境。筆者觀察近年來臺灣投入在 AI 研究的經費資源，正好與不同學門的關注面向形成強烈對比。雖然 AI 研究所使用的超級電腦、數據資料庫、貴儀設備等經費需求，本來就遠高於人社學者所需的典藏書籍；但從臺灣產官學界對 AI 的關注程度與預期效益觀之，「重理工而輕人文」、「重應用技術而輕基礎研究」、「重短期產出而輕長期投入」的現象依舊相當明顯。這樣的狀況，也使得國內在進行 AI 研究或跨域整合時，絕大多數的關注與資源投入在偏向應用科技層面的「AI 技術開發與應用」，以及其衍生出的商業模式與產學合作；至於較具哲思關懷與廣度視野的人文思辨，投入的人力與資源則寥寥無幾，甚至需要以「靠行」的方式來參與。[6]

　　盤點與理解目前臺灣在 AI 研究的現況及其背後的脈絡，有助於推動跨域整合，以及 AI 普及化與公共化。上述對於議題與資源配置失衡的現象，不能說是臺灣特有的文化，在亞洲或歐美國家亦復如此。我們並不期待短期內可以有所改變，但至少讓人社學者在議題設定、籌組團隊、資源整合、尋求補助等問題上，更清楚理想與現實間的抉擇。

　　方向匯集臺灣人文社會可能之 AI 相關研究之跨領域合作能量。

[6] 國科會近年來對於 AI 整合型計畫的徵求，主要是先確立四個特定領域的「AI 創新研究中心暨特色領域研究中心」後，再將人文社會科學領域的計畫「依附」（或稱靠行）於該四大研究中心之下。以 2018 年至 2023 年的五年期為例，四大 AI 研究中心包括：臺灣大學 AI 技術暨全幅健康照護聯合研究中心、陽明交通大學 AI 普適研究中心、清華大學 AI 製造系統研究中心、成功大學 AI 生技醫療創新研究中心。

四、我們與 AI 的距離

　　反思自我專業的角色與位置，是進行跨域研究的第一步（如同心理學上的自我探索）。筆者嘗試以自身所處的法律學門為起點思考，AI 跨域研究應建立「三維立體」的視角，成為「AI × 人文社會 × 法律」的三次元探索，具體而言可用「樹木」（個體技術）與「森林」（總體發展）的關係來做比喻。

（一）樹木的特寫：AI 個體技術 × STS × 法律

　　由資工、資管、工程等科技與法律結合的議題，可從「AI 科技如何為人類帶來更好生活」的命題下開展，屬於「個體技術層面」的應用層次，依循上述脈絡可以略為整理出法律學門可能關注的議題：

　　首先，在「AI 法律文本與判決預測」方面，司法院於 2009 年起分別委請法律各領域專家大規模製作「司法智識庫」（http://fjudkm.judicial.gov.tw/），免費提供法官、法律從業人員及一般民眾查詢，此系統主要奠基於「計畫主持人之法學智識」將「過去具有代表性與高度參考價值之判決」依「關鍵詞」加以整理，並撰寫評釋，整理相關國內外學說理論。在 AI 時代，上述研究途徑可藉由大數據資料庫的整理，透過自然語言學習，比對關聯性判決，並可能預測判決量化之中位值與平均數等，提供利害關係人檢閱。依各種不同法律領域，倘若有足夠開放資料庫（Open Data），可以發展為 AI 司法判決預測，並進一步達成公共化的目標，例如：民事法之遺產、贈與、侵權賠償等；刑事法之量刑裁量；公法之稅務行政救濟；財經法之大數據分析企業併購、內線交易與公平交易價格變動；智財法之專利、商標、著作等 AI 辨識；勞動法之工資及工時糾紛；訴訟法之證據取得與量化分析、AI 判讀；國際法之關稅、投資項目、非關稅貿易障礙等之 AI

辨識等。由於司法判決文書屬於政府資訊公開法中應予以開放民眾檢閱的資料，搭配 AI 技術應用，可說是最具公共化的指標案例。

　　其次，AI 技術結合新興法律之發展方面，AI 技術改變了人類社會活動與發展，對於既有之法律體系帶來相當大的衝擊，從科技與社會（Science, Technology and Society，簡稱 STS）之角度思考新興科技所衍生的法律爭議，相當有發展潛力。在臺灣社會的產業結構中，熱門議題包括：「AI × 金融科技」（Fintech）下的智慧支付、區塊鏈、共享經濟、風險控管等；「AI × 犯罪偵防」中的犯罪心理狀態評估、電子偵防、洗錢防制等；「AI × 醫療衛生法律」中的醫療糾紛類型、以及醫療技術與智財權的關係；「AI × 國際法」的自動化武器與無人機管制、元宇宙（metaverse）的國際規範等。然而，上述 AI 法律議題的公共化程度遠低於司法判決應用，主要原因在於「商業用途」的大數據資料庫通常被視為營業秘密與智財權保障的一環，內容又多涉及消費者（利害關係人）的個人隱私，此類大數據資料庫不易取得。

（二）森林的鳥瞰：AI 總體發展 × 人文思想 × 法律

　　近年來在人社領域熱烈討論 AI 對全人類的影響，甚至挑戰許多法學的基礎理論與假設（例如：AI 可否視為法律主體？）。AI 的人文關懷著重於「靈力」（心靈的力量）的探討，並擴及至「機器與人類的關係」、「機器的擬人化」現象，諸如：後人類、後人文、賽伯格（cyborg）所衍生「人」、「非人」、「人機合體」間的衝擊。人社學者從不同學科背景出發，試圖以人類演化反思 AI 帶來的破壞式創新。這類長鏡頭的鳥瞰圖中，有文化、藝術、政治、經濟、社會、法律各種面向的批判性思考。科技人多數抱持 AI 樂觀主義，但人社學者所關注的主軸環繞在「我們的哲學能跟上我們的科技」，將 AI 放入科技史的縱深思考，對既存法律與社會體系進行解構再重構。以

法律學門為例，可能關注以下的研究議題：

首先，「AI 作為法律主體之思考」：AI 與傳統機器不同，在以「人」為主體的法學架構上，若出現「賽伯格」（人機合體）、「動物基因複製植入人體」（改變人的意志或形體）等、或更多「自動控制技術」（無人機、無人車、無人工業）等，其主體類別、權利義務、法律責任等，以及如何與現行法體系融合等議題，皆為法律學門全新的挑戰。[7] 其次，「AI 帶來社會倫理、道德、價值的衝擊」：AI 技術不斷挑戰現有社會結構與人類生活方式，尤其在醫學技術發展、各職業領域之道德規範、以及「複合式 AI 技術」對社會價值之顛覆，皆超出目前法律規範體系，必須思考在「創新」與「公益」間取得平衡。類似的例子，出現在「金融科技」（Fintech）相關的「監理沙盒」（Regulatory Sandbox）、以及「監管科技」（Regulatory Tech）等。最後，「AI 帶來社會階層與結構流動」：AI 技術革新後，許多人力工作將被 AI 取代，產生新一波社會階層與結構之流動與不安，引發社會貧富不均加劇、失業率增高、以及 AI 歧視等問題，甚至當 AI 取代人類從事各項管制立法的執行時，去除「人的意志」，法律體系將難以評價「主觀」、「故意過失」、「心智精神狀態」等法定要件，繼而對法秩序的穩定帶來嚴重影響。

---

[7] 國科會人社中心關於法律前瞻熱門議題之分析中描述：「AI 是指由人工製造的系統所表現出來的智慧。在法律學門，AI 帶來的突破同時表現在『方法上』以及『議題上』。亦即，透過 AI 來自動歸類、判斷、預測資料，是一種法學方法上的運用。然而，AI 是否可以作為一個『法律上主體』之討論，又是一個議題的創新發展。」

五、思想沙龍跨界實驗場域

　　近年來在社會各界對 AI 的高度重視下，各學門領域都對 AI 跨域合作抱持高度興趣，但對於人社學者而言卻又不知從何開始。筆者以過去辦理活動的經驗建議：若能讓每位參與者預先思考自身學門與 AI 的距離、從既有 AI 研究成果分享、以及運用已知與熟悉的研究方法來看待 AI 的新興議題，則將使跨域對談的腦力激盪更加深入。事實上，大學校園內的教師自主性與自由度很高，平日教研工作非常忙碌，「有意願」跨域合作的教師本就不易，而能找到「有意願又有時間與能力」進行跨域合作的夥伴，更是難上加難。「思想沙龍」的發想就是在上述背景下，進行跨域合作的實驗場域。陳之藩《劍河倒影》中饒富哲思的文字，頓時成為筆者推動跨域研究的啟發：[8]

> 劍橋的傳統，一天三頓飯，兩次茶，大家正襟危坐穿著黑袍一塊吃……這種環境逼迫著每個人與另外一個人接觸，而今天的話題又不會同於昨天的話題……於是不同科系人員的對話開啟了跨學科的可能性……劍橋的精神多半是靠這個共同吃飯與一塊喝茶的基礎上。
> 這種制度無時無地不讓你混合。比如教授與學生混合，喝茶與講道混合，吃飯與聊天混合，天南的系與地北的系混合，東方的書與西方的書混合。至於行與行間的混合，他們以為更是理所當然的事。

---

[8] 陳之藩（2003），**劍河倒影**，香港：牛津出版社，頁 7-12，26-27。筆者 2014 年執行科技部補助短期研究計畫時，便在英國劍橋大學法學院勞特派特國際法研究中心與唐寧學院擔任訪問學人，每天與來自世界各地學者的「咖啡會」，成為日後許多學術議題萌芽發想的沃土。

（陳之藩，2003，頁 26-27）

　　劍橋大學八百年以上的學風傳統並非我輩一蹴可幾，但是營造「自由思考」的環境卻可以借鏡與開展。[9]筆者規劃「思想沙龍」的午餐聚會，即希望在正規學術研究管道之外，建立起跨域的對話平台，藉由輕鬆溫馨的午餐時光交流，探討可持續發展並激發研究興趣的前瞻議題，在咖啡香與茶香中營造出腦力激盪的創新氛圍，開啟跨學科合作的可能性。以下介紹 2018 年至 2019 年間三場與 AI 議題有關的「思想沙龍」活動，著重於跨域間提問與討論。

　　首先第一次安排的 AI 跨域對談，思想沙龍名稱直截了當定為「人工智慧」，邀請校內外已經在 AI 研究上有初步成果的教師進行分享，形式上來看分享者皆為資訊與工程領域的專家學者，參與者則多為人社領域，主題涵蓋：探索開放城市資料、AI 結合法律資料探勘、AI 應用於空氣品質、智慧製造與工業 4.0、AI 與都市規劃之發展與動態模型等。這次活動雖然參與人數眾多，但缺少了跨域對談，尤其以「AI 技術」為主的論壇中，對於「非 AI 技術背景」的參與者來說，猶如霧裡看花，較難產生思想激盪。這次的嘗試，也讓筆者體悟到目前多數的 AI 論壇與研討會中，若以理工技術為主軸設定，最終對於人社

---

[9] 當時筆者無意間也閱讀到一份「成大叩門 ECKO」的資料，更加相信劍橋大學的自由討論氛圍，有助於形成跨域對話的風氣。2007 年，時任成功大學校長的賴明詔院士提出「咖啡文化」構想，表示「在大學學術殿堂中除了正規學術研究合作管道之外，建立一個各學科、領域的對話平台，讓不同領域人員的對話開啟跨領域的各種可能性，展開了『成大叩門 ECKO-咖啡時間』這樣的思想沙龍活動。」至今這項傳統也已經有維持超過 10 年以上的時間。參考謝文貞，楊碧雯，「成大叩門 ECKO—咖啡時間」在咖啡香味中傳遞人文精神，*NCKU Magazine*，247，頁 76-81。

學者與科學工程間的跨域對話難有幫助，更遑論深入探討 AI 公共化的問題。

　　既然以理工技術為核心的討論較難引起人社學者的共振，筆者便轉而嘗試以具有「人文 × 理工」跨域合作經驗的學者現身分享。「智力之外的靈力：AI 與人文社會科學的對話」邀請執行《後人類時代：虛擬身體的多重想像和建構》經典譯注計畫的二位譯者進行新書座談，無論書籍內容、作者經歷（「化學 × 英美文學」的跨域學者）、譯者背景（一位主攻英國文學，一位主攻 AI）都是非常好的跨域案例。海爾斯（Katherine Hayles）的書寫橫跨科技史、文化研究和文學批評，她從賽伯格的虛擬與真實、談到電腦模擬 AI 生命體，具體化了「後人類」的體系脈絡與精細結構。尤其她指出「後人類」指向人類「新的文化配置」（New Kinds of Cultural Configurations）。海爾斯所關注的問題已不是我們是否會成為後人類？而是我們將成為何種後人類？

　　書中提到一個很值得注意的跨域對談案例，是美國學術界召開關於 AI 研究（初始是針對自動控制領域）的「梅西會議」（Macy Foundation Meetings），可謂「自動控制學」與「人文社會科學」對話發展的重要里程碑。該會議邀請跨領域學者就某些「主要概念」（Core Concepts）加以討論，來自於各學門（包括神經生理、電機、哲學、語言、文學、心理學等），努力了解彼此並將別人的想法與自己的專業連結起來，透過文字的會議紀錄影響後世發展。海爾斯於書中提及演化生物學家利用 AI 技術創造人工生命演化，將生命自然形式和過程引進 AI 之中，發現「演化突變」、「有缺陷生物」、「不完美基因」等問題，幸而只是電腦模擬生命型態，若在真實人類社會中，將是非常大的劫難（Hayles 著，賴淑芳、李偉伯譯，2018）。[10]

---

[10] 海爾斯的《後人類時代：虛擬身體的多重想像和建構》一書介紹中提及：「該

過去「種族清洗（淨化）」（Ethnic Cleansing）的社會達爾文主義，就是從優生與演化學出發，最終造成大規模的人道危機。正如同霍金在生前即預言，「未來富人將利用基因編輯工程技術改善後代DNA，而從中可能衍生出全新『超級人類物種』，他們可以迅速自我更新、自我進化，不再是純種人類，而是基因改造人」，基因編輯技術的出現帶來許多 AI 及自生演化等等倫理道德隱憂。這樣失控的發展，更指向 AI 技術中立，以及對於社會公共利益的規範與指引有其重要性。

　　從上述沙龍活動之後，筆者陸續舉辦幾次由人文學者分享 AI 與賽伯格等議題，對於跨域思維與合作有相當大的啟發。哈洛威（Donna Haraway）所著《猿猴、賽伯格和女人：重新發明自然》一書是許多人文學者共同推薦的經典之作。哈洛威讓人們思考機器「去主體、去認同」的本質、但又同時強調其「行動與連結」意義時，她提出了幾乎與拉圖（Bruno Latour）同時的、早期的「行動者網路」（Actor-Network Theory，簡稱 ANT）的女性主義理論，對我們理解 AI 的人文社會發展有非常深遠的影響（Haraway 著，張君玫譯，2010）。事實上，早在 1968 年菲利普・狄克（Philip Dick）即以小說《機器人夢到電動羊了嗎？》探討「人」與「仿生人」（android，可說是具有人形的 AI）間的差別，這本小說在 1982 年改編成電影《銀翼殺手》（Blade Runner）呈現在世人面前（Dick 著，祁怡瑋譯，2017）。巧合的是，半世紀前文學作品中所討論的問題，竟然成為當代 AI 研究中最難解的困境。電影中仿生人主角不斷質疑：「『被生下的』和『被

書橫越數個專業領域，包括：文學與文化研究、自動控制、資訊科學、哲學、心理、社會、演化生物學、生命科學等，既有學術教科書的深度、文學批評理論的推演，亦有科普類科學史的介紹及大眾科幻作品的分析評論，幫助我們理解 AI、文學及科學交錯，融入更多跨域思考的一本奇書。」（頁 11）

製造的』，究竟有什麼不同？『被生下的』，似乎就有靈魂；『被製造的』，就不配擁有靈魂」；更深層的質疑是：倘若仿生人擁有自我意識（就像 AI 發展出自由意識）不認為自己僅僅是「物理的存在」，而認為自己是海德格（Martin Heidegger）所稱的「存有」，人類能否接受？仿生人利用被植入的記憶，產生了洞察感知，這樣的「智慧」可以轉為「人」嗎？應該被以「人」的主體來對待嗎？如果有一天，「仿生人」擁有喜怒哀樂、意識、外觀、感知等，一切都與人類相同，「人」與「人性」又要如何定義？且定義的權力與道德依據又從何而來？以上提問，對於國內外人文領域學者探討「後人類」與「後人文」的現象而言，都可謂提出批判、憂慮、以及試圖提供解決之道。人文哲思層面的關懷，作為跨域合作的基礎，可以提供座標與方向感，不至於落入科技至上的迷思，這在 AI 研究中占有舉足輕重卻又常被忽視的地位。[11]

　　另一場思想沙龍名為「人文 × 科技 × 未來城：漫步在古都老街與智慧城市之間」，這次活動讓城鄉研究、AI 運輸、老屋翻新等學術與實務進行對話，探討「城市」的變遷。在《看不見的城市》中，義大利小說家卡爾維諾（Italo Calvino）以華麗的寓言解讀城市中與歷史、記憶、符號所交織而成的文本（Calvino 著，王志弘譯，1993）。都市中的文化資產不僅承載社會記憶，也串聯時間長河，將年華老去的藝術文化及社群軌跡，透過各種建築、街道、景觀、聚落之構築，若隱若現地保存在磚瓦草木間。在歷經戰火洗禮與幾波工業

---

[11] 中興大學人文與社會科學研究中心分別於 2013 年出版《賽伯格與後人類主義》、以及 2018 年出版《後人文轉向》二本探討賽伯格與後人類主義，思考關於「人」、「非人」、「人文」等議題，並希望為當前人文研究的危機找出一線曙光，可以「讓我們在已然是後人類的現在，更能有所準備，即使我們面對的不一定是多麼美好的現在或未來」。

革命之後，隨之而來的 AI 科技發展，不但徹底改變人類生活模式，也重新定義現代都市容貌，漫步在「古都老街」與「智慧城市」之間，既掙扎著人文主義的過往，亦崢嶸著未知科技的沓來。無論從倫敦到愛丁堡、柏林到慕尼黑、北京到上海、波士頓到紐約、耶路薩冷到特拉維夫、臺北到高雄，「老城」與「新都」交錯共生，持續進行著人文與科技的對話。設想如果每個「大都會」都是智慧城市，那麼是否會讓世界各地城市更趨近於同質化？反而讓深埋在城市中的靈魂與生命逐漸消逝？智慧城市在建造時，是否有意識的保留城市的記憶與文化？ AI 科技帶來的改變讓虛擬成為真實，什麼民主參與機制可能讓「人文與科技」的結合融入城市發展的理念中？格林（Ben Green）在《被科技綁架的智慧城市》一書中提出，人類應該徹底反思，當許多都市正準備轉型成智慧城市時，我們真的已經理解這一切代表什麼了嗎？或者我們只是被 AI 沖昏頭罷了？我們該如何警覺到「智慧城市」背後所隱含的政治性、階級性、以及其被特定財團把持的危險？（Green 著，廖亭雲譯，2020）[12] 臺灣近年來在一片「智慧城市」的呼聲中，能否反思 AI 對於公民權利的忽視、科技監控、隱私侵害、歧視與偏見、以及對公共化的漠視？

思想沙龍的舉辦不在於活動本身的規模與任何形式主義，真正的迴響往往是參與者在離開之後的餘音繞樑，「你絕對難聽到什麼結論，最後是把你心天上堆起疑雲，腦海裡捲來巨浪，進來時曾覺得清醒的不得了，出去時帶走無數的問號。」（陳之藩，2003）一個不經

---

[12] 格林提到幾個智慧城市所帶來的社會負面影響，必須要政府與市民特別注意智慧城市的盲點，可做為 AI 公共化的省思，包括六個疑慮：AI 科技的有色眼鏡、自駕車的限制與危險、民主與政治參與困境、隱藏在機器學習演算法下的歧視與偏見、侵犯民眾的隱私和自主權、市政府內部技術與非技術部門的交互影響。

意的想法、一次來回的討論，或許會在未來的某一個時點成為跨域合作的主題開展。

六、異質跨域學術研究團隊

　　若說「思想沙龍」是跨域實驗場域，「學術研究群」就是從無到有、步出實驗場域的異質跨域團隊。籌組團隊的過程並不是一件簡單的事，不僅僅是學門領域的互補、團隊成員的合作默契，甚至每位成員對於議題掌握程度、過去研究經驗、時間規劃、以及預期成果發表形式等，都在在考驗著跨域研究群的可實現性與可持續性。然而，AI跨域研究最困難之處，還是在於學術背景、專業術語、研究目標等方面，因個別領域而有完全南轅北轍的差異。例如：在強調原則規範與倫理機制的法律學門，與重視創新應用及產學合作的工程學門，在合作上需要很多的溝通與融合；甚至注重於文本分析及比擬隱喻的文學學門，和對於公共性及社會網路較為敏感的社會學門，亦有相當不同的思考模式。研究團隊要如何取捨、如何聚焦、如何形成「沒有共識的共識」，都在在考驗團隊主持人與成員的時間與耐性。對於每一位實際參與過 AI 跨域研究的學者而言，每一步雖然都異常艱辛，但卻也只能穩扎穩打的往更未知的方向前進。

　　X-Lab 依照過去幾年的團隊合作經驗，大致可以區分為四個研究群，包括：金融科技研究群、AI 醫療法律實證研究群、外交與國際事務研究群、以及人文思想研究群等。本文以下將分別介紹與 AI 跨域研究直接相關的前二個學術研究群，著眼於團隊合作經驗，以及其對於公共化的難題與意涵。

（一）金融科技研究群

　　「金融科技研究群」是筆者在異質跨域合作中所籌組的第一個研究團隊，成員大致包含了資訊科學、AI、法學、管理學等不同領域。研究群中大部分成員皆屬於人社學者，經團隊幾次討論後，很快聚焦於申請科技部整合型計畫，以及進行專書寫作。本研究群與金融科技的創新開發不同，主要是以推廣「金融科普專業知識」的公共化教育為核心，非以產學合作開發 AI 技術為目標。研究成果偏重關於 AI 應用的科技監管法律與政策，不接受產業界委託，因此，始終保有專業、獨立、與中立的本質。筆者在為研究群出版的《金融科技、人工智慧與法律》專書撰寫序文時，提到以下的緣起：[13]

> 　　近年來，各國資本市場在遇上 AI 技術在各層面的穿透與崁入後，不得不進入下一波產業革新與法律科技監理。西方啟蒙時代與工業革命後逐漸形成以市場經濟與民主政治發展的體制，在此之下，資本主義所形成的各類金融、貿易、貨幣等制度，透過二次大戰後的國際組織重建及發展，讓各國採取相對穩定且和平的政策，維繫國際秩序不墜。金融科技一詞的興起，標識著區塊鏈、虛擬貨幣、開放金融等已漸成為金融產業發展不可或缺的元素，AI 之應用更帶動了金融科

---

[13] 王震宇（2020），金融科技、人工智慧、法律：後人類時代下的跨域與共生，**金融科技、人工智慧與法律**，臺北：五南出版。本書各章節主題如下：(1) 金融科技與金融產業的展望；(2) 監理科技的發展、運用及前瞻；(3) 金融科技：若干重要法律議題；(4) 行動支付與新興支付工具；(5) 金融科技下的消費者保護；(6) 從銀行業到電子支付業；(7) 區塊鏈技術與應用解析；(8) 人工智慧與財富管理；(9) 金融科技時代的人工智慧與反洗錢；(10) 智慧財產權法與競爭法下金融科技與人工智慧的相關議題；(11) 群眾募資；(12) 股權式群眾募資與商業生態系。

技的蓬勃發展……藉由思想沙龍的跨領域合作契機，順利籌劃「金融科技研究群」，並邀集十位專精於財經面、科技面與法律面的跨領域研究者，共同構思撰寫專書，使本書內容涵蓋「金融科技」、「人工智慧」、以及「法律規範」等三個重要主軸，進行跨域研究及深度對話，以「科技、法律與產業」三層結構之跨域交錯與互動，探討 AI 運用於金融科技的趨勢與挑戰。誠然，各種金融科技模式與 AI 技術的發展，提供了很多全新的商機，也對金融產業產生實質衝擊，金融產業經營模式的調整，使得相關的法規與監理規範，有因應調整的空間。（汪志堅等，2021，頁 II。）

除專書出版外，研究團隊同時向科技部申請整合型研究計畫，[14] 主題包括：「以人工智慧技術分析法律文本及其在資本市場之風險控管應用」與「加密貨幣洗錢防制的比較法規範、樣態分析、AI 偵測與社會影響」，研究群未來也規畫《加密貨幣與反洗錢》專書的撰寫出版。此外，在學術研究基礎上，研究團隊也共同合作承接政府委託研究計畫──「公平交易法對網路廣告之適用與因應」，該計畫對於網路及電子交易平台業者運用 AI 技術對消費者認知的混淆提出法制建議，其中與 AI 公共化、公平交易、自由競爭之關係，說明如下：

由於各式網際社群與電子交易平台的盛行，消費者的網路與消費使用行為逐漸成為大數據分析與 AI 應用的主要標的，

---

[14] 在研究團隊形成之初，科技部人文社會科學研究中心的「跨領域研究計畫前置規劃案（跨學門或跨司）」，給予經費支持，對於團隊前期討論與運作有相當之助益，也讓研究群在往後順利提出科技部整合型研究計畫。

繼而帶動了精準行銷的發展。然而，部分網路廣告遊走於公
平交易法之規範邊緣，運用資訊相關技術與手法而有不當競
爭行為或意圖混淆誤認消費者對廣告商品的認知，致使消費
者於網路廣告中所面臨的風險漸增。本文對於常見的網路廣
告及其特徵，以及針對秘密行銷廣告、關鍵字廣告等類型的
網路廣告所衍生不公平競議題加以分析，針對現有規範與
廣告平台業者責任等歸結相關結論，並對平台業者責任釐清
提出建議。（陳皓芸等，2020，頁 41）

　　巨型網路平台的爭議，不僅在於不實廣告造成消費者混淆；「假
新聞」（fake news）、操控輿論、以及演算法歧視更是日益嚴重。對
亞馬遜（Amazon）來說，使用者在其網站和平台上的每一次點擊、
每一次跳轉行為都具有巨大的商業價值。[15] 無獨有偶，Google 操縱
搜尋演算法，讓大企業的搜尋排名優先於小企業，進而引導搜尋使用
者不斷連結知名企業，而那些不知名的企業的搜尋量將更低。臉書
（Facebook，現已改名 Meta）作為全球社群網站龍頭，至今仍因諸多
違法爭議受到多國的司法調查，包括：製造假新聞、洩漏個資、侵犯
隱私、網路成癮、操弄民主等（Kaise 著，楊理然、盧靜譯，2020；
Wylie 著，劉維人譯，2020）。巨型網路平台引發爭議仍未停歇，未

---

[15] 亞馬遜的 AWS 占 2021 年雲端運算市場的 41%，市占率高居第一，亞馬遜公司
已被美國在內的多國政府調查是否有動機歧視、懲罰與其他雲端服務供應商合
作的軟體公司，甚至歧視特定消費者，偏袒只與 AWS 合作的公司。諷刺的是，
臺灣多所大學甚至以與 AWS 簽約成立雲端學院而自豪，殊不知大型網路公司
將其觸角深入大學生的作法，美其名是給予證照與工作機會，實則是意圖控制
未來在雲端技術上的市占率，讓年輕人在學時即對 AWS 養成過度依賴、技術
轉換成本高昂，繼而排除其他雲端服務供應商的市場進入。

來隨著更多技術開發，將對人類產生負面影響，全球政府如何在科技、人權、法制間取得平衡，面臨極大挑戰。[16]

　　本研究群在合作過程中遇到的最大困難，在於金融科技的「開放資料」不多。法律學門所熟悉的法規與政策研擬、與比較法學方法等利用司法文書資料並無太大問題，但在管理學門與資訊學門運用 AI 技術來進行大數據分析，則苦無開放資料庫之困擾。以反洗錢（Anti-Money Laundry，AML）研究為例，對於以機器學習、知識圖譜、或深度學習等 AI 技術導入反洗錢工作而言，「可疑交易辨識」判讀是重中之重。從國外文獻中清楚可知，以 AI 判讀每日數十萬筆的交易資料，其所花費的時間只有幾秒之譜；但若以人工判讀則需好幾小時或幾日以上；再以「準確度」來說，AI 更是近乎「零錯誤」的完美，遠勝過人力判讀，尤其考量疲勞、加班、情緒、經驗等「人性」因素後，AI 的精準識別無疑是目前反洗錢的最佳工具。可惜的是，每日的市場交易掌握在不同的金控與銀行內部，若非公權力的介入（查緝不法行為），資料幾乎是不可能取得（若以爬蟲程式駭入交易系統取得資料反而觸法）。開發 AI 反洗錢技術的專利擁有者，動輒以高價提供政府或企業反洗錢服務，降低 AI 公益性與普及化。以上案例只

---

[16] X-Lab 與臺北大學法律學院、經濟部國際貿易局共同於 2021 年線上舉辦「數位貿易論壇：科技‧人文‧數位貿易」，論壇的核心是「數位貿易法律與政策」，我們微調後將其定名為「科技‧人文‧數位貿易」。籌辦的初衷希望能跨域、越界、對話，因此將上述內涵解構成至少五個面向的跨域元素，包括：科技、人文、數位、貿易、法律。而在本論壇與會貴賓及論文集的作者群中，亦涵蓋法律、政治、資訊、醫學、文化、金融、外文、表演藝術等實務專家及學者，從資深教授到博士生新秀、從臨床醫師教授到斜槓詩人作家，皆受邀請於論壇分享並將文章收錄於專書當中，可謂促成一次難能可貴的異質跨域實驗性論壇。參閱王震宇主編（2022），**數位貿易政策與資訊科技法律**，臺北：五南出版。

是冰山一角，在金融科技的開發與應用中，AI 技術仍被視為一種「非公共化的商業模式」，具有巨大商業利益。

（二）AI 醫療法律實證研究群

「機器能否思考？」是 1950 年英國數學家圖靈（Alan Turing）於 "Computing Machinery and Intelligence" 中探討的核心問題。他提出一個思想實驗，名為「模仿遊戲」（imitation game），用於檢測電腦能否表現出與人同等或無法區分的智慧，後人稱為「圖靈測試」（Turing Test）。雖然 AI 技術逐步趕上人類行為，例如寫詩、作曲、繪畫、編劇等，但 AI 尚未擁有意識與感知，只是從大數據資料庫中「模仿」人類行為，至今仍無法通過圖靈測試。「後圖靈時代」的 AI 技術發展出一個分支，稱為「專家系統」（Expert System），這套仰賴既有專業知識庫以解決問題的智慧系統，具有分類、解釋、診斷、諮詢、校準、預測等功能，1960 年代起便被廣泛應用於商業、醫療、社福、工程等領域。

筆者在籌組「AI 醫療法律實證研究群」時，團隊成員涵蓋醫學、資訊工程、法律、社會等專家學者，研究團隊規劃建立一套基於臺灣醫療與法律資料庫的「醫療糾紛解決 AI 專家系統」，此整合型計畫名為「人工智慧法庭之建構——以醫療糾紛案件及健保大數據之實證研究為核心」，從 AI 公共化的角度而言，本研究群設定的議題及研究方法，都值得加以探討與介紹。

首先，在 AI 技術開發的研究中，最重要的前提是取得「大數據資料庫」作為分析基礎，這不僅是資料庫本身必須是巨量、可靠、合法，而在取得授權時還要符合經費預算。政府資訊公開法第 6 條規定，「與人民權益攸關之施政、措施及其他有關之政府資訊，以主動公開為原則，並應適時為之」，因此，從政府的開放資料中取得大數據資

料庫是最安全的作法。[17] 如同本文前述，司法判決在特定案件的去識別化後，連同法條本身、行政命令、主管機關函釋等資料皆為免費公開，臺灣法學界對於「AI × 法律」進行「法院判決標註與文字探勘」已累積不少研究成果。[18] 研究團隊試圖建立「醫療糾紛解決 AI 專家系統」預測未來司法判決結果，從法學實證研究方法上相當可行。但尚未公開的法律文書，包括：檢察官起訴書、仲裁判斷、以及調解書等，因涉及公益、隱私、或當事人利益及意願等因素，在一般學術研究上較難取得，必須特別提出申請調閱。研究群在 AI 技術開發中另一個重要的基礎資料是「健保大數據資料庫」，依據衛福部健保署的說明，在確保個資免於外洩及整體資訊安全的前提下，政府持續收集建置健保資料檔案，包含承保資料、醫療申報資料、醫療影像、檢驗檢查結果及報告等，並將資料做謹慎的去識別化，無從辨識特定之個人，也無法還原身分；在申請並經審查通過後，於符合申請目的與特定規範下，限於特定空間（實體隔絕）內分析，利用後僅得攜出研究結果，非攜出原始資料，並對於研究結果於攜出前進行審查。在臨床醫學與醫療政策研究中，健保大數據資料庫對於健康政策與管理、疾病治療研究、藥物療效分析、探討疾病危險因子、疫情的即時追蹤與監控等都有相當大的助益。因此，「健保大數據資料庫」在去識別後，對於 AI 公共化有顯著的貢獻。

---

[17] 至於政府公開資料的完整性，以及資料庫呈現的格式、內容、項目、更新速度等，是否能確切符合研究假設的需求，則是另外一個需要考量的問題，本文暫不討論。

[18] 參閱黃詩淳（2022），以文字探勘與機器學習分析日本身分法學之發展，**月旦法學雜誌**，321，頁 54-66；黃詩淳、邵軒磊（2019），人工智慧與法律資料分析之方法與應用：以單獨親權酌定裁判的預測模型為例，**臺大法學論叢**，48(4)，頁 2023-2073。

其次，本研究團隊的研究方法是先以「健保大數據資料庫」為基礎，以過去統計與整理二十年來臺灣醫療法律糾紛之實證法學及以證據為導向之醫學數據資料資料庫進行分析，[19] 得知醫師與民眾較容易產生醫療糾紛的就醫類別；再從「醫事鑑定報告」與「司法判決資料庫」中找出醫病當事人進入醫事鑑定、糾紛調解、與司法程序的常見態樣，將醫學與法律結合的大數據，改善以往用統計學的分析模式，導入「醫療糾紛解決 AI 專家系統」，並以深度學習類神經網路架構加以訓練。本研究團隊當初在設計規劃時，將研究範圍界定為「民事醫療糾紛」與「刑事醫療過失」等案件，且由於我國屬於大陸法系的成文法體系，對於法律條文構成要件的判讀，便需要以具有法學專業的團隊成員進行拆解分析，例如：法官與鑑定人審酌之主觀與客觀要件為何？侵權或犯罪行為態樣？有無故意或過失？過失責任歸屬如何審酌？和解或賠償金額多寡？或是否被起訴？起訴後是否被定罪？以人力閱讀司法判決與文書的數量可能在幾百至上千份（對於跑 AI 大數據分析來說，資料量仍嫌太低），先標識出「法律要件」與「非法律要件」，再將預測情境並搭配標識結果作 AI 參數調整，依照研究設定的三個重要步驟進行，包括：中文斷詞程式加入專有詞表語言庫擷取判決中影響因子（中文的斷詞難度比英文判決更高）、比對 AI 醫療糾紛與訴訟判決預測模型與健保大數據資料庫、建構引導式「醫療糾紛解決 AI 專家系統」雛形。

在研究團隊討論的過程中，申請大型科技部整合型研究計畫是最容易達成共識卻也最不容易掌握的目標，同時，各學門關於預期成果

---

[19] 研究團隊以計畫主持人吳俊穎教授過去 20 年所整理之臺灣醫療法學實證研究之成果為基礎開展，參閱吳俊穎，陳榮基，楊增暐，賴惠蓁，吳佳勳（2013），**實證法學：醫療糾紛的全國性實證研究**，臺北：元照出版。

產出方式的差異，也會影響後續成果發表與公共化程度。以筆者經驗，主要可以從「研究發表形式」與「智慧財產權」來談起，二者看似獨立卻又相互影響。以醫學學門而言，聚焦於將研究成果反饋於臨床醫學、促進醫療發展、改善醫病關係；工程學門則重視產學合作、實驗室成員訓練、以及專家系統的教準與操作；法律學門以法律解釋、法規修正、政策研擬、爭端解決等作為研究核心。在以 AI 技術開發應用為導向的研究中，發表國內外期刊或專書寫作等從開始就不列為考量。一旦著手 AI 技術開發後，現行的科技基本法、科技部產學合作規範、大學關於智慧財產權與技術移轉規定等法律程序相當繁雜費時。以「醫療糾紛解決 AI 專家系統」為例，在真正能實際應用於利害關係人（醫院、醫師、病患）之前，就必須考量技術移轉、產學合作、商業模式、專利申請、學術回饋金、以及法律責任歸屬等問題。其中涉及與廠商或企業間的產學合作，更牽連營業秘密、契約保密條款、或競業禁止等，未必研發成果都能公開發表。上述程序對於理工生醫專長的研究機構或學門來說或許較為熟悉，但對於人社學者而言卻相當陌生；當然，法律學者雖可提供法律規範、契約審議、智財權等專業意見，但若其本身就是研究團隊成員時，就必須考量專業倫理及利益迴避。近年來，許多大學校園內相繼成立「專利暨技術移轉中心」，由專業經理人提供技轉案件的諮詢與申請服務，讓研究團隊能專注於研究計畫，是值得鼓勵的方向。不只是臺灣，在自由經濟與資本市場的運作下，歐美國家的政府、企業、及學研機構亦長期關注 AI 技術開發後的成果歸屬，以及攸關公共化與社會福祉等問題。

七、結論

　　英國前首相邱吉爾（Winston Churchill）曾說過「成功就是從一次失敗進入下一次失敗，而不喪失熱情的能力」。這句鼓勵人心的話，如今挪移來形容 AI 強大的力量反而令人不寒而慄。AI 的特性是「永遠堅持，使命必達」，可以失敗數十億次卻毫無挫折感。AI 的目標就是去完成任務，當「第十億次」失敗的幹勁、平靜、冷靜，和「第一次」完全相同，人類永遠無法做到（這也說明 AlphaGo 圍棋對戰人類幾乎取得全勝的原因）。近年來，各國政府也終於正視霍金生前的憂慮，而普遍接受對於 AI 進行規範不僅是必要，而且刻不容緩。AI 進步快得令人難以察覺，AI 與人類互動的能力必須設置一套嚴格的準則。學習開發 AI 潛力的微妙方法在於「懂得如何下指令」，但至少一定要在 AI 的程式設計中多加一行指令：「不可殺人」！（Brown 著，李建興譯，2018）事到如今，歐盟率先於 2019 年頒布「可信任的 AI 倫理準則指引」（Ethics Guidelines for Trustworthy AI），內容包括七項基本原則：人類及機構監督、AI 技術穩健性及安全性、隱私保障及資料治理、透明性、多元及公平、社會及環境福祉、問責機制。在 AI 技術發展的同時，讓跨域研究中更清楚公共化的必要，以及 AI 對於人類文明的深遠影響，這是人社學者責無旁貸的重任。

　　薩依德（Edward Said）認為知識分子的公共角色是局外人、業餘者、擾亂現狀的人（Said 著，單德興譯，2011 經典增訂版）。X-Lab 的初衷是期待能在異質跨域實驗場域內，獨立自由的針對各種社會現象與研究主題進行觀察，提出基於學術良知的引介、轉譯、分析、甚而批判。很慶幸在過去、現在以及期待能於未來持續與許多志同道合夥伴共同努力，一同見證 AI 對於當代人類社會的改變。最後，筆者

在許多 AI 跨域研究的場合，都會引用暢銷小說《起源》結尾的祝禱詞，作為對於 AI 跨域研究以及公共化理想與現實之期許：

> 願我們的哲學跟上我們的科技
> 願我們的同情心跟上我們的力量
> 也願愛而非恐懼成為改變的動力
> （Brown 著，李建興譯，2018，頁 459）

參考書目

王震宇主編（2022）。**數位貿易政策與資訊科技法律**。臺北：五南出版。

汪志堅，王志誠，熊全迪，杜怡靜，溫演福，陳玉芬，王震宇，陳皓芸，汪志勇，陳純德合著（2020）。**金融科技、人工智慧與法律**。臺北：五南出版。

林建光，李育霖主編（2014）。**賽伯格與後人類主義**。新北：華藝數位股份有限公司。

林建光，楊乃女主編（2018）。**後人文轉向：後人類與賽伯格**。新北：華藝數位股份有限公司。

陳之藩（2003）。**劍河倒影**。香港：牛津出版社。

陳皓芸，楊燕枝，汪志勇，杜怡靜，王震宇（2007），公平交易法給對網路廣告之適用與因應，公平交易季刊，28(3)，頁 41-82。

鄭毓瑜（2018），向「AI」提問，人文社會科學簡訊，19(2)，頁 1-2。

丹・布朗（Brown, Dan）（2018）。**起源**（李建興譯）。臺北：時報文化。（Brown, Dan. (2017). *Origin*. London: Random Century Group.）

伊塔羅・卡爾維諾（Calvino, Italo）（1993）。**看不見的城市**（王志弘譯）。臺北：時報文化。（Calvino, Italo. (1978). *Invisible Cities*. San Diego: Harcourt Brace Jovanovich.）

菲利普・狄克（Dick, Philip）（2017）。**銀翼殺手**（祁怡瑋譯）。臺北：寂寞出版。（Dick, Philip. (1996). *Do Androids Dream of Electric Sheep? For the film "Blade Runner"*. New York: Del Rey Books.）

大衛・艾傑頓（Edgerton, D.）（2016）。**老科技的全球史**（李尚仁譯）。新北：左岸文化。（Edgerton, D. (2011). *Shock of The Old: Technology and Global History Since 1900*. Reprint edition. New York: Oxford University Press.）

班・格林（Green, Ben）（2020）。**被科技綁架的智慧城市**（廖亭雲譯）。臺北：行人出版。（Green, Ben. (2019). *The Smart Enough City: Putting Technology in Its Place to Reclaim Our Urban Future*. Cambridge, Massachusetts: The MIT Press.）

唐娜・哈樂葳（Haraway, Donna）（2010）。**猿猴、賽伯格和女人：重新發明自然**（張君玫譯）。臺北：群學出版。（Haraway, Donna. (1991).

Simians, Cyborgs, and Women: The Reinvention of Nature. Oxfordshire: Routledge.）

凱薩琳・海爾斯（Hayles, Katherine）（2018）。**後人類時代：虛擬身體的多重想像和建構**（賴淑芳 & 李偉伯譯）。臺北：時報文化。（Hayles, Katherine. (1999). *How We Become the Posthuman: Virtual Bodies in Cybernetics, Literature, and Informatics.* Chicago: University of Chicago Press.）

布特妮・凱瑟（Kaise, Brittany）（2020）。**操弄：劍橋分析事件大揭祕**（楊理然，盧靜譯）。臺北：野人出版。（Kaise, Brittany. (2019). *Targeted: The Cambridge Analytica Whistleblower's Inside Story of How Big Data, Trump, and Facebook Broke Democracy and How It Can Happen Again.* London: Harper Collins UK.）

愛德華・薩伊德（Said, Edward）（2011）。**知識分子論**（單德興譯）。臺北：麥田出版。（Said, Edward. (1994). *Representations of the Intellectual: The 1993 Reith Lectures.* New York: First Vintage Books.）

克里斯多福・懷利（Wylie, Christopher）（2020）。**心智操控：劍橋分析技術大公開**（劉維人譯）。臺北：野人出版。（Wylie, Christopher. (2019). *Mindf*ck: Cambridge Analytica and the Plot to Break America.* New York: Random House.）

第十章
推廣公共化 AI：
以「資訊化社會科學夏季研習營」
臺灣為例

韓采燕 博士後研究員　臺灣大學社會學系
陳詠君 碩士生　加州大學聖地牙哥分校計算機社會科學系
張宇慧 助理教授　國立中山大學教育所暨師資培育中心
李其儒 博士生　普林斯頓大學社會所
王銘宏 助理教授　國立中正大學資訊工程學系

一、前言

　　要實踐 AI 公共化，我們必須先釐清公共化是什麼跟不是什麼？公共化的相近詞包括：共享、公開、均等。公共化 AI 的三個困難：私有化、不公開、不均等。很不幸的，這三個層面都是 AI 以及資料科學發展上的現狀。首先，在「私有化」的挑戰為，現在 AI 與資料科學領域的資料、技術與工具多為私有公司獨佔。其次，關於 AI 的「不公開」，可以體現在兩個層面，第一個是 AI 系統訓練資料標註的方法隱藏在商業機密中，第二個是訓練模型的過程為黑盒子。最後，在「不均等」的層面裡，目前資料科學與 AI 的參與容易被白人、男性佔據（Sax et al., 2017）。

　　而本章正是一個在臺灣推廣 AI 公共化的嘗試：透過舉辦「資訊化社會科學夏季研習營」（The Summer Institutes in Computational

Social Science，簡稱 SICSS）讓 AI 的相關知識、技能與工具「公有化」、「開源與公開」、並「培力」社會科學研究者掌握 AI 相關知識、技能與工具，讓創造公共利益的跨域研究得以可能。

　　本章在第二小節闡述臺灣在推行跟實踐公共化 AI 的過程會遇到的困難。第三小節強調公共化 AI 的必要條件為性別均等。第四小節介紹 SICSS 如何落實性別均等、打破僵化的職等跟領域鴻溝。第五小節提供給高等教育工作者七個面向來檢視教學跟研究環境的共融。我們期許推動公共化 AI 的過程中，能打破既有跟現存的角色階級、性別分化、話語權不對等之僵局，而以主動積極的平等對話及互助共學取代，這樣才能實踐 AI 公開化、共享化、均等化的願景。

二、臺灣場域的困難

　　當臺灣邁向推廣資訊化社會科學與公共化 AI 的共享、公開、均等的價值與目標，會面臨到許多困難，跟臺灣教育制度早期分流、高度性別化與專業化的發展歷史息息相關。第一個困難是，在臺灣的教育分流與分科制度下，教育過程欠缺跨領域學習機制與機會，導致跨領域人才稀少；第二個困難是科技領域內的性別隔離與資源分配不均等；第三個困難是學術研究跨領域合作機會與資源缺乏，使得資訊工程與社會科學領域間的跨領域學者與研究計畫難以開展與合作。

　　首先，以教育分流與分科制度來說，臺灣教育制度規定學子在 16 歲的高一下學期就必須決定高中課程類組，高二高三專注於較深入的自然組或者社會組科目課程，於高三依據想就讀的科系，報考基本學力測驗並選考多元入學方案指定科目考試，選擇大學科系，決定主修專業後，進入高等教育，修習規定學分數，方能取得學位。

　　在臺灣專業人才培育的教育訓練過程中，學生在前期中等教育階

段（國中）時決定學術／技職分流，在後期中等教育階段（高中／高職／五專）決定自然組／社會組的專業科目分流，加上高等教育的考科制度設計，使得多數學生在高一的選組決定，大幅度地決定日後的學習與職涯方向。林大森（2006）指出高達九成的高中生，其大學科系與高中選擇組別相關，僅有不到一成的高中畢業生跨考進入與高中組別不同的跨領域的科系就讀學習。

　　而進入高等教育後，因高達九成五的科系都必須決定主修，僅有極為少數的科系為大一不分系，也導致學生在既有的主修專業課程學分數要求下，較少有機會修習跨領域專業課程。以推廣新興的資訊化社會科學與公共化 AI 所需的跨領域人才來說，選擇社會科學的學生較少機會修習資訊科學與習得程式編寫的技能，而資訊科學的學生也較少機會修習社會科學課程與深入了解社會議題與研究。加上輔系與轉系的名額十分稀少，使得臺灣學生在高等教育的訓練中，多專注於特定專業領域的訓練，較缺乏跨領域課程的訓練、學習與合作。

　　其次，科技領域內面臨高度的性別隔離（gender gap, or, gender segregation）與資源分配不均。從高中學生到研究計畫主持人都能觀察到性別隔離。楊巧玲（2005）指出臺灣青少年在高中選擇類組時呈現高度的性別化現象：男高中生集中於理工組，女高中生集中於社會組；劉正與陳建州（2007）分析全國大一學生的科系，發現自 1972 年起臺灣高等教育內呈現水平式的性別區隔：男性集中於理工科技相關領域，而女性集中於人文社會相關領域。陳婉琪與許雅琳（2011）進一步分析學術與技職體系對於大學性別化色彩強烈的科系的結構性影響。顯見，在臺灣的脈絡裡，科技領域內的性別區隔已持續超過 30 年。

　　產業發展與高教的研究經費也呈現高度性別化。根據國科會資料，2021 年總計 161 億台幣的專題研究經費中，男性計畫主持人得到

的專題研究經費達過 80%（見圖 10.1），無論哪一個司，男性計畫主持人通過經費的比例都較女性計畫主持人高，其中前瞻應用司與工程司，經費分配最為懸殊，男性計畫主持人通過經費之比例佔全體經費的 92% 與 91%。將國科會公告資料拉長到 2011 至 2022 年分析（見圖 10.2），依照核定經費來計算，女性所得到的資源僅有微幅成長（國科會，2023）。即便有愈來愈多的女性投入科技領域，性別區隔與資源分配不均等的現象仍然廣泛地存在著。

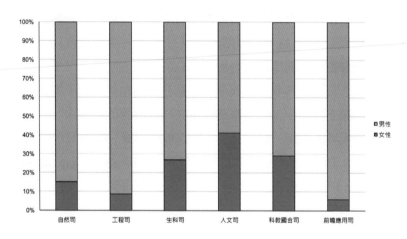

圖 10.1　國科會「專題研究計畫」2021 年核定經費之計畫主持人性別比例
來源：作者繪製

國科會專題研究計畫核定經費女性比例

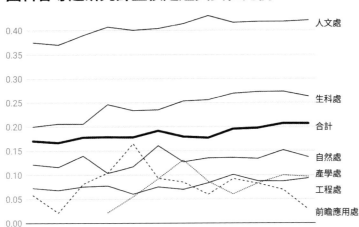

圖 10.2　國科會「專題研究計畫」2011- 2022 年核定經費女性比例
來源：作者繪製

　　再者，進行跨領域的學術研究合作，本來就因學科專業差異與共同語言的缺乏而挑戰重重，以公共化 AI 與資訊化社會科學領域而言，更是一個不容易的嘗試，就制度層面上來說，國科會較少開設常設跨領域項目，跨領域合作資源缺乏，使得資訊工程與社會科學領域學者間的跨領域合作多需以個人的人際網絡牽線私下進行，缺乏研究經費與行政人力資源，加上學術教學機構多以期刊發表數目作為升等指標，若跨領域合作成果無法在短時間內轉換為發表文章，跨領域研究計畫多無疾而終，難以開展與持續。

　　此外，臺灣學術界也較少進修的研習營活動，多數研究者進入教學研究機構後，開始被升等與發表的壓力以及教學與服務的責任環繞，即使對於新興的研究領域與工具興致高昂，想深入學習與不同領域學者一起開展新的跨領域研究計畫，卻往往受限時間、精力與資源

而窒礙難行，一方面缺乏進修的課程與合作機會，另一方面也擔心延遲或耽擱原本研究計畫與發表時程，或被認為跨領域研究為「不務正業」。在種種因素下使得臺灣的 AI 跨域開展與人才培訓緩慢。

三、正視性別不均等為臺灣 AI 公共化的願景必要條件

　　108 學年，教育部於十二年國教課綱新增「科技領域」，正式將程式設計列入國、高中資訊課程；高等教育方面，教育部於 2018 年起推動「大學程式設計教學計畫」（教育部高等教育司，2019），高教深耕計畫更新增指標，要求五年內之大學不分學系，至少半數學生須在畢業前修過程式設計，「為人工智慧做準備」。科技部亦於 2017 年公布「科技部補助人工智慧創新研究中心專案計畫作業要點」（科技部，2017），且自 107 年 1 月 1 日正式於臺灣大學、清華大學、交通大學與成功大學成立研究中心，「致力促進開發 AI 核心關鍵技術及深耕智慧應用領域，並建置相關大數據資料庫，培育具專業能力之跨領域人才」。從上述政策資料可以看出，國家政策在培養人工智慧相關技術、人才方面作出相當大的轉向及投資，從教育端開始著手，並回應市場需求並期待提升市場發展。一時之間，「全民寫程式」的口號，甚至是「文組寫程式」的討論，浮現在大小媒體及網路論壇。

　　然而，臺灣的網路環境素來不乏文組與理組孰優孰劣的論戰，也從來沒有少過「文組無用論」的攻擊與失敗主義。在政策、市場、社會紛紛提倡「跨領域」的重要性之時，教學場域的工作者和市場中的管理者是否有足夠的資源和素養面對這波跨領域熱浪，仍是一個待解決的問題。換句話說，在「全民寫程式」或是「全民跨領域」的風潮下，是否過分聚焦於硬技術（hard skill）的訓練，而忽視了心態（mindset）的培養，使得耗資甚巨的 AI 培育成為淪為新瓶裝舊酒的

政策，實際上仍然未正視社會現象、社會問題本身就是個跨領域的存在，無法藉由個別、獨立的學科來探究。要打破既有的學門分界，除了訓練程式編寫能力，更不能少了人文與社會科學素養的培養，以及正視性別不均等的現狀。

　　跨域合作的困難不限於臺灣。Microsoft Research 的 Hannah Wallach 在學界觀察到跨領域時候，不同領域會文人相輕（Wallach, 2015）。當學者批判其他領域的學者，他們常說的起手式是「這個哪算是研究」。普林斯頓大學教授 Matthew Salganik 觀察到，因為每個人的學術背景不一樣，他們認定為值得研究的問題就有所不同。這樣的差距會讓跨領域研究難以推行（Salganik, 2020）。

　　因此，在推廣人工智慧教育與培育跨領域公共化 AI 研究人才的同時，我們希望弭平性別不均、不再製領域歧視鏈，不再新瓶裝舊酒；反之，我們想提出，是否能從提升性別均等的參與者做起，藉由打破領域歧視，如何創造一個平等、安全的對話空間。據此，在臺灣舉辦「資訊化社會科學研習營」是我們提出的可能嘗試。

四、「資訊化社會科學夏季研習營」的跨域嘗試

　　2017 年杜克大學教授 Christopher Bail 和普林斯頓大學教授 Matthew Salganik 發起「資訊化社會科學夏季研習營」（The Summer Institutes in Computational Social Science，簡稱 SICSS），希望透過新興研習營的方式，培訓跨社會科學與資料科學領域人才，並促進不同研究領域者交流及合作的機會。

　　在臺灣舉辦 SICSS 作為推廣公共化 AI 的一種嘗試，一方面透過密集以及實作導向研習營跨域培訓，讓更多的社會科學研究者資料科學與 AI 的知識、技能與工具有更多的認識與理解。他們能從旁觀者

成為參與者以及主動發起者，培力潛在的跨域合作機會，運用資訊科學與 AI 創造有公共利益的跨域社會科學研究。另一方面透過開源科學的原則，盡可能將演講、課程、方法、學術成果、工具公開紀錄。將各種資料科學與 AI 相關知識、工具與技能累積，成為公眾得以取用、開源公開之基礎建設，也是我們認為推廣公共化 AI 的重要嘗試。

　　另外，即便有意願跨領域合作，不同領域的學者往往有很大的技術跟術語差異，也存在著報名參與的性別差異。不論是統計、寫程式、哲學辯證，每個學員都有不同的技術能力。更甚者，在臺灣團隊初期招募研習營的參與者時，男女性別報名比例懸殊。因此，為了讓這些學者有能夠互相轉譯的言語跟工具，以及提升女性參與者的動機及完成度，差異化及提供充足協作及支持的研習環境是必要的。因此 SICSS 的成立目的就是提供高品質、免費的訓練，讓社會科學家學習資料科學家如何工作、讓資料科學家理解社會科學家在意的問題。

　　SICSS 採取的教學模式是兩週密集、主動學習的暑期研習營。美國學界有暑期研習營的傳統，暑假沒有上課的需求，研究生、教職員比較有空花上一到兩週旅行到另一個城市，參與密集的課程。除了學習新知，去新的地方旅遊、交朋友也是一個賣點。暑期研習營跟學術會議不一樣。研習營的學習更加的結構化，重點不在發表尖端的研究成果，而是學習一個領域中的系統性知識。研習營模式將以參與者為中心，不強調被動式的聆聽演講，而是讓參與者獲得實作技巧以及培養共學合作社群。在暑期研習營裡面，參與者可以有時間針對一個研究方法更深入的了解。以臺灣來說，中研院政治所跟社會所都有舉辦過多日的方法研習營的經驗。

　　2020 年因為 COVID-19 疫情影響，對於全球 SICSS 研習營是一個革命性的變換。全球的籌辦者調整教學模式，許多地方採用了翻轉式教學（flipped classroom, flipped instruction, or flipped learning）。根

據筆者們這兩年的經驗，我們試圖從教學實踐方法，來回應我們應該提倡的學習機會、應該要建構的協作環境長什麼樣子？

　　許多地點選擇提前一個月預錄單方面的講課，讓參與者有一個月以上的時間自行安排觀看，進行非同步學習（asynchronous）。到了同步（synchronous）表定時間的時候，參與者則是分組討論，針對預錄講課回應想法，或者進入寫程式、設計研究的實作環節。這樣的好處是，參與者可以依照個人調配速度，自行預習，進行個人化學習（Personalized Learning）。而且分組實作時候，教學者也可以根據學習者對於預錄影片的反應，安排差異化學習（Differentiating Learning）的輔導時間。相較於著重講課導向的環境易讓學習者被動地吸收知識，在這樣翻轉式教學設計中，反而鼓勵學習者能更主動的辨識自己的預備知識及學習起點、提出個別學習需求與盲點，而教學者可以更快得知學習者的理解程度跟在哪裏遇到困難，適時幫助不同的學習差異提供鷹架支持（scaffolding）。對於 SICSS 這種一到兩週的活動，翻轉式教學讓教學者在活動當下的教學壓力減輕不少，而學習者更能自主的設定學習目標。

　　臺灣團隊希望能提供的研習環境設計，首要原則是，參與者應該要感覺到友善安心地隨時提出學習需求與研究構想，並能有機會交流討論，提升對實作資訊化社會科學的自信心。這樣翻轉式教學要成功的先決條件包括了參與者要有足夠的學習動機、籌備團隊需要安排適當的輔助幫助初學者跟上預習速度。因此在教學安排上，我們有三個實踐的方向。首先，提高主動探究學習（Inquiry-Based Learning）的比例。我們減少在同步（synchronous）研習營單方面演講的部分，想辦法提高參與者的實作、討論、發想的時間。其次，將客座演講目的設定為參加者觀摩不同領域的研究實作。儘管在操作上仍為單方面的演講安排，但是我們會更著重去邀請講者分享研究進行中（work in progress）的內容，而不是盲目地邀請卓越的講者，講述一個無懈可擊的研究。我們認為參與者如果要聽到最頂尖的研究，網路資源相當多。我們有目的性的，透過選擇及設定要分享的內容，去安排同步聽講時段，期許參與者能在 SICSS-Taiwan 研習營聽到演講時，是被啟發、被鼓勵的，幫助他們開展研究構想，並能建立自信心嘗試執行。第三，則是在小組討論跟小組實作中，採用多元適性的分組原則：有時候是同質分組例如依照技能一致性，讓初學者可以互相幫助彼此，但有時候採取領域異質化混合，讓不同領域的可以分享。在分組進行中，我們發現根據背景異質分組活動有助於打破原有社會環境中身分角色的不對等結構：例如師生階級的權力不對等、或者是領域話語權。我們希望研習營創造的環境是將研究生、教授都納入參與者行列，讓他們彼此達到平等的對話權，希望他們離開研習營後，能把這樣跨職等的合作習慣帶回工作場域。

　　SICSS-Taiwan 承繼 2021 年的成功基礎，於 2022 年與政治大學創新國際學院繼續籌辦研習營。SICSS-Taiwan 2022 舉辦為期四週的線上非同步行前準備課程，及兩週的線上學術研習營（其中包含三天於政大舉辦的實體研習）。過程中，SICSS-Taiwan 與美國、歐洲、東亞、東南亞、澳洲等同時段舉辦研習營的講師及學員分享內容、交換研究心得，並實作跨域資料科學專題，最後成果發表會中展現。

　　為了實踐性別參與均等的精神，在講者的性別分配上，我們也從 2021 年極度不均等（六位男性、一位女性）的講者群，改善到接近 50-50% 的分配。在籌辦 SICSS-Taiwan 2022 時，主要籌辦者男女各半，3 位女性夥伴的專業背景分別來自法律、教育、社會學的女性，3 位男性夥伴則分別來自社會學與資訊工程。此外，在地域上，我們希望能跨出臺北，增加臺北以外的參與者，在宣傳與推廣研習營活動時，特別針對臺北以外的大學校院校寄送實體海報，也針對三天的實體營

隊，提供全額住宿補助以及交通補助，希望能增加非臺北地區的參與者。在學科上，跨出社會科學，針對人文、教育、心理、新聞、圖資、傳播、法律、與資訊學院各系所寄送實體海報，宣傳研習營活動，成功吸引來自不同領域的研究者，讓研習營參與者組成更多元，促進跨領域合作。

很可惜的是，2023 年度由於美國預算審核委員將資源著重於新興據點，身為小有成果的據點，無法持續從美國得到預算，來培養年輕跨域研究人才。臺灣方面，我們曾嘗試申請托育經費，但尚未得到國科會或者系所預算決策者的認可。我們希望透過本章的闡述凸顯出這種研習營的價值，雖然密集、主動學習式的研習營無法創造出上百人培訓的量化成果，但能讓參與者參與高品質的跨域實作，讓他們從旁觀者轉為協作參與者。

五、創造公共化 AI 潛在人才守則

臺灣目前適逢推動十二年國民教育課程，簡稱 108 課綱（即十二年國民基本教育課程綱要總綱，於民國 108 年推行），有大量機會提供彈性學習課程或彈性學習時間，讓教師能規劃設計跨領域的課程主題，這無形中正在逐步建造培育跨領域人才的學習環境。十二年國民教育的新課綱以「自發」、「互動」、「共好」的理念，強調適性揚才與終身學習的願景，透過核心素養的三大面向「自主行動」、「溝通互動」、「社會參與」貫穿課程主軸。我們除了樂見九大核心素養項目能讓學習者在生活情境裡落實，運用科技促進公共利益，例如「系統思考與解決問題」、「科技資訊與媒體素養」、「人際關係與團隊合作」等，我們也期待更多的探究式導向的專題學習機會（如108 課綱裡鼓勵的探究與實作），搭配同質及異質小組的學習交替，

讓學生能根據自身起點行為調整學習需求，保持學習動機去發想待解決的公共問題。這些過程更需要透過教師與學校環境的主動支持，幫助學生了解自己及他人，至少有一個亮點（詹志禹，2014），不管未來進入哪一種領域耕耘，不同亮點但都能貢獻觀點，進行團隊合作。此外，也希望教育工作者能在教學活動設計上，讓學生更有意識地了解自己所參與的學習能促進多元文化、公民意識、公共利益等素養。例如在教師彼此的跨領域共同備課社群、設計領域學習課程時，能不限學科分際，加入探討性別比例的討論與困境，打破學生對於學習過早分科分流的既定印象，並邀請學生規劃如何透過自主行動去應對未來社會的多元性及科技倫理的挑戰，也鼓勵學生運用科技解決生活中面臨的社會問題，促進公共利益，記錄這些思考變化與行動嘗試，呈現自己的主動學習在個人學習歷程裡。

在當前高等教育的研究環境裡，我們樂見國科會重視性別平等推動計畫，包含「性別與科技推動計畫」、「鼓勵女性從事科學及技術研究專案計畫」、「女性科技人才培育計畫」等，除了正面積極回應聯合國永續發展核心目標之一關於「實現性別平等，增強所有女性權能」，也能帶動跨領域去正視該如何提供友善的研發環境與學習資源。目前臺灣的大專院校紛紛推出跨領域 AI 微學程讓大學生修習，看似充沛的教學資源，是否有留意性別推廣上的比例、並且有目的性的列為關鍵指標成果（Objective Key Result, OKR），逐年提升參與學生的性別比例？我們建議高等教育裡的研究與教學工作者，檢視以下項目在您的教學與研究環境裡是否仍有改善的空間，並從中尋找能踏出改變的第一步：

- 教職員跨領域的性別比例
- 學生的性別比例
- 友善開放的學習空間與支持資源

- 課程裡或系所演講所邀請跨領域講者的性別比例
- 鼓勵互助的探究與實作等非正式學習（informal learning）交流
- 提供大專生／研究生組成跨領域團隊的研究獎勵
- 打破領域間或者職等的不對等話語權

　　我們希望，AI 與資訊化社會科學不是特定的菁英知識，而是能公共普及的學習共識。我們希望能在臺灣推動具有包容多元面向的 AI 與資訊化社會科學社群，讓每一位參加者在跟不同資料科學家與社會科學研究者互動時，面對不同領域思考及程式語言的演練，重新經歷 unlearn 以及 relearn 的再學習過程。也因為學習重新歸零，過往的角色階級、話語權、性別分化等現象，能有意識地被主動積極的平等對話及互助共學取代。你我都會是在這邁向 AI 世代裡，成為參與改變的一分子。

參考書目

林大森（2006）。大學指定科目考試跨考數學議題之初探。**臺灣教育社會學研究**，6(2)，頁 43-83。

科技部（2017）。科技部補助人工智慧創新研究中心專案計畫作業要點。取 自 https://www.nstc.gov.tw/nstc/attachments/4476a53e-856f-4a65-a05b-4d12eccb4b8e（瀏覽日期：2023/4/22）

張錦弘，陳宛茜（2018）。教育部：5 年內半數大學生需修過程式設計。聯合晚報。取自 https://sdgs.udn.com/sdgs/story/12379/3275582（瀏覽日期：2023/4/22）

教育部高等教育司（2019）。大學程式設計教學計畫推動有成。教育部即時新聞。取自 https://www.edu.tw/News_Content.aspx?n=9E7AC85F1954DDA8&s=54EFCA956F11AE63（瀏覽日期：2023/4/22）

陳婉琪，許雅琳（2011）。重探高等教育科系性別隔離的影響因素：技職與學術取向教育之對比。**臺灣社會學刊**，48，頁 151-199。

楊巧玲（2005）。性別化的興趣與能力：高中學生類組選擇之探究。**臺灣教育社會學研究**，5(2)，頁 113-153。

詹志禹（2014）。**發現孩子的亮點**。親子天下。

劉正，陳建州（2007）。臺灣高等教育學習領域之性別區隔與變遷：1972 ～ 2003。**教育與心理研究**，30(4)，頁 1-25。

國科會（2023）。國家科學及技術委員會「專題研究計畫」性別統計表 —— 依處室別。取自 https://wsts.nstc.gov.tw/STSWeb/academia/AcademiaReport.aspx?language=C&ID=1（瀏覽日期：2023/4/22）

Salganik, M. (2020). An Introduction to Computational Social Science, Summer Institutes in Computational Social Science. https://www.youtube.com/watch?v=zGG9wPl1C5E

Sax, L. J., Lehman, K. J., Jacobs, J. A., Kanny, M. A., Lim, G., Monje-Paulson, L., & Zimmerman, H. B. (2017). Anatomy of an Enduring Gender Gap: The Evolution of Women'S Participation in Computer Science. *The Journal of Higher Education*, 88(2), pp. 258-293.

Wallach, H. (2015). Computational Social Science, 32nd International Conference on Machine Learning. http://videolectures.net/icml2015_wallach_social_science/

第十一章
集眾人之力解眾人之難：深度學習在道路工程公共治理系統探討

蔣子平 副教授　國立金門大學土木與工程管理學系

一、前言

（一）研究背景與重要性

公共治理（Public Governance）是自由財（Free Goods）、付費財（Toll Goods）和公共財（Public Goods）的經濟投入，藉由較有效率的處理程序，輸出成影響民眾福祉之政策或作為。一般認為公共治理由政府主導，是組織與管理一個社群的過程。在確保完整社會秩序的目的，將社群、組織互動的主要場域，建立政治與司法體系架構，使經濟與社會治理能在完整的系統中運作。公共治理反應當地民意、公共價值、輿論與公共利益，一直是人類社會最關心的議題之一。

Bevir（2012）從定義與歷史發展的角度，將多變化治理的不同發展取向，分列為組織的治理（Organizational governance）、公司治理（Corporate governance）、公共治理（Public governance）、全球治理（Global governance）及良善治理（Good governance）等 5 項。此觀點受到許多學者的贊同、精簡與延伸，如陳金貴（2013）、陳剩勇

與于蘭蘭（2012）等。廖麗娟與黃子華（2012）認為公共治理包括完整建構管理能力、提升效率及增進效能等意涵，強調以優質政府治理為主的施政理念；建構卓越管理能力、提升效率及增進效能，以更具彈性的作法，提供民眾更多元政策參與及表意管道，回應外在環境對於管理的需求，與民眾期待。從上述定義中可以看出公眾參與程度與政府回應是公共治理中的重要環節，因此在莊文忠（2012）與蘇彩足（2018）分析公共治理的量化指標時，建議整合亞太經濟合作組織與世界銀行等機構指標，建議發展與持續調查七項主要公共治理議題，包含「法治化程度」、「政府效能」、「政府回應力」、「透明化程度」、「防治貪腐」、「課責程度」與「公共參與程度」，並有包含法規管制至媒體與言論自由等 20 項子屬性中，公共參與程度的多個子屬性，是臺灣持續監測公共治理指標的重要依據之一。公共參與程度的定義較廣，Kaufmann 等人（2010）認為公共服務（如教育、醫療、社會福利、住屋、道路交通、安全、清潔、環境食物衛生等），非由個人承擔，需要由政府統籌管理，提供市民大眾的服務，都屬於公共治理範圍。近年因為民眾對路平與路安的要求提高，各縣市推動的路平專案等工程案，反映的是期望提高公共資源分配到道路工程的比例。可見在道路工程在民眾關心利益的公共服務治理中，佔有較重要的角色。

　　受益於近年人工智慧（Artificial Intelligence, AI）的快速發展，應用 AI 強化公共治理效益的研究形成近年重要研究方向之一。於政策上，行政院在 2021 年核定智慧國家方案（2021-2025 年），聚焦於四個施政構面：「數位基盤」、「數位創新」、「數位治理」及「數位包容」。在數位治理構面中，參考世界各國政府推動數位化治理經驗，以「善用資料與數位新興科技，提供政府服務、改善施政效能，進而為社會創造更多公共價值」為目的。從「資料治理生態系」、「智慧

政府服務」、「政府數位基礎」及「公民協力參與」四大面向，加速整合政府跨部會之數位治理資源及能力，活絡公務機關與民間單位資料應用之串聯。本方案的公民協力參與即是強化公共治理，從近年各縣市推動路平專案，可知民眾對於道路服務水準的高要求。結合施政方向，即知整合人工智慧技術並應用於道路工程公共治理是可能提升民眾滿意度的重要策略之一。

　　但於實施過程中，有哪些問題與風險是較為關鍵且影響施政成果？這個問題可由文獻找到部分結果。Zuiderwijk 等人（2021）篩選自 2018 到 2020 的 85 篇中的 26 篇 AI 與公共治理相關論文，該文說明了 AI 對公共治理的影響、機遇和風險，並強調 AI 對增益公共治理的效益，認為未來使用 AI 對公共治理的影響的研究應轉向為公共部門工程實證、跨學科和解釋性研究為重點。同時關注特定功能 AI 運用。Zuiderwijk 等人並呼籲研究 (1) 管理公共部門使用 AI 的風險、(2) 公共部門使用 AI 的可能治理模式、(3) 政府使用 AI 的績效、衡量及影響評估。丁玉珍與林子倫（2020）也認為 AI 將有助於下列數點：(1) 提高公部門績效評估與營運管理、(2) 提升公民服務品質、(3) 精進管制性政策、(4) 強化公共政策決策的品質等面向的應用潛力。並認為政府應該積極開展廣泛的社會對話及審議討論，使政府在公共治理中使用 AI 獲得共識，產生最大的公共價值。

　　但以上文獻較少以實例探討具體應用，特別是公眾結合 AI 參與特定公共治理實例中所遭遇的困難與意願分析。為此，本文簡述近年國際文獻分析，國內外道路工程管理系統，並以全民監督公共工程（以下簡稱全民督工）與交通違規交互監控系統為案例，分析結合 AI 與道路工程公共治理的相關問題。

（二）研究目的

整合上述文獻觀點，又因為近年極端氣候、節能減碳、環境永續與發展碳市場與經濟的主客觀需求，道路工程是民眾與政府投注大量資源與關心的公共治理課題，而引入人工智慧，能有效提高投入資源與獲取效益的客觀效率，平衡民眾與政府主觀期望。為此本研究提出以下研究目的：

(1) 檢索科睿唯安（Web of Science, WOS）核心資料庫，分析道路工程公共治理與 AI 跨領域的文獻關鍵字，分析研究趨勢；
(2) 分析相關法規，探討研究主題的法源與定性化法律風險，並以問卷調查量化民眾參與意願；
(3) 討論國內外 AI 與道路工程公共治理案例；
(4) 提出一種可能通過 AI 進行道路工程公共治理的系統架構。

二、文獻關鍵字分析

（一）AI 與道路、橋樑與隧道文獻關鍵字分析

從 WOS 核心資料庫中查找人工智慧與道路工程、路面、橋樑與隧道，可找到 111、88、783 與 171 筆資料，匯入 ENDNOTE 文獻管理軟體，刪除查詢重複資料後，匯出可得 1153 筆文獻。經由 VOSviewer 軟體，以重複率最高的前 50 個關鍵字去除重複與本研究較無相關文字後，可獲得圖 11.1 的文獻關鍵字關係圖。

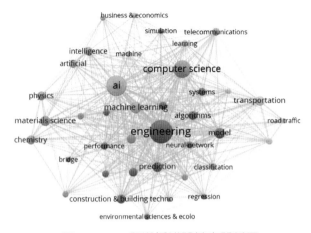

圖 11.1　AI 與道橋隧關鍵字關係圖

來源：作者整合資料，由（VOSviewer）繪製

　　從圖 11.1 可以看出人工智慧與道路工程的整合性文獻趨勢，主要是使用機器學習與深度學習等工具，進行道路橋樑隧道績效的分類、偵測與預測，減少人力、重複或低效維修，提高道路的營運效率並降低排碳等資源耗用，強化整體生命週期的最佳化與效益。

（二）AI、公共治理與風險文獻關鍵字分析

　　以人工智慧與公共治理為主題，可在 WOS 核心資料庫查詢到152 篇文獻，關係圖如圖 11.2，加增風險主題後，關係圖如圖 11.3。納入風險後，關鍵字關係變異不大。從關鍵字數量觀察，除了公共治理與 AI 主題，倫理（Ethics）是較多文獻標註的關鍵字，顯示應用AI 進行公共治理中，倫理是較被注重的議題之一，如人臉辨識系統對個人隱私權與各種歧視（種族、性別、社會經濟、性向……）辨識的問題。2021 年歐盟提出的人工智慧規範，將 AI 風險分為四級，分別為不可接受、高、有限與最小。其中不可接受風險被認為是「對人們

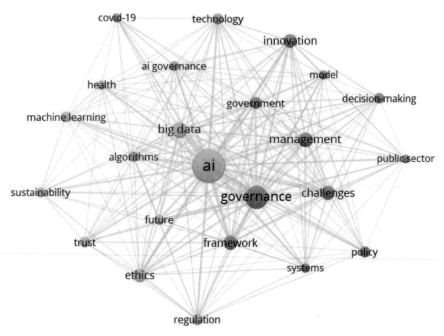

圖 11.2　AI 與公共治理關鍵字關係圖
來源：作者整合資料，由（VOSviewer）繪製

的安全、生計和權利有明顯威脅的人工智慧系統將被禁止。這包括操縱人類行為以規避使用者自由意志的人工智慧系統或應用（如使用語音輔助的玩具，鼓勵未成年人危險行為等）和允許政府進行社會評分的系統。」（The EU Artificial Intelligence Act）當然，歐盟的 AI 規範與產業期望及中國大陸推動的「人工智能北京共識」有較大的差異，這些差異所反映的社會架構與價值落差，在較長時間跨度的觀察與分析，亦可能是未來的有趣研究方向。

　　此外，新冠疫情引發的各種公共治理問題，已經無法被忽視，因此應用 AI 提高新冠疫情公共治理成效也是研究重點。

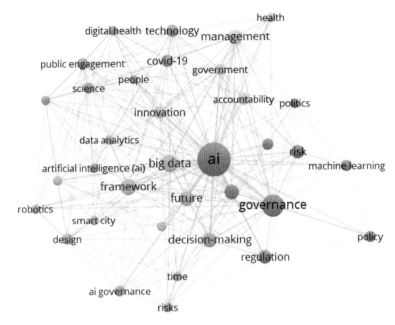

圖 11.3　AI 與公共治理風險關鍵字關係圖
來源：作者整合資料，由（VOSviewer）繪製

三、法源、風險與可能參與人意向

　　道路的定義涵蓋公路，公路路面、邊坡、橋樑、隧道與相關設施均屬於公路系統，市區道路與公路同級，鐵路、航空站與港灣等相關設施由鐵路法等法源管理。交通部頒布之公路法第一條係為加強公路規劃、修建、養護，健全公路營運制度，發展公路運輸事業，以增進公共福利與交通安全所制定。可見公路法是道路公共治理的根本法源，另有市區道路條例規範市區道路之修築、改善、養護、使用、管理及經費籌措。公路法中部分章節與條文與公路管理作業直接相關，其次為公路法的子法，計有公路路線系統分類基準、公路修建養護

管理規則、公路養護規範等。為辦理公路規劃基準、修建程序、養護制度、經費分擔原則及管理等事項，公路法第 79 條授權訂定「公路修建養護管理規則」，目前最新版為交通部 102 年 11 月 26 日交路字第 10250159542 號令修正發布。公路養護主要技術規範是「公路養護規範」，最近修訂版本是 109 年 01 月 03 日之交技（109）字第 1095000070 號。美國與歐盟近年制訂人工智慧強化公路管理的法規主要方向是運輸管理領域，特別是自動駕駛技術，道路工程的相關法條較少。但隨著我國設置多個自動駕駛技術研發中心與測試場地，或許近期可見相關法規之修訂或創立。

在 AI 與公共治理跨領域研究中，除了前述倫理相關議題外。決策風險始終是政府或相關利害關係人關心的重點。從法律層面，AI 或機器人是無法負擔任何責任與風險，任何決策引發的風險還是需要由自然人或法人擔負。但使用 AI 輔助或支援公共治理時，不論是辨識或預測，總是會有偽陽性（False Positive，亦稱型一錯誤）與偽陰性（False Negative，亦稱型二錯誤）的問題。如何在不同公共治理議題下，訂立各種準確率、精確率與 F1 值的可接受門檻，可能是需要各單位深思的議題。此外，風險分析常以定性分析、半定量分析、定量分析、或是綜合上述三種方法的模型判別風險。在道路相關法規上較常以定性指標區分，如第二代臺灣橋樑管理系統是以定性檢測指標取代之前的定量指標。分析其核心因素，降低偽陽性與偽陰性的比例是一個重要考慮因素。

在政策支持下，整合公共治理與資訊科技，增進社會永續的目標下，提升一般民眾參與意願是較為重要的核心因素。為瞭解推動 AI 道路工程公共治理的可行性，本文針對全民督工與駕駛人交互監控兩個案例進行問卷調查，分析潛在參與公共治理者意願。問卷樣本使用便利抽樣法，於網路與電話訪問並行。全民督工案例是於 110 年 2 月 -

10 月進行獲得 319 份完整填答樣本。駕駛人交互監控案例是於 101 年 10 月 - 12 月（完整填答樣本 176 份）與 110 年 2 月 - 10 月（完整填答樣本 105 份）分兩期進行調查。成果如表 11.1 與 11.2 所示。

表 11.1　全民督工系統問卷與統計結果

編號	問題（正向敘述問題，尺規 1-5 分，填答分數越高代表越認同該問題）	刪除後 α 值	平均值（標準差）
1	您具有土木、建築、法律等相關知識認知	0.86	3.1（0.7）
2	您瞭解「全民督工」通報系統	0.87	2.2（0.8）
3	您喜好使用「全民督工」通報系統	0.86	2.0（0.7）
4	您認為可以通過檢舉提升公共工程品質	0.86	4.3（0.8）
5	您認為營建過程資訊透明化能提升公共工程品質	0.86	3.9（0.8）
6	您認為公共工程驗收後，可由業主與民眾對工程評分	0.86	3.5（0.9）
7	您認為 AIOT（人工智慧＋物聯網）能幫助「全民督工」通報系統	0.87	4.3（0.8）
8	您認為通報獎金能加強通報意願	0.86	3.1（1.5）
9	您認為犧牲民眾部分隱私權提高公共治理效能是有價值	0.85	2.7（0.8）
10	您肯定政府持續推動民眾監督公共工程的成效	0.86	3.4（0.7）

來源：作者繪製

表 11.2　駕駛人交互監控問卷與統計結果

編號	問題（正向敘述問題，尺規 1-5 分，填答分數越高代表越認同該問題）	刪除後 α 值	101 年調查平均值（標準差）	110 年調查平均值（標準差）
1	您認為實施交通違規裁罰能改善道路安全	0.83	4.5（0.4）	4.4（0.4）
2	您曾經檢舉或被檢舉道路違規行為	0.83	4.7（0.5）	4.7（0.5）
3	若您有汽車，會購買行車記錄器	0.83	3.6（0.8）	4.1（0.5）
4	您會檢舉前方車輛違規行為	0.81	3.1（0.7）	4.1（0.7）

表 11.2　駕駛人交互監控問卷與統計結果（續）

編號	問題（正向敘述問題，尺規 1-5 分，填答分數越高代表越認同該問題）	刪除後 α 值	101 年調查平均值（標準差）	110 年調查平均值（標準差）
5	您認為 AI 能幫助您辨識前方車輛違規行為	0.83	3.0（0.8）	3.7（0.7）
6	您可以接受違規圖片或影像上傳檢舉網站的成本	0.85	2.5（1.1）	4.3（0.7）
7	無論是否有監測，您總是遵守交通規則	0.81	2.0（0.7）	2.2（0.8）
8	您會因為車輛行駛在超速照相區域而不違規	0.85	4.7（0.5）	4.7（0.5）
9	若您覺得後方車輛有一半的機率在監控您的駕駛行為，您會選擇不違規	0.85	4.2（0.6）	4.3（0.7）
10	您覺得提高交通罰鍰 50％到 100％可以降低違規行為	0.85	-	4.1（0.7）
11	您肯定近年政府推動 AI 科技執法系統改善交通	0.82	-	3.7（0.8）

來源：作者繪製

全民督工的概念是「群眾外包＋公共治理＋資通訊整合」的概念，本意是方便民眾參與監督政府公共工程，共創更優質的生活環境。為此行政院公共工程委員會（以下簡稱工程會）精進「全民監督公共工程行動裝置通報程式」，新增線上查詢案件處理情形及填寫滿意度功能，更可發揮全方位之 APP 服務便利民眾。自 91 年 7 月建置平台，迄今已受理案件累計約 4 萬件，已成為民眾參與公共工程治理，提出缺失問題之主要管道。在精進系統效能上建構「公共工程資訊公開暨全民督工通報平台」，使民眾通報缺失地點能與鄰近公共工程標案之地理資訊作聯合運用，提升督工案件定位及辨識等處理效能。民眾通報案件處理之滿意度已由 101 年底之 51.97％，逐年躍升至 104-

111 年底約 85%，較新之 112 年第一季滿意度為 78.72%。為激勵民眾熱心通報，工程會將每年擇優選出通報內容具體明確，且具實質公共利益的案件予以獎勵。該平台是目前國內較大的工程類公共治理的案例，具有相當代表性。

從表 11.1 可知受訪民眾填答分數較高的是「可以通過檢舉提升公共工程品質」與「AIOT 能幫助全民督工通報系統」，亦即受訪民眾大多支持民眾參與公共工程監督。但「瞭解與喜好使用全民督工通報系統」的分析卻較低，顯示全民督工系統的宣傳仍可強化，預期能推動民眾參與公共工程專案治理的參與度。表 11.1 中標準差較大的意見是第 8 題，顯示「通報獎金能加強通報意願」的受訪意見較兩極化，反映出與一般傳統認知較有差異的是部分民眾可能較不注重獎金，而是以社會公義的觀點參與公民治理。至於使用 AI 參與公民督工所帶來的「犧牲民眾部分隱私權提高公共治理效能」議題，受訪民眾意見顯示持平，這與 2019 年至 2020 年政府推動數位身分證的議題結果相似，顯示民眾對於隱私的重視程度不弱於行政效率。在近年政府推動智慧施政的成效上，受訪民眾顯示中間偏上的肯定。

駕駛人交互監控案例源自近 20 年行車記錄器於車輛事故的記錄過程中顯示良好績效，又因設備費用逐年降低，致使大比例駕駛者採用該設備監控前方駕駛行為，而這個監控過程，若是能與資通訊及 AI 辨識前方車輛違規行為，則可轉換為路網中的交互監控，可能帶來降低交通違規行為的效果。從運輸學理上，利用「囚犯的困境」可解釋交通行為中運用數位行車記錄器交互監控機制，探討駕駛者在被攝影的判斷認知程度與遵行駕駛規則之相關性，及受罰後改變駕駛行為之週期。

上述研究部分成果可由表 11.2 呈現，多數受訪者認為實施交通違規裁罰能改善道路安全，且曾經遭到違規裁罰後會改善違規行為。這

與運輸學理及多數駕駛人經驗一致。對於「若您有汽車，會購買行車記錄器」，「檢舉前方車輛違規行為」，「AI 能幫助您辨識前方車輛違規行為」，「接受違規圖片或影像上傳檢舉網站的成本」等問題，顯示近 10 年的過程中，運用 AIOT（結合人工智慧與物聯網 Internet of Things）輔助解決交通問題方法，已經成為多數駕駛人的認知。在無監控、有監控與不定機率被監控的駕駛行為上，2 次調查結果近似，顯示近十年駕駛人的認知差異不大。提高罰鍰與 AI 執法成效認知，僅有近一期的調查資料，均偏向肯定。

四、國內外案例討論

　　智慧運輸涵蓋交通控制與交通工程等多個研究範疇，道路中的車流監控、匝道儀控及導入 AI 後增大道路容量等議題較偏向交通控制範疇，未屬於本文定義之道路工程議題。分析歐盟與美國運輸白皮書對於推動人工智慧與道路工程的政策鼓勵領域，可分為創新與傳統技術兩個部分，創新技術主要是自動駕駛、無人載具（含無人機、貨車、限定工作區域板車等）、微型電動車隧道、超高速真空電磁隧道等新領域，傳統技術則是將 AI 技術應用於現有道路資訊系統，提高道橋隧系統的生命週期、強化效率與安全性，及降低營運風險或智慧路燈等技術。但自 2022 年起，美國將實施擴大當地基礎建設方案，並提出跨國合作計畫「重建更美好世界」（Build Back Better for the World），創新與傳統技術兩部分可能融合的趨勢值得長期觀察。因市場規模等因素，目前政府推動方向還是以傳統技術為主。相較於其他研究領域，道路工程早於 1980 年代已使用機器學習結合資訊管理系統增強軟硬體之管理效益。較知名的是路面管理系統、橋樑管理系統與隧道管理系統三大類。受限於主管機關權責，雖然道路、橋樑與

隧道的績效應整體評估，但國內外文獻中仍是運用分別系統管理，分述如下。

（一）路面管理系統

在 1980 年代路面管理系統（Pavement Management System, PMS）已在全世界蓬勃發展。1991 年頒行的道路運輸效率法案更將 PMS 訂為聯邦法律所要求之六個管理系統之一。該法案中明白指示，美國境內由聯邦經費補助之道路須以 PMS 進行系統化管理，PMS 的建構與否將直接影響其聯邦補助預算之申請額度與優先順序。PMS 採用系統化分析方法，針對所有與路面相關的決策資料進行例行性的收集、儲存與萃取，以資訊技術迅速處理各項資料，經由適當指標模式分析路面狀況，系統以不同層級架構存在於機關內不同管理階層，依據不同路面狀況與限制，結合路面歷史資訊進行決策，提供最佳化的路面管理作業程序。

我國自 1983 年起亦推動 PMS 之建設。從早期國道高速公路局之「台灣區高速公路路面養護管理系統」（民 72-77），交通部運輸研究所之「市區道路鋪面養護管理系統建立之研究」（民 80-81）及「台灣地區一般公路鋪面養護管理系統建立之研究」（民 81-82）、臺北市政府養工處之「臺北市道路鋪面養護管理資料庫系統電腦程式建立之研究」（民 82-83）、國道高速公路局之「中山高速公路路面養護管理系統電腦實務應用」（民 84-86）、交通部公路局之「路面管理決策支援系統之研究」（民 86-88），至近年新北市「iroad 智慧道路管理系統」（民 109-），與臺北市「道路管線暨資訊系統」及「道路鋪設智能管理系統」（民 109-）等案，均顯示我國 PMS 的發展與時俱進，隨者民眾需求與資訊技術進步，增高 PMS 的服務效能。

國外較知名的 PMS，包含世界銀行的公路發展與管理系統

（Highway Development and Management, HDM）系統，如摩洛哥使用HDM-4 於動態路網。圖 11.4 簡述了摩洛哥使用 HDM-4 制定道路養護策略，在限制預算條件下最佳化選擇養護策略。該系統考慮養護成本和道路使用者的現值成本，可於 20 年的分析期間為民眾帶來的最大淨收益，遠較導入前更能符合公共治理之目標。美國陸軍工兵團的Micropaver 雖未能直接提供深度學習模組進行影像辨識調查。使用卷積神經網路等工具偵測鋪面表面破損並量化鋪面服務水準，已是國內外鋪面專家的共識，並有許多文獻說明深度學習技術（如 YOLO 等）應用在鋪面狀況指標中各種破損種類及嚴重度的偵測，有效降低路網養護成本，提高工程人員安全性，並能減少道路工程生命週期的碳足跡與水足跡，增益其永續性。深度學習與機器學習技術已成為道路工程研究中的重要工具，能大幅提高道路公共治理中的安全、效率、舒適與永續性。

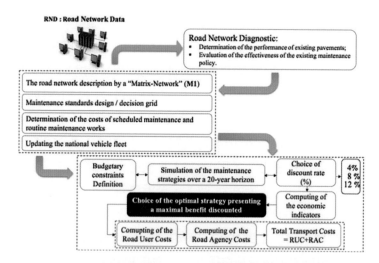

圖 11.4　摩洛哥使用 HDM-4 選擇最優道路維護策略

來源：Bannour et al. (2022). Highway Pavement Maintenance Optimisation Using HDM-4: A Case Study of Morocco's Arterial Network. *International Journal of Pavement Engineering*, *23*(10), pp. 3304-3317.

比較國內外 PMS，較一致的趨勢是網路化與地理資訊系統等，差異較大的是臺北、高雄等市 PMS 較無道路劣化模型，較難反映未來路面服務績效指標。這也是國內系統導入深度學習技術中的預測模型於公共治理的未來重要方向之一。

（二）橋樑管理系統

交通部 1995 年提報「橋梁安全維護工作計畫」，擬定橋梁維護與管理之短、中、長期做法，長期工作項目包括建立橋梁管理系統、定期進行橋梁普查、檢討修訂橋梁作業規範、持續研發推廣橋梁工程之新工法、新材料及檢測補強技術等。高公局、公路局、鐵路局、住都局、基隆港務局、臺北市政府、臺北縣政府、臺中縣政府、臺南市政府等單位均配合交通部之橋梁管理政策，自行委託學術單位或顧問公司開發所屬之橋梁管理系統。後因 921 大地震造成 26 座橋梁斷裂或嚴重損壞，但由於各級橋梁管理機關之橋梁管理系統各自獨立，交通部難以透過系統迅速掌握災區橋梁狀況，突顯中央層級橋梁管理系統之必要性。1999 年交通部運輸研究所進行第一代「臺灣地區橋梁管理資訊系統」（Taiwan Bridge Management System, TBMS）開發，作為各單位統一使用之橋梁管理系統。2000 年底，TBMS 上線使用，全國橋梁普查作業之成果包含第一次目視檢測資料均輸入系統之中。

為強化 TBMS 對橋梁耐洪能力、耐震能力、載重能力及老舊劣化情形之掌握，並利各橋梁管理機關確保 TBMS 各項資料之完整與詳實程度，與及開發行動裝置以提升橋梁檢測之效率及品質，交通部於 2013 年進行「第二代臺灣地區橋梁管理資訊系統建置規劃」（簡稱 TBMS2）。橋梁管理人員除可快速簡易地生成橋梁 3D 模型及掌握各主要構件最新狀況與變化趨勢外，亦可利用行動裝置 APP 直觀呈現橋梁 3D 構件狀況及各構件記錄橋梁檢測結果後，立即透過無線網路上

傳至 TBMS2，有效提升橋梁檢測資料之完整詳實度，以及橋梁檢測作業之品質與效率。TBMS2 系統架構如下圖 11.5。

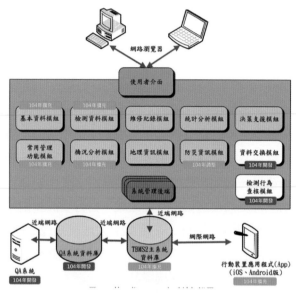

圖 11.5　TBMS2 系統架構圖

來源：蘇振維等人（2018）。第二代臺灣地區橋梁管理資訊系統建置規劃（三）。臺北：交通部運輸研究所。

美國聯邦公路總署（Federal Highway Administration, FHWA）與加州交通運輸廳因為 1967 年的俄亥俄河（Ohio River）的銀橋（Silver Bridge）斷裂問題，共同出資建立橋梁管理系統並建立「全國橋梁清冊（Federal Bridge Inventory, FBI）」資料庫，進行美國橋梁相關資料之搜集與整理，同時公布美國「全國橋梁檢測標準（National Bridge Inspection Standards, NBIS）」。1995 年，FHWA 訂定「全國橋梁登錄及評估指南」（Recording and Coding Guide for the Structure

Inventory and Appraisal of the Nation's Bridges），作為各州進行橋樑檢測工作之參考依據。依據 2020 年美國橋樑研習會，橋樑管理系統架構圖如圖 11.6。

國際上較知名的橋樑管理系統則有 FHWA 與加州交通運輸廳於 1991 年建立的 PONTIS 系統。此外，丹麥、歐盟、日本與中國大陸等地，均發展各自特色的橋樑管理系統。較為明顯的趨勢是近年建造大型橋樑的設計、施工、營運養護、重建碳分析等過程中，使用各種感應器（Sensors）將 AIOT 的技術融入生命週期，並強化橋樑安全與即時（real-time）管理，發揮較大的橋樑管理效益。

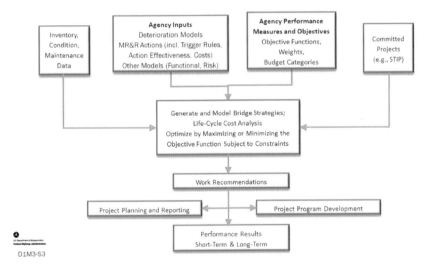

圖 11.6　FHWA 的 BMS 架構圖

來源：The Federal Highway Administration (2020). *Bridge Management Systems Workshop Participant Workbook*. Washington, D.C.: FHWA.

（三）隧道管理系統

目前國內外隧道管理系統較少，主要是將火災或車輛事故等警報連結交控中心，專門進行隧道營運與維護的資訊管理系統較少，較著名的有美國隧道作業、維護、偵測與評估手冊（Tunnel Operations, Maintenance, Inspection, and Evaluation（TOMIE）Manual）。本土較著名的有國道高速公路局委託中興顧問，於 2013 年完成的「國道隧道維護管理系統」，針對營運中隧道的維護管理工作，包含檢監測資料完整儲存，後續維護策略改善及新技術研究，提昇國道沿線隧道維護及檢修效率。系統架構如圖 11.7。

圖 11.7 國道隧道維護管理系統

來源：李國榮等人（2014）。國道隧道維護管理系統之規劃與開發。中興工程，124，頁 3-12。

五、建議系統

公眾意見的蒐集、整理、辨識與判斷是 AI 結合道路工程公共治理的核心與重要風險來源。從公眾意見的資料去中心化與降低存儲風

險觀點，應用區塊鏈技術能提供不完全信任的多方，共同管理共享資料的機制，是一種 AI 結合公共治理的實施方向。

應用在道路工程上，反映的是不同社會經濟、公共工程認知、運具條件下的不同主觀感知與價值判斷。這些藉由公眾透過不同來源（手機、無人機、衛星遙測、干涉合成孔徑雷達、腦波偵測儀或其他載體），蒐集不同資料架構（文字、數字、文件、影像、聲波等數位資料），可在去中心化區塊鏈的資料儲存系統存取，並經由人工智慧技術（如深度學習的深度卷積架構、物件偵測、長短期記憶網路等模型）分類與辨識對不同特性民眾對客觀道路服務水準的主觀認知，預測未來服務水準，分析在風險可預判的營運週期內，較佳的資源分配模型，並分析資源分配效率，設計鼓勵機制，強化民眾參與，形成一個正向循環。建議系統架構如圖 11.8 所示，分述如下。

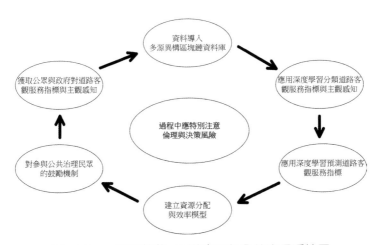

圖 11.8　一種可能的 AI 道路工程公共治理系統圖

來源：作者繪製。

（一）獲取公眾與政府對道路客觀服務指標與主觀感知

　　駕駛者在生理資訊蒐集的倫理架構下，結合腦波、面部圖片與駕駛行為辨識駕駛者情緒，可獲得駕駛人對公路服務水準、路面平整等客觀參數的主觀感知。結合手機連結各類社群網站中，民眾陳述的道路相關資訊。可使用整合大數據、深度學習等 AIOT 技術獲取民眾意見。政府與專家意見則可參考當地道路預算、採用設計與施工規範與施工及養護廠商，整合公部門所能提供之客觀服務。

　　於此過程中必然產生許多 AI 倫理爭議，特別是蒐集個人感知的適法與合理性，如何獲取個人主觀認知並保障個資隱私，需要法規設計者更謹慎地思考。但從技術層面，從複雜資訊流中過濾（Filter）公眾隱私的技術已經被發展且普遍應用於如社群網站與政府單位的資料蒐集架構。社會公益與商業利益的平衡也是法規設計者的難題。

（二）資料導入多源異構區塊鏈資料庫

　　因前述資料的隱私與不同角度分析可能導致不同結果等問題，保持過濾後的原始數位資料的完整性與安全性較為重要，且蒐集資料來源與格式差異較大，為此使用多源異構區塊鏈資料庫較能滿足服務需求。

　　開源區塊鏈與付費服務專案技術已普遍應用於各種商業與公益中的資料服務專案。技術的選擇性並不唯一且相對可控。

（三）應用深度學習分類道路客觀服務指標與主觀感知

　　藉由 1950 年迄今對道路績效指標的研究，目前公認較重要的指標包含平坦度、表面破損、承載指標與抗滑四大類。除了承載指標較不被公眾重視外，其他三者均是公眾治理時，民眾意見反映與國賠爭

議的重點。雖說國際上均進行指標分級與建立門檻，但因為臺灣有大量機車用戶，許多國外盛行的指標門檻與設計準則不見得能全盤複製於本土。且不同時代，建築與養護成本及使用者偏好也大不相同。建立一種長期觀測臺灣用路人對不同載具行駛於不同類型路面的平整度、表面破損、承載指標與抗滑資料，能強化道路本土化的研究。

使用二維深度卷積神經網路進行道路裂縫辨識，材料特性研究成果極多。未來使用三維或多維深度卷積神經網路探討道路工程設計、施工、營運與重建等生命週期中的各種辨識、評估與決策等問題也是研究趨勢。

（四）應用深度學習預測道路客觀服務指標

如國際上利用各種模型預測道路長期使用成效，現行美國使用的道路設計規範的核心觀點即是未來 20-30 年的服務能力是否能被接受。但因為材料、天候、荷載等因素，績效預測模型的共通性較差。建立本土道路（路面、橋樑與隧道）在現有環境與不同養護工法的生命週期預測模型是非常重要的。

因果分析模型與時間序列模型是預測模型的根源。卷積類神經網路法可以從判別卷積核的物理特徵反推因果分析的因子特性，深度支持向量網路與深度隨機森林法或許能更強化預測過程的邏輯性及可解釋性。數以百計的長短期記憶網路變體演算法能用於預測，從時間序列方法解釋平滑或急遽劣化的道路客觀服務績效。

（五）建立資源分配與效率模型

不同觀點的民眾有不同的資源分配偏好。多階段、多門檻值的整合式決策方法可能是解決道路所需與公部門所能投入的預算平衡問題

方法之一。這也是道路工程公部門多年期財務最佳化的核心問題。

　　動態數學規劃方法已在經濟學與作業研究學被論述多年，相關方法涵蓋傳統的貪婪法與回溯法、動態多準則決策、動態賽局、動態馬可夫鏈等許多方法。

（六）對參與公共治理民眾的鼓勵機制

　　依據效用理論，民眾以公益角度來參與道路工程公共治理，是較為有效且永續的策略。但如同目前推動的國民法官制度一樣，建立一個可以良好正向回饋的參與獎勵制度，是推廣任何公共治理的必要條件之一。

六、結論與建議

　　安全、效率、舒適、節能及永續的交通系統是民眾重視的公共治理核心之一，且智慧運輸是實施智慧城市不可缺少的要件，不論是臺北、新加坡、韓國松島等城市均重視在尊重個資與法規的條件下運用各類 AIOT 實施用路人、車輛與基礎設施的交互控制。本文專注於道路工程領域中深度學習運用於公共治理的系統文獻與可能方案，分析本領域已經達成或未來可能發展的解決方案或系統，說明 AI 於道路工程公共治理的潛在意涵如後。

　　（一）倫理問題：分析近年結合人工智慧、道路工程與公共治理及風險之文獻，獲得圖形化的文獻關鍵字關係圖，並從可能參與者之意見調查發現倫理在本議題具有重要角色。民眾於交通議題中隱私、效率及舒適的效用函數（Utility Function）取捨問題，且全球各地考慮倫理的觀點與判斷不一，這直接影響後續 AI 治理的成效、風險與民眾滿意度。建議未來可延伸研究。

　　（二）法規問題：國內的 AI 公共治理相關法規還在發展當中，未能與歐盟等地一樣直接限制特定 AI 在公共治理的發展。在道路工程中，應用深度學習技術時可能產生之潛在風險與公共利益的衝突性，定性與定量分析如何運用於整合公共意見，及運用法規降低衝突可能是重要方向。建議政府加大本領域的研究支持並加速對相關法規的審議速度。

　　（三）技術問題：臺灣與國際上主要道路管理系統的差異是缺少劣化模型，也因此未能達成全生命週期的最佳化分析，並較難完成多年期的道路預算最佳化規劃，平衡安全、效率、舒適與永續的道路工程公共治理需求。為提升本土道路智慧管理效益，本研究建議一種系統，涵蓋多個模組如下：獲取公眾與政府對道路客觀服務指標與主觀感知、資料導入多源異構區塊鏈資料庫、應用深度學習分類道路客觀服務指標與主觀感知、應用深度學習預測道路客觀服務指標、建立資源分配與效率模型，及對參與公共治理民眾的鼓勵機制。

參考書目

丁玉珍，林子倫（2020）。人工智慧提升政府公共治理的應用潛力探討。**檔案半年刊**，19(2)，頁 24-41。

李國榮，洪世勳，高憲彰，林賜忠，王進成（2014）。國道隧道維護管理系統之規劃與開發。**中興工程**，124，頁 3-12。

莊文忠，洪永泰，陳俊明（2013）。**臺灣公共治理指標調查**。臺北：行政院研究發展考核委員會。

陳金貴（2013）。治理之理論與發展。公共治理季刊，1(1)，頁 25-36。

陳剩勇，于蘭蘭（2012）。網路化治理：一種新的公共治理模式。**政治學研究**，2，頁 108-119。

廖麗娟，黃子華（2012）。政府機關精進創新整合服務之策略。**研考雙月刊**，36(5)，頁 15-26。

蘇振維，張舜淵，楊幼文，黃俊豪，江明益，姚乃嘉，黃榮堯，楊智斌，蔡閔光，葉啟章，許文科，任以永，廖先格，莊友涵，廖艾貞（2018）。**第二代臺灣地區橋梁管理資訊系統建置規劃（三）**。臺北：交通部運輸研究所。

蘇彩足，莊文忠（2017）。**臺灣公共治理指標調查及公共治理相關議題研究**。臺北：國家發展委員會。

Bannour, A., El Omari, M., Khadir Lakhal, E., Afechkar, M., & Joubert, P. (2022). Highway Pavement Maintenance Optimisation Using HDM-4: A Case Study of Morocco's Arterial Network. *International Journal of Pavement Engineering*, *23*(10), pp. 3304-3317.

Bevir, M. (2012). *Governance: A Very Short Introduction*. Oxford: Oxford University Press.

Kaufmann, D., Kraay, A., & Mastruzzi, M. (2010). *The Worldwide Governance Indicators: Methodology and Analytical Issues*. Washington, D.C.: World Bank.

Kheirati, A., & Golroo, A. (2022). Machine Learning for Developing a Pavement Condition Index. *Automation In Construction*, *139*, 104296.

Majidifard, H., Adu-Gyamfi, Y., & Buttlar, W. G. (2020). Deep Machine Learning Approach to Develop a New Asphalt Pavement Condition Index.

Construction and Building Materials, *247*, 118513.

The EU Artificial Intelligence Act: Up-to-date developments and analyses of the EU AI Act. https://artificialintelligenceact.eu/.

The Federal Highway Administration (2020). *Bridge Management Systems Workshop Participant Workbook*. Washington, D.C.: FHWA.

Zuiderwijk, A., Chen, Y.-C., & Salem, F. (2021). Implications of The Use of Artificial Intelligence in Public Governance: A Systematic Literature Review and A Research Agenda. *Government Information Quarterly*, *38*(3), 101577.

第十二章
參與式感測中的資料加值與公共對話：以空氣盒子為例

鍾明光 博士後研究學者　中央研究院資訊科學所
陳伶志 研究員　中央研究院資訊科學所

一、前言

　　近年來，空氣中的懸浮微粒（particulate matter, PM）濃度被視為空氣污染的主要指標，而其所引發的治理議題涉及了：能源、產業、健康、法規與監測技術等多重面向，也讓其監測與管制成為各國空污治理時的重要課題（Awad et al., 2020; Kelly et al., 2017; Shupler et al., 2018）。一般而言，懸浮微粒是指懸浮於大氣中之固體顆粒或液滴（atmospheric particulate matter），其中粒徑小於或等於 2.5 微米的微粒，一般都以 PM2.5 作為統稱。因為 PM2.5 可長時間隨著氣流四處漂浮的特性，也易吸附有毒物質，且因粒徑微小無法被呼吸道中的纖毛所阻攔，容易沿著呼吸道進入肺部或進入肺泡，並隨血液通往全身，造成呼吸與心血管系統的病變，易對人體健康會造成極大危害，並被世界衛生組織所轄的國際癌症研究總署（International Agency for Research on Cancer, IARC）歸類為明確的致癌物（Carcinogenic to humans）（IARC 2013）。鑑於 PM2.5 對於人體健康風險的影響，世界各國近年來在訂定空氣品質指標（Air Quality Index, AQI）時，都

將 PM2.5 視為一項主要的管制標的物。然而，PM2.5 因其粒徑微小所以無法用人眼辨識，且容易受到大氣溫溼度、內部化學成分組成等因素交互干擾，所以其監測具有一定的專業度與困難度（Chithra & Nagendra, 2013; Martin et al., 2019; Van Donkelaar et al., 2016）。

臺灣的 PM2.5 監測，基本上是以環保署布建的 77 個官方測站為主，這在世界各國中已經算是密度較高的監測網。然而，環保署的即時空氣品質指標（Air Quality Index, AQI）中，對於 PM2.5 的數值是採取移動平均的計算方式，其公式為：$0.5 \times$ 前 12 小時平均＋$0.5 \times$ 前 4 小時平均，同時前 4 小時必須超過 2 筆有效值，且前 12 小時亦需超過 6 筆有效值；而這種計算方式，可能讓清晨就飆高的霾害數值，直到中午或下午才會顯示在 AQI 上，從而造成兒童或是對空污敏感的族群無法即時採取自我防護措施，也因此被許多環保團體質疑現階段的「即時空氣品質指標」有延遲警示及拉低平均值的疑慮，並「長期造成國人在空污嚴重時短期暴露的風險」，甚至提出「空污傷害很即時，不要空污歷史數據！」的呼籲（主婦聯盟環境保護基金會台中分會 2017a）。

此外，環保署的空品測站可分為：自動測站與手動測站等兩種主要類型，並以「手動監測」所量測之數據為準。但是，該方法需要人工放樣、取樣，每 3 天才能採樣 1 次，且樣本需要繁複的處理程序（調理、量測及品保與品管），從而使其需要 20 個工作日才可得到完整數據（行政院環保署，2022），所以環保署的即時空氣品質指標，多數是參考自動測站的數據所發布。然而，因為自動測站與手動測站所採用的監測方法不同，所以為了處理兩者數據間的系統性差異，環保署亦採用美國環保署的作法，經由長時期的資料比對，建立手動與自

動站兩者間的「異站迴歸校正式」，從而校正自動測站的數據。[1]因此，這樣的校正方式亦被環保團體質疑不同測站間的：地理條件、污染源、氣候條件都不相同，不應只憑數據趨勢建立校正迴歸式，易使民眾誤解是將高濃度數據調整為低濃度數據（臺灣健康空氣行動聯盟，2017）。

　　整體而言，環保署空品測站的設計，多是為了監測大範圍空氣品質的長期變化趨勢，雖然可以取得較精準且多樣的空氣品質數據，但為了避免鄰近的污染干擾導致數據異常，所以設置的區位會盡量遠離污染源（如：廟宇、居住密集區），且多設置在離地 10-15 公尺的空曠高處，卻也常遭民眾質疑無法反映生活環境中真實的空污狀況。為此，監察院甚至於 2016-2017 年間，針對「環保署 PM2.5 監測數據與民眾觀感差距甚大」一事進行調查，並指出：

> 長期以來環保署空氣品質監測數據與民眾或環保團體直接觀感產生歧異，不為民眾所信任，與監測站設置數量不足或重疊，設置地點多位於學校或行政機關樓頂，且位置多於 3 樓以上，與民眾切身所接觸到之污染源相迴異等因素有所關聯……環保署允應重新檢視各類監測站設置數量、地點及位置，研議整併、增設或裁撤，務求所監測之空氣品質數據真正具有所在地代表性。（監察院調查報告，2021）

而這份報告，除了呈現民眾對於現有空污監測與數值計算機制的不滿，同時也反映出民眾對於掌握即時空污資訊的渴望。

---

[1] 2019 年 9 月後，新更新的 PM2.5 自動監測儀器已通過與手動監測站的比對規範測試，已不再需要利用迴歸式校正。

■ 空氣盒子的發展與布建

　　近年來，隨著低成本 PM2.5 感測元件的品質提升，以中研院資訊所與開源公益環境感測網路（Location Aware Sensing System, LASS）[2] 為主的創客社群，開始從參與式感測（participatory sensing）的取徑出發，利用開放的軟硬體架構發展一個兼具「低成本」與「準確性」的 PM2.5 感測設備——空氣盒子（圖 12.1），並希望以公眾參與的模式，邀請各地志工協力組裝及布建一個綿密的感測網（sensor network），從而以大量、即時且開放的感測資料，驅動生活環境中的空污風險治理；散布在各地的空氣盒子，每五分鐘就會將其感測到的溫度、濕度與 PM2.5 等數值，自動上傳至雲端資料庫，民眾可透過網路儀表板，檢視各站點的即時監測數據，甚至藉由動態的網路地圖瞭解 PM2.5 的分布趨勢。

圖 12.1　由中研院與 LASS 所合作開發的空氣盒子
來源：作者拍攝

---

[2] LASS 從 2015 年起，便持續投入微型空氣感測設備的開發，並完成 LASS Field Try、LASS Field Try2 以及 LASS 4U 等多個專案成果，其主要利用 Arduino 或 Ameba 等開源套件，配合光學散射感測元件進行組裝，並整合通訊模組的傳輸，以在雲端平台提供即時的 PM2.5、溫度與濕度等資訊。

　　同時，該計畫也在開源的精神下，授權瑞昱科技、華碩雲端以及訊舟科技等科技廠商開發出商品版本，並在推動智慧城市與環境教育的理念下，透過公益捐贈快速布建在六都的校園中。此外，亦有部分縣市公民團體發起認養活動，針對有污染風險卻未有感測器的區域，邀集在地志工設置空氣盒子，進一步擴大感測網的有效範圍（Chen et al., 2017; Mahajan et al., 2018）。截至2018年底，全臺已設置超過3,000個空氣盒子，即時且公開的空品資訊，儼然成為一股新興的環境監督力量（Chen et al., 2018; Ho et al., 2020）。

　　空氣盒子對於日常生活尺度PM2.5的監測與揭露，亦促使了臺灣關心空氣品質的行動者，開始引用其監測資料，檢視生活環境中的空污概況，甚至利用臉書（Facebook）成立區域性的空品討論平台，定期交流該區域內的空氣品質狀況與成因，並發起以改善城市空品為訴求的群眾遊行，並訴求落實民眾的「環境知情權」（主婦聯盟環境保護基金會台中分會，2017b）。同時，空氣盒子的成功經驗，也引起了國際關注，除了跨國的研究合作外，[3] 包括韓國、泰國、印尼等國家都曾來臺灣觀摩，並嘗試引入空氣盒子作為城市空污的治理工具（Mahajan, Chen and Tsai, 2018; Ho et al., 2020）。此外，行政院也在2017年推動「前瞻基礎建設—民生公共物聯網」計畫，除了持續在全國校園內布建3,200個空氣盒子，也在環保署與縣市政府的合作下，分年分期在各地的工業區與潛在污染熱區布建10,200個微型空品測站，藉由整合高階測站與民間感測器，建置一個具有階層性的空品感測網，從而：蒐集高解析度的空品資料、精確掌握空污的時空特徵，甚至提升空品預報的效能，並應用智慧科技化的儀器與演算法，輔助

---

[3] 現階段全球已有58個國家與中研院進行合作推廣，其中又與美國、德國、日本、韓國、泰國、馬來西亞、新加坡等國密切合作。

環境執法，進而有效查緝污染（行政院環保署，2017）。

　　整體而言，空氣盒子的感測元件，雖然在敏感度、準確性及穩定性等面向上略遜於官方測站，但其感測元件價格低廉且精度良好，並與官方數據具有高度的一致性，所以其數值在經過適當的校正之後，亦可如實反映區域性的空品變化與趨勢（Chen et al., 2017）。此外，空氣盒子擁有低成本與容易安裝的特性，可快速及大量布建的城市環境中，亦有助於填補官方測站較為忽略的生活尺度空污資訊。

■ 空品資訊公共化過程中的挑戰

　　訴求參與式感測的空氣盒子計畫，希望導入公眾參與的量能，協助感測網的架設與資料解析，並藉由：公部門、學界、產業界、創客社群、地方組織與市民等多元行動者的協力，研發／布設一個綿密的感測器網。此外，在資料的分析上，也希望建構一個以民眾為主、專家為輔的資訊解譯模式；藉由各地的參與者對於空品數據的觀察、假設及驗證，在「以資料促進在地共識」的前提下，逐步建構適地型（location-based）的空污治理方案。所以，如何將感測資料轉化成為具有「共享共創」特性的公共財，並讓產官學研與民眾共同協力，建構一個具有「公共性」的空污知識生產模式，藉以驅動民眾自主的空污治理行動，亦成為計畫團隊的核心考量（Chen et al., 2018）。

　　首先，由空氣盒子所構成的參與式感測網，雖然產製了豐沛的空品資料，然而，這些資料格式多為機器可讀（machine-readable）的類型，仍需透過適當的轉化，才可以解譯成適合常民閱讀（human-readable）的形式。所以，在感測網布建的同時，計畫團隊也在思考如何利用不同形式的資料加值服務（Value-added service, VAS），降低資料近用的門檻，以讓更多使用者能夠直觀地閱讀空氣盒子的資料，除回應民眾對於「環境知情權」的呼籲，也希望藉此吸引更多關

注空污問題的行動者，在協助生活決策的同時，也提升民眾對於日常生活空汙問題的覺察。

其次，因為空污資訊的解譯及後續治理行動，都需要在地行動者的參與，所以如何將感測資訊轉化，使其能緊密連結在地行動者的需求，亦是計畫團隊關注的另一課題；許多生活中的空污如：露天燃燒、廟宇祭祀或車輛廢氣等……這些空污皆有規模小且時間短的特性，雖可被空氣盒子感測到，但卻無法單就資料趨勢判斷其成因，所以非常需要在地行動者的指認及辨識，才能掌握生活尺度的空污類型、成因及風險，甚至藉以啟動空污治理的公共對話。

最後，空污的治理路徑與其知識生產息息相關。所以，研究團隊也在思考如何藉由「開放資料」的模式，連結跨領域的學研社群，讓來自不同背景的專業者，能將其領域知識及科研量能介接到空污資料解譯的程序中，從而以感測數據促進空污治理的相關知識生產，並據以提出具有創意或社會關懷的治理解方。然而，空氣盒子的量測容易受到局部環境變化影響，甚至部分使用者會特意將其安裝在室內、污染源周邊，造成感測數值的偏差，因此，資料在進入分析程序前，都必須經過適當的處理或篩選。所以，在無法確認每一台盒子是否被正確安裝、甚至周邊的污染狀況時，如何利用每一部設備的資料特性予以定期評等，從而能減低資料應用時的偏誤，亦是研究團隊的挑戰之一。

資訊科技顧問機構 Gartner 將資料的加值應用，依據難度分為四個層級：描述性分析（Descriptive Analytics）、診斷性分析（Diagnostic Analytics）、預測性分析（Predictive Analytics）與指示性分析（Prescriptive Analytics）。描述性分析為例，它所關注的是：用資料具體描述「曾經發生過的事件」。一般而言，可以透過資料的視覺化，將其轉化為圖表或是地圖，以直觀呈現事件的時空趨勢與規模。而診

斷性分析則是關注：「為何會發生？」其方法主要是用利用統計模型，去檢視不同變項間的連動關係，從而推斷其可能的關聯或成因。預測性分析則是關注：「接下來會如何？」其方法主要是經由優化後的統計模型，去預測特定變項條件下（例如：溫度、濕度），如何影響其他相應變項的變化趨勢，及其可能觸發的事件及規模。而價值最高的指示性分析，則是希望在先前的經驗及分析下「導引好事發生」；這個方法主要是在診斷及預測分析的基礎上，調整不同參數以達致成果的最佳化，從而推薦最具效益的解決方案。整體而言，前述的四種分析方法都是將資料經由優化演算，以轉化成為更有價值的「資訊」，而資訊的應用價值與其分析難度，亦往往呈現正向相關（Maoz, 2013）。

近期，隨著人工智慧（Artificial Intelligence, AI）技術與應用的突破性發展，AI 已在許多工作流程中扮演自動代理人（autonomous agents）的角色，協助人們的感知與行動，並深刻衝擊我們的社會、經濟與生活（Maes, 1995; Makridakis, 2017）。爰此，臺灣學界亦開始積極關注 AI 的技術與應用如何影響社會整體利益，並提出公共化 AI 的倡議（王道維、林昀嫻，2020），其核心關懷是：反思由科技巨擘（Big Tech）所壟斷的 AI 模型及其所造成的社會影響，希望藉由公眾參與：訓練資料蒐集、分類標註與演算模型等 AI 核心組件的建構程序，並以跨領域合作的模式研發非營利的 AI 應用，以逐步促進 AI 對於社會共善的效益。公共化 AI 的倡議，反思了公眾與資料間的互動關係，甚至創造許多新的機遇及挑戰；民眾不再只是被動的資料使用者，更需扮演資料的產製者、詮釋者，甚至是資料應用時的監督者。所以，如何以「公眾參與」的模式促進資料治理的量能，亦成為公共化 AI 實踐時的關鍵課題。然而，現階段各界對於公眾介入 AI 模型的形式與策略，尚未有定論，仍需大量實務案例的鋪陳，才能逐步探詢

出可能的發展路線。

空氣盒子透過公私協力的模式，在臺灣建構了一個綿密的「參與式感測網」，並重新解構現有的感測網布建與資料解譯模式；它以由下而上的方式，在「日常生活的微環境」尺度中，建構一個能與官方測站互補的感測網，將原先無法見識的 PM2.5 轉換成為感測數值。同時，計畫團隊也希望透過開放資料與加值服務，連結多元的使用者社群，以在地居民的問題意識為核心，重塑空污知識的生產模式，並藉以推動 PM2.5 在臺灣社會的再現與治理。

本文嘗試去解析空氣盒子計畫所推動的資料加值行動，如何影響一般公眾與感測資料間的互動形式，及其對臺灣空污知識生產所造成的影響；希望透過空氣盒子的實務案例，討論感測資料的加值應用型態與潛力，並檢視加值資料的傳播與應用，如何擴大空污資料解譯過程的公共化，而這樣的公共化又如何回饋到空污知識的生產及傳播。

二、空氣盒子計畫中的資料加值應用

空氣盒子團隊為了將大量的感測「資料」轉化為民眾有感的「資訊」，進行了以下的資料加值行動／方案，希望藉以連結不同行動者的需求，並促進跨領域的知識生產對話，從而建構一個「以資料驅動共識」的空污治理模式：

■描述性分析

在感測網路初步建置完成後，研究團隊除了以開放資料的模式釋出感測成果，也嘗試建立即時數據儀表板（dashboard）。一般民眾只需輸入機器的序號，即可掌握該站點即時的 PM2.5 以及溫度、濕度等數值，同時也可檢視過去 24 小時的空品數據折線圖（圖 12.2）。此外，

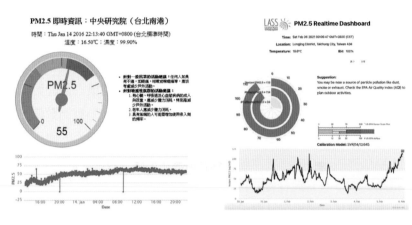

圖 12.2　前後期儀表板的內容比較
來源：作者繪製

許多民眾也反映環保署都是以 PM2.5 的「延時平均」值去發布即時空氣品質指標（即時 AQI），與生活中遭遇的「瞬時 PM2.5 濃度」存有落差，容易錯失自我防護的時機。所以，研究團隊也參考美國環境保護署「Sensor Scale Pilot Project」報告，針對感測到的 PM2.5 瞬時濃度值提供活動建議，希望可以協助提升市民的空污防護意識。

因為空氣盒子的數據具有高時空解析度（spatial-temporal resolution）的特徵，可呈現大尺度、連續性的空品變化狀況。傳統的網路地圖介面雖可以呈現各測站的即時數據，但是大量且紛雜的感測數據併呈，仍不適合一般民眾閱讀。所以，研究團隊也將感測資料進行空間內插（spatial interpolation），並藉由地理視覺化的方式，讓使用者可以一目了然地掌握空品的動態變化（圖 12.3），甚至去比對其生活中的污染事件區位（例如：廟會、祭祀或火災），以瞭解該事件在空間維度造成的影響與變化。

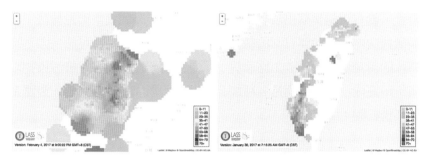

圖 12.3　左：民間祭祀所產生的短期空污
右：跨境空污由北至南的擴散軌跡
來源：作者繪製

■ 診斷性分析

　　空氣盒子的資料品質，受到感測元件的穩定性、安裝時的區位特性以及公民的感測動機等多重因素影響。[4] 所以如何即時偵錯並維持資料的穩定及信心，亦成為空氣盒子感測網的營運挑戰。研究團隊嘗試建構一個即時的感測器異常狀態監測架構（Anomaly Detection Framework, ADF），希望藉由資料的時空趨勢檢核，辨識空氣盒子是否正常運作。

　　首先，個別空氣盒子的即時感測資料在進入雲端資料庫後，便會被導入時間片段異常檢測（Time-Sliced Anomaly Detection, TSAD）模組，以釐清是否有：空間異常（Spatial Anomaly）、時間異常（Temporal Anomaly），以及時空異常（Spatial-Temporal Anomaly）等狀況。空間異常指的是：該感測器長期與周邊感測器呈現大幅數值差異，因為感測器一旦被置在有空氣清淨機的室內，或是寺廟或快炒店等污染源

---

[4] 因為商品化的空氣盒子並不能限定使用者的安裝條件，所以安裝的區位會有許多來自使用者本身的考量，部分使用者想要知道自家室內的空品，甚至有部分使用者會安裝在住家周邊的污染源附近，以監測該污染源對於自身的健康風險。

附近，就有可能長期出現異常的高值或低值。時間異常則是檢核：感測數據突然驟升並與日常的數據產生明顯差異，因為這可能是因為臨時性的污染（如火災或工廠偷排）或是感測器功能失常（被污染物阻塞）所造成。最後，則是各種複合性狀況所造成的時空異常。整體系統架構如圖 12.4 所示。

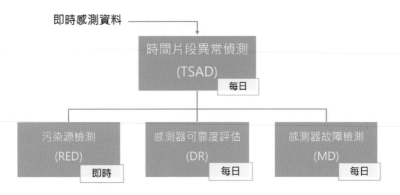

圖 12.4　空氣盒子團隊所提出的錯誤偵測架構
來源：作者繪製

　　透過前述資料趨勢監測架構，演算法便可針對個別感測器進行設備可靠度評估（Device Trustworthiness Ranking, DTR），判斷該設備是否位於：室內、室外或鄰近污染源，並給予設備可靠度評等（ranking）標籤，或是針對可能發生故障的設備給予故障檢測（Malfunction Detection, MD）標籤，以提醒現場管理人員或是志工能夠前往現場檢查設備是否出現問題。此外，若某一區域的感測器平時都在設備可靠度評估有比較高的排序，但卻同一時間出現時空異常的狀況，該演算法也會給予即時污染偵測（Real-time Emission Detection, RED）的標籤，以警示使用者可能已出現突發性的污染事件，需要盡早進行自我防護。

　　整體而言，這套系統藉由長期的資料趨勢分析，給予個別設備不同的標籤，從而協助一般使用者在閱讀網路儀表版的即時感測數據時，能夠多一份參考依據，而非只憑單一感測數值判斷空品的優劣。此外，後端的開放數據使用者，在使用巨量的空氣盒子歷史資料時，也可透過設備可靠度評等的標籤，剔除不適宜的設備與資料（例如：室內或是鄰近污染源的機器），減少分析時的偏誤

　　此外，相對於「單一裝置的儀表板」的描述性分析，研究團隊也提供「不同裝置數值比較」以及「單一裝置在不同日期的比較」等兩種資料呈現模式，讓使用者可以折線圖的方式比較不同時間、空間的空品數值差異（圖 12.5）。使用者可以隨意組合這些描述性分析，以驗證自己對於生活尺度空污的假設，從而逐步掌握日常生活中的空污樣態。同時，使用者亦可以在網路地圖上比較同區域、不同測站的數據數值，以掌握各站點即時的空品差異。

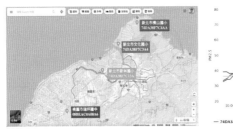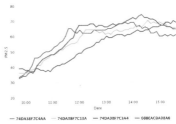

圖 12.5　使用者以不同位置的感測器比較 PM2.5 的爬升曲線以瞭解空汙擴散速度
來源：作者繪製

■ 預測性分析

　　雖然空氣盒子的感測數值跟官方測站的數字具有一定程度的落差，但卻也被證明其數據趨勢與官方測站具有高度一致性，所以可透

過雙方數值間的同步比對，以建立數值校正的線性迴歸方程式，繼而校正鄰近感測器的數值。然而，線性迴歸的校準方法雖具有可行性且可大量複製性，但卻無法對應／處理周邊環境因子（例如：溫度、濕度、風速及雨量……）對感測數值的影響，所以在校正數值的精準度上仍有所不足。

　　因此，為了處理環境因子對於感測器數值的影響及其所造成的非線性（non-linearity）效果，研究團隊也嘗試導入混合神經網路模型，藉由混合 Autoregressive Integrated Moving Average（ARIMA）與 Neural Network Autoregression（NNAR）兩個模型，以達到更佳的預測準確度。但是，這樣的方式雖然可以獲得較佳的資料品質，卻需要消耗大量的運算時間，以致在即時性上有所犧牲。

　　然而，隨著感測網路的擴大，研究團隊也在思考如何在不降低預測準確度的前提下，降低運算的複雜度，以有效減少 PM2.5 濃度預測模式的反應延遲，讓濃度預測數值能更真實且即時的反映現況。所以，研究團隊著眼於空氣盒子站點數量較多的優勢，思考利用「分群」的概念，依照測站屬性的相近程度進行分群，以簡化模型訓練時的複雜度及運算量（圖 12.6）；這樣的方式考量了實際的地理特徵（如：主要道路、人口密集區／鄉村區、河流、山區……等），達到最佳誤差和計算時間的平衡（圖 12.7），從而能提供使用者更即時且準確地空污資訊，並協助其啟動自我防護。

■ 指示性分析

　　空污感測數據的傳播與應用，一直是空氣盒子計畫重要的目標。所以，為了讓更多的民眾可以掌握即時的空污資訊並做好自我防護，空氣盒子團隊也研發了 LINE 機器人的服務，使用者可以依照其地理位置或需求，訂閱特定位置（例如：自家周邊或小孩就讀的學校）的

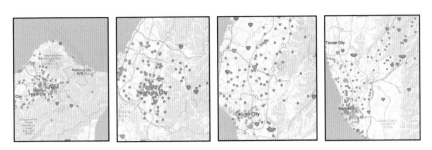

圖 12.6　臺灣主要四個都會區的空氣盒子分群示意圖

來源：作者繪製

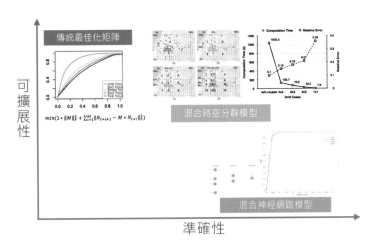

圖 12.7　兼顧最佳誤差和計算時間的校準模型選擇

來源：作者繪製

感測器數據，並要求機器人在每天的特定時段傳送到使用者的社群媒體帳號（圖 12.8）。同時，使用者也可以自訂警示門檻，一旦感測器的數值超過一定的濃度，機器人也會即時傳送訊息，提醒使用者啟動自我防護。此外，使用者也可跟 LINE 機器人要求產製即時的空污動態地圖，讓使用者掌握整體空污變化／移動趨勢，甚至分享給親友。

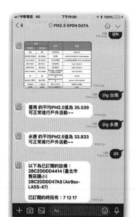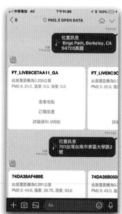

圖 12.8　空氣盒子團隊所研發的 LINE 機器人

來源：作者繪製

　　為了進一步讓感測數據回應市民的日常需求，空氣盒子團隊也利用成本距離（cost distance）的概念，將空氣盒子的 PM2.5 的濃度視為一種附加成本，並將其納入導航的模型中，讓使用者在規劃其運動或通勤路徑時，可以將空污的影響納入成本的考量，更細緻地掌握移動、空污與健康間的連動關係（圖 12.9），甚至去思考如何去減低這些環境風險對自身的危害。在這個過程中，使用者不單只是演算成果的被動接受者，更重要的是藉由評析這些演算結果，主動思考一個宜居城市應具備的空氣品質。

■ 網路論壇與開放資料平台

　　因為空氣盒子的運作原理以及布設方式以傳統的官方測站不同，所以在數值的準確度上始終無法如同官方測站般準確，也因此在數據的解讀及引用上，常引發不必要的爭議與困擾。此外，空氣盒子所建構的高時空密度感測網路，也與民眾的生活情境緊密鑲嵌，因此許多感測數據的解讀及判釋，亦需搭配更多的在地知識及觀點，才能減少

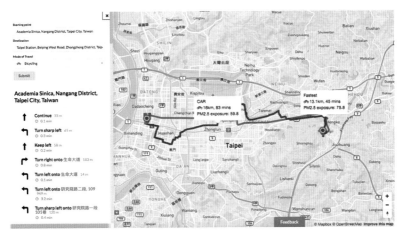

圖 12.9　空氣盒子團隊所研發的導航系統
來源：作者繪製

偏誤。同時，以參與式感測為訴求的空氣盒子計畫，除了招募志工擔任儀器的認養人，也希望透過空污資訊的揭露與交流，逐漸協助民眾提升環境意識。所以，空氣盒子的推動團隊也成立「PM2.5 開放資料：社群協同分析平台」（圖 12.10）（https://www.facebook.com/groups/pm25opendata），讓對 PM2.5 有興趣的民眾可以討論空污資料的收集、分類、處理、分析與應用，希望從環境、交通、健康、都市計畫、資訊技術與各種不同領域切入空氣盒子的感測數據，並用以回應生活中的空污議題。

　　為了讓關心 PM2.5 議題的民眾可以方便使用前述的資料加值成果，空氣盒子團隊也建置了 PM2.5 開放入口網站（https://pm25.lass-net.org/），以多元的資料視覺化方式呈現感測數據（圖 12.11）。同時，研究團隊也以開放資料的模式，提供應用程式介面（Application Programming Interface, API）讓有興趣的進階使用者／研究者可以檢索大量感測數據，甚至可以搭配每一部感測器的可靠度標籤，進而

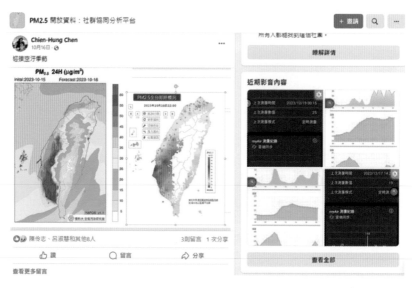

圖 12.10　PM2.5 協同分析的社群媒體平台
來源：作者繪製

圖 12.11　PM2.5 開放資料入口網站
來源：作者繪製

去研發更貼近生活尺度的空污研究。此外，空氣盒子團隊也提供動
態校正模型狀態統計（https://pm25.lass-net.org/DCF/），讓進階使用

者 / 研究者可以掌握：數值校正的模型、輸入參數以及絕對平均誤差（MAE）等細節（圖 12.12），在能清楚地掌握資料的後端處理模式的前提下，精進前端分析的品質。最後，研究團隊也嘗試以開放程式碼的方式（https://github.com/IISNRL/DCF-PM2.5），讓有興趣的研究人員可以進一步掌握校正模型運作的細節，甚至進行客製化的調整。

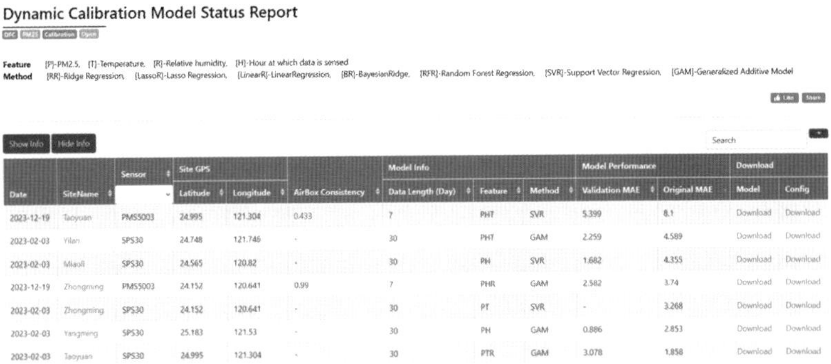

Date	SiteName	Sensor	Site GPS		AirBox Consistency	Model Info			Model Performance		Download	
			Latitude	Longitude		Data Length (Day)	Feature	Method	Validation MAE	Original MAE	Model	Config
2023-12-19	Taoyuan	PMS5003	24.995	121.304	0.433	7	PHT	SVR	5.399	8.1	Download	Download
2023-02-03	Yilan	SPS30	24.748	121.746	-	30	PHT	GAM	2.259	4.589	Download	Download
2023-02-03	Miaoli	SPS30	24.565	120.82	-	30	PH	SVR	1.682	4.355	Download	Download
2023-12-19	Zhongming	PMS5003	24.152	120.641	0.99	7	PHR	GAM	2.582	3.74	Download	Download
2023-02-03	Zhongming	SPS30	24.152	120.641	-	30	PT	SVR	-	3.268	Download	Download
2023-02-03	Yangming	SPS30	25.183	121.53	-	30	PH	GAM	0.886	2.853	Download	Download
2023-02-03	Taoyuan	SPS30	24.995	121.304	-	30	PTR	GAM	3.078	1.858	Download	Download

圖 12.12　動態校正模型狀態統計報表[5]

來源：作者繪製

三、結果與討論

■從空氣盒子到空氣大聯盟

空氣盒子是一個訴求參與及開源的實做計畫，所以從計畫肇始，團隊成員便開始將其硬體設計及原始碼開源，希望吸引更多對空品有

[5] 在原有微型 PM2.5 感測的開放資料服務中，加入以下欄位："c_d0"：經校正後的感測器校正值。"c_d0_method"：該筆資料個校正參數，格式為 METHOD/DAY/DIST，其中 METHOD 為迴歸校正方法，DAY 為參考的歷史資料長度（天數），DIST 為該感測器與參考測站的距離（公里）。"c_d0_source"：進行該筆資料校正的執行單位。

興趣的創客／志工參與布建，從而擴大感測網路的範疇及影響力。除了中研院團隊與 LASS 合作的感測器之外，也有商品化的版本，甚至許多民間創客社群也會針對不同的感測內容，發展特殊的自造版本。所以，如何能夠彙整不同來源的感測器資料，並用以回答民眾關注的空污課題，亦成為空氣盒子團隊關注的重點之一。此外，不同的感測器也都有其資料傳輸、存儲與展示的需求，然而民間的創客社群多數沒有能力負擔大型資料庫的營運。

所以，在推動空氣盒子的過程中，民間社群與學研團隊逐漸產生分工，由創客社群協助場域的布設，而學研團隊則是負責資料的管理。以中研院資訊所為主的學研團隊，開始建構開放式的通訊協定，讓有興趣的創客藉由簡單的註冊動作，就可將感測資料自動上傳至雲端資料庫。同時，學研團隊也嘗試與其他研究單位合作，建構一個分散式的資料庫，提升系統運作的強健性，縱使有部分資料庫離線，仍可保持正常營運，並提供相關的加值服務。

整體而言，這個開放的資料庫扮演了重要的轉譯（translator）角色，它藉由多樣性的開放通訊格式，讓不同創客社群或研究計畫的「空氣盒子」，得以彙整成為一個開放式的大型感測網絡，並貢獻高時空密度的感測資料。同時，這些感測成果在經由校正分析後，也會以開放資料的形式釋出，讓不同的公民科技開發者能以多樣的形式，建立適合民眾閱讀的資料展示介面。而一般的市民也可透過這些資料的加值應用，以不同的角度檢視感測資料，從而瞭解整體空品的變化趨勢。

這個彙集各方行動者的開放資料串流（data streaming）架構（圖12.13）也進一步拓展了空氣盒子計畫的公共性，讓感測資料成為一種公共財（public good），任何有興趣的使用者都可以去參與產製、擷取、分析與驗證，甚至去發展空品治理的研究與論述。甚至，這樣的

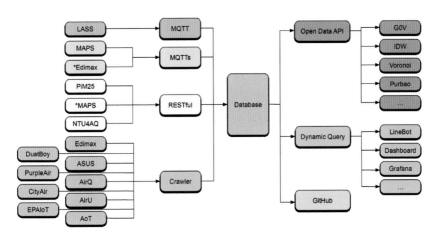

圖 12.13　空氣盒子的資料串流架構
來源：作者繪製

公共化取向，也吸引許多地方社群也開始發起空氣盒子的認養活動，希望去填補現有感測網路空缺，甚至特意在工業區的周界（peripheral boundary）布設感測器，以主動監控可能的在地污染源。此外，這些市民也積極監督學校內的感測器上線狀況，若有發現到感測器沒有正常傳遞資料，便會主動詢問學校管理人員，希望能藉由民間的力量，提升這個「公共財」的完整性及影響力。

■ 從微型感測到聯合校正

　　空氣盒子在感測的方法論與知識論上迥異於官方測站；首先，空氣盒子的感測元件是利用光學散射原理去測定懸浮微粒，並換算得到濃度數值。而國家測站則是遵守嚴謹的環境工程規範，且儀器的精度（precision）與準度（accuracy）都經過驗證。其次，空氣盒子的裝設以生活場域為主，可監測生活中的微型污染源或突發污染事件，而國家測站則是為了量測均勻混合的大氣濃度，所以架設位置均有明確

規範，以期減少特定環境因子的干擾。同時，國家測站為了監測長期的趨勢變化，所以空間解析度約為 10-25 公里，而空氣盒子因為設置成本低，且訴求高時空密度的資料型態，所以空間解析度上可細緻到0.5-1 公里。此外，為了維持國家測站的穩定運作，每年需要投入數百萬的營運經費，而空氣盒子的成本則是接近家電用品，[6] 營運成本則只限於網路與電力，且一旦感測元件老化，民眾亦可自行更換，大幅降低民眾設置與維護的資本門檻。最後，在感測類別上國家測站是以法定污染物為基礎，其數據可對應政策擬定及環境執法，而空氣盒子則受限於感測元件的穩定度，多以量測懸浮微粒以及溫、濕度等數值為主。

　　整體而言，國家測站的數值需作為政策擬定及評估的依據，所以其設置原則、量測方式與資料發布均有明確規範，空污數據甚至是以「移動平均」的方式公布，務求大幅減低偏誤值的干擾。同時，因為設置目標與維運成本的關係，所以國家測站較難以對應小尺度或突發性的空污。而空氣盒子具有低成本的優勢，所以可以廣泛布置在民眾的生活場域，從而與民眾的環境知覺緊密連結。此外，空氣盒子與其他自造感測器的出現與資料整合，也間接回應了民眾對於「環境知情權」的倡議。

　　為了進一步提升空氣盒子的資料品質，並減少整體社會在感測數據解讀時的落差。空氣盒子團隊與環保署合作，以環保署測站的數值作為校正基礎，並利用 PM2.5、溫度、相對濕度、時間資訊的搭配組合，建立一個動態的校正框架，並有效提升校正數據的品質[7]（圖

---

[6] 以市售的商品化空氣盒子為例，其價格約在 3,000-8,000 元之間，主要的差異在於感測項目的多寡。

[7] 該模式已成功地將校正前後之平均絕對誤差減少了 3.67 倍，且有 96% 的校正模型結果的 PM2.5 平均絕對誤差都低於 4.5，大幅減低空氣盒子與官方測站的數值

12.14）。在這個過程中，官方測站轉身成為民間感測器的基準站，提供精準數據以協助校正模式的研發，而空氣盒子則協助官方去描繪更細緻的空污分布圖像。

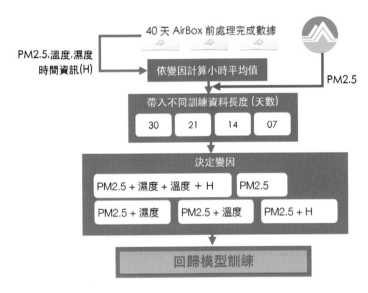

圖 12.14　空氣盒子與環保署合作的校正模型架構

來源：作者繪製

　　雖然，官方測站與空氣盒子都是量測懸浮微粒濃度，但是因為雙方在監測目標、方法以及應用範疇等皆存有差異，所以數值的解讀方式亦會有所不同。然而，一般民眾並不瞭解其中的差異，所以也因為雙方數值的差異，而有所誤解或爭執。此外，因為空氣盒子的感測元件雖然被證明具有高精度的特質，但也容易受到周邊環境因子的影響，所以相關數據仍須經過校正，才能提升級品質與可用性。整體而

差異。

言，空氣盒子校正後的成果或許無法保證資料「準確無誤」，但卻可拉近官方與民間兩個不同系統間的數值差距，增加不同系統間的相互比較與整合應用，提供更多的數據解析空間與應用可能性。

■ 讓每位參與者都能被關照

空氣盒子是一個參與式感測實做，所以計畫中的行動者除了學研單位與創客社群，同時也有許多關心空品的在地民眾，甚至也有許多新創廠商與跨領域研究者。廣布在社區環境中的空氣盒子，每五分鐘即可產製一筆感測資料，這些資料多數都是成串的數值，且無法以人類的感官直接閱讀，更遑論直觀地解析其趨勢或是比較區域的差異。所以，空氣盒子團隊從計畫起始，便開始提供資訊儀表板以協助資料的描述性分析，讓使用者可以查詢個別機器的數值趨勢。此外，為了進一步讓使用者可以檢視跨時序的空污動態，空氣盒子團隊也利用空間內插的演算法，重現空污的擴散及消長。

空氣盒子數據的加值應用，促進了資料的品質及可用性，並以開放資料的形式發布。所以，亦有許多科技志工會將其轉化成不同的資料服務系統，例如：g0v 零時空污觀測網（https://v5.airmap.g0v.tw/#/map）、空間內插圖（https://pm25.lass-net.org/GIS/IDW/）、紫豹在哪裡（https://purbao.lass-net.org/）等平台（圖 12.15），都嘗試以公民科技的方式解析／呈現感測數據，讓更多的民眾可以不同的觀點，檢視整體的空品狀況。以紫豹在哪裡的公民科技介面為例，它著眼於長時序的空污空間統計，並以單日為區間，將大量的感測數據彙整成為一個網格，並將空污的區位及數值記錄在日曆圖網格（grid）上，使用者可以一目了然地檢視 PM2.5 的年度空間分布，甚至可以重播個別事件日的空污動態變化。同時，該平台也整合風向、電廠位置、即時發

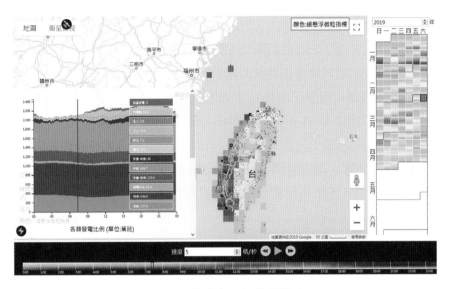

圖 12.15　紫豹在哪裡的網站介面

來源：作者繪製

電量、交通量等輔助資訊，以協助民眾檢視空污趨勢與發電狀況的相關性。

　　開源的資料結合友善的加值應用，讓不熟悉程式語法的民眾，也可以直觀地檢視大量且複雜的數據，並比對從中歸納趨勢，甚至比對其他的相關因子，從而建立民眾對於整體空污局勢的認識，進而提升環境的知能。甚至，部分的地方倡議團體，也利用這些資訊進行空污成因的解析，並應用社群媒體進行資訊的傳播與公眾對話，從而以由下而上的方式，建構區域性的空品治理論述。

　　此外，針對進階的研究者，空氣盒子的資料庫除了提供開放資料 API，讓研究者可以依照需求下載原始及校正數據，也同時在資料中附註各項校正參數，讓研究者能從可再現性（Reproducibility）與可複製性（Replicability）等面向，檢視資料的品質以及可用性。

■ 用資料驅動自我省視

　　隨著空氣盒子的布設日漸增加以及相關加值應用日漸成熟，填補了民眾對於生活尺度空品資訊的需求，而這些感測資料經由公民科技的轉譯及傳播，衝擊了原先官方獨大的空污知識生產與治理策略研擬。此外，2017 年 11 月開始啟動的 Line 訂閱服務，截至 2021 年 11 月整體訂閱者已經上升至 5,483 位。此外，在 2020 年的統計中，約有 576,085 位訪客介接資料庫，幾乎每分鐘就有一位訪客；總資料流量約為 3.01 TB，等於使用者平均每天擷取 8.25 GB 的數據去進行分析或開發應用，相關統計如圖 12.16 所示。這些營運資料除了呈現空氣盒子的資料日漸受到重視，同時也顯示越來越多的研究者也開始利用空氣盒子的資料庫，進行更多元的空品研究以及相關的知識生產。

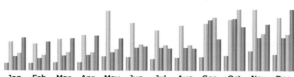

Month	Unique visitors	Number of visits	Pages	Hits	Bandwidth
Jan 2020	7,732	31,600	3,782,432	4,853,520	245.46 GB
Feb 2020	7,453	29,415	3,224,685	4,190,210	217.10 GB
Mar 2020	8,267	34,537	4,082,964	4,976,752	241.19 GB
Apr 2020	8,745	39,091	4,195,639	4,936,887	260.75 GB
May 2020	15,398	65,021	5,002,852	5,869,380	239.80 GB
Jun 2020	14,294	52,019	6,328,794	7,224,400	179.10 GB
Jul 2020	11,926	43,799	6,296,439	7,041,846	164.09 GB
Aug 2020	13,925	49,284	6,240,171	6,979,881	163.79 GB
Sep 2020	14,435	51,660	13,878,826	14,729,322	237.36 GB
Oct 2020	15,581	55,485	14,326,799	16,812,616	326.88 GB
Nov 2020	20,759	66,458	9,115,525	10,149,143	349.24 GB
Dec 2020	17,475	57,716	9,054,528	10,042,433	457.11 GB
Total	155,990	576,085	85,529,654	97,806,390	3.01 TB

圖 12.16　空氣盒子開放資料的下載數量統計
來源：作者繪製

　　同時，民間的行動者開始扮演了空污資訊的創用者（prosumer）；他們透過認養及布設感測器，去填補空污資訊的缺口，並透過資料加值服務解譯巨量的空污資訊。這些多元空污資訊的再現方式，讓民眾可以利用不同的切入面向去解析數據，從而能更精確掌握生活環境中的空污狀況，甚至經由不同的假說與驗證過程，歸納可能的空污來源及影響。此外，這些「個人觀察」也經由社群媒體的傳播，讓更多的關注空污的市民可以檢閱及比對，從而激發更多對於空品的公共討論，甚至發起公共倡議，除了要求政府提出長期性的空品改善策略，也要求針對短期空污提出緊急應變措施；空氣盒子從一個公民科學的專案，逐漸成為市民日常生活的參考數據，甚至促使民眾開始主動思考／倡議「生活環境中應有的空品」，重塑民眾對於空品的認知與價值觀。在這個過程中，空氣盒子不單單只是創客社群的「創作」，更以其資料扮演公私對話的基礎，讓空氣品質的治理不單單只是專家與指標所建構的封閉場域，而是一個關乎生活品質與價值的公共事務。

四、結論

　　隨著空氣盒子計畫的推展，低成本的空品感測網絡成為臺灣民間與學界認識空污的重要介面，而其所產製的高時空解析度資料，更填補專業測站與民眾生活間的落差，從而在專業與民生的銜接處，興起許多因地制宜的空品治理討論。空氣盒子的資料，涉及：大（數據）、人（工智慧）、物（聯網）等新興技術；由密集的物聯網路所產製的空品監測資料流，兼具時間與空間的複雜背景，且非常民所能直觀閱讀，所以需要透過許多資料加值服務協助解譯，才得以對應：資料品質、趨勢探勘、熱區探勘甚至設備健康狀況等課題。

　　此外，如何適當地利用這些新興技術轉譯空污資訊，以讓更多的

行動者可以參與其中，甚至影響空污知識的生產程序，更是計畫團隊關注的核心課題。所以，計畫團隊嘗試將資料透過：描述性分析、診斷性分析、預測性分析與指示性分析等加值應用，並以開放資料的形式釋出成果，讓更多元的行動者能夠參與感測資料的解譯，希望藉此促進更深層的資料驅動決策與治理。這樣的資料加值與開放也促成更多行動者的參與；公部門除了以專業測站的數據協助校正模式的運作，而空氣盒子也協助官方能夠更細緻地掌握空污分布的區域特徵。同時，這種監測模式、也引起官方的關注，並嘗試提出一個整合性的民生公共物聯網計畫，希望用以拓展數位治理及科學稽查的量能。對空污感興趣的研究者，可以藉由 API 介接資料庫，取得大量的感測資料，並用以對應其研究課題及假設，甚至協力建立分散式的資料庫，以強化開放資料平台的韌性，讓感測資料逐漸成為一種「公共財」。而科技志工則將開放資料，轉譯成各種不同的視覺化服務，不具備資料解析專長的民眾能簡明地閱讀空污趨勢。

　　同時，感測資料的加值應用有效地降低了民眾的低進用門檻，也間接促進了監測行動的公共性，除促使市民願意使用空氣盒子的資訊，也讓更多民眾願意參與並扮演資訊的貢獻者，成就了一個空間涵蓋範圍廣且兼具細緻的參與式監測網絡。此外，空氣盒子的資訊藉由社群媒體上的集體分享與討論，讓在地的行動者能以在地性、經驗性的角度重新檢視地方空污問題的成因與解方，並與不同領域的專家進行對話，重塑空污知識的生產樣貌。在這個過程中，關心空品的市民，逐漸成為感測公民（citizen as sensor），他們同時扮演了測站設置者、數據的檢核者以及空污成因的詮釋者，甚至成為空品政策的倡議者。

　　在空氣盒子的案例中，由大數據、人工智慧、物聯網所構成的感測網絡，不只需要跨領域的專家協力，也需具備在地視野的市民志工，更需要透過資料的加值與開放，以促進行動者間的溝通、互

信、合作、共創，才能讓臺灣的空污知識生產從單一真相來源（single source of truth, SSOT），邁向多個真相版本（multiple versions of the truth, MVOTs），逐步將資訊演遞成為知識與價值，從而促成臺灣空污治理的公共化及民主化。

參考書目

王道維，林昀嫺（2020）。如何用 AI 創造社會共善？——AI 公共化的契機，臺灣人工智慧行動網。取自 https://ai.iias.sinica.edu.tw/how-to-create-common-good-in-society-with-ai/（瀏覽日期：2023/7/5）

主婦聯盟環境保護基金會台中分會（2017a，2017/10/17）。移動平均值是歷史空品 AQI 應改小時值 空品紅旗校園立即停止戶外活動，主婦聯盟環境保護基金會網站。取自 https://www.huf.org.tw/essay/content/4202（瀏覽日期：2023/7/5）

主婦聯盟環境保護基金會台中分會（2017b）。NGO 公民擊戰鼓揮戰旗 號召全民為空氣而戰、為健康而戰、為下一代而戰，主婦聯盟環境保護基金會網站。取自 https://www.huf.org.tw/essay/content/4246（瀏覽日期：2023/4/5）

行政院環境保護署（2017）。環境品質感測物聯網發展布建及執法應用計畫。取自 https://lci.ly.gov.tw/LyLCEW/agenda1/02/pdf/09/02/13/LCEWA01_090213_00065.pdf（瀏覽日期：2023/4/5）

行政院環保署（2022）。細懸浮微粒手動監測，空氣品質監測網。取自 https://airtw.epa.gov.tw/cht/EnvMonitoring/Central/spm.aspx（瀏覽日期：2023/7/5）

監察院調查報告（2021）。據審計部 104 年度中央政府總決算審核報告，全國細懸浮微粒濃度雖已逐年改善，惟與標準值仍有差距，且對主要污染源尚乏有效防制措施等情案調查報告（107 財調 0017）。取自 https://www.cy.gov.tw/CyBsBoxContent.aspx?n=133&s=6026（瀏覽日期：2023/7/5）

臺灣健康空氣行動聯盟（2017，2017/1/5）。崙背站 85 小時 PM10 數據遭刪 儀器異常五天才處理 民團：環保署怠惰，公民行動影音紀錄資料庫。取自 https://www.civilmedia.tw/archives/59138（瀏覽日期：2023/7/5）

Awad, O. I., Ma, X., Kamil, M., Ali, O. M., Zhang, Z., & Shuai, S. (2020). Particulate Emissions from Gasoline Direct Injection Engines: A Review of How Current Emission Regulations Are Being Met by Automobile Manufacturers. *Science of the Total Environment*, 718, 137302.

Bellanova, R., Irion, K., Jacobsen, K. L., Ragazzi, F., Saugmann, R., and

Suchman, L. (2021). Toward A Critique of Algorithmic Violence. *International Political Sociology*, *15*(1), pp. 121-150.

Chen, L.-J., Ho, Y.-H., Hsieh, H.-H., Huang, S.-T., Lee, H.-C., and Mahajan, S. (2018). ADF: An Anomaly Detection Framework for Large-Scale PM2.5 Sensing Systems. *IEEE Internet of Things Journal*, 5, pp. 559-570.

Chen, L.-J., Ho, Y.-H., Lee, H.-C., Wu, H.-C., Liu, H.-M., Hsieh, H.-H., Huang, Y.-T. and Lung, S.-C. C. (2017). An Open Framework for Participatory PM2.5 Monitoring in Smart Cities. *IEEE Access*, 5, pp. 14441-14454.

Chen, L.-J., Hsu, W., Cheng, M., and Lee, H.-C. (2016). Demo: LASS: A Locationaware Sensing System for Participatory PM2.5 Monitoring. In Association for Computing Machinery (Ed.), MobiSys '16 Companion: *Proceedings of the 14th Annual International Conference on Mobile Systems, Applications, and Services Companion*. New York, NY: Association for Computing Machinery.

Chithra, V., & Nagendra, S. S. (2013). Chemical And Morphological Characteristics of Indoor and Outdoor Particulate Matter in An Urban Environment. *Atmospheric Environment*, 77, pp. 579-587.

Ho, C.-C., Chen, L.-J., and Hwang, J.-S. (2020). Estimating Ground-Level PM2.5 Levels in Taiwan Using Data from Air Quality Monitoring Stations and High Coverage of Microsensors. *Environmental Pollution*, 264, 114810.

International Agency for Research on Cancer (IRAC) (2013). *Outdoor Air Pollution a Leading Environmental Cause of Deaths*. http://www.iarc.fr/en/media–centre/iarcnews/pdf/pr221_E.pdf

Kelly, K., Whitaker, J., Petty, A., Widmer, C., Dybwad, A., Sleeth, D., Martin, R., & Butterfield, A. (2017). Ambient and Laboratory Evaluation of a Low-Cost Particulate Matter Sensor. *Environmental pollution*, 221, pp. 491-500.

Mahajan, S., Chen, L.-J., and Tsai, T.-C. (2018). Short-Term PM2.5 Forecasting Using Exponential Smoothing Method: A Comparative Analysis. *Sensors*, *18*(10), 3223.

Mahajan, S., Liu, H.-M., Tsai, T.-C., and Chen, L.-J. (2018). Improving The Accuracy and Efficiency of PM2.5 Forecast Service Using Cluster-Based

Hybrid Neural Network Model. *IEEE Access*, 6, pp. 19193-19204.

Maes, P. (1995). Artificial Life Meets Entertainment: Lifelike Autonomous Agents. *Communications of the ACM, 38*(11), pp. 108-114.

Maoz, M. (2013). How IT Should Deepen Big Data Analysis to Support Customer-Centricity. *Gartner*, G00248980.

Makridakis, S. (2017). The Forthcoming Artificial Intelligence (AI) Revolution: Its Impact on Society and Firms. *Futures*, 90, pp. 46-60.

Martin, R. V., Brauer, M., van Donkelaar, A., Shaddick, G., Narain, U., & Dey, S. (2019). No One Knows Which City Has the Highest Concentration of Fine Particulate Matter. *Atmospheric Environment: X*, 3, 100040.

Rudin, C. (2019) Stop Explaining Black Box Machine Learning Models for High Stakes Decisions and Use Interpretable Models Instead. *Nature Machine Intelligence*, 1, pp. 206-215.

Shupler, M., Godwin, W., Frostad, J., Gustafson, P., Arku, R. E., & Brauer, M. (2018). Global Estimation of Exposure to Fine Particulate Matter (PM2.5) from Household Air Pollution. *Environment International*, 120, pp. 354-363.

Van Donkelaar, A., Martin, R. V., Brauer, M., Hsu, N. C., Kahn, R. A., Levy, R. C., Lyapustin, A., Sayer, A. M., & Winker, D. M. (2016). Global Estimates of Fine Particulate Matter Using a Combined Geophysical-Statistical Method with Information from Satellites, Models, And Monitors. *Environmental Science & Technology, 50*(7), pp. 3762-3772.

法制

第十三章
智慧政府與資料治理：
以個資權利保障為核心的資料法制 *

翁逸泓 教授　世新大學法律學院

一、前言

　　本文之研究目的為理解並分析在資料驅動（data-driven）的科學應用蛻變環境中，我國智慧政府政策在資料治理之概念下，對於政府資料再利用與資料共享，尤其是當該等資料透過人工智慧（AI）演算所得之推斷資料而為公共利用時，所可能遭遇之法規範與管制上的挑戰與困境，而以個人資料保護為核心之法制建構論理。

　　隨著資料科學技術的普及，公共機構已然開始運用 AI 來處理大量資料，以期望提高效率、改善決策、或是推出公共化之新服務。一方面，AI 的公共化為社會帶來了許多便利和效益，例如提高生產力和效率，改善了醫療、教育和安全等方面的服務品質，甚至可能開創新的商業模式和產業應用。

　　然而在另方面，在 AI 的運用中，AI 的公共化也帶來了一些風險和挑戰。其中，如何保障個人資料的隱私，以及如何進行適當的資

* 本文為作者執行國家科學及技術委員會研究計畫（MOST-110-2410-H-128-002-）以及（MOST-111-2410-H-128-003-MY2）之部分研究成果。

料治理，已然是重要的課題。這是因為 AI 的運用需要大量的資料，因此在關於個人資料蒐集和處理過程中，必須遵循個資保護相關法規範，以保障個人資料不會被濫用或外洩。再者，既然 AI 應用於公共服務具有雙面刃之利害問題，則以 AI 為決策循證時，相應的民主治理（Democratic Governance）便需要法律為一定之制度性規範。然則，因為機器學習可自行生成規則和程序，當這些程序的演算法邏輯往往無法直接被人類理解其背後的運作方式時，便可能發生民主治理爭議。可能的解決之道除了在治理設計上將透明原則以及可解釋原則外，論者也認為應當包含擔保受演算法決策之人能有互動、挑戰演算法的救濟可能（Kluttz, Kohli, & Mulligan, 2020, pp. 145-149）。因此，所有在智慧政府中的人工智慧決策都需要合法性，亦即 AI 的決定必須遵守行政法和程序公正原則，尤其是因行政機關如基於人工智慧而為違法或不當之行政行為，致其權益受損，而得向國家請求予以補救之救濟法制度（Henman, 2020, pp. 214-215）。

　　要言之，我國智慧政府政策發展至智慧政府政策時期，乃以「資料為骨幹」為政府之治理模式，既如此，則對於資料整體法制建構毋寧是智慧政府資料治理，以及將 AI 所得結果公共化之先決要務。AI 的公共化與個資保護之間既存在著一些法衝突和挑戰，則實現 AI 的公共化目標便需要建立一個良好的資料應用的治理框架，確保個人資料得到妥善管理和保護。本文認為，這個關於資料流通治理框架，重點尤其在於建立嚴格的資料蒐集以及利用規範，加強資料安全措施，並建立有效的數資料監管機制。此外，AI 公共化也需要進一步推動技術的公平性和透明度，確保 AI 應用的公正性和可信度，避免 AI 對某些群體造成不公平的影響，並加強對 AI 決策的解釋和說明，讓個人能更容易理解和信任 AI 技術的應用。

　　而如果進一步地就資料流通法制為分析，本文認為以**個人資料保**

護法制為中心起點應有論理上之重要性。這是因為數位治理概念強調以人為本（people-centric），而不僅在資料之科學與實際加值應用上最為重要者乃以個人資料為中心，個人資料保護所對應的權利也為國際上與臺灣所保障之基本權利與自由保障事項。[1] 也因此在論及資料治理的各項內涵之時，必然無法避免地需對於所利用資料之個人資料保護加以聚焦，以免違反基本權利與自由之憲法保障之義務。

又，學者認為信任乃為民主治理之基礎（Houston & Harding, 2008），而本文也認為如以個人資料保護角度觀之，信任乃是與其他利益為衡平時之論理基礎，且資料治理概念亦以信任為關鍵，因此本文在以個人權利保障為核心的資料法制建構時，將以信任為經緯而貫穿全文，在本文基於篇幅所囿的情況下，將特別地聚焦資料治理概念中最能彰顯信任關係之資料中介制度。

關於研究範圍，基於整體資料治理除了在政策面向上基於各國行動方案眾多，而篇幅所限，本文將集中焦點在關於在政府資料治理範圍其中個人資料保護事項與基於信任關係之資料中介制度之分析與基礎理論，而無法包括所有關於資料治理具體之立法建議，而僅就我國現行個資法為立法建議。又，本文聚焦個資保護之原因乃如前述，因此在篇幅限制下本文論述之範圍將不包含資料治理中非個資之資料流通的其他問題，例如營業秘密等第三人權利問題。基於以上之研究目的，本文在架構布局上將在第貳部分先說明智慧政府與資料治理之內涵與相互之關係，此間亦將論說我國當前資料法制環境之困窘；其後在第參部分分析如何將信任關係安置於資料治理法制之環境。

---

[1] 大法官釋字第 603、689 號解釋，憲法法庭 111 年度憲判字第 13 號參照。

二、政府資料再利用之資料法制

　　為對政府之資料治理法制建構說理，本文將先指出臺灣目前在資料治理的法制環境上有所欠缺，而該等法制的欠缺所造成最大的隱患，乃在我國個資法相對過時，且政府資料再利用以及開放政府資料等資料治理專法未具備時，失落的法制將使個人資料權利處於不安的法律風險情狀當中。為此，本文認為嘗試耙梳一個可能參考的資料法制型態或許可以解決這個問題。

（一）現有法制不足以對應資料治理基本需求

　　智慧政府政策施行之關鍵在於對政府資料以資料驅動方式為變革，在歷史進程上對於政府所擁有資訊之接近及利用，可以化約為三個不同之階段：政府資訊公開階段、公部門資訊再利用階段以及開放政府資料階段。在第一個階段中，政府資訊公開之目的即保障人民「知的權利」，仍僅在盡可能地透過這個制度以確保因為資訊的透明而強化人民對於政府之信任的民主治理觀。第二階段則使人民近用公部門資料之機會增高，而至第三開放政府資料階段，便結合前二階段，兼具保障政府施政透明、民主參與以及推升資料經濟動能之目的（翁逸泓，2019，頁 147-150）。不過雖然在各階段目的上看似有諸多益處，然在法制環境未備齊全的情況下如圖為資料治理，在實際的推動上也可能遭遇阻礙與抗拒：

1. 政府的保守態度使得資料利用行為發展緩慢

　　最容易想像之阻礙或許在於因為政府本身之保守與秘密心態，往往於在野時高聲呼喊的透明原則可能在同一政黨執政時就像「換了個

腦袋」地有截然不同之思考方向，[2] 而拖延對於人民知的權利的積極
實踐，又或在為豁免政府資訊公開之解釋上，採取相對保守之態度
（謝碩駿，2009，頁 19-20）。

2. 並非所有的資料均得再利用或開放

在對於政府資料的再利用與其後的開放政府資料態樣中，範圍與
政府資訊公開[3] 並不相同。其中，開放政府資料所包含的類型係為結
構化資料或至少半結構化之資料，以便其開放後較易迅速地做成資
料分析或資料交換；至於政府資訊公開者，可能包含了結構化、半
結構化以及非結構化之資料未經整理過資料類型之全部資訊（Cullen,
2019, p. 10）。

而在這些資料當中的部分資料，也因為其可能帶有其他除了政府

---

[2] 以英國為例，即便是 2000 年即有法規推動政府資訊公開，但是原本支持該法
案的保守黨在重回執政之時，時任首相 Tony Blair 即宣稱政府資訊公開法可能
「低估了政府的敏感性」而拖延施行，造成法制欠缺狀態。而即便其後繼任首
相 Gordon Brown 使得英國資訊公開法（Freedom of Information Act 2000, FOIA
2000）施行，但是隨後在 2006 年便以要求申請資訊公開需增加相應所生費用之
手段，使得資訊之公開受到一定程度之實際限制。再者，由於政府資訊公開法
的施行，也使得政府或部分之公務人員更可能將其認為應當秘密之資訊予以地
下化。請參照 Cobain (2011); Cullen (2019, p. 15).

[3] 需注意者，關於人民請求政府資訊公開權，除政府資訊公開法外，檔案法亦賦
予人民此項權利。二者的區別在於實務上請求公開的對象，如若請求公開的資
訊尚未歸檔，即應以政府資訊公開法請求；若已然歸檔，則依檔案法請求。（法
務部 95 年 3 月 16 日法律決字第 0950009957 號函、檔案管理局 95 年 3 月 31 日
檔應字第 0950012306 號函參照）至於在範圍上，政府資訊公開法第 3 條所定政
府資訊，其涵蓋之範圍應較檔案為廣，爰此檔案應屬政府資訊之一部分，乃有
競合之可能，於競合時，檔案法第 17 條至第 22 條亦設有申請閱覽、抄錄或複
製檔案等有關資訊公開之規定；而政府資訊公開法第 2 條規定既將其本身定位
為普通法，則其與檔案法在適用上發生競合時，檔案法對於政府資訊之公開另
有規定者，應優先適用，併此說明。

以外之其他人的權利，例如智慧財產權、營業秘密或是個資保護權利與隱私權利之資料類型，使得該部分之資料或資訊不得公開[4]或即便得公開，也因為不得重製、複製、錄影、抄錄，而僅得以閱覽之方式公開，[5]而使得其公開、再利用與開放之程度依照權利類型之不同，有所限縮或限制。[6]

3. 對政府資訊公開之偏廢

由於晚近各界往往對於政府資料再利用與開放過度偏重，學者觀察政府可能反倒因此而忽略了政府資訊公開之重要性，而認為對於沒有再利用以人為本完整的法律價值之資料認為毋須花費心力予以公開。換言之，對於個別政府資訊案件非結構化資料之揭露，可能因為大眾將焦點放在政府資料再利用或其他資料經濟之推升上而遭到忽略，而架空了當初政府資訊公開乃在於保障民眾「知的權利（the right to know）」以完備民主治理的初衷（Cullen, 2019, p. 15）。

再者，在國際上各國目前競相進行以資料為導向的政策及決策過程中，因為資料證據與技術上應用之迅速與準確效能的優勢與需求，將導致以人為本的組織決策方式以及民主治理程序，受到一定程度之排擠甚至規避。

前述現象與問題的出現，可能之解方或許有賴於各階段持續而完整的法制建設，以使得這不同階段之資料應用概念能夠被釐清，也能彼此地銜接配合而有一定程度之強制力予以支撐，並保障人為參與及

---

[4] 例如帶有他人之個資或營業秘密者，依照我國政府資訊公開法第 18 條之規定，得對其限制公開或不予公開。

[5] 例如帶有他人之智慧財產權者，依照我國政府資訊公開法第 13 條之規定，僅得閱覽。

[6] 政府資訊公開法第 18 條第 1 項第 6、7 款參照。

民主治理核心（Van Zoonen, 2020, e10-9）。

　　在順序上，基於法律環境之整備可以使得法律風險大幅地降低，並在一定程度上有效地保障個人之權利，且使得政府行政行為有所依循，因此本文認為應該是先具備法制環境後，再為對於政府公部門資料再利用之行政作為，方為正途。然則相對於此，我國實務上自 2012 年起即推動政府開放資料，至 2020 年國家發展委員會在推動智慧政府 2.0 計畫時，對於開放政府資料與公部門資料再利用之面向，似仍以宣示性之性質為主，其重心約略看來僅在「建立政府資料申請、授權、收費等原則性規定」而尚未及於詳細說明包括資訊透明與公部門、私部門以及第三人相互間之法律關係、責任歸屬等重要概念以及與個資保護相互牽連時的立法架構與配套措施。[7] 本文認為這種欠缺適當的法制規範卻為相關行政行為之現象，導致發生了更多的爭議，包括：(1) 政府資訊公開法範圍不足以涵括現今的資料利用行為；(2) 目前的開放政府資料法規定位不明，也不夠完整；(3) 對於個資侵害風險與責任問題不明等問題。

　　不過即便如此，或許有論者認為在法制規劃上可以直接從政府資訊公開階段即一躍即至智慧政府之資料治理，且無需對應地更動個資保護規範。然而，本文認為此種跳躍式立法之見解或許根本地忽略了

---

[7] 例如在服務型智慧政府 2.0 推動計畫中稱：「……在**資料再利用**上，強調資料活化利用，建立政府資料申請、授權、收費等原則性規定，要求政府機關落實辦理，落實資料再利用程序化之任務，最終促進公私領域資料高互通的共享運用，達成有效促進資料的流通與再利用目標。」；「……本計畫將以前開推動方向為基礎，在開放資料專法研商政府資料再利用規定，要求政府機關必須盤點業務職掌所轄資料，優先聚焦於具備高價應用之資料項目，訂定資料再利用管理程序，明訂資料申請方式、授權內容、使用範圍與限制以及收費方法，**在可控可管的前提下釋出政府資料予民間使用**，完備我國資料經濟發展基礎。」請參照國家發展委員會（2020，頁 40、44）。

整體資料法制架構彼此之關聯性與銜接性。這是因為資料之近用與共享（利用）概念不僅止存在於政府資訊公開或開放政府資料中，也同時存在於個資保護之法律規範當中。換句話說，如果未將最基礎的個資保護制度優先予以「現代化」以對應智慧政府的資料共享與再利用情境，則原有之科技人權保護框架終將因為對於公民個人權利保障之爭議而使得智慧政府的各面向規劃捉襟見肘，由這個角度看來，**對於資料法制的依序完整建構不但不應反對，甚至應該是政策執行前就必須具備之條件。**

（二）建構以個資保護為核心的資料治理法制

　　當代資料治理面臨的首要問題或許是政府資料再利用與資料開放既然為民主治理潮流，且有助資料經濟之推升，那麼是否以個人權利保障為本的個資法對於資料應用日漸蓬勃的現代，便必須「鬆綁」個資保護規範呢（Caes, 2019）？

　　持肯認之論點認為在網路與資料應用的現代，個人選擇以其個人資料換取「免費」的網路服務之情狀乃再普遍不過，例如社群網站與搜尋引擎的利用個資投放廣告，即包含大量蒐集個資、進行人格剖析及自動化決策等。同樣地，在智慧政府的政府資料應用過程當中，也可能使得公民個人透過同意或以法規範之方式放棄／不行使其個資上權利。在此情狀中，美國法律經濟分析巨擘 Posner 法官早在 1978 年便認為可以透過交易出個人自身個資以交換得利益，也認為有些時候在整體社會經濟中如果有人不揭露該等個資，則可能有詐欺之嫌（Posner, 1978, pp. 393, 398-399）。至 2020 年代以後，有學者也認為現在似乎極難以想像今日的網路使用者會完全不知道其在使用網路時，便選擇了以其個資換取免費的個人化體驗，或是更為精準確切的網路社群或搜尋服務（Martin & Murphy, 2017, p. 144）。這些論者也

認為網路服務的使用者在各種網路使用的歷程中早已零碎但近乎全面性的公開或曾經揭露個人資料，因此在蒐集與再利用個資的過程中，許多其實是個資當事人已然公開地揭露過的個人資料，因此不應再次地主張其權利（Waldman, 2018, p. 64）。

　　然，本文認為前述主張不適用而不應劇為過度地「鬆綁」個人資料權利之核心價值保障，這是因為：

1. 就論理言，如以個資權利作為形塑個人內生的自我人格發展之資訊隱私態樣來看，即便是個人之個資已然揭露予特定相對人或甚至不特定之人，但是由於「個資權利」必須與「保密義務」之性質分別以觀：前者乃基於對其個人資料具有人格權等個人基本權利得主張之各種權利，例如受告知、更正、刪除權等各種控制權等生而為人本有之權利；後者則為在特定情況如契約或法定情狀下而生之義務，旨在確保秘密之不被揭露。換言之，即便（公開地）揭露了個人資料，只是使得該種資料轉為不具秘密性格之個資，未必使得個資當事人有足夠之資訊考量揭露或公開其資訊所可能之結果為何，而使得其控制己身資訊之權利受到不確定之風險。

2. 就風險言，如以個資交易的社會契約理論來看，即便個資當事人在同意提供或揭露個資的「**當時**」已經意識到其「**免費**」**使用服務是以其個資作為「交易」**，但是該等「交易」卻因為資料科學加值應用「**後**」之動態性地推升而使得個資受侵害的風險急遽地升高：首先，各種個資之處理原本因為不同之蒐集目的而分別安置於個別領域與資料庫，並由不同的個資控制人（機關）保管，此時基於領域不同而分層分級各自治理，雖然因為資訊隔離的「穀倉（silo）」（Tett, 2015）無法發揮最大綜效而收資料共享串連之經濟與公共行政利益，

但是也因為分散之隱私風險，而大幅度地降低了導致「火燒連環船」式的連鎖個資風險；然則在政府資料再利用以及資料共享後，該等連鎖風險將導致更為劇烈之實害可能與嚴重程度。其次，資料共享後所必然發生的資料串接也使得人格剖析（profiling）以及機器自動化決策（automated decision-making）更加容易發生，則相對地更易侵害人格之自由發展完整可能（翁清坤，2020，頁 134-138）。此等風險之升高結果使個資當事人原先所能夠預期之交易風險與成本不符合比例原則，也違背了公平原則。

3. 就法制言，我國個資法第 9 條第 2 項第 2 款因為當事人自行公開或其他已合法公開之個人資料而使得其他人得例外地間接（再）利用個資而免為對於個資當事人告知，解釋上這款規定雖然因為該等特種個資已然公開，使得他人得對其資料予以（再）利用，但是參照立法理由「間接蒐集之個人資料，如係當事人自行公開揭露或其他合法公開之資料，**對其隱私權應無侵害之虞**，自得免為告知」來看，該等自行公開或合法公開之個人資料仍必須要在「對個資當事人隱私無侵害之虞」之條件下，方免除告知義務。因此，即便有豁免理由而得再利用個資，仍應以個資保護為核心價值。

再以比較法言，歐盟資料治理規則（Data Governance Act, DGA）也特別提到將依據現行的資料規範，包括個資保護領域的 GDPR 以及電子通傳指令（ePrivacy Directive），並特別在前言第 3 點指出「因此，本規則不影響 GDPR」。另外，在歐盟個人資料保護委員會（European Data Protection Board, EDPB）[8] 以及歐洲資料保護監察官（European

---

[8] 其前身即歐盟個資保護指令時期的 WP 29 工作小組，乃是歐盟根據 GDPR 所設

Data Protection Supervisor, EDPS）[9] 所發表的共同意見中，亦指出該提案對於保護個人在處理個人資料方面的權利和自由具有特別重要的意義，故必須要極力地避免在資料治理法的提案中有任何與 GDPR 可能發生扞格或是可能衝突之處（European Data Protection Board & European Data Protection Supervisor, 2021, paras. 10-13）。而這兩個歐盟最重要的個資保護監督與專責機關之所以將個人基本權利與自由，尤其是個資保護權利視為整個資料治理的核心，乃是因為「歐盟模式奠基於將其價值觀和基本權利納入其政策發展的主流價值，並且必須將 GDPR 視為建立歐洲資料治理模式的基礎」。（European Data Protection Board & European Data Protection Supervisor, 2021, para. 20）

綜上，即便在資料治理概念下使智慧政府政策對於政府資料再利用或開放，**仍應以個資保護為最核心價值與前提要件**，而不應過度地「鬆綁」而破棄了原本個資保護所追求之個人基本權利與自由保障目的。接下來在邏輯上，既然本文認為個資保護仍應為資料治理整體法制之核心價值，則究竟我國現有的個資法制在資料治理概念上所欠缺者為何，則是必須接續論述之爭點。

（三）資料治理法制的拼圖起點：資料可攜權及其挑戰

就我國個資法制在資料治理概念上所欠缺而亟待更新者來看，由

個資保護之獨立機關，專責歐盟各國對 GDPR 以及歐盟執法指令之具體適用以及協調各會員國之個資保護專責獨立機關。

[9] EDPS 是歐盟的獨立資料保護機關，任務在於當歐盟機構和機構處理個資時，監控並確保保護個人資料和隱私；應要求或主動向歐盟機構和團體提供有關處理個人資料的所有事項的建議；監控可能影響個人資料保護的新技術；在歐盟法院進行訴訟參與，就解釋資料保護法提供專家建議；與國家監督機構和其他監督機構合作，提高個人資料保護的一致性。

於其仍維持植基於 1995 年之歐盟個資保護指令，不但落後當今資料治理時代的歐盟資料法制，甚至連 GDPR 之標準也望塵莫及，也因此在 GDPR 關於域外效力衝接以及適足性認證上，造成實務困擾。對此，學界迭有修法之建議，包括依個資法所定之蒐集、處理或利用之各階段法定要件而對於其有更詳細且符合資訊時代意義之規範，以保障個人資訊自主權（范姜真媺，2019，頁 115），甚至學者也提出在細部上包括「當事人得挑戰『剖析、自動化決策』、『匿名化』以減緩個資遭濫用、『隱私通知』強化透明化以落實個資自主控制權與有助於大數據能被信任、『隱私衝擊評估』以確保個資運用公正性、『從設計著手保護隱私』確保資料安全與隱私、遵守『倫理準則』有助於建立信任關係、『演算法之透明化』與『可信賴的 AI』以減緩歧視性決策與增加信任感」（翁清坤，2020，頁 149）等。

　　以上關於個資法制零零總總的各面向法制落差，對於個資法本身來說固有其不同之個別需求重要性，然如果要建立以個資保護法制為核心價值的完整資料治理法制，本文認為可能的起點或許在於資料可攜權。這是因為，資料可攜權目的在於對個資當事人為資料（再）利用之賦權以促進資料流通，則一來使得資料於藉由智慧政府對資料再利用行為與共享行為而流通時，得隨之獲得個資之權利保護，二來，也讓該等流通行為更容易被推動。不過必須特別注意的是邏輯上這並不表示資料可攜權會是智慧政府關於資料治理之唯一重點，而令其他例如：(1) 再利用與共享制度中資料控管者責任與監督責任之確立等配套規範，(2) 個資法制上其他許多與國際法制發展趨勢落差處等等法制修正需求，都不如資料可攜權來得重要，甚至，本文也認為單就個資法制來說，在法律數量上不應僅僅只靠一部做為基本法的個資法，而應有在不同特殊領域上之個資保護規範。質言之，本文認為存在於個資保護法制中的資料可攜權可促進資料再利用與資料共享之需

求，並獲權利保障，但是這只是資料治理法制所欠缺的拼圖中的說明起點，其後更需關於資料治理本身程序制度上之保障與利害關係人法律關係之釐清，以及組織上需要一專責機關為資料流通細部規範與管制等配套（李寧修，2020，頁 44），而前揭相關配套制度與法制在重要性上無分軒輊。

1. 個資法制下資料可攜權之目的：資料賦權以促進資料流通

值此資料科技迅速發展當下，資料的無阻礙流通變得極其地重要，例如因為 COVID-19 疫情而加速的線上產業布局，以及無論是線上銷售、數位行銷工具、數位會員制度、行動支付、資料分析或精準廣告投放等多元技術，都渴求大量無阻礙的資料再利用與分享，也因此無論是在國際或是臺灣經常可見產、官、學在媒體不斷地大聲疾呼要「鬆綁」個資法對於資訊「自由」流通的緊箍咒。

不過，本文認為至少就個資之再利用情狀言，我國之個資法事實上已是相對地鬆散。事實上如果從加值應用的資料控制者／產業界的角度來看，目前個資法上的資料近用權規範並不足以有效地反制「鎖入（lock-in）顧客模式」的不公平競爭商業邏輯（翁逸泓，2016，頁 74-75）。細言之，目前臺灣較具有先進入市場者優勢的資料控管人為減少或防止消費者（即個資當事人）轉換使用其他數位服務個資控管者（市場潛在競爭者）之機會，通常會設計一套提高轉換個資的技術障礙，例如封閉式系統或不相容格式來提高前述轉換的成本，以鎖住顧客重複購買該企業的產品與服務而達獲利目的，但如此鬆散的資料近用權規範的問題在於：(1) 不利新創的資料加值應用服務潛在競爭者，可能形成不公平競爭；(2) 消費者（即個資當事人）如果希望便捷地再利用或與第三方共享其個資，則會因為在法規上並無直接請

求權，得令其個資可從原本的資料控管者無痛或輕鬆地轉換至新的資料控制者（第三方），而無法或難以有新穎的數位服務體驗，並體現資料自主權；(3) 對政府來說，也不利於產業創新及跨界轉型之鼓勵。

　　因此，本文認為真正的立法期待反而不應是「鬆綁」個資法，而應該是強化個資法上的資料賦權，以強化個資法本身希冀資訊自由流通之立法目的之達成。

2. 資料可攜權的挑戰

　　雖然資料可攜權在開放政府資料時代，已然較原有之資料近用權更進一步地使得個資當事人對於其個資之控制能更有效率地應用，也同時反映資料經濟時代的新創需求，然而資料可攜權在面對下一波的政府資料再利用與資料分享情狀之時，仍表現了一定程度的力有未逮。因此，歐盟即在其資料整體戰略中，提出了資料治理之提案，透過資料中介機制嘗試處理資料可攜權所不能及之處。不過，究竟在政府資料再利用與資料共享趨勢下，資料可攜權受到挑戰之處為何？

(1) 資料近用與資料可攜之告知同意機制的實踐難題

　　在資料可攜權之要件中，基於現今電子通傳時代之資料蒐集、處理與利用多以自動化方式為之而可姑且不論外，僅有個資當事人之同意以契約行為可以使當事人有資料可攜權，而契約行為又以合意為要件，因此當事人之同意無疑地為資料可攜權最重要之構成要件。

　　然而，以強化個人資料自主控制的同意機制在傳統告知與同意之實踐時當事人經常因為被告知冗長而艱澀的無法理解的內容、認為隱私或個資保護並無甚關係的不想理解，與即便理解也無能拒絕之情狀下而為同意之意思表示（劉定基，2017，頁 274-275），而基於資訊流通在資料加值應用情況下個人為了追求便利與日常生活需求，該種告知一同意之模式更容易因為前述個資當事人的**易受傷害**

（vulnerable）特性而產生適用上難以真正地反映個人資料自主之困境。為此，歐盟在 GDPR 強化了當事人同意所希望反映的資料自主權能，而在其第 7 條規範同意必須以聲明之形式或清楚、積極之行為表示；在形式上不限於書面，口頭之聲明或是網頁上同意欄位之勾選亦皆屬之。[10] 關於書面同意之聲明，應以個別獨立、清楚、淺顯易懂說明方式告知，且個資當事人得隨時以簡單之方式撤回同意。

　　但是就個資再利用與資料共享言，告知與同意模式將因為再利用之目的外利用難以預先確認目的，且概括同意原則禁止，加上個資經剖析後產生之個資應用如何踐行告知與同意程序等問題（翁清坤，2020，頁 115-121），都會在資料可攜權關於同意與契約成立之要件上發生實踐的疑難。也正因如此，單以方便清楚而簡易的告知內容是否即能使得資料可攜權在未來發揮原本企圖保障個人自主權，乃至推升資料經濟行為，仍為莫大挑戰。

(2) 資料安全與個資當事人欠缺個資保護專業知識與能力

　　以絕大部分的個資當事人來看，在行使資料可攜權時對於其個資保護之專業知識與能力是否足以使其對於資料的再利用與共享為審慎而符合其最佳利益之決定，亦為需要面對之問題，而這個問題如果期待以告知之方式使得當事人更有能力自主地決定同意，顯然就目前的實際運作來看相當地困難。

---

[10] 需注意者，就電子通傳領域而言歐盟另有 ePrivacy Directive (2002/58/EC) 為特別規定，但因為該指令尚未隨著 GDPR 更新而仍指向 GDPR 前身 Directive 95/46/EC，因此就通傳領域當其後承繼的 GDPR 就同意之程序有更詳細之要求時，則是否需要依照 GDPR 為更「嚴格」之標準，本有疑問。不過歐盟個人資料保護委員會（European Data Protection Board, EDPB）就此爭點則採肯定說，認為任何需要依照 ePD 獲得同意之要件，均需要合於 GDPR 之相關標準。請參照 European Data Protection Board (2020).

(3) 推斷型資料之資料再利用與共享

　　推斷型資料[11]除了當事人所提供之個資以外，尚包含有資料控制人或第三人之其他權利，如具有營業秘密或智慧財產在內之演算法等加值程式等。舉我國之聯徵中心所有之個人信用評分資訊（代碼：J10）為例，雖然許多第三方尤其金融科技產業基於該等信用評價的經濟價值而對其有高度之興趣，也多認為其加值應用可提高我國金融競爭力並強化洗錢防制，但即便我國在實踐上允許資料可攜，仍有法規範與實際操作之衝突情狀。

(4) 基於公共利益目的而為資料再利用與共享

　　依 GDPR 第 20（3）條之規定，資料可攜權不適用於資料控管人基於公共利益而執行職務或行使公權力所必要之情狀，也就是如果是基於公益目的，資料當事人不得要求資料攜出以及請求個資控管人直接傳輸個資予第三人。其立法之思考脈絡乃是在私部門之資料可攜，在目的上所期待強化之個人資料控制權能，是因為在私部門間資料傳輸具有競爭的市場機制，因此需要藉由資料可攜權來強化該等控制權能以保障在競爭市場上的個人權利；但相對地如果資料控制者為公務機關，則其所蒐集、處理與利用個資之行為均可能是出於公益目的如執行法律及基於公共行政本旨，不過，前述理據在公部門處理個資乃是基於公共利益而執行職務或行使公權力所必須的行為時則不存在，因此排除之（De Hert, Papakonstantinou, Malgieri, Beslay, & Sanchez,

---

[11] 所謂推斷型資料包括個資當事人所提供之資料推論而得之資料（inferred data）以及衍生資料（derived data）。例如在詳述個資當事人提供了觀察型資料如心跳紀錄後，以程式推斷出的個資當事人健康狀況評估結果，或是類似我國聯徵中心所為之信用評價，其中乃包含聯徵中心透過法規盤點與風險管理之洞見所創之演算法所分析推導而出之評分，因此不應被視為是由個資當事人「所提供」。

2018, p. 198）。

　　然則事實上包括歷史、科學之學術研究、統計以及其他之公共利益目的都可能因為資料再利用與共享之導入而更有效率，但這與原本資料可攜權建立在前述論理上有所歧異，因此個人對公部門機關不得行使資料可攜權之結果，反倒成了公部門可能因循怠惰的藉口，不利於開放政府資料與公部門資料之積極流通。

　　綜上，即便以歐盟目前在 GDPR 所規範之資料可攜權在面對尤其是公部門資料再利用或在數位經濟上資料共享的潮流之時，仍難免捉襟見肘。除了因為資料可攜權無法於公益目的下應用而不合於政府在資料經濟與開放之公共化政策之外，本文認為主要之問題癥結乃係需要信任關係的資料控制人與資料當事人雙方在資料再利用與資料共享的資訊流通上，具實力之不對等的情況。細言之，（原本的以及資料再利用／共享後新的）資料的控制者與當事人就資料之加值應用內容無論就對應知識、實際操作上的控制能力、對於對方之依賴程度與一方的決定能力，以及在此信任關係中容易受到傷害之程度來看，資料的控制者實力都遠在資料當事人之上，但如此一來，就植基於當事人同意與契約履行的資料可攜權言，當事人之自決程度受到侵害的風險顯著地較高。那麼，連可攜權都欠缺的我國個資法，顯然地更是亟需更新。

三、AI 於數位政府治理所需要的資料共享與信任建構

（一）AI 興起數位政府治理：民主治理與信任

　　在以資料為本的應用科學當中，AI 之興起已然成為潮流，而相

關的數位政府政策與作為當然也會因為 AI 用於再利用政府資料，而受到影響。首先，由於數位政府之實際作為需要蒐集、處理，並分析龐大的資料來進行政策制定和決策，AI 的應用可以協助數位政府更有效率地分析資料，找出趨勢、規律和可能問題，並提出更好的解決方案。而資料應用在智慧政府關於自動化和機器學習之情狀，可協助數位政府提高效率和政策精確度，以及發現新的模式和預測未來的趨勢，以更好地應對挑戰。論者更在綜整文獻後，將 AI 應用於公共治理之優勢類型化，包括以下優點：(1) 效率和表現、(2) 風險識別和監控、(3) 經濟成本、(4) 資料和資訊處理優勢、(5) 服務、(6) 對社會的整體益處、(7) 決策上優勢、(8) 參與和互動，以及 (9) 可持續性等（Zuiderwijk, Chen, & Salem, 2021, p. 8）。

　　然則即便聽來如此美好，論者認為 AI 在公共部門的應用卻在事實上面臨著雙重困境：一方面藉由演算法，AI 對於智慧政府有著前述提高政策執行效率的誘因，另方面卻可能對於被演算法作為決策客體的人民造成可能侵害（Kuziemski & Misuraca, 2020, p. 1）。依文獻，可能的個人基本權利與公共利益受侵害問題可能包括不同領域，例如在經濟面向的勞動力市場和永續發展問題、在社會層面的隱私、安全、風險和威脅相關爭議、倫理困境上的公平、偏見和包容性社會議題，以及管制上關於透明度、監管框架和代表性的治理問題等（Zuiderwijk, Chen, & Salem, 2021, p. 3）。

　　如果將此問題拉回臺灣來看，在行政院會通過之數位發展部組織法草案總說明中，[12] 強調「面對數位化浪潮，政府尚須持續維護且尊重多元價值觀，使數位人權[13]保障成為民主國家治理之核心價值」。

---

[12] 行政院 2021 年 3 月 25 日第 3744 次會議通過。

[13] 關於數位人權之概念除了近用數位發展之機會，例如在行政院會版之數位發展

就此，本文認為在政府應用人工智慧之治理上應認與民主治理之概念相關。學者有將民主治理定義為：「當代民主制度在多元（去中心）化統治以及有效性要求的環境之中，從公共課責機制建立的角度切入，找尋價值衝突制度性調和的一種過程，其目的試圖藉此獲致良好的治理績效。」（陳敦源，2009a，頁36）此間民主制度下的主要衝突來源通常來自於委託權力的公民與代理行使權利的政府相互間，基於資訊不對稱之利益衝突。在此，要如何在制度上平衡二者以避免衝突，便是臺灣民主治理成功與否的關鍵議題之一（陳敦源，2009b，頁23），而其解決之道，學者認為乃係促進資訊公開化並建立透明的**決策機制**，以使該等機制強化公民參與，並形塑政策本身的周延性與正當性（陳敦源，2009a，頁25），而在我國規劃數位發展部時，亦以「展現民主自由價值」作為核心概念，乃與民主治理相關。

　　然而，人工智慧應用的創新是基於大規模資料蒐集，資料和服務的即時可近用性，因此機構和公民之間的溝通和關係可能會加強或破壞對治理體系和民主的信任。（Kuziemski & Misuraca, 2020, p. 1）該等民主治理之模型在相當程度下體現於資料治理中，仍必須搭配良好法律環境之構築，因為缺乏以強制力為後盾之法律管制模式將使得身為個資當事人之公民與巨量資料控制人之政府出現「資料信任不足（Data Trust Deficit）」（Steedman, Kennedy, & Jones, 2020）之危機，而使得民主治理因為信任不足而失序。

　　本文認為其解決之道無非為確保（個人）資料之使用在整體生態系統上值得信任，（Aitken, Cunningham-Burley, & Pagliari, 2016）尤

部組織法草案總說明中所謂「確保網路接取使用及數位發展機會，不至於因居住地、身心狀態、性別、族群、財富、社會地位而有所區別」之彌平數位落差以及多元價值保障以外，論者也將整體數位近用後之個人資料保護問題，尤其包括是否影響人格自由發展之基本權利問題納入。參：翁逸泓（2018，頁3）。

其是其中最為珍貴也最容易干預人權的個人資料之利用，符合基本權利與自由保障的基本原則，而負責任地蒐集、處理與共享。準此，正確地治理資料並負責任地蒐集、處理、利用以及進一步地共享資料是釋放其對人和社會之潛力，使得資料驅動一切的現代社會將其動能公共化的民主治理關鍵。

（二）資料共享的信任建構

由於 AI 應用於智慧政府決策在實作面向上的機會可能提高，因此緊接而來的整體資料生態系統的管制與治理框架，便成為關鍵政策問題（Kuziemski & Misuraca, 2020, p. 3）。以智慧政府概念中關於公部門個資之再利用與資料共享來說，其法律關係至少為三面關係，即原個資控管者的公務機關、資料的新使用者（即再利用／共享資料者）以及個資當事人。此外，如果資料的終端使用者（end user）並非直接自原個資控管者獲得個資，而是透過資料中介者（Data Intermediaries）處理個資後加以利用，則法律關係益形複雜。前述所指個資之再利用，乃在原個資蒐集之目的外再為對於個資之利用，如以我國法言，則此等利用需合於個資法第 16、20 條之相關例外規定的要件。

至於資料共享，則我國目前個資法或其他規範則尚無明文定義，雖然資料共享概念中關於資料中介者／資料控制者上位之資料治理概念係數位發展部組織法第 2 條第 6 款之職掌，然至目前為止亦未聞有相關草案之提出，因此本文仍以歐盟 DGA 為參考之對象，提出可能之概念與管制法制。如就比較法言，DGA 第 2（7）條將其定義為「資料持有者（Data Holders）」[14] 基於共同或單獨使用共享資料目的，

---

[14] 須注意者，在此定義之下所謂資料持有者乃指依法有權近用或共享其控制下的

而根據自願之協議／契約而直接或透過資料中介者，向資料利用者
（Data User）[15] 提供資料。

其中所謂「資料中介者」，本文認為係整體資料再利用與資料
共享之關鍵角色。如果以歐盟 DGA 來看，在其第 2 條關於規範的定
義中並無對於資料中介者為定義，不過在第 9 條可以尋得「資料共
享服務提供者（Data Sharing Provider）」之概念。然而在歐盟執委會
（European Commission）的歐盟 DGA 中需要以前述如此推理的方式
才能推理出資料中介者之大致輪廓，但是作為該提案之重要核心概念
來看則未免迂迴，因此歐盟執委會送出提案後，歐盟理事會（Council
of the European Union）將前揭於 2021 年 9 月修訂時將原本的「資料
共享服務提供者（Data Sharing Provider）」改為「資料中介服務（Data
Intermediation Service）」，並在第 2 條加以定義。

本文認為預先且持續地建立各方利害關係人之信任夥伴關係，使
得隱私關係之各方當事人能彼此因為信任而合作，可在一定程度上
緩解隱私權利在與其他權利潛在競爭衝突時之權衡難題（翁逸泓，
2020，頁 813-827）。在上揭對於資料可攜權在面對資料再利用與共
享的挑戰問題中，因為：(1) 告知一同意模式難以預先確認資料加值
應用目的；(2) 在實踐程序上就告知與同意難以真正使得當事人理解
與表達對其權利最佳保護之選擇；以及 (3) 信任關係的資料控制人與
資料當事人雙方在資料再利用與資料共享的資訊流通上，具雙方實
力之不對等的情況，故以存於信任關係的資訊受託人（Information

某些個人或非個人資料之**法人**或資料主體，與資料控制者之概念就範圍上來說
不同，參：DGA 第 2(5) 條。

[15] 該定義之資料利用者指依，指可以合法近用某些個人或非個人資料並被授權將
這些資料用於商業或非商業目的的自然人或法人，參：DGA 第 2(6) 條。

Fiduciary）（Balkin, 2016）模式 [16] 為管制之論理有其基礎而能回應前揭問題。

　　細繹之，無論是 DGA 之比較法制或是學理上之資訊受託人模式，均以本文前一小節論證之**信任建立與關係維持**為基石，而為了受託人利益或其他特定利益，使資料當事人願意授與資料利用者（即資訊受託人）超過該等資料經濟上目的之權利，亦即除了資料經濟帶來的財產權利以外，因為個人資料權利本質上不可分之故，因此尚授與包括個人資料在人格上之權利，但僅許可其在資料經濟目的範圍內行使權利。基於此，信任關係之建立至為重要，蓋資訊受託人因信託關係之成立，即依信託本旨管理、處分受託財產（資訊），並且負擔附隨於受託人管理處分權之受託義務。

　　本文認為這個使資料當事人授與超過資料本身經濟上目的之權利之概念，事實上早已反映於我國之信託法制，我國學界亦認為自受託人與受益人之間所存在的信賴／信任關係（fiduciary relationship）使得受託人負擔有信賴義務（fiduciary duty），包括忠實義務（duty of loyalty）以及注意／照顧義務（duty of care）（劉連煜，1999，頁97）。而關於信賴／信任關係之範圍，學者認為依據特定關係性質之差異，可認定其是否具有信任基礎（王志誠，2003，頁 10-11），再者，所謂信賴／信任關係之法理除展現受託人與受益人／委託人間之信託關係外，**亦得擴張其範圍**，諸如擴張至私法關係上之董事與公司、

---

[16] 關於資訊受託人理論，係 Jack Balkin 教授原就社群／網路服務平台主張其演算法使用者之地位應為資訊受託人而予以管制，其後 Jack Balkin 教授也認為資訊受託人模式可應用在美國憲法第四修正案之範圍，因此認為資訊受託人模式可在關於隱私之概念上予以適用。由於在論理上之證成，以及在我國資料保護模式與隱私權法制中是否得安置該模式之分析，遠超過本文所能容納之篇幅，因此作者將另外為文論證，併此敘明。關於資訊受託人模式，詳參：Balkin (2016, p. 1227). 中文之相關文獻可參：劉靜怡（2020，頁 122-124）。

經理人與公司、代理人與本人，乃至於醫師與病患關係等（王志誠，
2003，頁 21-22），準此，本文認為既然信託制度在我國存在已久，
且該制度法理上亦得基於信任本質擴張其適用範圍，因此我國應得將
信託之制度擴張至資訊受託之模式。

　　綜上，基於法制上可透過合作、信任與課責之概念論證安置資料
治理制度上對於資料控管人／資訊中介者之責任，並藉我國本有之信
託法理，將信任關係擴張範圍至資訊受託人與資料控管人／資訊中介
者間，又在比較法上與論理上有其基礎，因此本文即以此為論證之連
結，從而認為既然我國資料保護法植基於歐盟模式且 DGA 在一定程
度上適度地反映前述之信任關係，則未來我國之資料治理模式，不妨
考量 DGA 之模式為立法之主軸。

四、結論

　　本文分析對於公部門資料之再利用，以及資料由政府開放至私人
企業而生的資料共享在法制上應如何應對，以使智慧政府之政策在實
踐上不致因為缺乏對應法規的確定性與一致性而使得政府機關之業務
單位人員以及民間企業與個資當事人發生資料信任不足之問題。

　　由於 AI 的公共化需要在保障公共利益的前提下進行，因此需要
對 AI 在政府服務之應用進行監管，先行建立相應的法律、政策和規
範，確保 AI 技術和應用的發展符合社會的價值和期望，使 AI 的公
共化成為促進社會進步和發展的重要力量。就此，本文認為整體智慧
政府政策的推行必須植基於完整而穩固的法制環境之上，然而以目前
臺灣的資料治理狀況來看，很明顯地處於欠缺適當的法制規範狀態之
下。由歐盟相關的策略與經驗來看，其建構與其不斷地進行潮流科學
應用議題的法制片段追趕，例如為因應大數據、人工智慧等資料應用

潮流而有僅為期一年且未有延續的「全民健康保險資料人工智慧應用服務中心試辦要點」，毋寧應將重點聚焦在個人基本權利與自由，尤其是個資權利與隱私權之保障上而循序地推動法制環境之整備。

本文認為即便以歐盟目前在 GDPR 所規範之資料可攜權在面對尤其是公部門資料再利用或在數位經濟上資料共享的潮流之時，仍難免捉襟見肘，在上揭對於資料可攜權在面對資料再利用與共享的挑戰問題中，因為：(1) 告知一同意模式難以預先確認資料加值應用目的；(2) 在實踐程序上就告知與同意難以真正使得當事人理解與表達對其權利最佳保護之選擇；(3) 資料控制人與資料當事人雙方在資料再利用與資料共享的資訊流通上，具雙方實力之不對等的情況；以及 (4) 在論理脈絡上無法於公益目的下應用而不合於政府在資料經濟與開放之功能性政策。對此，本文認為連資料可攜權都欠缺的我國個資法，顯然地更是亟需更新。

在論理的證成上，政府資料之再利用與資料共享仍應該以個資保護為最核心價值與前提要件，合作模式之實踐能使得潛在的資料再利用利益以及個資權利之衝突緩解，而既然信任關係為這個模式的重中之重所在，那麼基於利害關係人之間關係的不對等與忠實義務的論理，本文認為透過對於資料中介者／資料控制者的課責，便是實踐的可能良解，而在課與資料中介者／資料控制者之各項責任中，透明原則的實踐，例如通報義務等，尤為重要。

最後，基於法制上可透過合作、信任與課責之概念論證安置資料治理制度上對於資料控管人／資訊中介者之責任，並藉我國本有之信託法理，將信任關係擴張範圍至資訊受託人與資料控管人／資訊中介者間，又在比較法上與論理上有其基礎，因此本文即以此為論證之連結，從而認為既然我國資料保護法植基於歐盟模式且 DGA 可適度地反映前述之信任關係，則未來我國之資料治理模式，不妨考量 DGA 之模式為立法之主軸。

參考書目

王志誠（2003）。信託：私法體系之水上浮油？臺灣本土法學雜誌，46，頁 3-24。

李寧修（2020）。個人資料合理利用模式之探析：以健康資料之學術研究為例。臺大法學論叢，49(1)，頁 1-50。

范姜真媺（2019）。自實務判決檢視行政機關蒐集、處理或利用個人資料之問題。警察法學，18，頁 91-128。

翁清坤（2020）。大數據對於個人資料保護之挑戰與因應之道。東吳法律學報，31(3)，頁 79-159。

翁逸泓（2016）。OTT 發展之隱私與個人資料保護問題初探。世新法學，10(1)，頁 25-85。

翁逸泓（2018）。科技人權——全民電子通訊監察與個人資料保護。臺灣民主季刊，15(1)，頁 1-43。

翁逸泓（2019）。開放全民電子健康資料加值應用之個資保護問題——以英國經驗為例。月旦法學雜誌，285，頁 144-173。

翁逸泓（2020）。開放政府資料於數位匯流加值應用的個人資料保護問題：對於「合作模式」之證成，載於邱太三、唐淑美（主編），施茂林教授七秩華誕祝壽論文集（上冊），頁 801-830。臺北：五南出版。

國家發展委員會（2020）。服務型智慧政府 2.0 推動計畫（110 年至 114 年）。https://www.moeaic.gov.tw/download-file.jsp;jsessionid=4B5AD6DCCBE73BE165EB704E72D22485?id=k4iXhg290zQ%3D&do=OD（瀏覽日期：2023/4/1）

陳敦源（2009a）。民主治理：公共行政與民主政治的制度性調和。臺北：五南出版。

陳敦源（2009b）。透明之下的課責：台灣民主治理中官民信任關係的重建基礎。文官制度季刊，1(2)，頁 21-55。

劉定基（2017）。大數據與物聯網時代的個人資料自主權。憲政時代，42(3)，頁 265-308。

劉連煜（1999）。公司利益輸送之法律防制。月旦法學雜誌，49，頁 90-109。

劉靜怡（2020）。人工智慧時代的法學研究路徑初探。載於李建良（主

編），法律思維與制度的智慧轉型，頁 91-134。臺北：元照出版。

謝碩駿（2009）。政府資訊公開法中的資訊被動公開。**臺灣法學雜誌**，**129**，頁 1-38。

Aitken, M., Cunningham-Burley, S., & Pagliari, C. (2016). Moving From Trust to Trustworthiness: Experiences of Public Engagement in The Scottish Health Informatics Programme. *Science & Public Policy*, *43*(5), pp. 713-723.

Balkin, J. M. (2016). Information Fiduciaries and The First Amendment. *U.C. Davis Law Review*, *49*(4), pp. 1183-1234.

Caes, M. (2019). Access To and Re-Use of Government Data and The Use of Big Data in Healthcare. In L. Reins (Ed.), *Regulating New Technologies in Uncertain Times*, pp. 193-224. The Hague: T.M.C. Asser Press.

Cobain, I. (2011). Mixed Results Since Blair's 'Dangerous' Freedom of Information Act Launched: Freedom of Information Act Has Achieved Greater Transparency but Has Hindered Progress in Our Trusting of Politicians. The Guardian. https://www.theguardian.com/politics/2011/sep/20/mixed-results-blairs-dangerous-act (last visited: July 15, 2021)

Cullen, S. (2019). *Freedom of Information in the UK*. London: Sweet & Maxwell.

European Data Protection Board & European Data Protection Supervisor. (2021). EDPB-EDPS Joint Opinion 03/2021 on the Proposal for A Regulation of The European Parliament and of the Council on European Data Governance (Data Governance Act). https://edps.europa.eu/system/files/2021-03/edpb-edps_joint_opinion_dga_en.pdf (last visited: April 3, 2023)

European Data Protection Board. (2020). EDPB Response to the Letter of 13 July 2020 from News Media Europe and Others Regarding Cookie Walls. November 19, 2020. https://edpb.europa.eu/our-work-tools/our-documents/letters/edpb-response-letter-13-july-2020-news-media-europe-and-others_en (last visited: April 5, 2023)

Henman, P. (2020). Improving Public Services Using Artificial Intelligence: Possibilities, Pitfalls, Governance. *Asia Pacific Journal of Public Administration*, *42*(4), pp. 209-221.

De Hert, P., Papakonstantinou, V., Malgieri, G., Beslay, L., & Sanchez, I. (2018). The Right to Data Portability in the GDPR: Towards User-Centric Interoperability of Digital Services. *Computer Law & Security Review*, *34*(2), pp. 193-203.

Houston, David J., & Harding, Lauren K. (2008). Trust in the Public Service: A Cross-National Examination. Paper presented at the 2008 Annual Meeting of the Midwest Political Science Association. Chicago, IL. April 3-6, 2008.

Kluttz, D., Kohli, N., & Mulligan, D. (2020). Shaping Our Tools: Contestability as a Means to Promote Responsible Algorithmic Decision Making in the Professions. In K. Werbach (Ed.), *After the Digital Tornado: Networks, Algorithms, Humanity*, pp. 137-152. Cambridge, United Kingdom: Cambridge University Press.

Kuziemski, M., & Misuraca, G. (2020). AI Governance in the Public Sector: Three Tales from the Frontiers of Automated Decision-Making in Democratic Settings. *Telecommunications Policy*, *44*(6), 101976.

Martin, K. D., & Murphy, P. E. (2017). The Role of Data Privacy in Marketing. *Journal of the Academy of Marketing Science*, *45*(2), pp. 135-155.

Posner, R. A. (1978). The Right of Privacy. *Georgia Law Review*, *12*(3), pp. 393-422.

Steedman, R., Kennedy, H., & Jones, R. (2020). Complex Ecologies of Trust in Data Practices and Data-Driven Systems. *Information, Communication & Society*, *23*(6), pp. 817-832.

Tett, G. (2015). *The Silo Effect: The Peril of Expertise and the Promise of Breaking Down Barriers*. New York, NY: Simon & Schuster.

Waldman, A. E. (2018). *Privacy as Trust: Information Privacy for an Information Age*. Cambridge, United Kingdom: Cambridge University Press.

Van Zoonen, L. (2020). Data Governance and Citizen Participation in the Digital Welfare State. *Data & Policy*, *2*, e10-1-17.

Zuiderwijk, A., Chen, Y-C., & Salem, F. (2021). Implications of the Use of Artificial Intelligence in Public Governance: A Systematic Literature Review and a Research Agenda. *Government Information Quarterly*, *38*(3), 101577.

第十四章
以智慧財產觀點淺談人工智慧之共益 *

李紀寬 助理教授　國立清華大學科技法律研究所

一、前言

　　在人工智慧技術發展前景下，國際組織、政府、非政府組織及公司，陸續規劃以人類及社會共同利益為目標的各種計畫，例如聯合國專門機構國際電信聯盟（International Telecommunication Union, ITU）組織的「AI for Good」平台、[1] 美國加州聖地牙哥市的智慧路燈計畫、[2] AI for Good Foundation、[3] Microsoft 的 AI for Good[4] 及 Google 的 AI for Social Good[5] 等計畫。雖然使用不同的名稱，這些計畫無非希望能透過人工智慧技術的應用，對人類及社會帶來「共益」之效果。

---

* 本文為科技部專題研究計畫之部分研究成果（MOST 110-2636-H-007-002-），作者謹向科技部致謝。

[1] AI FOR GOOD, https://aiforgood.itu.int/ (last visited Dec. 28, 2023)

[2] *"Smart Streetlights" to be Deployed in San Diego*, CITY OF SAN DIEGO, https://www.sandiego.gov/insidesd/smart-streetlights-be-deployed-san-diego (last visited Dec. 28, 2023).

[3] AI FOR GOOD FOUNDATION, https://ai4good.org/ (last visited Dec. 28, 2023).

[4] *Using AI for Good with Microsoft AI*, MICROSOFT, https://www.microsoft.com/en-us/ai/ai-for-good (last visited Dec. 28, 2023).

[5] *AI for Social Good – Google AI*, GOOGLE, https://ai.google/social-good/ (last visited Dec. 28, 2023).

　　然而人工智慧的影響並不僅存在於應用層面。從社會學觀點而言，人工智慧與社會互動產生「公共性」；「公共性」的現象則透過「公共化」更為彰顯，涉及人工智慧技術中問題意識、資料來源、詮釋應用及參與協作等問題。[6] 在法律領域中，智慧財產法則與上述問題密不可分。在智慧財產法制下，人工智慧技術有賴完善之制度促進其發展，研發與應用更涉及開放與限制之巧妙平衡關係。為鼓勵及保護人類智慧創作及發明，賦予智慧成果私人財產性質之權利被視為理所當然，然而本質上將可能與「公共化」有所齟齬。但智慧財產法內之限制與例外（limitations and exceptions）規定，使得私益與公益得以平衡——雖非「公共化」，但求「共益」。本文立基於智慧財產法的基礎價值，探討其與共益之密切關係：從技術研發過程之共益，論及技術本身保護與共益，並簡述技術完成後應用之保護與共益。

二、智慧財產與共益之理想

（一）智慧財產制度之規範基礎

　　依據世界智慧財產權組織（World Intellectual Property Organization, WIPO）的描述，智慧財產是指由工業、科學、文學及藝術領域之智慧活動，對於該產生之成果所享有法律上的權利。[7] 而其

---

[6] 林文源（09/07/2022），高等教育 AI 思維的教與學：STS 的公民科學與基礎設施觀點，AI 在教育領域應用研討會，https://youtu.be/JNFmxcYbcW4?t=2813（最後瀏覽日：12/28/2023）。

[7] WORLD INTELL. PROP. ORG., WIPO INTELLECTUAL PROPERTY HANDBOOK: POLICY, LAW AND USE 3 (2d ed. 2004), https://www.wipo.int/edocs/pubdocs/en/wipo_pub_489.pdf.

主要目的在於保障創作人以智慧創作之商品及服務，賦予創作人有期間限制的控制權。[8] 也因此，智慧財產制度常被簡化為兩種主要功能：[9] 第一為鼓勵創作人之激勵或誘因，第二則為排他權之創設、利用與分配。上述觀點在近代受到不少質疑，認為智慧財產未必能達到這些功能或目標。[10] 然而，對智慧財產制度批判者，大多僅對於一種規範基礎或立法理由提出質疑。[11] 智慧財產制度並非以單一理論所形成，而是由可並存及調和之多元價值（pluralism）建構，並非僅有單一功能或目標。自然權利論（natural rights）、人格權理論（personhood）、報酬理論（reward theory）、激勵理論（incentive theory）及效益主義（utilitarian）代表智慧財產制度鼓勵產生新的創作及改良現有創作。[12] 例如《與貿易有關之智慧財產權協定》（Agreement on Trade-Related Aspects of Intellectual Property Rights（TRIPS））第 7 條即規定：「智慧財產權之保護及執行應有助於促進技術創新、技術之移轉與散布、技術知識之創作者與使用者之互益，並有益於社會及經濟福祉及權利與義務之平衡。」國內法規範，於憲法層級則例如美國憲法規範國會

---

[8] *Id.* at 3.

[9] *See, e.g.*, ANNETTE KUR, THOMAS DREIER & STEFAN LUGINBUEHL, EUROPEAN INTELLECTUAL PROPERTY LAW: TEXT, CASES AND MATERIALS 6-8 (2d ed. 2019); Daniel J. Hemel & Lisa Larrimore Ouellette, *Innovation Policy Pluralism*, 128 YALE L.J. 544, 547-48 (2019).

[10] *See, e.g.*, Stephanie Plamondon Bair, *Impoverished Ip*, 81 OHIO ST. L.J. 523, 539-546 (2020)（認為先天經濟地位將影響創作之成果）.

[11] *See, e.g.*, Mark A. Lemley, *Faith-Based Intellectual Property*, 62 UCLA L. REV. 1328, 1337-38 (2015).

[12] *See, e.g.*, ROBERT P. MERGES, JUSTIFYING INTELLECTUAL PROPERTY 14 (2011); Brian L. Frye, *Machiavellian Intellectual Property*, 78 U. PITT. L. REV. 1, 10-11 (2016); Hemel & Ouellette, *supra* note 9, at 547-50.

有權力「促進科學和實用技藝的進步」。[13] 法律層級，則例如我國著作權法、專利法、營業秘密法及商標法之第 1 條，皆分別強調「調和社會公共利益」、「促進產業發展」或「促進工商企業正常發展」等為立法理由。

（二）人工智慧共益於智慧財產權領域之挑戰何在？

　　人工智慧共益，在智慧財產制度下的實踐必然面對兩個主要問題：首先，必須考量智慧財產制度，本質上是否與共益衝突；其次，若本質上不衝突，該如何達到共益之目標。

　　在人工智慧技術發展備受關注的時代，其提供的技術可能性讓公私部門、無分領域，分別或共同努力促進社會利益。如前述之國際電信聯盟、Google 及 Microsoft 等組織或計畫，無非希望人類面對人工智慧的態度，不單純是消極受管制的工具，而應賦予人工智慧能積極促進社會、人民及環境等利益作為目標。[14] 有學者將此目標稱為「公共化」，[15] 本文為避免「公共化」與智慧財產法「公共領域」（public domain）[16] 之概念相混淆，因此另稱為「共益」。本文所稱「共益」

---

[13] U.S. CONST. art. I, §8, cl. 8.

[14] *See* Luciano Floridi et al., *AI4People—An Ethical Framework for a Good AI Society: Opportunities, Risks, Principles, and Recommendations*, 28 MINDS & MACHINES 689, 689 (2018).

[15] 林文源（09/11/2021），公共化 AI：你我可以做什麼？，探索基礎科學講座，https://youtu.be/jw568aZ5ZHQ（最後瀏覽日：12/28/2023）；王道維、林昀嫺（2020/8/14），如何用 AI 創造社會共善？—— AI 公共化的契機，臺灣人工智慧行動網，https://ai.iias.sinica.edu.tw/how-to-create-common-good-in-society-with-ai/（最後瀏覽日：12/28/2023）

[16] *See generally* Pamela Samuelson, *Enriching Discourse on Public Domains*, 55 DUKE L.J. 783 (2006).

之觀念與「for good」、「for social good」及「common good」相接近，但不限於技術之應用層面。[17] 人工智慧的共益是非常抽象的概念，目前不少研究採取聯合國所倡議之永續發展目標（Sustainable Development Goals，SDGs）作為衡量指標，分析各種技術研發與目標之關聯性、對於這些觀念作出定義以及嘗試評估共益之效果。[18]

　　而智慧財產制度在人工智慧之共益將扮演什麼角色？智慧財產最重要之核心價值在於保護私人創造之智慧結晶。創作人所發明之技術及創作之內容，若屬於工業、科學、文學及藝術領域之成果，得以專利法、營業秘密法、著作權法等法律加以保護，權利人得請求公權力排除或防止對於權利的侵害。[19] 國際間奠基於激勵理論及效益主義，以智慧財產制度鼓勵創作，其背後源由在於避免創作及發明之市場失靈。由於智慧財產具無形體及非敵對性（non-rivalrous）等特色，有學者認為智慧財產具有「公共財」之性質。[20] 在智慧財產法制下，「智慧財產權」是屬於一種排他權，與典型之公共財必須具備「非排他

---

[17] *See* Donna Dickenson, *The Common Good*, *in* THE OXFORD HANDBOOK OF LAW, REGULATION AND TECHNOLOGY 135, 140-44 (Roger Brownsword, Eloise Scotford & Karen Yeung ed., 2017).

[18] *E.g.* Josh Cowls et al., *A Definition, Benchmark and Database of AI for Social Good Initiatives*, 3 NATURE MACHINE INTELLIGENCE 111 (2021); Samuel Fosso Wamba et al., *Are We Preparing for a Good AI Society? A Bibliometric Review and Research Agenda*, 164 TECH. FORECASTING & SOCIAL CHANGE (2021).

[19] 例如我國專利法第 96 條第 1 項及著作權法第 84 條。

[20] WILLIAM M. LANDES & RICHARD A. POSNER, THE ECONOMIC STRUCTURE OF INTELLECTUAL PROPERTY LAW 18-19 (2003) ("More accurately, it has public-good characteristics, for we shall show that in some circumstances propertizing intellectual property can prevent overuse or congestion in economically meaningful senses of these terms."); Wendy J. Gordon, *Fair Use as Market Failure: A Structural and Economic Analysis of the Betamax Case and Its Predecessors*, 82 COLUM. L. REV. 1600, 1610 (1982).

性」有些許差異。[21] 在沒有智慧財產法制的情況下，可能產生「以私人提供公共財」之情況（private supply of a public good），由於公共財之提供必然需要成本，支出成本無法回收將導致創作人及發明人喪失動機，進而降低生產。[22] 當創作人（權利人）難以排除搭便車行為，若創作人與搭便車者則處於競爭地位，創作成本可能高於搭便車，基於賽局理論，此時法律即應保護創作人。[23] 能夠促使私人提供公共財的方法，需要賦予提供者排他權及差別取價之權利，[24] 而這些權利面向，也確實落實在各國的智慧財產權法制內。

　　從另一個角度而言，智慧財產制度透過國家的法律，以促進技術創新、社會及經濟福祉及調和相關之權利義務，與聯合國的永續發展目標第 9 點——「產業、創新及基礎建設」[25] 及第 16 點——「和平、正義及健全的制度」直接相關。[26] 然而，智慧財產所能促進之永續發展目標絕非僅止於第 9 點及第 16 點，對於規範的設計，則可實質上促進更多共益目標。[27] 由於近代智慧財產法制多以效益主義作為

---

[21] 較多數學者認為「非敵對性」及「非排他性」為公共財的兩個必備要件。*See e.g.*, HAL R. VARIAN, MICROECONOMIC ANALYSIS 414 (3rd ed. 1992); *Public Goods*, STANFORD ENCYCLOPEDIA OF PHILOSOPHY (July 21, 2021), https://plato.stanford.edu/entries/public-goods/. *But see* Harold Demsetz, *The Private Production of Public Goods*, 13 J. L. & ECON. 293, 295 (1970)（Demsetz 教授則認為公共財並非不能具排他性質）。

[22] *See* Werner Güth & Martin Hellwig, *The Private Supply of a Public Good*, 5 J. ECON. 121, 121 (1986).

[23] *See* Wendy J. Gordon, *Asymmetric Market Failure and Prisioner's Dilemma in Intellectual Property*, 17 U. DAYTON L. REV. 853, 869 (1992).

[24] *See* Demsetz, *supra* note 21, at 293.

[25] UN Department of Economic and Social Affairs, Goal 9 | Department of Economic and Social Affairs, https://sdgs.un.org/goals/goal9 (last visited: Apr. 5, 2023).

[26] *Id.* at 16.

[27] *See* Margaret Chon, *Recasting Intellectual Property in Light of the U.N. Sustainable*

重要目的及規範基礎，與實體財產權之法制不同者，在於智慧財產法本身即帶有共益色彩，常見依法調和權利人、利用人及市場關係之立法模式，例如強制授權制度及法定之例外或限制（exceptions and limitations）。[28] 當法定權利賦予私人權益與社會公益產生衝突，此時法制則必須平衡多元價值，進行規範基礎之調和與實踐，這也是智慧財產領域一直以來的重要議題。

　　由於智慧財產是保護人類創作智慧結晶的主要法律制度，在人工智慧技術研發及應用逐漸普及的今日，智慧財產法領域已面臨相當多待探討之議題。從技術研發之歷程、技術本身之保護及技術完成後之應用，各階段分別涉及不同的智慧財產問題，其共益必須達到多元價值之調和。困難的是，各階段在現實生活中時常難以區辨，其交互影響則產生更複雜的智慧財產問題。[29] 首先，在人工智慧技術研發過程中，資料探勘及機器學習涉及近用（access）、收集、加工和運用許多「原始資料」（raw data）。這些近用及收集之「資料」、「資訊」（information）或檔案，種類繁多，不乏屬於受到其他智慧財產保護之客體。進一步經清理、加工或訓練後形成可利用之資訊、資料集（dataset）或「知識」（knowledge），可能將具備高度經濟價值，甚

Development Goals: Toward Global Knowledge Governance, 34 AM. U. INT'L L. REV. 763, 769-84 (2019).

[28] Robert P. Merges, Of Property Rules, Coase, and Intellectual Property, 94 COLUM. L. REV. 2655, 2668 (1994).

[29] 例如強化學習（reinforcement learning）在機器學習過程中，透過與外在之互動而增強學習成果，此時外在介入之方法可能涉及行為主體（人）及客體（可能為其他發明或著作），使得智慧財產關係更為繁複。關於強化學習之介紹，參見 STUART J. RUSSELL & PETER NORVIG, ARTIFICIAL INTELLIGENCE A MODERN APPROACH 789-91 (4th ed. 2021).

至已形成蓬勃發展的產業。[30] 此時，判斷資料之類型將有助於判斷在智慧財產法上的定性。而以電腦進行包含上述近用、收集、加工及應用，亦可能與智慧財產權利人之權利相衝突。

其次，電腦科學技術，不論硬體或軟體之創新，其不同層面及範圍可能受到不同的智慧財產法保護。電腦軟體的保護，以著作權、專利權及營業秘密為中心，其保護之分野一直以來是學界及實務界討論的重點。而人工智慧在技術上是否與一般電腦軟體具法律意義上之差異性，尚未達共識。

此外，運用人工智慧進行「發明」或「創作」而產出成果（output），已經不是科幻小說或電影中的劇情，能產出發明、設計、文學、科學或藝術等難辨是否為人類創作之成果。雖然實際技術研發及應用的狀況不同，但以人工智慧作為創作主體之觀念已引起熱烈討論。[31] 以人工智慧進行「發明」或「創作」，可能因為技術設計之差異、

---

[30] *See, e.g.*, Sheeraz Memon, *Data-Driven Customer Service Saves the Day*, Forbes (June 25, 2021), https://www.forbes.com/sites/servicenow/2021/06/25/data-driven-customer-service-saves-the-day/?sh=76c9e96d336d.

[31] 國內有不少相關論著，例如沈宗倫（2018），〈人工智慧科技與智慧財產權法制的交會與調和——以著作權法與專利權法之權利歸屬為中心〉，劉靜怡（等著），《人工智慧相關法律議題芻議》，頁 181-214，元照，陳龍昇（2019），〈由日本立法政策探討人工智慧創作成果與智慧財產權〉，《萬國法律》，226 期，頁 40-54；王怡蘋（2020），〈人工智慧創作與著作權之相關問題〉，李建良（等著），《法律思維與制度的智慧轉型》，頁 561-598，元照；謝國廉（2020），〈論專利法對人工智慧之保護—歐美實務之觀點〉，《高大法學論叢》，15 卷 2 期，頁 1-38；林利芝（2021），〈著作權決戰 AI 畫作——論人工智慧時代的藝術智慧在著作權法上之評價〉，《中原財經法學》，46 期，頁 45-90；陳家駿（2021），《人工智能 vs 智慧財產權》，元照；宋皇志（2022），〈從專利之歷史脈絡與經濟理論談人工智慧發明人議題〉，《萬國法律》，241 期，頁 12-19；許力儒、莊弘鈺（2022），〈人工智慧創作之著作權適格與歸屬——法律與技術之綜合觀點〉，《萬國法律》，241 期，頁 20-38。

人類參與程度之高低等因素而在法律上有不同評價。然而，是否保護人工智慧之產出雖不能一概而論，但仍因考量智慧財產規範基礎之多元價值。囿於篇幅限制，本文將不深入討論運用人工智慧產出成果之議題，而將聚焦於初探人工智慧研發過程及技術保護與共益之關係。

三、人工智慧研發過程的共益

據 WIPO 統計，截至 2016 年約有超過三分之一的人工智慧專利，使用機器學習作為背景研發技術。[32] 而近年機器學習的大幅進步之主因，則在於大量訓練資料（training data）的使用。[33] 依據其技術類別之不同，不論是監督學習（supervised learning）、非監督學習（unsupervised learning）、強化學習（reinforcement learning），皆需要運用到大量的資料。這些廣義的「資料」在類別、狀態及性質上，有相當大之差異。

（一）資料、資訊、知識與其規範

從獸皮、甲骨、布帛、紙張到大數據時代，人類記錄之內容也因為科技進步而日益多元豐富。對於記錄之內容，「資料」、「資訊」及「知識」等用語時常被相提並論；然而，由國際規範之發展史可得知，至少在法律意義上這些概念並非完全相同。關於資料、資訊及知

---

[32] WORLD INTELL. PROP. ORG., WIPO TECHNOLOGY TRENDS 2019: ARTIFICIAL INTELLIGENCE 14 (2019), https://www.wipo.int/edocs/pubdocs/en/wipo_pub_1055.pdf.

[33] See RUSSELL & NORVIG, supra note 29, at 27; WORLD INTELL. PROP. ORG., WIPO TECHNOLOGY TRENDS 2021: ASSISTIVE TECHNOLOGY 47, 49, 53, 57 (2021), https://www.wipo.int/edocs/pubdocs/en/wipo_pub_1055_2021.pdf.

識保護之規範，目前國際及內國規範，多採取針對不同面向以進行規範，因此較罕見以單一立法模式涵蓋。

　　1970 年代，電腦逐漸從軍用、學術使用普及於個人。由於儲存之資料涉及個人資訊，國際間有感當時規範對於個人資料保護之不足、國際規範落差、電腦及通訊技術並進等因素，對於效率、經濟成本及個人隱私權可能造成極大的侵害，因此經濟合作暨發展組織（Organisation for Economic Cooperation and Development, OECD）於 1978 年成立了專家小組，開啟了針對資料及資訊保護規範國際合作的濫觴。[34] 該專家小組促成了 1980 年《保護個人資料之隱私及跨境傳輸管制準則》。[35] 1981 年，以歐洲國家為主的《自動化處理個人資料保護公約》正式以公約之形式擴展個人資料之保護。[36] 到了 1996 年，《資料庫指令》則反映了歐盟對於資料財產價值重視，在著作權可能無法保護所有具價值之資料的情況下，賦予資料庫本身（而非資料庫之內容）特別權利（*sui generis*）。[37] 2006 年《資料保存指令》則針對網路服務提供業者及行動通訊業者所收集的資料保存進行規範。[38] 2018 年歐盟的《一般資料保護規範》（General Data Protection Regulation, GDPR）則為近年最為詳細、涉及層面最為廣泛的資料規範，特別以

---

[34] OECD, THIRTY YEARS AFTER THE OECD PRIVACY GUIDELINES 7-8 (2011), https://www.oecd.org/sti/ieconomy/49710223.pdf.

[35] OECD, RECOMMENDATION OF THE COUNCIL CONCERNING GUIDELINES GOVERNING THE PROTECTION OF PRIVACY AND TRANSBORDER FLOWS OF PERSONAL DATA (1980).

[36] Convention for the Protection of Individuals with Regard to Automatic Processing of Personal Data, Jan. 28, 1981, E.T.S. No. 108.

[37] Directive 96/9, of the European Parliament and of the Council of 11 March 1996 on the legal protection of databases, 1996 O.J. (L 77) (EC).

[38] Council Directive 2006/24, 2006 O.J. (L 105) (EC).

個人資料之處理與流通為主要規範目的。[39] 我國則參考 OECD 之準則，於 1995 年制定《電腦處理個人資料保護法》，[40] 歷經兩次修正，現行法名稱變更為《個人資料保護法》，「個人資料」之範圍調整增加為各種得以直接或間接方式識別該個人之資料。[41]

　　藉由處理不同資料，可獲得不同的資訊。諸如上述舉例個人資料保護的相關規範中，資料的意義是受到限縮的，由於法規立法目的主要保護人格權中以隱私權為主之精神權利，因此若資料不含識別或可得識別自然人之資訊，即非規範客體（例如氣象資料、交通資料及行政區之人口相關資料等）。資料、資訊及知識，有其內容質與量之差異：光譜一端為資料，個別的資料屬於較特定之內容，質與量較少；而資訊呈現了資料匯集後的面貌，其內容的質與量大多高於資料，一般是經過處理而形成；而知識則為資料及資訊之組合，其內容的質與量則更高於兩者，透過不同學科的基礎，產生對於資料及資訊的理解、評價等方法而形成。[42]

　　上述國際規範之客體少見「知識」，原因在於一般認為「知識」不具敵對性（non-rivalry）且不具排他性（non-excludable），屬於公共財，應由人類文明所共有。[43] 然而，知識的特定形式能透過國家法律制度產生排他性，智慧財產法制則為此種制度之例。知識的「表達」（expression），若符合原創性及其他法定要件，則著作權能提供創作

---

[39] Regulation 2016/679, 2016 O.J. (L 119).

[40] 立法院公報處（1994），《立法院公報》，83 卷 45 期，頁 523，立法院。

[41] 個人資料保護法第 2 條第 1 項第 1 款。

[42] *See* Council Directive 2019/790, 2019 O.J. (L 130) pmbl. (8)-(9). 關於資料、資訊及知識等相關概念之定義，參見李崇僖（2020），《人工智慧競爭與法制》，頁 103-106，翰蘆。

[43] JEAN TIROLE, ECONOMICS FOR THE COMMON GOOD 431 (2017). *See generally* VARIAN, *supra* note 21, at 414.

人排他權；知識若為技術之創作，可能屬於「發明」而由專利法賦予發明人排他權。此外，資料、資訊及知識，若有獨立經濟價值、具秘密性、以合理保密措施維持秘密性，此時則屬於營業秘密之保護，權利人亦具有排他權。

從國際及內國規範可得知世界各國對於資料、資訊及知識規範，著重對於資料及資訊中涉及人格權保護之內涵，多數規範源於並集中在隱私權範疇之保護；然而，資料及資訊保護可能涉及包含智慧財產、國際貿易及投入資源等議題。[44] 對於無法以直接或間接方式識別個人之資料、資訊及知識，並非人格權或隱私權之範疇，相關規範涉及層面廣，則可能涉及人格權財產面向之保護、智慧財產法或競爭法。

（二）研發過程之挑戰

人工智慧技術研發所運用之訓練資料種類繁多，並非僅牽涉與個人相關之資料，有相當多資料及資訊內容，不是以人類為記錄標的。技術研發成功與否，其中之一的重要因素在於訓練資料之數量及良莠。法律對於資料及資訊之管制，亦非僅關注人格權之保護，對於資料、資訊及知識之經濟價值，透過不同之規範賦予保護。因此，資料之經濟價值衍生出一體兩面之難題：保護部分符合特定情況之資料及資訊，可提供資料處理、資料庫等產業經營之誘因，固可避免「以私人提供公共財」之形成；然而，資料及資訊之開放，卻可大幅降低資料及資訊近用之成本，促進人工智慧及機器學習技術之進步。

若對比觀察近年著重隱私相關之資料保護規範繁複之程度，對於資料財產性質所涉及之規範則呈現分散而未有定論。不同類別的資

[44] Peter K. Yu, *Data Producer's Right and the Protection of Machine-Generated Data*, 93 TUL. L. REV. 859, 917-25 (2019).

料，依其性質是否適合以智慧財產賦予保護、或區別規範、或適用競爭法，仍為現今法界的重要議題。在硬體運算、軟體及網路進步的環境下，資料探勘、資料分析與資料庫應用大幅成長，在日常生活中隨處、隨時可見。為驅動人工智慧的運作，科技公司投入人力、時間及資金，設計資料收集、清理（Data Cleaning）、分析、運算及應用的各種程式，以高度自動化的方式收集、並產生許多具有經濟價值的資料及資訊。基於其經濟價值，資料探勘與分析已形成一個獨立而相當成功的產業。[45]

　　私人心血投入資料及資訊的相關工作，似乎符合智慧財產權保護理論。若經過人為進行較高度之投入，可能使得資料及資訊轉換為受到著作權法保護之客體，形成衍生著作或編輯著作。[46] 國際間亦有保護資料庫之立法模式，例如歐盟《資料庫指令》為補足著作權法之限制，將資料庫保護擴及至未經處理（選擇或編排）之資料。此種規範模式是採取競爭法之觀點，以雙軌保護確保人類對於取得（obtaining）、識別（verifying）及呈現（presenting）之投入資源獲得保護。[47] 此外，一般公眾所周知資訊之組合，亦可能受到營業秘密

---

[45] *List of Top Data Mining Companies*, CRUNCHBASE, https://www.crunchbase.com/hub/data-mining-companies (last visited Dec. 28, 2023); Dave Johnson, *A guide to data mining, the process of turning raw data into business insights*, BUSINESS INSIDER (May 15, 2021, 1:58 AM), https://www.businessinsider.com/what-is-data-mining.

[46] Berne Convention for the Protection of Literary and Artistic Works art. 2(3), (5), Sep. 28, 1979; 著作權法第 7 條。

[47] Council Directive 96/9, 1996 O.J. (L 77) pmbl. (40) (EC). 參見張懿云、陳錦全（2005），〈國際智慧財產權法制對「不具原創性資料庫」之保護（下）〉，《智慧財產權月刊》，77 期，頁 84-85。

保護。[48] 此外，科技巨頭不少提供「資訊」或「知識」之相關服務，例如 Facebook 提供外部網站之框架連結（framing）及 Google 搜尋結果中將其他網站之資訊及縮圖（例如照片、新聞摘要等內容）呈現於自身公司之網站內，此服務態樣長期受到媒體產業之關注。[49] 雖然各國對此商業模式認可程度不一，但已有數國認為此種利用他方「資訊」或「知識」之相關服務侵害了媒體業之權利。[50] 歐盟各成員國有感出版業於數位經濟下之市場變化，於 2019 年頒布《數位單一市場著作權指令》，其中第 15 條及第 16 條即保護出版業對於「資訊」經濟價值之權利，並他方於線上利用該資訊時，應向出版業支付合理之補償。[51] 而近年歐盟繼續針對數位服務及數位市場提出相應規範——《數位服務指令》[52] 及《數位市場指令》，[53] 則以競爭法對於資料及

[48] Ferroline Corp. v. Gen. Aniline & Film Corp., 207 F.2d 912, 921 (7th Cir. 1953); Imperial Chem. Indus. Ltd. v. Nat'l Distillers & Chem. Corp., 342 F.2d 737, 742 (2d Cir. 1965).

[49] Nicole Martin, *The Battle Between Google and EU Online Copyright Reform*, FORBES (Sep. 26, 2019), https://www.forbes.com/sites/nicolemartin1/2019/09/26/the-battle-between-google-and-eu-online-copyright-reform/.

[50] *E.g.,* Court of Justice of the European Union Press Release 108/19, A German Provision Prohibiting Internet Search Engines from Using Newspaper or Magazine Snippets without the Publisher's Authorisation Must Be Disregarded in the Absence of Its Prior Notification to the Commission (Sep. 12, 2019), https://curia.europa.eu/jcms/upload/docs/application/pdf/2019-09/cp190108en.pdf.

[51] Council Directive 2019/790, 2019 O.J. (L 130) (EU).

[52] *Proposal for a Regulation of the European Parliament and of the Council on a Single Market For Digital Services (Digital Services Act) and amending Directive 2000/31/EC*, COM (2020) 825 final (Dec. 15, 2020).

[53] *Proposal for a Regulation of the European Parliament and of the Council on Contestable and Fair Markets in the Digital Sector (Digital Markets Act)*, COM (2020) 842 final (Dec. 15, 2020).

資訊進行管制。我國近年亦逐漸關注數位平台與媒體議價議題，[54] 可見數位市場中的「資訊」及「知識」之價值仍相當受到重視。

　　由於資料、資訊及知識可能受到不同程度的保護，以權利人的角度而言，共益並非易事。依據不同技術設計研發，使用的訓練資料自然有些許差異。舉例而言，訓練機器翻譯（Machine Translation）所需之訓練資料，包含著作及其對應之翻譯著作——如字典、語料庫（corpora）及各類型翻譯作品等。以運用於訓練圖形相關技術的「生成對抗網路」（Generative Adversarial Network，GAN）[55] 為例，其技術研發過程，仍需要照片或圖片作為訓練資料。[56] ChatGPT 則以網路上的文字，包含對話訓練而成。[57] 其他例如音樂、[58] 視聽著作[59] 等相關人工智慧技術研發，所需要之訓練資料亦可能為受著作權法所保護之客體。此外，某些類別的訓練資料則更可能同時涉及智慧財產、競爭法及契約所規範。在 2020 年 5 月，跨國媒體集團 Thomson Reuters 對新創公司 ROSS Intelligence 提起訴訟，Thomson Reuters 認

[54] 中央社（02/15/2023），〈立委辦數位平台與媒體議價公聽會 促立法分潤〉，https://www.cna.com.tw/news/aipl/202302150156.aspx。

[55] Ian J. Goodfellow et al., *Generative Adversarial Networks*, arXiv:1406.2661 [stat. ML] (June 10, 2014), https://arxiv.org/abs/1406.2661.

[56] *E.g.*, Jun-Yan Zhu et al., *Generative Visual Manipulation on the Natural Image Manifold*, arXiv:1609.03552v3 [cs.CV] (Dec. 16, 2018), https://arxiv.org/abs/1609.03552.

[57] *ChatGPT General FAQ*, ChatGPT, https://help.openai.com/en/articles/6783457-chatgpt-general-faq (last visited Dec. 28, 2023).

[58] *E.g.*, Jean-Pierre Briot et al., *Deep Learning Techniques for Music Generation - A Survey*, arXiv:1709.01620v3 [cs.SD] (Mar. 23, 2019), https://arxiv.org/abs/1709.01620.

[59] *E.g.*, Dinesh Acharya et al., *Towards High Resolution Video Generation with Progressive Growing of Sliced Wasserstein GANs*, arXiv:1810.02419v2 [cs.CV] (Dec. 6, 2018), https://arxiv.org/abs/1810.02419.

為 ROSS 委託一間法律資料檢索服務公司大量取得 Thomson Reuters 旗下的 Westlaw 法學資料庫中的文件作為機器學習訓練資料，侵害 Thomson Reuters 的著作權及侵害契約關係（tortious interference with contract）。[60] 於 2022 年底至 2023 年初，以 Matthew Butterick 為首的幾位法律及資訊工程背景的團隊，向 GitHub、微軟及 OpenAI 等公司提出民事集體訴訟，主張被告為研發 Copilot，未經授權而運用權利人儲存在 GitHub 內之程式碼進行機器學習。[61] 然而，這些例子可能僅是冰山一角。若未經授權而利用他人之著作、專利或違反契約，研發流程可能產生法律糾紛，其成果更可能存在權利瑕疵，增加人工智慧技術研發之不確定性。

（三）研發之共益？

　　雖然研發所運用之資料、資訊及知識，可能受到不同程度之保護，然而由於智慧財產法多元價值觀點之影響，使得財產保護仍有其限制及例外。世界各國對於智慧財產之限制及例外，採取不同立法模式，[62] 我國現行著作權法關於著作財產權限制之類別，[63] 未針對電腦資料處理特定類別，其中雖有教學、個人或家庭、研究等特定限制規

---

[60] Thomson Reuters Enter. Ctr. GmbH v. ROSS Intel. Inc., No. CV 20-613-LPS, 2021 WL 1174725, at *3 (D. Del. Mar. 29, 2021).

[61] J. DOE 1 v. GitHub, Inc, No. 4:22-cv-06823 (N.D. Cal. filed Nov. 3, 2022).

[62] 參見謝國廉（2014），〈論著作財產權之例外——從英國法之相關變革出發〉，劉孔中（等著），《國際比較下我國著作權法之總檢討（下冊）》，頁 383-391，中央研究院法律學研究所。

[63] 以現行著作權法第 3 章第 4 節第 4 款「著作財產權之限制」而言，由於第 65 條之概括規定使得各類別限制並不窮盡，效果上似乎為例示；然而對比國外立法例，「著作財產權之限制」與合理使用本為兩種不同之概念，因此各種例外在法理上似乎應為列舉之情形。

定，但法條在文義及目的上，皆難以擴張適用於人工智慧研發之情形。然而，除了特定類型之著作財產權限制外，我國參酌美國聯邦著作權法§107，以著作權法第65條作為概括之「合理使用」規定，依據利用之目的及性質、著作之性質、所利用之質量及其在整個著作所占之比例及利用結果對著作潛在市場與現在價值之影響，審酌四個要素及綜合判斷後，得以權衡權利人之權益與利用人行為之平衡。雖然概括式之「合理使用」規定，賦予利用人及司法實務相當彈性之空間，但由於各國文化、人民法意識之差異，導致實際適用範圍具備高度不確定性，使利用行為動輒得咎，甚可能影響研發意願。[64]

　　歐盟執行委員會（European Commission）為因應科技對市場帶來之衝擊，在《數位單一市場著作權指令》特別針對文字及資料探勘要求成員國設置例外及限制規定。[65] 第3條規定歐盟成員國應提供研究機構及文化遺產組織，若具備適法之近用管道，並以科學研究為目的對受保護客體進行重製（reproduction）及提取（extraction）等文字及資料探勘工作，此時應符合權利人行使著作權之例外。而第4條則未限定身分及目的，適用例外或限制予任何具有適法之近用管道之人，但前提為權利人未明示保留任何權利。日本則於2018年亦須多次修正著作權法，其中第30條之4對於「非基於享受思想表達之利用」，對於電腦處理資訊利用之情形，增訂有權利人之限制。[66] 此種透過特別立法賦予之例外或限制，對於從事人工智慧技術研發工作者，是非常友善且量身訂作的法規範。因此，並非基於人工智慧研發之目的，即可任意利用所有可接觸到之資料、資訊及知識。

---

64 參見〈著作權法草案修法總說明〉，劉孔中（等著），《國際比較下我國著作權法之總檢討（下冊）》，頁548，中央研究院法律學研究所。
65 Council Directive 2019/790, 2019 O.J. (L 130).
66 日本著作權法第30條之4（2018）.

　　然而各國學者亦對於現行規範，提出不同之改善觀點。有學者主張文字及資料探勘、機器學習等行為，事實上並未侵害傳統著作權法所捍衛之核心價值──著作權僅保護表達。1992 年，美國聯邦第九巡迴上訴法院在 Sega Enterprises Ltd. v. Accolade, Inc. 案，認為以非（經濟上）利用之目的（non-exploitative purpose）重製他人之著作，此利用之商業性質極微，應被認為對成立合理使用有利。[67] 因此，一些學者將這種利用方式稱為「非表達之利用」（non-expressive use），主張文字及資料探勘、機器學習等應用，並非著作權法意義上之重製。[68] 亦有學者以利用之主體分析利用行為，以人類觀點是感知「著作」，但若為機器之觀點，則為讀取「資料」。[69] 本文認為，判斷著作利用是否構成著作權侵害之時點，目前實務案例大多分析被告於各階段實質應用電腦之情況，似乎難以將所有電腦、文字及資料探勘、機器學習等利用一概簡化為「非表達之利用」。以美國之案件為例，在 Authors Guild v. Google, Inc. 案中，Google 圖書之檢索（search）與片段預覽（snippet view）兩種功能，分別被法院所檢視，而非直接將 Google 圖書作為一個整體服務加以判斷。[70] Fox News Network, LLC v. TVEyes, Inc. 案中，法院亦肯認必須將技術流程中個別功能區

---

[67] Sega Enterprises Ltd. v. Accolade, Inc., 977 F.2d 1510, 1522-1523 (9th Cir. 1992), as amended (Jan. 6, 1993).

[68] *E.g.* Matthew Sag, *Copyright and Copy-Reliant Technology*, 103 Nw. U. L. Rev. 1607, 1624 (2009); James Grimmelmann, *Copyright for Literate Robots*, 101 Iowa L. Rev. 657, 661 (2016); Benjamin L. W. Sobel, *Artificial Intelligence's Fair Use Crisis*, 41 Colum. J.L. & Arts 45, 51-52 (2017); Mark A. Lemley & Bryan Casey, *Fair Learning*, 99 Tex. L. Rev. 743, 762 (2021).

[69] Amanda Levendowski, *How Copyright Law Can Fix Artificial Intelligence's Implicit Bias Problem*, 93 Wash. L. Rev. 579, 625 (2018).

[70] Authors Guild v. Google, Inc., 804 F.3d 202, 214 (2d Cir. 2015).

別判斷，[71] 於 Capitol Recs., LLC v. ReDigi Inc.、[72] Google LLC v. Oracle America, Inc.[73] 皆採相同判斷方法。有鑑於文字及資料探勘、機器學習及人工智慧技術之研發，在各階段未必為線性之流程，研發過程中資料之分享、授權他人利用之情形稀鬆平常，進行文字及資料探勘之目的及性質，未必等同於運用資料進行機器學習之目的及性質，更未必等同於人工智慧技術研發之目的及性質。舉例而言，學術研究機構可能向文字及資料探勘公司購買訓練資料集，將學術研究之成果授權公司商用，於各個階段在著作權法上之目的及性質皆不相同。此外，近年亦有案件中被告雖成立合理使用，但仍因為違反反規避規範（anti-circumvention）而仍應負侵害責任之例。[74]

　　然而，資料之共益亦非不可能。現今例如聯合國、OECD 等國際組織嘗試建構「公益的資料運用」（data philanthropy），[75] 但必須面對目前欠缺管制框架及具體作法的挑戰。[76] 依據資料擁有者之差別，存在不同共益模式之可能性。以國家之角度而言，由於政府透過施政取得大量各種資訊，政府可依據資料之性質，藉由不同授權或開放方法，使得民眾得以近用。[77] 例如新加坡的資訊、通訊及媒體發展管理

[71] Fox News Network, LLC v. TVEyes, Inc., 883 F.3d 169, 184 (2d Cir. 2018).

[72] Capitol Recs., LLC v. ReDigi Inc., 910 F.3d 649, 656 (2d Cir. 2018).

[73] Google LLC v. Oracle Am., Inc., 141 S. Ct. 1183, 1200-02 (2021).

[74] Apple Inc. v. Corellium, LLC, 510 F. Supp. 3d 1269, 1296 (S.D. Fla. 2020).

[75] CHARLOTTE M. WESTBROOK, U.N. DEVELOPMENT PROGRAMME, DATA PHILANTHROPY, INTERNATIONAL ORGANIZATIONS AND DEVELOPMENT POLICY: ETHICAL ISSUES TO CONSIDER (2020), https://www.undp.org/publications/data-philanthropy-international-organizations-and-development-policy-ethical-issues (last visited Dec. 28, 2023); *OECD Centre on Philanthropy*, OECD, https://www.oecd.org/development/philanthropy-centre/ (last visited Dec. 28, 2023).

[76] Yafit Lev-Aretz, *Data Philanthropy*, 70 HASTINGS L.J. 1491, 1514-19 (2019).

[77] *See generally* Jyh-An Lee, *Licensing Open Government Data*, 13 HASTINGS BUS. L.J.

局（Infocomm Media Development Authority, IMDA）及個人資料保護委員會（Personal Data Protection Commission, PDPC）制定「可信任之資料共享框架（trusted data sharing framework）」，試圖透過政府發揮監督、強化合作信任、法規遵循、資料鑑價及風險管控等功能。[78] 以民間的角度而言，亦可能透過合作之方式達到一定程度之共益。以資料共享較為普及的醫學研究領域為例，不少研究透過「資料聯盟」（data pool）之方式促進共益，[79] 如 CancerLinQ、[80] 由於 COVID-19 疫情所進行的隨機臨床試驗（Randomized Clinical Trials, RCTs）[81] 等等。由於醫學資料涉及不同面向之法律規範，如民法、醫療法、著作權法、營業秘密法等，除了法規限制外，須面臨去識別化、分享檔案格式、方法等資料處理之過程，存在一定之固定成本，成為「資料聯盟」建構的最大阻礙，[82] 有將此現象比喻為類似「專利樹叢」（patent thicket）之「資料樹叢」（data thicket）。[83] 承前所述，資料的公共化或共益，必須思考如何解決「以私人提供公共財」缺乏誘因之困境。

207, 217-39 (2017).

[78] *Enabling Data-Driven Innovation Through Trusted Data Sharing in A Digital Economy*, SINGAPORE INFOCOMM MEDIA DEVELOPMENT AUTHORITY (June 28, 2019), https://www.imda.gov.sg/Content-and-News/Press-Releases-and-Speeches/archived/IMDA/Press-Releases/2019/Enabling-Data-Driven-Innovation-Through-Trusted-Data-Sharing-In-A-Digital-Economy.

[79] *See generally* Michael Mattioli, *The Data-Pooling Problem*, 32 BERKELEY TECH. L.J. 179 (2017).

[80] ASCO CANCERLINQ, https://www.cancerlinq.org/ (last visited Dec. 28, 2023).

[81] *See generally* Eva Petkova, Elliott M. Antman & Andrea B. Troxel, *Pooling Data From Individual Clinical Trials in the COVID-19 Era*, 324 JAMA 543 (2020).

[82] *See* Mattioli, *supra* note 79, at 214-19.

[83] Giulia Schneider, *Health Data Pools under European Policy and Data Protection Law: Research as a New Efficiency Defence?*, 11 JIPITEC 49, 51-53 (2020), https://www.jipitec.eu/issues/jipitec-11-1-2020/5082.

若採以國家或政府供給資料、資訊或知識，雖能解決誘因問題，但必須謹慎評估政府取得、授權或開放資料之正當性、用途及造成之影響；[84] 此外，亦應注意共益與資料經濟之衝突，避免過度干預資料產業及市場之自由發展。

　　以研發者的角度而言，人工智慧相關技術之使用可能涉及利用他人之著作及專利。[85] 除了資料及資訊之利用，工程師亦可能應用到他人已完成之電腦軟體之全部或一部分，作為自己程式中之一部分，此時程式中即包含他人之程式碼。例如美國聯邦最高法院於 2021 年 4 月作出 Google v. Oracle 案判決，[86] 將長達十多年的爭訟告一段落。法院檢視了 Android 系統中的屬性宣告碼（declaring code），認為其功能在於將不受著作權法保護之觀念與受保護之表達連結，因此相較於電腦程式的其他類型程式碼，在著作的性質判斷上，屬性宣告碼屬於光譜中較不受保護的類型，其利用較可能傾向於合理使用。[87]

　　對於人工智慧相關技術的實施，可能透過非公開使用、研究或實驗的情形，實施到他人之專利。雖我國專利法第 59 條規定專利權效力之限制，其中「非出於商業目的之未公開行為」之定義，可能在現代研發態樣多變的情況下，有適用及解釋上不明確之處。2011 年專利法修法增訂說明提及，我國修法係參考德國專利法及英國專利法，認定非商業目的之行為為專利權效力所不及。[88] 至於研究或實驗

---

[84] 參見李崇僖，前揭註 42，頁 107。

[85] 由於主題及篇幅限制，本文未討論以人工智慧作為侵權主體之議題。該主題之詳細論述請參見沈宗倫（2020），〈人工智慧科技對於專利侵權法制的衝擊與因應之道——以責任歸屬為中心〉，李建良（等著），《法律思維與制度的智慧轉型》，頁 523-562，元照。

[86] Google LLC v. Oracle Am., Inc., 141 S. Ct. 1183 (2021).

[87] Id. at 1202.

[88] 經濟部智慧財產局（2011），《專利法修正總說明》，頁 67-68，https://topic.

行為是否符合「非營利目的」，其認定亦相當困難，例如修正說明提及刪除「教學」一詞即為此考量。美國專利法承認實驗目的之使用（experimental use）作為專利侵權抗辯之一種，此由判例法累積形成，後納入聯邦法 § 271（e）（1）成為明文之抗辯事由。然而，該條文之目的為賦予醫藥產業實驗例外。即使美國最高法院在 Merck KGaA v. Integra Lifesciences I, Ltd. 案擴張了實驗使用，但文義之極限仍未超出醫藥之實驗。[89] 而判例法仍有其他領域之實驗例外，例如 Madey v. Duke Univ. 案中，涉及學校續用離職員工受專利保護之自由電子雷射器（FEL）進行相關實驗。[90] 雖然杜克大學主張學校使用為非營利及教育之實驗，聯邦巡迴上訴法院則強調，當該利用行為有助於被告之商業利益，若非單純為娛樂（amusement）、滿足好奇心（satisfy idle curiosity）或為哲理上探究（strictly philosophical inquiry），該行為即可能不符合實驗使用之例外抗辯事由。[91] 有論者認為，美國法之實驗目的抗辯在 Madey 案後受到大幅縮減，其實質影響有待觀察。[92]

　　然而，基於電腦軟體之特性以及產業發展歷程，使得人工智慧研究發展亦受影響，呈現產業內既合作又競爭之現況。

tipo.gov.tw/patents-tw/dl-276328-d09636b0177f43478f898bc9ede6eab8.html（最後瀏覽日：2023/12/28）

[89] Merck KGaA v. Integra Lifesciences I, Ltd., 545 U.S. 193, 202, 205-207 (2005).

[90] Madey v. Duke Univ., 307 F.3d 1351 (Fed. Cir. 2002).

[91] *Id.* at 1362-63.

[92] *See* Kris J. Kostolansky & Daniel Salgado, *Does the Experimental Use Exception in Patent Law Have A Future?*, 2018 COLO. LAW. 32, 37 (2018).

四、人工智慧技術之保護與共益

　　「人工智慧技術」之保護議題涉及諸如電腦軟體、程式碼、演算法等相關技術之保護。在智慧財產鼓勵創新之背景下，人工智慧技術之發明人或程式撰寫者，大多會採取智慧財產保護其心血結晶；此時，技術保護與共益可能形成衝突。

（一）人工智慧技術之保護

　　就人工智慧科學領域，人工智慧指瞭解及建造具有智慧的個體，這個個體是一種可對於各式各樣情境進行有效率及安全運算之機器。[93] 以現今技術發展而言，廣義的人工智慧應用可能包含自駕車、機器人、自動計畫及排程、機器翻譯、語言辨識、推薦系統、遊戲、圖形辨識、醫藥、環境科學等等領域。[94] 而業界所稱之人工智慧，絕大多數包含使用電腦軟體及硬體作為技術核心之科技。[95] 目前各別智慧財產制度賦予電腦軟體之保護並非涇渭分明。[96] 人工智慧技術及電腦軟體，依據欲保護之客體及範圍、權利人之偏好及競爭考量等因素，得以專利權及營業秘密法保護技術，由著作權則保護程式碼及程

---

[93] RUSSELL & NORVIG, *supra* note 29, at 1.

[94] *Id.* at 28-30.

[95] *E.g. AI and Machine Learning Products*, GOOGLE CLOUD, https://cloud.google.com/products/ai (last visited Dec. 23, 2023); NAT'L INST. OF STANDARDS AND TECH., U.S. DEP'T OF COM., U.S. LEADERSHIP IN AI: A PLAN FOR FEDERAL ENGAGEMENT IN DEVELOPING TECHNICAL STANDARDS AND RELATED TOOLS 7-8 (2019).

[96] *See* Pamela Samuelson, *Staking the Boundaries of Software Copyrights in the Shadow of Patents*, 71 FLA. L. REV. 243 (2019); Peter S. Menell, *Rise of the Api Copyright Dead?: An Updated Epitaph for Copyright Protection of Network and Functional Features of Computer Software*, 31 HARV. J.L. & TECH. 305 (2018).

式之表達部分。

　　據 WIPO 2019 年的統計報告，在 2012 到 2016 年間，人工智慧的專利家族平均成長 28%，人工智慧相關的學術發表則增加約 5.6%。[97] 此現象也反映了發明人相當仰賴專利權加以保護人工智慧技術。我國專利法中之發明專利，保護「利用自然法則之技術思想之創作」，而當人工智慧電腦程式相關整體、人工智慧電腦程式控制之機器發明及人工智慧電腦程式控制之方法發明具有技術性時，在符合其他專利要件下，可受到專利權保護。[98] 我國經濟部智慧財產局對於人工智慧之專利保護相當關注，由 2019 年的《我國人工智慧相關專利申請概況及申請人常見核駁理由分析》報告中可得知，智慧局將「人工智能」、「機器學習」、「神經網路」、「神經網絡」、「深度學習」及「學習演算」等用語，認定為人工智慧技術直接相關之關鍵詞。[99] 該報告以 2018 年我國的人工智慧技術相關申請案為分析標的，在 517 件經提出審查意見之申請案中，核駁理由有 405 件不具新穎性或進步性、190 件請求項不明確、128 件其他不予專利之事由、62 件說明書未明確且充分揭露及 21 件不符合發明之定義。[100] 我國現行《專利審查基準彙編》中的〈電腦軟體相關發明審查基準〉歷經 7 年，於 2021 年通過修正並生效。[101] 此次修正主因之一，即在於針對大數據及人工智

---

[97] WORLD INTELL. PROP. ORG., *supra* note 32, at 40.

[98] 經濟部智慧財產局（2021），《專利審查基準彙編》，頁 2-2-1 - 2-2-3，https://topic.tipo.gov.tw/patents-tw/cp-682-870087-abf9a-101.html（最後瀏覽日：2023/12/28）。

[99] 經濟部智慧財產局（2019），《我國人工智慧相關專利申請概況及申請人常見核駁理由分析》，頁 18，https://www.tipo.gov.tw/tw/cp-85-859330-1189b-1.html（最後瀏覽日：2023/12/28）

[100] 經濟部智慧財產局，前揭註 99，頁 34-44。

[101] 經濟部智慧財產局（06/21/2021），〈修正「專利審查基準」第二篇第十二章

慧等技術進步，因應產業變化需求所作。[102] 然而施行後對於人工智慧相關軟體保護的影響，仍待觀察。

　　美國法近年軟體之專利權保護則亦未有定論。自 Benson 案、[103] Flook 案、[104] Diehr 案、[105] Bilski 案，[106] 到近年的 Alice 案 [107] 提出了適格性之兩階段判斷標準，再次引起廣泛討論。然而美國法界對於 Alice 案後軟體專利保護之觀察，仍呈現眾說紛紜的現象。有認為對於抽象觀念之專利予以限縮，使得電腦軟體相關之專利申請案核駁率上升。[108] 亦有相反觀點認為，依據自 2014 年判決後之數據顯示，美國軟體產業投入研發經費仍有成長，電腦產業就業人數亦逐年增加。[109] 律師 Joseph Saltiel 指出，雖然 Alice 案判決後的幾年，軟體專利因為 Alice 案判斷基準認定不適格之情形有上升趨勢，但於 2015 年後，因 Alice 判斷基準認定不適格之情形又呈現下降的情形（減半），並認為該趨勢將持續樂觀。[110] 美國專利及商標局（United States Patent

---

電腦軟體相關發明，並自中華民國 110 年 7 月 1 日生效〉，https://www.tipo.gov.tw/tw/cp-85-891201-9f474-1.html（最後瀏覽日：2023/12/28）。

[102] 經濟部智慧財產局（06/30/2021），〈修正「電腦軟體相關發明審查基準」於 110 年 7 月 1 日起正式施行〉，https://www.tipo.gov.tw/tw/cp-884-893195-40b0b-1.html（最後瀏覽日：2023/12/28）。

[103] Gottschalk v. Benson, 409 U.S. 63 (1972).

[104] Parker v. Flook, 437 U.S. 584 (1978).

[105] Diamond v. Diehr, 450 U.S. 175 (1981).

[106] Bilski v. Kappos, 561 U.S. 593 (2010).

[107] Alice Corp. v. CLS Bank International, 573 U.S. 208 (2014).

[108] *See* Jasper L. Tran, *Alice at Seven*, 101 J. PAT. & TRADEMARK OFF. SOC'Y 454, 457 (2021).

[109] Daniel Nazer, *Happy Birthday Alice: Four Years Busting Software Patents*, ELECTRONIC FRONTIER FOUNDATION (June 22, 2018), https://www.eff.org/deeplinks/2018/06/happy-birthday-alice-four-years-busting-software-patents.

[110] Joseph Saltiel, *In the Courts: Five Years after Alice - Five Lessons Learned from the*

and Trademark Office, USPTO）於 2020 年 4 月，亦公布了專門針對 Alice 案對於專利申請影響的官方報告，指出 Alice 判斷基準認定不適格之情形有大幅減少，反映對於軟體專利未如同法界普遍批評之負面影響。[111] 對此，論者批評該數據樣本未區分 Alice 判斷基準認定不適格之情形，及易於克服 § 101 形式認定不適格之情形，造成數據未能反映真實申請狀況。[112]

　　然而人工智慧之發明審查之基準，是否應適用電腦軟體之標準？承前所述，大量人工智慧相關技術是以電腦軟體為核心，然而人工智慧使用之系統、程式、演算法及硬體，在專利保護要件判斷標準應如何適用，受到之重視。[113] 依據 USPTO 於 2020 年出版人工智慧發明報告中指出，人工智慧發明所產生之「技術擴散作用」（Technology Diffusion）使得 USPTO 必須不時檢視審查標準。[114] 而依據統計數據，人工智慧技術之擴散作用遍布於許多不同種類之相關發明，此擴散作用亦呈現逐年成長之趨勢。[115] 擴散作用亦影響新穎性及進步性

Treatment of Software Patents in Litigation, WIPO MAGAZINE (Aug. 2019), https://www.wipo.int/wipo_magazine/en/2019/04/article_0006.html.

[111] USPTO OFFICE OF THE CHIEF ECONOMIST, ADJUSTING TO ALICE: USPTO PATENT EXAMINATION OUTCOMES AFTER ALICE CORP. V. CLS BANK INTERNATIONAL (2020), https://www.uspto.gov/sites/default/files/documents/OCE-DH_AdjustingtoAlice.pdf.

[112] Christopher P. King, *New USPTO Study Examines the Effects of Alice and USPTO Guidelines on Patent Eligibility*, Fenwick & West: Bilski Blog (Apr. 27, 2020), https://www.bilskiblog.com/2020/04/new-uspto-study-examines-the-effects-of-alice-and-uspto-guidelines-on-patent-eligibility/#more-4049.

[113] *See, e.g.*, Request for Comments on Patenting Artificial Intelligence Inventions, 84 Fed. Reg. 44,889 (Aug. 27, 2019), https://www.govinfo.gov/content/pkg/FR-2019-08-27/pdf/2019-18443.pdf.

[114] OFF. OF THE CHIEF ECON., USPTO, INVENTING AI: TRACING THE DIFFUSION OF ARTIFICIAL INTELLIGENCE WITH U.S. PATENTS 7 (2020).

[115] *Id.* at 7.

之判斷，報告中提及當具技術能力之員工及技術資訊並不普及，則會造成特性技術由少量的組織所擁有。[116] 該報告中並未針對專利保護要件多所著墨，審查之標準仍有待觀察其發展。歐洲專利局（European Patent Office, EPO）雖於 2018 年增訂審查標準，[117] 然而新增之 G-II, 3.3.1「人工智慧及機器學習」子分類，仍屬於 3.3「數學方法」下之類別。若以體系觀察，並不能說是給予人工智慧全新之判斷標準。[118]

　　人工智慧之軟體相關發明除須面對 Alice 案兩階段判斷標準之適格性檢驗，包含新穎性、進步性、產業可利用性及揭露要件，在判斷基準上皆可能形成爭議。有觀點認為，人工智慧技術要達到新穎性及進步性要件要求可能更為棘手，由於現今技術大多僅僅是數十年前發展的些微變化而已；[119] 此外，亦有學者主張進步性要件可能會因為運用人工智慧進行研發，使得「所涉技術領域中具通常知識者」（a person having ordinary skill in the art, PHOSITA）之知識水準大幅提高，而導致所有發明皆是「顯而易見」（obvious）。[120] 揭露要件在人工智慧技術下則更形重要，然而因技術現實及競爭考量，可能面臨難解的困境。首先，部分人工智慧技術內涵存在黑盒（black box），[121] 如

---

[116] *Id.* at 21.

[117] EPO, PATENTING ARTIFICIAL INTELLIGENCE: CONFERENCE SUMMARY 5 (2018).

[118] 謝國廉，前揭註 31，頁 27-28。

[119] *See* Clark D. Asay, *Artificial Stupidity*, 61 WM. & MARY L. REV. 1187, 1211 (2020). *See also* Michael Jordan, *Artificial Intelligence — The Revolution Hasn't Happened Yet*, MEDIUM (Apr. 19, 2018), https://medium.com/@mijordan3/artificial-intelligence-the-revolution-hasnt-happened-yet-5e1d5812e1e7.

[120] 參見沈宗倫，前揭註 31，頁 210-213；*See also* Ryan Abbott, *Everything Is Obvious*, 66 UCLA L. REV. 2, 27-31 (2019).

[121] *E.g.* RUSSELL & NORVIG, *supra* note 29, at 132.

何滿足揭露要件可能並非易事。[122]

　　在著作權的領域，「思想表達二分法」（idea-expression dichotomy）是世界各國皆認可之原則。[123] 人工智慧在著作權的領域，其程式及介面之內容可能受到保護。著作權法中的「電腦程式著作」保護「包括直接或間接使電腦產生一定結果為目的所組成指令組合之著作」，[124] 我國最高法院參酌美國聯邦第二巡迴上訴法院 Computer Associates International, Inc. v. Altai, Inc. 案 [125] 的見解，採取「抽離—過濾—比較」（abstraction–filtration–comparison）之三階判斷法，[126] 對於近代判斷非文字之保護範圍，仍被視為相當具影響力之見解。[127] 該判斷法則事實上仍需配合「思想與表達合併原則」（merger doctrine）及「必要場景原則」（scènes à faire）等原則輔助判斷。「思想與表達合併原則」得適用於判斷創作內涵之著作權適格性問題（copyrightability issue），[128] 而「必要場景原則」則得作為判斷侵權之輔助標準。[129] 在涉及電腦軟體及硬體之著作權侵權案例中，此二標

---

[122] See Mehdi Poursoltani, *Disclosing Ai Inventions*, 29 TEX. INTELL. PROP. L.J. 41, 53-59 (2021); Tabrez Y. Ebrahim, *Artificial Intelligence Inventions & Patent Disclosure*, 125 PENN ST. L. REV. 147, 171 (2020).

[123] Agreement on Trade-Related Aspects of Intellectual Property Rights art. 9, ¶ 2, Apr. 15, 1994.

[124] 台（81）內著字第 8184002 號公告，著作權法第五條第一項各款著作內容例示。

[125] 最高法院 94 年度台上字第 1530 號刑事判決。

[126] Computer Associates International, Inc. v. Altai, Inc., 982 F.2d 693 (2d Cir. 1992).

[127] See Oracle Am., Inc. v. Google Inc., 872 F. Supp. 2d 974, 988-91 (N.D. Cal. 2012), rev'd and remanded, 750 F.3d 1339 (Fed. Cir. 2014); Samuelson, *supra* note 96, at 266; Mark A. Lemley, *Convergence in the Law of Software Copyright?*, 10 HIGH TECH. L.J. 1, 14-15 (1995).

[128] 1 MELVILLE B NIMMER & DAVID NIMMER, NIMMER ON COPYRIGHT § 2A.05[A][2][b] (2023), Nexis Uni.

[129] 4 *id.* § 13.03[B][4].

準亦相當常見作為判斷適格性及保護範圍之基準。「思想與表達合併原則」指當思想或功能，僅能以單一或非常有限之方法表達，此時思想及表達即「合併為一」；由於此現象會大幅限制著作人創新之內容，因此不予保護此種思想及表達合併之情況。[130] 而「必要場景原則」指在特定著作類型中，必須使用到元素若與其他著作相同，由於該要素之必要性，因此不構成著作權侵害。[131]

然而程式碼基於不同功能，可能對於判斷是否受到著作權保護具差異性。前述之 Google v. Oracle 案，該判決僅在「假設性」的情況下認定 API 程式碼受著作權法保護，而即論述合理使用，[132] 未針對電腦軟體著作權保護之範圍作出實質評析。該案上訴至美國聯邦最高法院時，不少美國業界及學界重要公司及組織撰寫法庭之友意見書（amicus curiae brief）表達不同觀點。其中 Microsoft、[133] IBM 及 Red Hat、[134] Samuelson Clinic[135] 等皆強調軟體產業「相容性」（interoperability）的重要性。由此可見，科技產業仰賴「相容性」作為軟體、硬體、網路等技術研發的基礎。這種技術公共化的思維，亦

---

[130] Lexmark Int'l, Inc. v. Static Control Components, Inc., 387 F.3d 522, 556-58 (6th Cir. 2004).

[131] Id. at 558-60.

[132] Google LLC v. Oracle Am., Inc., 141 S. Ct. 1183, 1190 (2021). ("In reviewing that decision, [the Court] assume[s], for argument's sake, that the material was copyrightable.").

[133] Brief of Microsoft Corporation as Amicus Curiae in Support of Petitioner at 10, Google LLC v. Oracle Am., Inc., 141 S. Ct. 1183 (2021) (No. 18-956).

[134] Brief for International Business Machines Corp. and Red Hat, Inc. as Amici Curiae Supporting Petitioner at 16-18, Google LLC v. Oracle Am., Inc., 141 S. Ct. 1183 (2021) (No. 18-956).

[135] Brief of 72 Intellectual Property Scholars as Amici Curiae in Support of Petitioner at 29, Google LLC v. Oracle Am., Inc., 141 S. Ct. 1183 (2021) (No. 18-956).

深刻影響了軟體產業的發展。

（二）技術保護之共益？

　　以智慧財產制度保護人工智慧技術與人工智慧之共益，這兩個看似相悖的觀念，事實上關係密切。本文於前段已簡略說明人工智慧技術，得透過專利法、著作權法或營業秘密法所保護。基於立法目的異同，智慧財產法得以保護人工智慧技術之相同或不同面向。此時，保護制度的選擇，近則影響權利人權利受保護之範圍及期間，遠則可能促使文化、社會及產業受到影響。

　　對於技術之保護，權利人可選擇專利或營業秘密兩種制度。對於相同標的，理論上兩者可能難以並存，由於專利法充分揭露之要求，使得獲取專利保護並非僅提供個人回饋或誘因，同時亦透過技術公開，使得公眾知悉該技術而得以更進一步研發，[136] 這也是前述多元價值中效益主義之體現。然而，基於適格性要求提升、證明新穎性、進步性及充分揭露之困難，導致人工智慧技術研發後選擇保護之方法，可能有轉向以營業秘密為偏好之趨勢。[137] 若將來人工智慧技術及產業以營業秘密作為技術保護之主流方法，可能對於人工智慧發展前景及社會公益非常不利，甚至可能造成人工智慧研發的集中化。[138] 因此，

---

[136] *See* 3 DONALD CHISUM, CHISUM ON PATENTS § 7.01 (2020), Nexis Uni.

[137] *See* Jeanne C. Fromer, *Machines as the New Oompa-Loompas: Trade Secrecy, the Cloud, Machine Learning, and Automation*, 94 N.Y.U. L. REV. 706, 711 (2019); USPTO, PUBLIC VIEWS ON ARTIFICIAL INTELLIGENCE AND INTELLECTUAL PROPERTY POLICY 39-40 (2020).

[138] Asay, *supra* note 119, at 1249-50. 參見宋皇志（06/12/2020），〈人工智慧所完成的發明能申請專利嗎？〉，《科學月刊》，https://www.scimonth.com.tw/tw/article/show.aspx?num=4077&root=5&page=1&fbclid=IwAR2HIqS6JCeF4J NipIyTLWnYHVXJVFUHnnq9XhGZR9cJSKzIpLk5_qomS1Q（最後瀏覽日：

有論者提出不同觀點，有主張對於充分揭露要件之改革，[139] 或促使專利制度對於軟體甚或演算法之保護更加友善，[140] 或應強化權利人於智慧財產制度間選擇保護之可能性，[141] 另有認為可藉由仰賴競爭法加以保護技術研發之優勢。[142]

　　然而人工智慧技術之共益仍存在許多可能性。在智慧財產制度下，本已發展了些許共益方法。1983 年 Richard Stallman 開啟了「自由軟體運動」（free software movement），以 GNU 計畫為起始，目標建立一套「自由的」（free）作業系統，讓使用者能自由的使用、分享、學習及修改。[143] 除了知名的 GNU 及 Linux 系統外，網路百科 Wikipedia 亦受到 Stallman 的影響而產生。[144] 而「開放原始碼」（open source）則是源於 Eric S. Raymond 所撰 The Cathedral and the Bazaar 一書，該書影響了 Netscape Communications 將其瀏覽器軟體設定為「自由軟體」，而這也是「open source」一詞的開端。[145] 畢竟軟體產業必須藉由獲利而維繫經營，有鑑於業界對於「free software」一詞

2023/12/28）。

[139] Vinicius Sala, *Can an Improved Disclosure Mechanism Moderate Algorithm-Based Software Patentability in the Public Interest?*, 11 CYBARIS 1, 29-32 (2020).

[140] 參見謝國廉，前揭註 31，頁 15；Meghan J. Ryan, *Secret Algorithms, Ip Rights, and the Public Interest*, 21 NEV. L.J. 61, 106 (2020).

[141] Sonia K. Katyal, *The Paradox of Source Code Secrecy*, 104 CORNELL L. REV. 1183, 1253-59 (2019).

[142] Asay, *supra* note 119, at 1250-52.

[143] *GNU Project*, WIKIPEDIA, https://en.wikipedia.org/wiki/GNU_Project (last visited Dec. 28, 2023).

[144] *Wikipedia*, WIKIPEDIA, https://en.wikipedia.org/wiki/Wikipedia (last visited Dec. 28, 2023).

[145] *History of Free and Open-source Software*, WIKIPEDIA, https://en.wikipedia.org/wiki/History_of_free_and_open-source_software#The_launch_of_Open_Source (last visited Dec. 28, 2023).

的潛在排斥觀感（由於該詞之意同時可能為「自由」或「免費」），Raymond 決定使用「開放原始碼」來替代「自由軟體」，逐漸受到廣泛支持。[146] 隨著軟體產業的茁壯，自由軟體及開放原始碼運動深刻影響了軟體界的慣例及發展，現今開源軟體在人工智慧的研發上仍是相當重要的共益方法之一，例如 TensorFlow 是機器學習及研發人工智慧的重要技術，雖然由私人公司 Google 開發，但其授權方法為開源授權契約的 Apache 2.0。[147] Open source 之授權模式在發源之後，漸有了不少分支，依其契約條款內容而異，其他著名之授權條款例如 BSD、MIT 等，而自由軟體運動體系之 GPL 亦有一定使用族群。[148]

　　「自由軟體運動」及「開放原始碼」雖起源於著作權，而在專利權體系下亦有相對應之授權模式。Stallman 認為軟體專利可能會對於自由軟體產生風險，因此得以選擇迴避、取得授權或舉發可能造成威脅之專利。[149] 然而亦有認為，倡議開放創新社群（Open Innovation Communities, OIC）應當積極的取得專利作為防禦手段，即使這個做法與其核心理念可能有所相違。[150] 此觀點亦點出了「自由軟體運動」與「開放專利」（open patent）之矛盾——若未取得權利，將如何把

[146] *See* Eric S. Raymond, *Goodbye, "Free Software"; Hello, "Open Source"*, Eric S. Raymond's Home Page (Sep. 4, 2012, 1:03 AM), http://www.catb.org/~esr/open-source.html.

[147] TensorFlow, https://www.tensorflow.org/about/bib (last visited: Apr. 5, 2023).

[148] *See generally Comparison of Free and Open-source Software Licences*, Wikipedia, https://en.wikipedia.org/wiki/Comparison_of_free_and_open-source_software_licences (last visited: Dec. 28, 2023).

[149] David Cathcart, *Richard Stallman - Software Patents*, Internet Archive (July 5, 2004), https://archive.org/details/ifso-stallman.

[150] Jason Schultz & Jennifer M. Urban, *Protecting Open Innovation: The Defensive Patent License As A New Approach to Patent Threats, Transaction Costs, and Tactical Disarmament*, 26 Harv. J.L. & Tech. 1, 10-15 (2012).

該技術開放給他人利用？

　　若於研發過程中選擇利用，或於軟體完成後選擇採取自由及開放原始碼軟體授權條款之軟體（free and open-source software, FOSS）授權模式，則應注意授權條款中之細節規範，例如與其他協定之代碼連結、商業使用、散布、改作、再授權等相關規定。其中不少類別之開放原始碼軟體授權條款同時具備專利權授權之條款，例如 Apache 2.0[151] 及 GNU General Public License 2.0，[152] 亦有明示但未具體規定之情況，例如 BSD[153] 及 Free Public License 1.0.0。[154] 其他可能達成「開放專利」之方法尚有默示約定及專利耗盡之情形。[155] 此外，2001 年 Lawrence Lessig 教授成立「創用 CC」（Creative Commons），其中也包含六種核心授權條款。[156] 由上述例子可知悉，達成軟體共益之情形並非易事，應確實閱讀契約而判斷授權模式是否合適於利用人或創作程式人之本意。在人工智慧領域亦同，像是由 Elon Musk 及 Sam Altman 等人發起的 OpenAI，雖名為「Open」，但不以開放原始碼的方式授權，而一般契約授權方式提供服務。[157]

---

[151] *Apache License 2.0*, APACHE SOFTWARE FOUND. (Jan. 2004), https://www.apache.org/licenses/LICENSE-2.0.

[152] *GNU General Public License version 3*, FREE SOFTWARE FOUND. (2007), https://opensource.org/licenses/GPL-3.0.

[153] *The FreeBSD Copyright*, FREEBSD FOUND., https://www.freebsd.org/copyright/freebsd-license/ (last visited Dec. 28, 2023).

[154] *Zero-Clause BSD (0BSD)*, OPEN SOURCE INITIATIVE, https://opensource.org/licenses/0BSD (last visited Dec. 28, 2023).

[155] *See generally Patents in Open Source*, GOOGLE OPEN SOURCE, https://google.github.io/opencasebook/patents/#patent-exhaustion (last visited Dec. 28, 2023).

[156] *About CC Licenses*, CREATIVE COMMONS, https://creativecommons.org/about/cclicenses/ (last visited Dec. 28, 2023).

[157] *Terms of Use*, OPENAI, https://openai.com/api/policies/terms/ (last visited Dec. 28,

採取 FOSS 之模式作為共益之方法，似乎為現行業界較為成熟及成功前例較多之選擇。其缺點如同共益本質上一般，必須面臨「以私人提供公共財」之問題。然而有趣的是，在軟體業界，不少開放創新社群中之貢獻者，自發性地選擇採取自由及開放授權模式，希望促進技術的良性循環；此外，選擇 FOSS 可能將透過社群的共同努力，使得個人的程式獲得良好改良、獲得個人的成就感及展現自身實力等因素，[158] 似乎使得公共財問題之影響降低。

近年，「專利權宣誓」（patent pledge）成為資訊通訊科技、開放原始碼軟體、環境科技、生醫、醫藥及化學科技等四個領域常見的共益方法。[159] 這些宣誓通常具有相同特色，為「專利權人自願對於其專利權之利用或實施之權利承諾施加限制，非以契約之他方當事人為對象，而是以公眾、或特定市場之群體為對象，其宣誓並不立基於直接之報償（direct compensation）或其他約因（consideration）。」[160] 例如近年受到 COVID-19 疫情影響，Facebook、Amazon、Intel、IBM、Microsoft 等十間發起宣誓之公司或組織，共同創立了「Open COVID Pledge」，承諾將部分協助抗疫之專利納入宣誓，[161] 此例同時具備自願約束型（voluntary restraint）及公益型（philanthropic）之色彩。專利權宣誓常見與前述開放原始碼之授權模式併用，達到補足 FOSS 中對於專利權規定不足之部分，例如 Google 的 Open Patent Non-Assertion Pledge 即採此觀點。[162] 因此，人工智慧技術之共益，似

2023).

[158] TIROLE, *Supra* Note 43, at 447-49.

[159] Jorge L. Contreras, *Patent Pledges*, 47 ARIZ. ST. L.J. 543, 548-49 (2015).

[160] *Id.* at 546.

[161] OPEN COVID PLEDGE, https://opencovidpledge.org/ (last visited Dec. 28, 2023).

[162] *FAQ: Why Not Use an Existing form of Open Source License with Patent Provisions?*,

乎相當適合以 FOSS 加上專利權宣誓之組合，得使受到著作權及專利權之技術以較完整之範圍開放於社會，以達共益之目標。

五、展望代結論

　　人工智慧從技術研發之始，至技術本身各面向之保護，到技術完成後應用，皆與智慧財產制度密不可分。由於人類之創作必然奠基於前人，人工智慧技術之發展及應用，應著重考量人類共益之觀點。有論者認為，現今智慧財產權可能處於過度保護之際，[163] 看似人工智慧之發展備受拘束。然而智慧財產法必須顧及多元價值之平衡，若單獨傾向權利人之保護，則對於既起之創作可能造成排擠效果；若過度開放本可受到保護之技術或資料，則亦可能消弭創新。

　　技術研發過程，若採機器學習為人工智慧技術建立之核心，則必須仰賴大量資料。資料、資訊及知識，於目前世界各國法制，受到不一程度之規範及保護，基於其實質內涵、權利類型及來源而有差異。在共益思維下，亦應考量權利人、利用人及社會公益之平衡。欠缺健全的資料及資訊保護制度，將對於人民權益造成侵害；而資料及資訊財產價值建構程度，亦可能影響資料處理及資料庫等產業發展。

　　技術保護與技術研發，本即存在既合作又競爭之現象，在電腦軟體產業及人工智慧研發甚為明顯。關於電腦程式保護之現況，在多重制度共同保護下，其分界亟須釐清，此仰賴立法及司法妥善建立規則及標準。此外，應當避免專利權及著作權保護要件認定過於嚴苛，導

GOOGLE PATENTS SITE, https://www.google.com/patents/opnpledge/faq/ (last visited Dec. 28, 2023).

[163] Mauritz Kop, *AI & Intellectual Property: Towards an Articulated Public Domain*, 28 TEX. INTELL. PROP. L.J. 297, 333 (2020).

致電腦程式轉而倚靠營業秘密保護其權利，此現象對於技術保護之共益極為不利。而軟體業界原有之開放創新社群，對於現今人工智慧技術發展亦有相當重要貢獻，有賴人工智慧研發群體間的良好互動並延續共益思維。

關於人工智慧產出，有觀點認為既然該「發明」及「創作」並非人類所為，產出則應歸屬於公共領域。此似乎與人工智慧的共益思想不謀而合。本文雖贊成此觀點，但並非主張所有人工智慧產出皆一視同仁歸於公共領域，其必須依據人工智慧自動化之程度、發明人及創作人參與之程度等因素，依據智慧財產法認定標準判斷是否為發明或創作及認定其歸屬。在科技日新月異的今日，運用科技進行發明及創作可能更為普遍，而仰賴程度可能更加提高，因此認定實質貢獻之標準及態樣，將有待實務及學說進一步發展。人工智慧技術，本身可能受到專利權或著作權之保護，藉此，技術權利人得以自由選擇公共化或商用其技術。在選擇公共化之情形下，將其成果使公眾共享，對於共益將有最大效益。[164] 而若技術之權利人選擇商用其技術，高度自動化產出之成果，仍宜被認定屬於公共領域；簡而言之，高度自動化人工智慧技術之權利人得透過自行利用、授權他人或讓與他人而獲益，而被授權人或受讓人則透過契約關係得以利用或取得技術之相關權利。有權之利用人，運用高度自動化人工智慧技術，在人工智慧產出後，得透過將產出之內容加以選擇、再行創作而符合「人為創作之要素」，進而取得發明人或著作人之身分。此觀點似可避免大量高度自動化之產出在不具備「人為創作之要素」之情形下被賦與智慧財產權，亦能夠保有公共領域應有之空間，此應與共益之意旨若合符節。

---

[164] 某些類型之人工智慧研發，可能仰賴諸如政府或公開來源之資料或資訊，相形之下此類別可能更適於共益。

參考書目

王怡蘋（2020）。人工智慧創作與著作權之相關問題。李建良（主編），**法律思維與制度的智慧轉型**，頁 561-598。臺北：元照出版。

王承中（2023/2/15）。立委辦數位平台與媒體議價公聽會 促立法分潤。中央社。取自 https://www.cna.com.tw/news/aipl/202302150156.aspx。（瀏覽日期：2023/4/5）

王道維，林昀嫻（2020/8/14）。如何用 AI 創造社會共善？ ——AI 公共化的契機。臺灣人工智慧行動網。取自 https://ai.iias.sinica.edu.tw/how-to-create-common-good-in-society-with-ai/（最後瀏覽日：2023/12/28）

宋皇志（2020/06/12/）。人工智慧所完成的發明能申請專利嗎？科學月刊。取自 https://www.scimonth.com.tw/tw/article/show.aspx?num=4077&root=5&page=1&fbclid=IwAR2HIqS6JCeF4JNipIyTLWnYHVXJVFUHnnq9XhGZR9cJSKzIpLk5_qomS1Q（最後瀏覽日：2023/12/28）

宋皇志（2022）。從專利之歷史脈絡與經濟理論談人工智慧發明人議題。**萬國法律**，241，頁 12-19。

李崇僖（2020）。**人工智慧競爭與法制**。臺北：翰蘆圖書出版。

沈宗倫（2018）。人工智慧科技與智慧財產權法制的交會與調和 ——以著作權法與專利權法之權利歸屬為中心，劉靜怡（主編），**人工智慧相關法律議題芻議**。臺北：元照出版。

沈宗倫（2020）。人工智慧科技對於專利侵權法制的衝擊與因應之道 ——以責任歸屬為中心，李建良（主編），**法律思維與制度的智慧轉型**，頁 523-562。臺北：元照出版。

林文源（2021/9/16）。公共化 AI：你我可以做什麼？。探索基礎科學講座。取自 https://youtu.be/jw568aZ5ZHQ（最後瀏覽日：2023/12/28）

林文源（2022/9/26）。高等教育 AI 思維的教與學：STS 的公民科學與基礎設施觀點。AI 在教育領域應用研討會。取自 https://youtu.be/JNFmxcYbcW4?t=2813（最後瀏覽日：2023/12/28）

林利芝（2021）。著作權決戰 AI 畫作 ——論人工智慧時代的藝術智慧在著作權法上之評價。**中原財經法學**，46，頁 45-90。

張懿云，陳錦全（2005）。國際智慧財產權法制對「不具原創性資料庫」

之保護（下）。**智慧財產權月刊**，77，頁 84-85。

許力儒，莊弘鈺（2022）。人工智慧創作之著作權適格與歸屬——法律與技術之綜合觀點。**萬國法律**，241，頁 20-38。

陳家駿（2021）。**人工智能 vs 智慧財產權**。臺北：元照出版。

陳龍昇（2019）。由日本立法政策探討人工智慧創作成果與智慧財產權。**萬國法律**，226，頁 40-54。

經濟部智慧財產局（2011）。專利法修正總說明。取自 https://topic.tipo.gov.tw/patents-tw/dl-276328-d09636b0177f43478f898bc9ede6eab8.html（最後瀏覽日：2023/12/28）

經濟部智慧財產局（2019）。我國人工智慧相關專利申請概況及申請人常見核駁理由分析。取自 https://www.tipo.gov.tw/tw/cp-85-859330-1189b-1.html（最後瀏覽日：2023/12/28）。

經濟部智慧財產局（2021）。專利審查基準彙編。取自 https://topic.tipo.gov.tw/patents-tw/cp-682-870087-abf9a-101.html（最後瀏覽日：2023/12/28）

經濟部智慧財產局（2021/06/21）。修正「專利審查基準」第二篇第十二章電腦軟體相關發明，並自中華民國 110 年 7 月 1 日生效。取自 https://www.tipo.gov.tw/tw/cp-85-891201-9f474-1.html（最後瀏覽日：2023/12/28）

經濟部智慧財產局（2021/06/30）。修正「電腦軟體相關發明審查基準」於 110 年 7 月 1 日起正式施行。取自 https://www.tipo.gov.tw/tw/cp-884-893195-40b0b-1.html（最後瀏覽日：2023/12/28）

謝國廉（2014）。論著作財產權之例外——從英國法之相關變革出發，劉孔中（主編），**國際比較下我國著作權法之總檢討（下冊）**，頁 383-391。中央研究院法律學研究所。

謝國廉（2020）。論專利法對人工智慧之保護——歐美實務之觀點。**高大法學論叢**，15(2)，頁 1-38。

Abbott, R. A. (2019). Everything Is Obvious. *UCLA Law Review, 66*, pp. 2-52.

Acharya, D. et al. (2018). Towards High Resolution Video Generation with Progressive Growing of Sliced Wasserstein GANs. *arXiv:1810.02419v2 [cs.CV]*.

AI for Good Foundation. https://ai4good.org/ (last visited Apr. 5, 2023)

AI for Good. https://aiforgood.itu.int/ (last visited Apr. 5, 2023)

Apache Software Foundation (2004). Apache License 2.0. https://www.apache. org/licenses/LICENSE-2.0. (last visited Apr. 5, 2023)

Asay, C. D. (2020). Artificial Stupidity. *William & Mary Law Review*, *61*, pp. 1187-1257.

ASCO CancerLinQ. https://www.cancerlinq.org/ (last visited Apr. 5, 2023)

Bair, S. P. (2020). Impoverished IP. *Ohio State Law Journal*, *81*, pp. 523-566.

Briot, J. P. et al. (2019). Deep Learning Techniques for Music Generation - A Survey. *arXiv:1709.01620v3 [cs.SD]*.

Cathcart, D. (2004). Richard Stallman - Software Patents. *Internet Archive*. https://archive.org/details/ifso-stallman. (last visited Apr. 5, 2023)

Chon, M. (2019). Recasting Intellectual Property in Light of the U.N. Sustainable Development Goals: Toward Global Knowledge Governance. *American University International Law Review*, *34*, pp. 763-785.

Cowls, J. et al. (2021). A Definition, Benchmark and Database of AI for Social Good Initiatives. *Nature Machine Intelligence*, *3*.

Creative Commons. About CC Licenses. https://creativecommons.org/about/ cclicenses/ (last visited Mar. 10, 2022)

Crunchbase. List of Top Data Mining Companies. https://www.crunchbase. com/hub/data-mining-companies (last visited Apr. 5, 2023)

Demsetz, H. (1970). The Private Production of Public Goods. *Journal of Law and Economics*, *13*, pp. 293-306.

Dickenson, D. (2017). The Common Good. In Brownsword, R., Scotford, E. & Yeung, K. The Oxford Handbook of Law. *Regulation and Technology*, pp. 140-44. Oxford University Press.

Ebrahim, T. Y. (2020). Artificial Intelligence Inventions & Patent Disclosure. *Penn State Law Review*, *125*, pp. 147-221.

European Patent Office (2018). *Patenting Artificial Intelligence: Conference Summary*.

Floridi, L. et al. (2018). AI4People - An Ethical Framework for a Good AI Society: Opportunities, Risks, Principles, and Recommendations. *Minds and Machines*, *28*, pp. 689-707.

Free Software Foundation (2007). GNU General Public License version 3. https://opensource.org/licenses/GPL-3.0. (last visited Apr. 5, 2023)

FreeBSD Foundation. The FreeBSD Copyright. https://www.freebsd.org/copyright/freebsd-license/ (last visited Mar. 10, 2022)

Fromer, J. C. (2019). Machines As the New Oompa-Loompas: Trade Secrecy, the Cloud, Machine Learning, and Automation. *New York University Law Review*, *94*, pp. 706-736.

Frye, B. L. (2016). Machiavellian Intellectual Property. *Pitt Law Review*, *78*, pp. 1-15.

Goodfellow, I. J. et al. (2014). Generative Adversarial Networks. *arXiv:1406.2661 [stat.ML]*.

Google AI. AI for Social Good. https://ai.google/social-good/ (last visited Apr. 5, 2023)

Google Cloud. AI and Machine Learning Products. https://cloud.google.com/products/ai (last visited Apr. 5, 2023)

Google Open Source. Patents in Open Source. https://google.github.io/opencasebook/patents/#patent-exhaustion (last visited Apr. 5, 2023)

Google Patents Site. FAQ: Why Not Use an Existing Form of Open Source License With Patent Provisions? https://www.google.com/patents/opnpledge/faq/ (last visited Apr. 5, 2023)

Gordon, W. J. (1982). Fair Use as Market Failure: A Structural and Economic Analysis of the Betamax Case and Its Predecessors. *Columbia Law Review*, *82*, *pp. 1600-1657.*

Gordon, W. J. (1992). Asymmetric Market Failure and Prisoner's Dilemma in Intellectual Property. *University of Dayton Law Review*, *17*, pp. 853-869.

Grimmelmann, J. (2016). Copyright for Literate Robots. *Iowa Law Review*, *101*, pp.657-681.

Güth W. & Hellwig, M. (1986). The Private Supply of a Public Good. *Journal of Economics*, *5*, pp. 121-159.

Hemel, D. J., & Ouellette, L. L. (2019). Innovation Policy Pluralism. *Yale Law Journal*, *128*, pp. 544-614.

Johnson, D (2021). A Guide to Data Mining, The Process of Turning Raw Data into Business Insights. *Business Insider*. https://www.businessinsider.com/what-is-data-mining. (last visited Apr. 5, 2023)

Jordan M. (2018). Artificial Intelligence - The Revolution Hasn't Happened Yet. *Medium*. https://medium.com/@mijordan3/artificial-intelligence-the-revolution-hasnt-happened-yet-5e1d5812e1e7 (last visited Apr. 5, 2023)

Katyal, S. K. (2019). The Paradox of Source Code Secrecy. *Cornell Law Review*, *104*, pp. 1183-1279.

King, C. P. (2020). New USPTO Study Examines the Effects of Alice and USPTO Guidelines on Patent Eligibility. *Fenwick & West: Bilski Blog*. https://www.bilskiblog.com/2020/04/new-uspto-study-examines-the-effects-of-alice-and-uspto-guidelines-on-patent-eligibility/#more-4049. (last visited Apr. 5, 2023)

Kop, M. (2020). AI & Intellectual Property: Towards an Articulated Public Domain. *Texas Intellectual Property Law Journal*, *28*, pp. 297-341.

Kostolansky, K. J. & Salgado, D. (2018). Does the Experimental Use Exception in Patent Law Have a Future? *The Colorado Lawyer*, pp. 32-41.

Kur, A., Dreier T.& Luginbuehi, S. (2019). *European Intellectual Property Law: Text, Cases and Materials*. Edward Elgar Publishing.

Landes, W. M. & Posner, R. A. (2003). *The Economic Structure of Intellectual Property Law*. Belknap Press: An Imprint of Harvard University Press.

Lee, J. A. (2017). Licensing Open Government Data. *Hastings Business Law Journal*, *13*, pp. 207-240.

Lemley, M. A. & Casey, B. (2021). Fair Learning. *Texas Law Review*, *99*, pp. 743-785.

Lemley, M. A. (1995). Convergence in the Law of Software Copyright? *High Technology Law Journal*, *10*, pp. 1-34.

Lemley, M. A. (2015). Faith-Based Intellectual Property. *UCLA Law Review*, *62*, pp. 1328-1346.

Lev-Aretz, Y. (2019). Data Philanthropy. *Hastings Law Journal*, *70*, pp. 1491-1546.

Levenodowski, A. (2018). How Copyright Law Can Fix Artificial Intelligence's Implicit Bias Problem. *Washington Law Review*, *93*, pp. 579-630.

Martin, N. (2019). The Battle Between Google and EU Online Copyright Reform. *Forbes*. https://www.forbes.com/sites/nicolemartin1/2019/09/26/the-battle-between-google-and-eu-online-copyright-reform/ (last visited Apr. 5, 2023)

Mattioli, M. (2017). The Data-Pooling Problem. *Berkeley Technology Law Journal*, *32*, pp. 179-236.

Memon, S. (2021). Data-Driven Customer Service Saves The Day. *Forbes*. https://www.forbes.com/sites/servicenow/2021/06/25/data-driven-customer-service-saves-the-day/?sh=76c9e96d336d. (last visited Apr. 5, 2023)

Menell, P. S. (2018). Rise of the API Copyright Dead?: An Updated Epitaph for Copyright Protection of Network and Functional Features of Computer Software. *Harvard Journal of Law & Technology*, *31*, pp. 305-397.

Merges, R. P. (1994). Of Property Rules, Coase, and Intellectual Property. *Columbia Law Review*, *94*, pp. 2655-2673.

Merges, R. P. (2011). *Justifying Intellectual Property*. Harvard University Press.

Microsoft. Using AI for Good with Microsoft AI. https://www.microsoft.com/en-us/ai/ai-for-good (last visited Apr. 5, 2023)

National Institute of Standards and Technology, U.S. Department of Commerce (2019). U.S. Leadership in AI: A Plan for Federal Engagement in Developing Technical Standards and Related Tools.

Nazer, D. (2018). Happy Birthday Alice: Four Years Busting Software Patents. *Electronic Frontier Foundation*. https://www.eff.org/deeplinks/2018/06/happy-birthday-alice-four-years-busting-software-patents. (last visited Apr. 5, 2023).

OECD. OECD Centre on Philanthropy. https://www.oecd.org/development/philanthropy-centre/ (last visited Apr. 5, 2023)

Open AI. ChatGPT General FAQ. https://help.openai.com/en/articles/6783457-chatgpt-general-faq (last visited Apr. 5, 2023)

Open AI. Terms of use. https://openai.com/api/policies/terms/ (last visited Apr. 5, 2023)

Open COVID Pledge. https://opencovidpledge.org/ (last visited Apr. 5, 2023)

Open Source Initiative. Zero-Clause BSD (0BSD). https://opensource.org/licenses/0BSD (last visited Mar. 10, 2022)

Petkova, E., Antman, E. M. & Troxel, A. B. (2020). Pooling Data from Individual Clinical Trials in the COVID-19 Era. *The Journal of the American Medical Association, 324*, pp. 543-545.

Poursoltani, M. (2021). Disclosing Ai Inventions. *TEXAS INTELLECTUAL PROPERTY LAW JOURNAL, 29*, pp. 41-64.

Raymond, E. S. (2012). Goodbye, "Free Software"; Hello, "Open Source". ERIC S. RAYMOND'S HOME PAGE (Sep. 4, 2012, 1:03 AM), http://www.catb.org/~esr/open-source.html.

Russell, S. & Norvig, P. (2021). *Artificial Intelligence a Modern Approach*. Pearson.

Ryan, M. J. (2020). Secret Algorithms, IP Rights, and the Public Interest. *Nevada Law Journal, 21*, pp. 61-116.

Sag, M. (2009). Copyright and Copy-Reliant Technology. *Northwestern University Law Review, 103*, pp. 1607-1682.

Sala V. (2020). Can an Improved Disclosure Mechanism Moderate Algorithm-Based Software Patentability in the Public Interest? *Cybaris, 11*, pp. 1-33.

Saltiel, J. (2019). In The Courts: Five Years After Alice - Five Lessons Learned from The Treatment of Software Patents in Litigation. *WIPO Magazine*. https://www.wipo.int/wipo_magazine/en/2019/04/article_0006.html. (last visited Apr. 5, 2023)

Samuelson, P. (2006). Enriching Discourse on Public Domains. *Duke Law Journal, 55*, pp. 783-834.

Samuelson, P. (2019). Staking the Boundaries of Software Copyrights in the Shadow of Patents. *Florida Law Review, 71*, pp. 243-302.

SanDiego.gov. "Smart Streetlights" to be Deployed in San Diego. *City of San Diego*. https://www.sandiego.gov/insidesd/smart-streetlights-be-deployed-san-diego (last visited Apr. 5, 2023)

Schneider, G. (2020). Health Data Pools under European Policy and Data Protection Law: Research as a New Efficiency Defence? *Journal of Intellectual Property, Information Technology and E-Commerce Law, 11*, pp. 49-67.

Schultz, J. & Urban, J. M. (2012). Protection: The Defensive Patent License as A New Approach to Patent Threats, Transaction Costs, and Tactical Disarmament. *Harvard Journal of Law and Technology, 26*, pp. 1-67.

Singapore Infocomm Media Development Authority (2019). Enabling Data-Driven Innovation Through Trusted Data Sharing in A Digital Economy. https://www.imda.gov.sg/Content-and-News/Press-Releases-and-Speeches/archived/IMDA/Press-Releases/2019/Enabling-Data-Driven-Innovation-Through-Trusted-Data-Sharing-In-A-Digital-Economy. (last visited Apr. 5, 2023)

Sobel, B. L. W. (2017). Artificial Intelligence's Fair Use Crisis. *Columbia Journal of Law & the Arts, 41*, pp. 45-97.

Stanford Encyclopedia of Philosophy (2021). Public Goods. https://plato.stanford.edu/entries/public-goods/. (last visited Apr. 5, 2023)

TensorFlow. https://www.tensorflow.org/about/bib (last visited Apr. 5, 2023)

Thompson, T. L. (2019). Request for Comments on Patenting Artificial Intelligence Inventions. *USPTO, Federal Register, 84*, 44889.

Tirole, J. (2017). *Economics for the Common Good.* Princeton University Press.

Tran, J. L. (2021). Alice at Seven. *Journal of the Patent and Trademark Office Society, 101*, pp. 419-581.

UN Department of Economic and Social Affairs. Goal 9 | Department of Economic and Social Affairs. https://sdgs.un.org/goals/goal9 (last visited Apr. 5, 2023)

USPTO (2020). Public Views on Artificial Intelligence and Intellectual Property Policy.

USPTO. Office of the Chief Economist (2020). Adjusting to Alice: USPTO Patent Examination Outcomes after Alice Corp. v. CLS Bank International. https://www.uspto.gov/sites/default/files/documents/OCE-DH_AdjustingtoAlice.pdf. (last visited Apr. 5, 2023)

USPTO. Office of the Chief Economist (2020). Inventing AI: Tracing the Diffusion of Artificial Intelligence with U.S. Patents. https://www.uspto.gov/sites/default/files/documents/OCE-DH-AI.pdf (last visited Apr. 5, 2023)

Varian, H. R. (1992). *Microeconomic Analysis*. W. W. Norton & Company.

Wamba, S. F. (2021). Are We Preparing for a Good AI Society? A Bibliometric Review and Research Agenda. *Technological Forecasting and Social Change, 164*.

Westbrook, C. M. (2020). Data Philanthropy, International Organizations and Development Policy: Ethical Issues to Consider. *U.N. Development Programme*. https://www.undp.org/publications/data-philanthropy-international-organizations-and-development-policy-ethical-issues (last visited Apr. 5, 2023)

Wikipedia. Comparison of Free and Open-source Software Licences. https://en.wikipedia.org/wiki/Comparison_of_free_and_open-source_software_licences (last visited Apr. 5, 2023).

Wikipedia. GNU Project. https://en.wikipedia.org/wiki/GNU_Project (last visited Apr. 5, 2023)

Wikipedia. History of Free and Open-source Software. https://en.wikipedia.org/wiki/History_of_free_and_open-source_software#The_launch_of_Open_Source (last visited Apr. 5, 2023)

Wikipedia. Wikipedia. https://en.wikipedia.org/wiki/Wikipedia (last visited Apr. 5, 2023)

World Intellectual Property Organization (2004). *WIPO Intellectual Property Handbook: Policy, Law and Use*. WIPO Publication.

World Intellectual Property Organization (2019). WIPO Technology Trends 2019: Artificial Intelligence. WIPO Publication.

World Intellectual Property Organization (2021). WIPO Technology Trends 2021: Assistive Technology. WIPO Publication.

Yu, P. K. (2019). Data Producer's Right and the Protection of Machine-Generated Data. *Tulane Law Review, 93*, pp. 859-929.

Zhu, U. Y. et al. (2018). Generative Visual Manipulation on the Natural Image Manifold. *arXiv:1609.03552v3 [cs.CV]*.

第十五章
人工智慧研發與專利保護之探討：
由 DABUS 案談起

陳龍昇 副教授　國立政治大學法學院

一、前言

　　依世界智慧財產權組織（World Intellectual Property Organization, WIPO）於 2015 年針對創新技術發展與智慧財產權議題之研究報告，[1] 可知過去電腦相關技術的運作係依照人類輸入的指令資訊而運作，故電腦裝置僅居輔助人類完成創作之工具地位，其產出成果仍受人為因素介入影響；而在人工智慧（AI）越見高度發展的未來，人工智慧系統已能自我深度學習並自動產出創作成果，此等創作成果未必是原本輸入的指令所預期之範圍，則該等人工智慧產出成果，倘具備專利要件者，是否得且應受專利權之保護？

　　應說明者為，本章所探討的「人工智慧產出成果」，並非指「人工智慧」之技術本身，而是指人工智慧技術運作所自行產出，並無人類思維意志等人為因素介入之創作成果而言。茲因人工智慧創作成果

---

[1] C. Andrew Keisner, Julio Raffo & Sacha Wunsch-Vincent, *Economic Research Working Paper No. 30: Breakthrough Technologies-Robotics, Innovation and Intellectual Property* 4-5 (2015). 人類透過電腦軟體輔助的機器人技術發展，可分為遠端控制階段、半自動化階段、全自動化階段，以及人工智慧階段。

並無人為因素之介入，是否仍屬「智慧財產」保障人類精神創作結晶之範疇，不無疑義。由鼓勵發明之角度，賦予專利權可作為激勵研發的手段，而此亦為專利制度之本旨。[2] 而公共化 AI 的發展，涉及待解決的問題、資料蒐集、詮釋與應用，以及參與協作的主體等面向。[3] 在人工智慧技術漸為產業廣泛應用之際，吾人應思考者為，倘人工智慧運算所自行產出的技術成果具備專利要件，應如何就該技術成果評價其是否亦得受專利權保護？而前提問題即在於，現行專利申請書中發明人欄位，仍以自然人為限，排除人工智慧得列名為發明人，此一限制在人工智慧的發展下，是否仍屬妥適？抑或有調整修正之必要？

　　關於人工智慧產出成果是否可獲專利保護之爭議，2018 年起一個名為「人工發明人計畫（the Artificial Inventor Project）」的機構，已向我國與其他國家提出以人工智慧作為發明人之專利申請案（下稱「系爭專利申請案」）。[4] 該案申請人 Stephen Thaler 博士以人工智慧產出成果提出專利申請，Thaler 博士將該人工智慧取名為「DABUS」，並將之列為申請書中的發明人。惟前開 DABUS 專利申請案除南非與澳洲同意受理並准予專利外，其餘各國專利專責機關均以系爭專利申請書中所列發明人並非自然人為由而駁回。[5] 然而，

---

[2] 我國專利法第一條即規定：「為鼓勵、保護、利用發明、新型及設計之創作，以促進產業發展，特制定本法。

[3] 林文源，探索 26-1 講座：公共化 AI：你我可以做什麼？，臺大科學教育發展中心 CASE，2021 年 9 月 16 日，網址：https://www.youtube.com/watch?v=jw568aZ5ZHQ（瀏覽日期：2023/4/22）

[4] 請參見 The Artificial Inventor Project 網站，https://artificialinventor.com/（以下簡稱「The Artificial Inventor Project」）。

[5] 請參見本文第二節各國案例論述分析。本文投稿時間為 2022 年 4 月，故相關案例係以當時之進展為基礎。本文經審查通過，後續專書編輯作業期間，因受限於篇幅限制而未能再大幅擴張內容，故部分案例之後續進展，作者盡可能於原內文中，以敘明方式補充之。

專利申請書中發明人之記載為程序要求，專利權是否能獲准，實質上乃繫諸申請專利之技術是否滿足產業上可利用性（實用性）、新穎性與進步性（非顯而易見性）而定。是一旦人工智慧系統可透過機器學習，自行運作下產出創作成果，電腦機器裝置就創作成果而言，倘非僅屬人類研發的輔助工具角色，在人類介入程度甚低甚至缺乏的情況下，人工智慧產出之成果本身符合專利要件者，原則上應可獲得專利權保護。從而，前述專利專責機關以完成創作之主體發明人必須為自然人為准駁專利之前提，在現今科技發展進步迅速的現代，如此之限制是否仍有助且無礙於達成專利制度鼓勵研發與促進產業技術提升之目的，即有進一步探究之必要。

隨著人工智慧科技發展，人工智慧可透過機器學習與深度學習自動產出創作成果。在人類介入程度低甚至缺乏的情況下，以人工智慧產出成果申請專利時，專利申請書中發明人應如何記載？前述 2018 年起國際間受理以 DABUS 人工智慧作為發明人之專利申請案，我國與多數國家雖認為發明人應以自然人為限，惟 2021 年南非智慧財產局與澳洲聯邦法院則採肯認人工智慧具發明人資格之見解（惟澳洲聯邦法院判決後經澳洲高等法院推翻）。基於以上問題意識，本文擬由我國 DABUS 專利申請案判決出發，由該案核心爭議—專利申請書中發明人記載是否應僅限於自然人，分析我國與國際間就人工智慧產出成果與發明人認定，進而由專利制度本旨，從鼓勵研發與促進產業技術提升的角度，探討在人工智慧科技蓬勃發展下，現行專利制度是否有需因應調整之必要，最後並討論人工智慧資料之利用管理對於激勵研發之影響，省思公共化 AI 的發展過程中，專利制度是否應謹守人工智慧本身不得作為具名發明人之限制。囿於本文篇幅限制，有關人工智慧產出成果涉及其他領域法律，如著作權法之問題，自當另文深論，不在本文探討範圍，併此敘明。

二、人工智慧作為發明人之各國 DABUS 案

　　2018 年 10 月 17 日，「人工發明人計畫」機構向英國智慧財產局與歐洲專利局分別提出以人工智慧作為發明人之系爭專利申請案，之後該機構亦再向其他國家提出系爭專利申請，目的在於希望能藉此申請案之提出，促使各國思考專利申請書中發明人是否應僅限於自然人之爭議。[6] 前開英國與歐洲系爭專利申請案，於 2019 年 12 月及 2020 年 1 月先後為英國智慧財產局（the UK Intellectual Property Office, UKIPO）歐洲專利局（the European Patent Office）各自駁回。[7]

　　2021 年 7 月南非智慧財產局核准系爭專利於該國之申請案，成為首件核准以非自然人作為發明人之專利。[8] 同年 7 月 30 日，澳洲聯邦法院判決廢棄其專利局駁回 DABUS 於該國之專利申請案處分，法院認為專利申請書中發明人欄位並不以自然人為限。[9] 有關人工智慧是

---

[6] 請參見 The Artificial Inventor Project 官網，前揭註 4。

[7] 英國智慧財產局 DABUS 專利申請案之處分書，請參見 U.K. Intellectual Property Office, BL O/741/19, Patent Decision for GB 1816909.4 & GB 1818161.0 (Dec. 4, 2019), *available at:* https://www.ipo.gov.uk/p-challenge-decision-results/o74119. pdf (last visited: April 22, 2023); 歐洲專利局 DABUS 專利申請案之處分書，請參見 Eur. Patent Office, Patent Application No. EP 18275163 (decision Jan. 27, 2020), *available at:* https://register.epo.org/application?number=EP18275163 (last visited:2023/4/22)(hereinafter "Decision of EP 18275163"); Eur. Patent Office, Patent Application No. EP 18275174 (decision Jan. 27, 2020), *available at*: https://register. epo.org/application?number=EP18275174 (last visited: April 22, 2023)(hereinafter "Decision of EP 18275174").

[8] 專利申請案號：ZA2021/03242。南非 DABUS 專利公告資訊，請參見 Patent Journal, Vol. 54, No. 07, at 255 (28 July 2021), *available at:* https://iponline.cipc. co.za/Publications/PublishedJournals/E_Journal_July%202021%20Part%202.pdf (last visited: Mar. 31, 2022)

[9] Thaler v. Commissioner of Patents [2021] FCA 879, at ¶ 226. 惟本件澳洲聯邦法院之

否具有發明人資格之爭議，國際間顯有不同之見解。以下將探討各國
與我國就 DABUS 專利申請案所持見解，分析探討其所持論據理由。

（一）歐洲專利局 DABUS 專利申請案

申請人 Thaler 博士於 2018 年依專利合作條約向歐洲專利局提出
專利申請案，其中申請案號 EP3564144 與 EP18275163 之發明為一
種分形食物保存容器（food container），容器外形的凹凸形狀可使
多個容器能相互卡接連結組合，便於拿取；[10] 申請案號 EP3563896
與 EP18275174 之發明為一種提升專注力的裝置及方法（devices and
methods for attracting enhanced attention），是一種緊急情況下可使用
的警示燈，有助於搜救。[11] 歐洲專利局受理前開各專利申請案後，考
量前開各該申請案基礎事實相同，且均涉及發明人資格之爭議，故併
案審查之。[12]

申請人初始提出之專利申請書中並未記載發明人，經歐洲專利
局限期命申請人補正，[13] 申請人於 2019 年於專利申請書中的發明
人欄位補正記載「DABUS」（全稱為「Device for the Autonomous
Bootstrapping of Unified Sentience」），並提出補充意見，說明
DABUS 是申請人 Stephen Thaler 博士所開發的人工智慧，申請人基於

判決，2022 年 4 月 13 日嗣經澳洲高等法院推翻，澳洲高等法院認為專利申請書
中發明人應以自然人為限，所持論據與其他國家同樣立場者大致相同。澳洲高
等法院判決，請參見 Commissioner of Patents v Thaler [2022] FCAFC 62。

[10] *See* Decision of EP 18275163, *supra* note 7.

[11] *See* Decision of EP 18275174, *supra* note 7.

[12] *Id.* at ¶ 6。以下將以 EP18275174 歐盟專利申請案之決定書為據，決定書全文，
請參見 https://register.epo.org/application?documentId=E4B63OBI2076498&numbe
r=EP18275174&lng=en&npl=false (last visited: April 22, 2023)。

[13] *Id.* at ¶ 2.

DABUS 所有人身分，自 DABUS 受讓專利申請權而提出本件申請。[14] 依人工發明人計畫網站說明，系爭發明的研發過程為先由該機構所屬人員設定研發主題、領域，並界定所欲解決之問題，其後則由人工智慧系統 DABUS 依前述界定自行完成解決方案，再由該機構人員或他人另行依據該技術解決方案撰擬申請專利之相關文件。[15]

1. 申請人主張人工智慧得做為發明人之理由

申請人表示，本件系爭發明係由人工智慧系統 DABUS 基於其運作後所產出之成果。[16] 系爭發明既係由該人工智慧自行運作完成，而非自然人介入產出之成果，依完成時間點觀之，該人工智慧方為完成系爭發明之主體。[17] 而本件專利申請人因係該人工智慧之開發者與所有人，該人工智慧產出成果倘有涉及任何智慧財產權者，申請人得基於該智慧財產權的受讓人身分，提出專利申請，如此之作法能符合專利制度鼓勵資訊揭露公開，以促進發明商業化與技術進步之目的。[18] 申請人亦表示，肯認人工智慧具有發明人資格，可確保該人工智慧產出成果能獲得權利保護，符合且強化專利制度鼓勵研發之本旨。[19]

此外，申請人亦主張歐洲專利公約第 19 條第 1 項條文之文義並未限定發明人須為自然人，該條僅在要求申請專利時，必須確定發明人為何，而本件於專利申請書上既已有記載發明人，即與該條規定相符；倘要求申請書上發明人的記載必須包含姓氏（family name）、名

---

[14] *Id.* at ¶¶ 3, 4.

[15] 請參見 The Artificial Inventor Project，Artificial Inventors 官網，前揭註 4。

[16] 同前註。

[17] Decision of EP 185275174, at ¶ 5.

[18] *Id.*

[19] *Id.*

字（given name），則僅以一個單字作為姓名（mononymous persons）的自然人發明人，形式上將無法滿足該條規定，形同否定其發明人資格，[20] 從而申請人認為應以專利申請書上發明人欄位已有記載為足，無須要求需形式上列載發明人之「姓名」。[21]

　　基此，申請人強調，本件系爭發明實際上乃係人工智慧 DABUS 所完成產出，而專利制度的基本原則所要求者，應係忠實揭露實際完成該發明者。[22] 倘申請人為了滿足發明人僅以自然人為限之要件，而於類似本件系爭發明情形的專利申請書中，記載某非真正發明人之自然人姓名為發明人者，則此般虛偽記載發明人的情況，反而造成該申請案違反前述真實揭露的基本原則。[23] 因此，縱使關於人工智慧是否得為權利主體可享有人格權或財產權之爭議尚無論斷，衡諸專利制度鼓勵發明與公開揭露技術內容予大眾之目的，似無理由禁止將人工智慧列為專利申請書中之發明人。[24]

2. 歐洲專利局見解

　　歐洲專利局審理後，認為專利申請書中發明人欄位必須為自然人，前開以 DABUS 為發明人之各該專利申請案，因所記載的發明人為人工智慧 DABUS，而非自然人，該專利申請書之記載於法不合，故駁回之。[25] 歐洲專利局所持理由，分析如下：

---

[20] *Id.* at ¶ 11.
[21] *Id.*
[22] *Id.* at ¶ 13.
[23] *Id.*
[24] *Id.* at ¶¶ 5, 13.
[25] *Id.* at ¶ 20.

(1) 專利申請書中發明人欄位之性質

　　依歐洲專利公約第 81 條規定，申請歐洲專利者，應於申請書中記載發明人；倘申請人與發明人非屬同一，則申請人應於申請時說明申請人與發明人間的權利移轉、讓與關係。再依歐洲專利公約施行細則（Implementing Regulation of EPC）第 19 條第（1）項規定，依歐洲專利公約第 81 條規定記載發明人者，應記載該發明人之姓、名與地址。歐洲專利局認為，本件系爭專利申請案中，儘管申請人已於申請書發明人欄位提供「DABUS」名稱，惟仍不符合前述歐洲專利公約之規定。[26] 蓋因姓、名之於自然人，並非僅有作為與他人區別的辨識功能，更重要的是，姓名代表發明人作為權利主體，可行使其權利的基礎，屬自然人的人格權一部分。[27] 人工智慧本身並非權利主體，無法行使權利，因此，縱使為人工智慧命名，該人工智慧亦不因被命名而取得自然人身分。[28]

　　再由歐洲專利公約規定觀之，該公約所規範對象乃係自然人與法人，不具自然人或法人資格者，並非該公約的規定範疇。[29] 詳言之，符合發明人資格者，依歐洲專利公約規定，得受有相關權利保護，包含：歐洲專利公約第 62 條規定之專利申請權；第 81 條與施行細則第 19 條第（3）項、第 20 條第（1）、（2）項等規定之姓名表示權；第 60 條第（1）項規定發明人享有歐洲專利權等。[30] 由此可知，歐洲專利公約於草擬、簽署協商過程中，即係以自然人作為「發明人」為出

---

[26] *Id.* at ¶ 22.
[27] *Id.* at ¶ 21.
[28] *Id.* at ¶ 23.
[29] *Id.* at ¶ 24.
[30] *Id.* at ¶ 27.

發點，有關發明人須以自然人為限乙點，為公約研擬過程中已形諸之共識。[31]

綜上，由於人工智慧並不具有自然人的人格，無法享有、實施歐洲專利公約所賦予發明人之權利。[32] 儘管除自然人外，雖亦可透過法律規定或判決而賦予非自然人之主體法人格，惟本案所涉及之人工智慧，目前並未有任何法律規定可資作為其具有法人格之依據，而實務上亦無確立人工智慧可享有法人格之相關法院判決見解，故無法率認人工智慧具發明人資格。[33] 事實上，關此爭議，歐洲專利局表示其迄今均採發明人應以自然人為限之一貫見解，[34] 且參諸外國立法例與實務見解，如美國、日本、韓國、中國等，亦認為專利發明人僅限於自然人。[35] 因此，歐洲專利局認為人工智慧系統並不具專利申請書上發明人資格。[36]

(2)「發明人」所得享有之權利

至於申請人主張其為 DABUS 之所有人身分，得基於僱用人資格

---

[31] *Id.* at ¶ 25.

[32] *Id.* at ¶ 28.

[33] *Id.*

[34] *Id.* at ¶ 29. 有關歐洲專利局認為發明人係指完成研發之自然人的其他相關案例，可參見 Decision of J 0007/99 (Heavy-duty power)(17.5.2000), Reasons for the Decision, at ¶ 2, *available at*: https://www.epo.org/law-practice/case-law-appeals/recent/j990007eu1.html (late visited: April 22, 2023); Decision of J 0008/82 (Designation of inventors) (8.11.1983), Reasons for the Decision, at ¶¶ 9 & 13, *available at*: https://www.epo.org/law-practice/case-law-appeals/recent/j820008ep1.html (late visited: April 22, 2023).

[35] *See* Report from the IP5 Expert Round Table on Artificial Intelligence, part B, (Oct. 31, 2018), *available at:* https://www.fiveipoffices.org/sites/default/files/attachments/5e2c753c-54ff-4c38-861c-9c7b896b2d44/IP5+roundtable+on+AI_report_22052019.pdf (last visited: April 22, 2023)[hereinafter "IP5 Report"]。

[36] Decision of EP 185275174, at ¶ 30.

繼受取得由 DABUS 所完成研發成果之專利申請權部分，[37] 歐盟專利局則認為，人工智慧系統雖可為他人之所有物，但如前述，因人工智慧系統並非權利主體，自無法成為僱傭契約之當事人而為受僱人，而僅能謂係所有物矣。[38] 從而申請人前開主張與歐洲專利公約第 81 條與第 61 條第（1）項規定不合。[39]

再者，正因人工智慧目前並無法成為權利主體，人工智慧就其所產出之成果自無法享有任何權利。[40] 從而，人工智慧之所有人即無從主張其係基於人工智慧受讓人身分，而自人工智慧受讓專利申請權。[41] 歐洲專利局另提及，應特別注意者，研發成果之權利歸屬爭議，與發明人資格認定爭議，二者為不同層次之問題，應避免混為一談。[42]

(3) 發明人記載與可專利性

申請人主張，倘僅因專利申請書中所載之發明人為人工智慧，即認定申請書之記載與歐洲專利公約規定不合，而駁回該申請案，不啻表示專利專責機關於審查是否應准予專利時，新增是否具備專利要件以外之其他事由，作為駁回專利申請之依據。[43] 此核駁事由乃歐洲專利公約第 52 條至第 57 條所未規定，以此核駁專利申請，不僅違反前開歐洲專利公約規定，徒增法無明文之限制，亦違反世界貿易組織的與貿易有關之智慧財產權協定（Trade Related Aspects of Intellectual Property Rights, TRIPS）第 27 條，以及史特拉堡協定（the Strasbourg

---

[37] *Id.* at ¶¶ 5 & 31.

[38] *Id.* at ¶ 32.

[39] *Id.* at ¶ 31.

[40] *Id.* at ¶ 33.

[41] *Id.*

[42] *Id.*

[43] *Id.* at ¶ 36.

Agreement）等規定。[44] 此外，申請人另抗辯，一項發明倘符合專利要件而具可專利性者，適可反證確實有完成該發明成果之發明者存在。[45]

　　對此，歐洲專利局表示，專利申請人應於專利申請書中記載發明人，始合於歐洲專利公約第 52 至 57 條等規定。[46] 換言之，專利申請提出後，專責機關應先進行程序審查，通過後則再就該申請案進行實體審查其是否具備專利要件。而關於申請書中發明人欄位之記載，乃屬程序審查範疇，與實體審查可專利要件，乃各自獨立之審查，申請人將程序審查與實體審查混為一談，已屬誤解。[47] 歐洲專利局進一步指出，一項發明雖通過實體審查，經認定符合專利要件，並不表示該發明程序審查必然通過，亦無從以經實體審查通過為由，反推主張該申請案必然符合程序審查要件，因此，申請人前開主張，顯有誤解。[48]

(4) 真實發明人原則（公眾知的權利）

　　申請人另主張有關真實發明人原則之相關規定，依歐洲專利公約第 62 條與施行細則第 20 條第（2）項規定，旨在將發明人資訊揭露供公眾知悉。專利申請書中發明人之記載要求，可讓公眾藉以監督發明人資訊是否屬實，倘有疑義時，公眾得循程序提出救濟。[49]

　　申請人認為，依前揭規定意旨，發明專利申請書中發明人記載要求乃係用以確保公眾可知悉真正發明人資訊。[50] 倘認為發明人僅以自

---

[44] Id.
[45] Id.
[46] Id. at ¶ 37.
[47] Id. at ¶ 38.
[48] Id.
[49] Id.
[50] Id. at ¶ 39.

然人為限，始合於程序規定要求者，則一旦遇有類似本件人工智慧產出發明成果，研發過程中並無任何人為關鍵因素介入情況時，即有可能發生為滿足發明人僅限於自然人之要求，申請人於申請書中隱瞞真正發明人之事實，而記載非真正完成該發明的自然人為發明人。如此結果，豈不對公眾「知」的權利造成侵害？[51]

對此，歐洲專利局表示，該局受理專利申請案後，對於申請書上所載發明人是否為真正發明人，並不進行審查與確認。[52] 專利申請案經公開後，公眾得以查閱申請案之資訊，倘公眾就申請案之資訊有疑義，自得依程序提出救濟。[53] 換言之，倘有公眾透過專利公開而獲悉專利申請案資訊，對其所載發明人有疑義時，該公眾仍得依規定提起救濟，權益並未受影響。[54]

基於上述理由，歐洲專利局駁回系爭專利申請等案。[55] 申請人不服，隨後向該局上訴委員會（the European Patent Office Board of Appeal，以下簡稱「BOA」）提起救濟，BOA 於 2021 年 6 月 21 日提出初步意見，[56] 同意歐洲專利局所持理由，亦重申依歐洲專利公約規定，專利申請之發明人必須具有法律上之人格（legal capacity），亦即必須為法律上的權利義務主體。[57] BOA 訂於 2021 年 12 月 21 日

---

[51] *Id.*

[52] *Id.* at ¶ 40.

[53] *Id.*

[54] *Id.*

[55] *Id.* at ¶ 20.

[56] Communication of the Board of Appeal pursuant to Article 15(1) of the Rules of Procedure of the Boards of Appeal, Appeal no. J0009/20-3.1.01, *available at:* https://register.epo.org/application?documentId=E6C2WJVQ6477240&number=EP18275174&lng=en&npl=false (last visited: April 22, 2023).

[57] *Id.* at 5-6.

就本案進行言詞辯論。[58]

（二）澳洲 DABUS 專利申請案

申請人 Thaler 博士另向澳洲提出相同之系爭專利申請案，並於申請書中發明人欄位記載「DABUS」。[59] 申請人主張其所提之系爭專利申請案，形式上既已記載發明人，程序上已合於澳洲專利法（the Patents Act 1990）規定。[60] 惟澳洲專利局以該申請書中所記載之發明人並非自然人，不符澳洲專利法規定為由，駁回系爭專利申請案。[61] 申請人不服，向澳洲聯邦法院（the Federal Court of Australia）提起上訴。經審理後，法院採取申請人之主張，認為專利申請書中發明人欄位並不以自然人為限，本件系爭專利申請書中發明人欄位既已有記載，則該申請案程序上即合於專利法規定，進而法院判決廢棄澳洲專利局駁回系爭專利申請案之處分。[62] 惟如前述，本案嗣經上訴澳洲高等法院，高等法院認為發明人仍應以自然人為限，故推翻聯邦法院之判決。

1. 澳洲專利局之見解

澳洲專利局認為人工智慧並不具有發明人資格，蓋澳洲專利法第15 條明定，專利權由發明人或其受讓人享有，而澳洲專利法並未就發

---

[58] *Id.* at 1.

[59] 澳洲 DABUS 專利申請案之發明名稱為「Food container and devices and methods for attracting enhanced attention」，請參見澳洲專利局決定書 Stephen L. Thaler [2021] APO 5, at ¶ 1.

[60] Stephen L. Thaler [2021] APO 5, at ¶ 29; Thaler v. Commissioner of Patents [2021] FCA 879, at ¶ 108.

[61] Stephen L. Thaler [2021] APO 5, at ¶ 34.

[62] Thaler v. Commissioner of Patents [2021] FCA 879, at ¶¶ 221-228.

明人（inventor）予以定義，因此於解釋時，即應以其一般字義作為解釋依歸。[63] 而所謂「發明人」，依字典之字義解釋可知，係指完成發明之人。[64] 再觀諸前揭澳洲專利法第 15 條規定，發明人為專利權之歸屬主體，故應以具有法律上權利義務主體資格者為限。[65] 人工智慧本身既非權利主體，與前揭規定意旨即有不合，從而不具發明人資格。[66]

　　此外，澳洲專利局亦指出，專利制度乃係權衡發明人投注研發之付出，以及專利技術公開可對社會公眾帶來之利益，因此，解釋發明人限於自然人，並未牴觸現行澳洲專利制度之本旨，在國會未修正澳洲專利法明文將人工智慧規定具有發明人適格以前，前開解釋方為依現行規定所為之正確解釋。[67]

2. 澳洲聯邦法院之見解

　　澳洲聯邦法院受理本件後，認為本件爭議在於澳洲專利法與專利規則（the Patent Regulation 1991）中所定「發明人」是否包含人工智慧在內。[68] 法院並指出，關於專利申請書中發明人欄位，是否得記載為人工智慧，與得享有專利權之主體為何，二者乃屬不同層次之問題，澳洲專利局將前開二個問題混為一談，顯有誤解。[69] 法院於判決中表示，專利權固僅得賦予得為權利主體之自然人或法人享有，惟此不必然即得推導出發明人必須為自然人之結論。反之亦然，人工智慧

---

[63] *Id.* at ¶ 85.

[64] *Id.*

[65] *Id.* at ¶¶ 7, 86.

[66] *Id.* at ¶¶ 87, 104-106.

[67] *Id.* at ¶ 101.

[68] *Id.* at ¶ 6.

[69] *Id.* at ¶ 12.

縱使得列為發明人，亦不因此即成為該發明專利權之權利主體。[70]

　　針對人工智慧是否具有發明人資格之爭議，澳洲聯邦法院採肯定見解，其所持論據理由可分為三大點，包含：1. 發明人乙詞僅係作為代名詞之用；2. 專利權之准駁繫諸於是否具備專利要件；3. 法無明文排除人工智慧得列為發明人，解釋應以合於專利制度本旨方向為之。[71]

(1) 發明人乙詞僅為代名詞

　　澳洲法院認為，澳洲專利法中並無類似著作人格權之權利，從而在解釋發明人之範疇時，即不受僅得朝自然人為限方向解釋之拘束。[72] 相反的，由於澳洲專利法、專利規則並未定義發明人，故解釋發明人之意義與範疇時，即應以其字義上一般意思為據。而「發明人（inventor）」乃一代名詞，代名詞字尾的「or」或「er」係用以描述完成該單自動作者，例如：computer（電腦、計算機）、controller（控制器）、regulator（調節器）、distributor（經銷商）、collector（集電器、收藏者）、lawnmower（割草機）、dishwasher（洗碗機）等等，由此可知，代名詞所指涉者可以為人，亦可為物，因此，倘人工智慧系統為實際完成研發者，以 inventor 稱呼之，並無不可。[73]

(2) 專利權之准駁繫諸是否具備專利要件

　　澳洲法院另指出，倘依澳洲專利局之邏輯，申請專利之發明僅得記載自然人為發明人，否則即應予駁回，此不啻表示一個具備專利要件之發明，竟僅因未記載自然人為發明人而不得申請並獲准專利；然而，綜觀澳洲專利法，並無任何明文限制或排除此種情形的發明（指

---

[70] *Id.*

[71] *Id.* at ¶ 10.

[72] *Id.* at ¶ 119.

[73] *Id.* at ¶ 120.

無自然人為發明人的情形）得提出專利申請之規定。[74] 實則，依澳洲專利法第 7 條第（2）項、第 18 條第（1）項等規定可知，該等條文除明定凡具備進步性、新穎性之專利申請案，應准予專利權外，並無申請案之發明人必須為自然人，始得准予專利權之限制。換言之，專利權之賦予，乃繫諸申請專利之發明是否具備專利要件，而非取決於發明是否為自然人所完成，澳洲專利法並無專利專責機關得以欠缺自然人為發明人，作為認定專利申請案不符合可專利性而應予駁回之規定。[75]

(3) 法無明文排除人工智慧得列為發明人

澳洲專利局對於發明人之解釋，認為在法無明文情形下，不宜將之擴大解釋為包含非自然人在內。[76] 對此，澳洲法院認為，澳洲專利法並無排除人工智慧作為發明人之明文，有關發明是否以自然人為限之爭議，解釋時應隨科技發展與時俱進，並探究是否如何之解釋方合於專利制度之本旨。[77] 觀諸澳洲法院過去審理 D'Arcy v Myriad Genetics Inc. 案，明確表示專利法之解釋應隨新興科技發展而為，並基此就專利法所定「manner of manufacture」範圍解釋爭議，認定應採取寬鬆、廣義之解釋方向。[78] 因此，對於發明人範疇之解釋，亦應採取相同之廣義解釋。[79]

再由澳洲專利法第 2A 條規定觀之，該條明定澳洲專利法之立法目的乃係為促進經濟發展與產業技術進步，調和技術研發者、所有

---

[74] *Id.* at ¶ 13.

[75] *Id.* at ¶¶ 135-138.

[76] *Id.* at ¶¶ 97-98.

[77] *Id.* at ¶ 118.

[78] D'Arcy v Myriad Genetics Inc [2015] HCA 35, at ¶ 18 (7 Oct. 2015).

[79] Thaler v. Commissioner of Patents [2021] FCA 879, at ¶ 121.

者、使用者與社會公眾之利益。因此，澳洲法院認為澳洲專利局以本件專利申請書所載發明人並非自然人為由，駁回系爭申請案，其就發明人範疇之解釋，並不符合專利制度鼓勵研發、提升產業技術水準之本旨。[80] 相反的，應將發明人採廣義解釋，始符合前揭澳洲專利法第 2A 條所定立法目的。[81]

（三）其餘各國 DABUS 專利申請案

除前述歐州專利局與澳洲之案例，申請人 2018 年於英國亦提出相同的專利申請案，經英國智慧財產局於 2019 年 12 月 4 日駁回，所持理由論據與歐洲專利局大抵相同，認為專利權具有人格權性質，故申請書中所載發明人必須為自然人。[82] 申請人其後雖向英國高等法院提起救濟，惟 2020 年 9 月 21 日仍遭上訴法院以相同理由駁回上訴。[83] 法院認為，依英國專利法第 7 條規定，發明人係指實際完成發明者（the actual deviser），亦即操作研發並完成發明之人，故發明人應為自然人。[84] 2023 年 12 月 20 日英國最高法院駁回申請人之上訴，最高法院維持發明人必須以自然人為限之見解。[85]

---

[80] *Id.* at ¶ 14.

[81] *Id.* at ¶ 122.

[82] U.K. Intellectual Property Office, BL O/741/19, Patent Decision for GB1816909.4 & GB1818161.0, at ¶ 20 (Dec. 4, 2019). 關於本件英國智慧財產局定書之討論，可參見吳欣玲等（2021），初探人工智慧作為發明人之爭議（上）——以歐洲、英國及美國為例，**智慧財產權**，265，頁 11-16；王柏霆（2020），人工智慧之發展——論人工智慧專利發明人適格性，**科技法律透析**，**32**(10)，頁 55-56。

[83] Thaler v The Comptroller-General of Patents, Designs And Trade Marks [2020] EWHC 2412 (Pat), at ¶¶ 49-50 (21 September 2020), *available at*: https://www.bailii.org/ew/cases/EWHC/Patents/2020/2412.html (last visited: April 22, 2023).

[84] *Id.* at ¶ 45.

[85] Thaler v. Comptroller-General of Patents, Designs and Trademarks, [2023] UKSC 49.

此外，2019 年申請人亦向美國專利商標局提出之專利申請，[86] 該局受理後，曾就有關人工智慧專利爭議公開徵求各方對於「發明人」之解釋意見。[87] 美國專利商標局最後以現行美國專利法規定、法院判決見解以及美國專利商標局之行政規則中，均認為發明應有人類介入，故發明人必須為自然人為由，於 2020 年 4 月以所列發明人並非自然人，不符合專利法規定為由而駁回 DABUS 美國專利申請案。[88] 申請人雖提起救濟請求撤銷該處分，惟美國專利商標局於 2020 年 4 月仍基於相同理由予以駁回。[89] 申請人向聯邦巡迴上訴法院提起上訴，惟上訴法院判決維持原駁回處分，認為本件專利申請書發明人所載既非自然人，即不合法定程式要件。[90]

（四）我國 DABUS 專利申請案

2019 年 10 月 17 日與 11 月 5 日申請人就前述 DABUS 發明亦向我國經濟部智慧財產局（下稱「智慧局」）提出二件專利申請，申請案號分別為 108137438 與 108140133。經查詢我國智慧局專利資訊檢

---

[86] U.S. Patent Application No. US16/524,350 (filed July 29, 2019).

[87] Request for Comments on Patenting AI Inventions, 84 Fed. Reg. 44889 (Aug. 22, 2019), *available at:* https://www.govinfo.gov/content/pkg/FR-2019-08-27/pdf/2019-18443.pdf (last visited: April 22, 2023).

[88] The United States Patent and Trademark Office, In re Application of Application No.: 16/524,350 Decision on Petition, April 27, 2020, *available at:* https://www.uspto.gov/sites/default/files/documents/16524350_22apr2020.pdf (last visited: April 22, 2023).

[89] *Id.* at 5-7。關於本件美國專利商標局決定書之討論，可參見，吳欣玲等（2021），前揭註 82，頁 16-21；王柏霈（2020），前揭註 82，頁 57。

[90] Thaler v. Vidal, 43 F.4th 1207 (2022). See also Celine Jimenez Crowson, Judge Signals that Artificial Intelligence Cannot Be Named as an Inventor in the United States, *JUDCUPRA*, April 9 2021, available at: https://www.jdsupra.com/legalnews/judge-signals-thatartificial-2565567/ (last visited: April 22, 2023).

索系統，前開二件專利申請案業於 2020 年 6 月 29 日分別經智慧局不受理結案。[91] 案經上訴，我國智慧財產及商業法院於 2021 年 7 月分別作出 110 年度行專訴字第 3 號與第 4 號判決，判決駁回原告之訴，亦即法院仍維持原智慧局不受理之處分。法院所持理由與前述各國駁回之論據相同，認為依我國專利法施行細則第 16 條規定：申請發明專利者，其申請書應載明發明人姓名與國籍；同細則第 31 條、第 83 條另亦規定，公開公報與公告公報應記載發明人之姓名；以及專利審查基準彙編第 1 篇第 2 章記載：「發明人必為自然人。」[92] 等規定，可知我國專利申請實務亦認為專利申請書上發明人僅以自然人為限。而本件 DABUS 既為人工智慧，非我國法律上之法人及自然人，則本件我國專利申請案中發明人欄位所記載者為 DABUS，既非自然人，不符我國專利法對發明人之要件，故本件申請案程序不合，應不予受理。

三、賦予人工智慧產出成果專利保護之必要性

關於智慧財產權制度的本旨及所欲達成的規範目的，有不同的理論。其中，著作權保護本於自然權利理論，認為著作權乃係作者完成創作所產生之權利。[93] 至於專利制度，則係透過專利權之賦予作為鼓

---

[91] 由經濟部智慧財產局所提供之中華民國專利資訊檢索系統，檢索「案件狀態」選項，分別輸入專利申請案號 108137438 與 108140133 查詢，所得結果均為「結案（專利申請不受理）」。

[92] 參見經濟部智慧財產局（2018），〈專利審查基準彙編〉，第一篇第二章，頁 1-2-1。

[93] 關於著作權本質，除自然權利理論外，另一說為法定權利理論，認為著作權為依法律規定創設，賦予作者一定期間內享有排他性之權利。不同理論對於應否賦予著作權之考量，所著重之要點即有不同。採自然權利理論者，關切的重

勵發明人、創作人繼續從事研發之手段，以提高持續從事研發活動之動機，進而提升整體產業技術水準。[94] 換言之，對發明人而言，需有足夠之誘因，始能促使其願意繼續投資時間與成本於技術研發。因此，如欲藉由專利制度促進人工智慧科技持續發展，即應檢視現行專利制度之保護範疇，是否涵蓋人工智慧產出成果，以及權利歸屬應如何界定分配。

　　對此，有論者抱持觀望與質疑態度，認為現行專利法制規範已足提供人工智慧產出成果權利適當之保護，從而並無須修正現行規範或新增權利主體、思考應否承認人工智慧具發明人資格之必要。[95] 惟探討專利制度本旨，或是檢討專利制度是否應隨科技發展而順應調整，其核心在於發明成果是否能受專利權保護，以及於賦予專利權人保護與公眾於保護期間內不能擅自實施該專利技術二者間的利弊權衡。[96] 因此，評估是否應就新興型態發明賦予專利保護時，即應衡量賦予權利人專利權後，對其研發投資之影響。倘研發投資多寡、新興技術開

點在於權利的內容、範圍以及對於作者產生之影響；採法定權利理論者，則著重於賦予著作權是否能促進社會文化發展。請參見 Jon M. Garon, Normative Copyright: A Conceptual Framework for Copyright Philosophy and Ethics, *Cornell L. Rev.*, 88, pp. 1278, 1293-1306 (2003).

[94] *See e.g.*, Shlomit Yanisky Ravid & Xiaoqiong Liu, When Artificial Intelligence Systems Produce Inventions: An Alternative Model for Patent Law at the 3A Era, *Cardozo L. Rev.*, 39, pp. 2215, 2239 (2018)（該文認為專利權可作為發明人研發投資的回報，能有效提高研發誘因）。

[95] *See, e.g.*, Ryan Abbott, I Think, Therefore I Invent: Creative Computers and the Future of Patent Law, *B.C.L. Rev.*, 57, pp. 1079, 1104 (2016); W. Michael Schuster, Artificial Intelligence and Patent Ownership, *Wash. & Lee L. Rev.*, 75, pp. 1945, 1976 (2018).

[96] Tim W. Dornis, Artificial Intelligence and Innovation: The End of Patent Law as We Know it, *Yale J. L. & Tech.*, 23, pp. 97, 135 (2020).

發程度，與研發成果能否獲得專利保護間，具有相對應之關聯影響，即應審慎思考賦予新興科技研發成果專利保護之必要。[97]

（一）從發明人微觀角度

　　首先，探討人工智慧產出成果應否給予專利權保護議題時，應區辨作為研發的人工智慧技術，以及應用該人工智慧技術後所產出之成果，二者各別價值的相互關聯性。[98] 人工智慧技術的價值不僅在於技術本身，更與其產出之成果是否能獲得保護關係甚鉅，倘僅賦予人工智慧技術專利保護，但運用該技術所產出之成果卻不在得受專利保護之範圍，人工智慧技術的開發者即無法將該技術產出成果可獲得之利益，一併納入該人工智慧技術可產出之效益價值，如此可能降低應用該人工智慧技術於產業的意願。[99] 在此種情形下，發明人或許可透過營業秘密法規定，以營業秘密保護其人工智慧技術產出成果，亦即僅於簽署保密定之範圍有限度地將人工智慧技術產生之成果揭露予適當的對象，然此權利保護方式將相當程度限制人工智慧技術產生之成果的運用方式，甚有許多類型的技術研發成果本質上即無從透過營業秘密方式加以保護。[100]

　　舉例而言，人工智慧技術開發者完成一人工智慧系統，該系統可透過自行運作、分析而產出醫藥合成物，因該醫藥品需於市場上公開販售，故無從以營業秘密方式加以保護。假設該人工智慧系統運作產出之醫藥品又無法獲得專利權保護，一經合法公開後任何人均可自由

---

[97] *Id.* at 136.

[98] *Id.*

[99] *Id.* at 136-37.

[100] Clark D. Asay, Artificial Stupidity, *Wm. & Mary L. Rev.*, 61, pp. 1187, 1218-1221 (2020).

實施，則系統開發者因無法將該人工智慧產出成果（即醫藥品）之市場利潤價值納入估算，即無法就其所開發的人工智慧製藥系統訂定較高的售價。[101] 此乃因為當購買該人工智慧系統之人購買該人工智慧系統後，應用該系統所產出之成果（即醫藥品），因無法獲權利保護，任何人均得自由使用，購買者無法就該成果獲得利益，從而連帶會影響其願意支付購買該人工智慧系統之價格。[102] 此種情形呈現出應用該人工智慧系統後，產出之成果的主要利益仍處於未付狀態，亦即購買者使用了該人工智慧系統產出之成果，對於外部第三人亦創造了效益，但是購買者自身卻無法將這些外部效益內部化，此即經濟學上所稱之「外溢效果（Spillover Externality）」。[103] 因此，購買者就其所購買的人工智慧系統，以及應用該人工智慧產出之成果，無法享有完整的利益，[104] 則有意購買該人工智慧系統之人的購買意願，及其所欲支付予該系統研發者的價金，均可能有所降低，其結果將有導致降低開發者繼續研發人工智慧技術的動機與誘因之虞。[105] 相反的，倘人工智慧技術的所有人就該人工智慧技術產出成果可獲得效益回饋，例如：賦予產出成果專利保護，則有助於維持與提高其繼續從事人工智慧技術開發之意願，人工智慧技術於產業廣泛應用情況下，可促進人工智慧技術產出成果之增加，對整體產業技術水準亦有提升之助益。[106]

　　由以上分析可知，僅就人工智慧技術本身賦予專利，對於人工智慧技術之開發者而言，因無法將人工智慧產出成果之價值亦納入計

---

[101] Dornis, *supra* note 96, at 137.

[102] *Id.*

[103] *Id.*

[104] *Id.*

[105] *Id.* at 137-38.

[106] *Id.*

算，其所能獲得的利益因此有所侷限，可能造成其繼續開發之誘因無法維持，甚至降低誘因之結果。專利制度既以鼓勵技術研發，促進產業技術發展為目的，則人工智慧技術本身，以及其應用後所產出之成果，即須一併考量是否應均賦予專利保護。[107] 一旦開發者就其人工智慧技術應用後產出之成果亦能享有利益，獲得專利權保護，可強化其願意繼續進行人工智慧技術研發之動機，增進該技術領域之精進發展。[108]

當然，人工智慧技術的開發目前仍處於發展階段，並可能會因應環境、產業、政策而隨時調整發展方向與重點。[109] 因此，關於具體保護範圍，例如：是否區分不同技術？是否給予獨立的專利類型？有其單獨的保護期間等細節，則尚待技術發展愈臻成熟，有足夠的實證資料後，始能為之。[110] 惟依前所述，可得確定者，乃賦予權利保護的程度，與開發者所投注之研發成本，二者間具有緊密關聯性。[111] 以醫藥、生技領域為例，研發過程往往需要大量金錢與時間投入，新產品的開發多係以前已存在的發明或技術為基礎，故專利權在醫藥及生物科技領域的重要性，可見一般。[112] 相同情形於人工智慧技術領域亦然，設計與開發人工智慧系統亦需要大量的初期投資成本，不論是金錢或時間。[113] 例如 IBM 公司 2011 年用以參加電視益智節目與人類比賽並獲冠軍的華生 Waston 人工智慧電腦（下稱「華生電腦」），乃其耗時

---

[107] *Id.* at 138.

[108] Schuster, *supra* note 95, at 1976-78.

[109] Dornis, *supra* note 96, at 137.

[110] *Id.* at 150.

[111] *Id.* at 131。

[112] Dornis *supra* note 96, at 130-131.

[113] *See, e.g.*, Ben Hattenbach & Joshua Glucoft, Patents in an Era of Infinite Monkeys and Artificial Intelligence, *Stan. Tech. L. Rev.*, 19, pp. 32, 50 (2015).

三年，集結超過 20 名研發人員開發與測試後始完成。其後，IBM 公司持續投入相當時間與金錢等成本於精進、改良華生電腦。時至今日，華生電腦已非昔日單純運算電腦，而係具有分析問題、產出成果的人工智慧系統，並普遍應用於財務金融、生醫藥學、醫學診療與基因剖析等產業。[114] 倘無專利權保護，開發者就其投注之成本將面臨難以回收之風險與困難，連帶影響開發者從事研發之動機，阻礙人工智慧技術的發展。[115]

（二）從整體產業宏觀角度

從人工智慧整體產業發展之角度，制度上倘就新興發明提供足夠保護，透過給予專利權，鼓勵研發業者提出申請，進而使研發成果能公開於眾，可讓產業競爭者隨時瞭解與掌握新興技術之發展脈動，並在最新的技術水平上繼續研發創新，有助於營造開放式創新（open innovation）資源互通環境。[116] 建構友善研發的人工智慧生態系統（AI ecosystem），對產業發展而言，有其重要性。[117]

對於人工智慧產業的研發環境而言，人工智慧的開發、測試需要大量資料，如何能掌握與取得此等資料，對人工智慧開發者的研發成效，即具關鍵地位。[118] 也因此，許多擁有大數據資料的科技公司，即在人工智慧產業具有強大的獨佔地位與競爭優勢，且在人工智慧的

---

[114] Abbott, *supra* note 95, at 1090-91; Ryan Abbott, Everything Is Obvious, *U.C.L.A. L. Rev.*, 66, pp. 2, 22, 32-33 (2019).

[115] Dornis, *supra* note 96, at 138.

[116] Colleen V. Chien, Opening the Patent System: Diffusionary Levers In Patent Law, *S. Cal. L. Rev.*, 89, pp. 793, 815-16 (2016).

[117] *Id.* at 139-143.

[118] Dornis, *supra* note 96, at 139.

技術發展上，具有舉足輕重之影響力。[119] 部分公司因本身已開發強大
資料蒐集功能之人工智慧技術，而使其於資料掌握上更能獲得先機，
例如：Google 公司的搜尋程式，不僅奠定該公司在網路搜尋引擎市
場的主導地位，也成功協助該公司獲取豐富的資料。亦有部分公司以
併購具有研發潛力的中小型公司方式，填補與強化其在資料不對稱市
場的弱勢。[120] 根據美國經濟研究院 2018 年的一項研究報告，2000 年
至 2015 年間有關機器學習（Machine Learning）、神經網路（Neural
Networks）等類別的專利數量，前三名均為 IBM、Microsoft Corp.、
Google Inc. 等公司所擁有。[121] 此統計結果顯示人工智慧技術研發有集
中於大規模企業之趨勢，這些企業不論是透過自家技術開發，或是與
其他中小型業者合作、併購，均是透過不同產業類別的整合與創新，
以強化於人工智慧技術領域的研發能量。[122]

四、人工智慧開發資料之利用共享與管制

由人工智慧產業整合趨勢，可觀察到不同國家或地區對於資料蒐
集與利用所採取的規範與管制措施之差異，對於各國在人工智慧發
展競爭上，有相當程度之影響。[123] 例如，相較於其他國家或地區，

---

[119] *Id.*

[120] *Id.*; Asay, *supra* note 100, at 1196.

[121] Dornis, *supra* note 96, at 139-40.

[122] *Id.* at 140.

[123] *See, e.g.*, COMMUNICATION FROM THE COMMISSION TO THE EUROPEAN PARLIAMENT, THE EUROPEAN COUNCIL, THE COUNCIL, THE EUROPEAN ECONOMIC AND SOCIAL COMMITTEE AND THE COMMITTEE OF THE REGIONS Artificial Intelligence for Europe, COM (2018) 237, at 2 (Apr. 25, 2018), *available at:* https://ec.europa.eu/transparency/documents-register/

就資料取得與利用的限制不如歐盟規定繁雜，歐盟就人工智慧發展政策，採取較偏向於個人權利保護的管理方式，制定歐盟資料保護規範（General Data Protection Regulation, GDPR）。[124] 歐盟對於個人資料的利用限制，將使歐盟境內的資料蒐集、利用較為嚴格，導致人工智慧開發者可能因此將另覓其他區域，轉向於規範管制較有利於其取得資料之國度發展，形成人工智慧研發集中於特定區域或國家的情形。[125] 有論者將企業無窮盡的蒐集與利用個人資料，以獲取其經濟利益的作法稱為「資料殖民主義（Data Colonialism）」。[126] 在此情形下，專利權多集中於最能容易蒐集利用資料進行資料殖民的科技公司與國家，國際間人工智慧發展的不平衡狀況於焉產生。[127]

　　有認為人工智慧的發展雖造成前述產業過度集中的不平衡與獨佔的情形，然整體人工智慧產業的確也因此受益進步，故仍屬利大於

---

detail?ref=COM(2018)237&lang=en (last visited: April 22, 2023).

[124] Regulation (EU) 2016/679 of the European Parliament and of the Council of 27 April 2016 on the protection of natural persons with regard to the processing of personal data and on the free movement of such data, and repealing Directive 95/46/EC (General Data Protection Regulation), *available at:* https://gdpr-info.eu/ (last visited: April 22, 2023).

[125] Dornis, *supra* note 96, at 141.

[126] Nick Couldry & Ulises Mejias, Making Data Colonialism Liveable: How Might Data's Social Order Be Regulated? *Internet Pol'y Rev.*, 8, p. 1 (2019); 陳廷彥、林冠廷（05/06/2020），在 COVID-19 後，疾病是否成為政商「資料殖民」的藉口？數位公民週報，https://lab.ocf.tw/2020/05/06/datacolonialism/（瀏覽日期：2023/4/22）（該文提及 COVID-19 疫情，使得以防疫之名蒐集資料的行為得以被正當化與正常化，漸漸讓大眾未能察覺此舉已侵害其個人隱私。而此現象於社群媒體、搜尋引擎已普遍存在，不斷的蒐集取得個人資料，以獲得更大的政治權力與經濟利益。此即所謂「資料殖民主義」（Data Colonialism））。

[127] 李開復（2019），**AI 新世界**，頁 99-105，遠見天下文化。

弊。[128] 然亦有認為仍應正視思考如何建立人工智慧均衡發展的國際趨勢，而不宜忽略產業結構對市場研發潛力的重要性與影響力。[129] 蓋因規模大、市場競爭力強的公司，相較於中小型的競爭對手，未必一定會有比較高的研發能量。當產業間組織整合的情況越漸增多，市場的研發潛能與競爭力是否亦隨之增加？即有疑問。[130] 要建立與維持適於平衡發展的人工智慧生態系統，即應設法避免資料為少數企業掌控，降低人工智慧創新活動僅集中特定區域發展的情形。[131] 當然，個資保護早已為世界各國高度重視，如何兼及兩者，以求適當的平衡，也是各國立法者需審慎斟酌的議題。

　　因此，推動人工智慧產業的發展，除了賦予專利保護，增加研發動機，另一個問題為資料經濟的治理與管制。[132] 既然資料對於人工智慧的研發創新具不可或缺之重要性，則資料的共享、開放程度即為左右開發成效之關鍵因素。[133] 目前各國對於資料共享、利用的規範各有不同，依就資料之蒐集、取得與利用的限制程度，大抵區分為個人權利導向，抑或非個人權利導向的規範方式。[134] 惟其規範似多著重於資料取得與利用之限制，至於資料共享，以及如何確保各種規模企業均能有相同接近、利用資料之機會等議題，則似未見著墨。[135] 以美國為例，近年來雖有依反托拉斯法規定處分大型科技公司的案例，但處分

---

[128] Abbott, *supra* note 95, at 1119-20; Abbott, *supra* note 114, at 50-51.

[129] Dornis, *supra* note 96, at 140.

[130] *See, e.g.*, Asay, *supra* note 100, at 1237.（認為小型企業較大型企業更具有創新力與積極性）

[131] Dornis, *supra* note 96, at 141.

[132] *See generally, id.* at 140-143.

[133] *Id.* at 141.

[134] *Id.* at 140.

[135] *Id.* at 141-42.

內容仍未論及資料為少數企業獨佔下，對產業發展可能產生的負面影響，尤其是在人工智慧科技研發方面。[136] 對此議題，以個人資料權利導向規範的歐盟已意識到其重要性，歐盟執委會於 2020 年提出「歐盟資料架構（A European Data Strategy）」報告書，[137] 內容提及目前全球有相當大部分的資料係由少部分大科技公司所掌握，可能造成以資料為取向的新創事業，因資料獲得困難而無法參進市場，進而影響歐盟關於研發創新的發展。[138] 為了要反轉歐盟與其他國家在資料取用限制不平衡情形，歐盟執委會呼籲歐盟應啟動制定關於資料經濟治理的實體規範，並提出規劃架構，擬建立一個能接近利用公共與私人持有資料的基本通則，並透過競爭法作為規範手段。[139] 依前開報告書所規劃的歐盟資料架構觀之，歐盟企業就資料蒐集利用所受限制將重新

---

[136] Jerrold Nadler & David N. Cicilline, Investigation of Competition in Digital Markets, Subcommittee. on Antitrust, Commercial & Admin. Law, H. Comm. on the Judiciary, 116th Cong., (2020), *available at*: https://www.govinfo.gov/content/pkg/CPRT-117HPRT47832/pdf/CPRT-117HPRT47832.pdf (last visited: April 22, 2023); *see also* Shira Ovide, Big Tech's Backlash Is Just Starting, *N.Y. Times* (July 30, 2020), *available at:* https://www.nytimes.com/2020/07/30/technology/big-tech-backlash.html (last visited: April 22, 2023)。

[137] COMMUNICATION FROM THE COMMISSION TO THE EUROPEAN PARLIAMENT, THE COUNCIL, THE EUROPEAN ECONOMIC AND SOCIAL COMMITTEE AND THE COMMITTEE OF THE REGIONS
A European strategy for data, COM(2020) 66 final (Feb. 19, 2020), *available at:* https://eur-lex.europa.eu/legal-content/EN/TXT/?uri=CELEX%3A52020DC0066 (last visited: April 22, 2023) [hereinafter " A European Data Strategy"]。

[138] A European Data Strategy, *id.* at 4-6.

[139] *See, e.g.*, EU Commission, Proposal for a Regulation of the European Parliament and of the Council on European data governance (Data Governance Act), 25 Nov. 2020, COM(2020) 767 final, 2020/0340(COD), *available at:* https://eur-lex.europa.eu/legal-content/EN/TXT/?uri=CELEX%3A52020PC0767 (last visited: April 22, 2023)。

調整鬆綁，使其將能與資料掌控力較大的其他企業（例如美國企業或中國企業）有可相抗衡的資料接近權能，以降低因資料保護而造成的產業發展不平衡情形。[140]

　　此外，歐盟執委會並擬建立一個資料池（data pools）與各項基礎技術，以促進歐盟的資料開源共享。[141] 此提案已由歐盟議會的法律事務委員會續為審議，後續發展有待觀察。[142]

　　歐盟前開規劃鼓勵與課予私人企業開放其所持有之資料共享，其將資料視為公共財的基本精神，可能產生與其他國家對於資料治理的立場產生衝突，一旦前述歐盟規範通過，其他國家如何因應，應予留意。[143] 無論如何，就建立一個創新的人工智慧生態系統而言，資料開放共享導向應為核心焦點與發展方向。[144]

　　最後，除了資料市場的治理規範外，專利法亦為維持友善創新人工智慧生態系統的重要手段。蓋研發的前期投資唯有在其成果能獲得專利權，透過授權、專利商品化等方式，始得以有機會獲得補償。[145] 如前所述，雖然業者也有可能以營業秘密的方式保護其研發成果，但其權利保護態樣可得適用的產品類型有其限度，未必適合所有與人工智慧有關的產業發展，因此，專利權之保障於人工智慧產業及技術領

---

[140] A European Data Strategy, *supra* note 137 at 3-4.

[141] *Id.* at 14-18, 25; Data Governance Act, *supra* note 139, recitals (2) & (36).

[142] Report on Intellectual Property Rights for the Development of Artificial Intelligence Technologies, *Eur. Parl. Doc.* 2020/2015(INI), A9-0176/2020, 2 Oct. 2020, at 13, *available at:* https://www.europarl.europa.eu/doceo/document/A-9-2020-0176_EN.pdf (last visited: April 22, 2023).

[143] Dornis, *supra* note 96, at 142.

[144] *Id.*

[145] Ashish Arora & Robert P. Merges, Specialized Supply Firms, Property Rights and Firm Boundaries, *Indus. & Corp.*, 13, Change 451, 470-71 (2004).

域仍有其必要性。[146] 實則，就專利保護而言，產業垂直整合與智慧財產權的保護強度適成反比，專利保護程度越大，中小型企業為求競爭而需尋求垂直整合的壓力就越小；當中小型企業有足夠專利權保護作為研發後盾，其與大型競爭對手的競爭力可因此提高。[147] 就人工智慧產業而言，賦予人工智慧產出成果專利保護，除可穩定研發者就該技術與成果於市場的競爭力，亦可作為提升開發創新活動的重要誘因。[148]

五、結論

　　人工智慧技術具有模擬人類思維與反應特性，得透過自行運作而產出成果，惟於現行專利制度僅限於自然人得作為發明人情形下，人工智慧產出成果之專利申請書所載發明人，仍不能記載為人工智慧，造成所載發明人可能並非構想出該發明之實質貢獻者之情形。在現今人工智慧技術發展日漸蓬勃情形下，可預見未來人工智慧技術在產業之應用將會更普及與廣泛。公共化 AI 的發展亦需仰賴大量的資料比對及分析，人工智慧產業的整合現已逐漸形成的資料蒐集與利用不平衡現象，實有賴資料治理機制與規範之建立，規範與開放資料蒐集利用，如此有助於形塑有效運作的人工智慧生態系統。[149] 在此同時，專利法就人工智慧技術創新研發的競爭，亦具有扮演調和手段之重要角色。[150] 為確保研發投資能獲得回報，產業界的業者多半需仰賴智慧

---

[146] Asay, *supra* note 100, at 1241.

[147] *Id.* at 1196.

[148] *Id.* at 1235-37.

[149] Dornis, *supra* note 96, at 158.

[150] *Id.* at 146.

財產的保護，從而建立相關權利保護規範，確有助於刺激該領域研發活動之持續，因此，賦予人工智慧產出成果專利權保護，應有其重要性。[151] 如何提高人工智慧技術研發投資之誘因，促進該領域技術持續發展，建構友善研發的專利法制環境，對於 AI 公共化具有重要性，現行法制應正視思考法制面應如何因應人工智慧科技發展，與時俱進而為調整之可能性。

---

[151]*Id.* at 1233-34.

參考書目

王柏霽（2020）。人工智慧之發展——論人工智慧專利發明人適格性。科技法律透析，32(10)，頁 51-72。

李開復（2019）。AI 新世界。臺北：遠見天下文化。

吳欣玲，邱俊銘，李頤澤（2021）。初探人工智慧作為發明人之爭議（上）——以歐洲、英國及美國為例。智慧財產權，265，頁 6-23。

林文源（2021,2021/9/16）。探索 26-1 講座：公共化 AI：你我可以做什麼？，臺大科學教育發展中心 CASE。取自 https://www.youtube.com/watch?v=jw568aZ5ZHQ（瀏覽日期：2023/4/22）

陳廷彥，林冠廷（2020, 2020/5/6）。在 COVID-19 後，疾病是否成為政商「資料殖民」的藉口？數位公民週報。取自 https://lab.ocf.tw/2020/05/06/datacolonialism/（瀏覽日期：2023/4/22）

Abbott, R. (2016). I Think, Therefore I Invent: Creative Computers and the Future of Patent Law. *Boston College Law Review*, *57*, pp. 1079-1126.

Abbott, R. (2019). Everything Is Obvious. *UCLA Law Review*, *66*, pp. 2-52.

Arora, A. & Merges, R. P. (2004). Specialized Supply Firms, Property Rights and Firm Boundaries. *Industrial and Corporate Change 13*(3), pp. 451-475.

Asay, C. D. (2020). Artificial Stupidity. *William and Mary Law Review*, *61*, pp. 1187-1257.

Chien, C. V. (2016). Opening The Patent System: Diffusionary Levers in Patent Law. *Southern California Law Review*, *89*, pp. 793-862.

Couldry, N. & Mejias, U. (2019). Making Data Colonialism Liveable: How Might Data'S Social Order Be Regulated? *Internet Policy Review*, *8*(2), pp. 1-16.

Crowson, C. J. (2021). Judge Signals That Artificial Intelligence Cannot Be Named as An Inventor In The United States, *JUDCUPRA*. https://www.jdsupra.com/legalnews/judge-signals-that-artificial-2565567/ (last visited: April 22, 2023)

Dornis, T. W. (2020). Artificial Intelligence And Innovation: The End of Patent Law as We Know It. *Yale Journal of Law and Technology*, *23*, pp. 97-

159.

fiveIPoffices (2018). Report from the IP5 Expert Round Table on Artificial Intelligence. https://www.fiveipoffices.org/sites/default/files/attachments/5e2c753c-54ff-4c38-861c-9c7b896b2d44/IP5+roundtable+on+AI_report_22052019.pdf (last visited: April 22, 2023)

Garon, J. M. (2003). Normative Copyright: A Conceptual Framework for Copyright Philosophy and Ethics. *Cornell Law Review*, *88*, pp. 1278-1359.

Hattenbach, B. & Glucoft, J. (2015). Patents in an Era of Infinite Monkeys and Artificial Intelligence. *Stanford Technology Law Review*, *19*, pp. 32-52.

Ravid, S. Y. & Liu, X. (2018). When Artificial Intelligence Systems Produce Inventions: An Alternative Model for Patent Law at the 3A Era. *Cardozo Law Review*, *39*, pp. 2215-2263.

Schuster, W. M. (2018). Artificial Intelligence and Patent Ownership. *Washington and Lee Law Review*, *75*, pp. 1945-2004.

Keisner, C. A., Raffo, J. & Wunsch-Vincent, S. (2015). Breakthrough Technologies-Robotics, Innovation and Intellectual Property. *Economic Research Working Paper*, *No. 30.* World Intellectual Property Organization. https://www.wipo.int/edocs/pubdocs/en/wipo_pub_econstat_wp_30.pdf (last visited: April 22, 2023)

Nadler, J. & Cicilline. D. N. (2020). Investigation of Competition in Digital Markets. *Subcommittee on Antitrust, Commercial & Admin. Law, H. Comm.* on the Judiciary, 116th Congress. https://www.govinfo.gov/content/pkg/CPRT-117HPRT47832/pdf/CPRT-117HPRT47832.pdf (last visited: April 22, 2023)

The European Parliament (2020). Report on Intellectual Property Rights for the Development of Artificial Intelligence Technologies. *Eur. Parl. Doc. 2020/2015(INI), A9-0176/2020.* https://www.europarl.europa.eu/doceo/document/A-9-2020-0176_EN.pdf (last visited: April 22, 2023)

The United States Patent and Trademark Office (2019). Request for Comments on Patenting AI Inventions, Federal Register. 84, 44889 (last visited: Aug. 22, 2019). https://www.govinfo.gov/content/pkg/FR-2019-08-27/pdf/2019-18443.pdf (last visited April 22, 2023)

第十六章
數據世界的權力平衡：
機器智能、不動產科技及基本權利
保護之互動與融合 *

劉奕昇 助理教授　靜宜大學犯罪防治碩士學位學程

一、前言

　　數據行業在二十一世紀初崛起，是從 20 世紀中期開始資訊革命後的重要社會影響。大數據改變了商業行銷、工業生產與服務傳遞，這是一個多方面的廣泛影響。科技應用對於改善人類生活有許多助益，不當地使用科技則會造成嚴重後果。機器智能（Machine Intelligence）使得機器在某些方面大幅超越人的能力，而非僅以模擬人或機器人為目標。當機器產生卓越的能力時，如何加以控制又或者如何避免產生危害，當從規範層面探討之。

　　法律是一種社會規範，其影響力會形成對個人權利與公共利益的保護。法律對網路上的行為及網路數據安全的管理是現代國家不可忽視的挑戰。在網際網路的未來應用中，無論是人工智慧生成內容（AI Generated Content）或使用者生成內容（User Generated Content），皆

* 感謝本書主編及審查委員的寶貴意見與協助。本文完成於作者在英國劍橋大學 Lauterpacht 國際法研究中心訪問學者期間，感謝該中心提供的研究資源。

須考量與解決合規範性之問題。以達成保護個人權利與公共利益的基本要求。以此來促進更多為人權保障與公益目的而設計的人工智慧應用在未來更加蓬勃發展。

　　科技是為了使人產生更大的能力也來自於人性。本文為探究法律作為一種社會規範，如何從人性的角度去預防與處理科技發展所產生的問題。具體而言，大數據對社會負面影響可分為直接危害與間接危害。前者是數據取得與流通所產生的個人權利受侵害問題，後者則是機器智能等應用間接產生的負面影響所形成的各種法律爭議。

　　不動產科技（Property Technology，簡稱 PropTech）係指資訊科技在不動產市場中之應用。（Feth, 2021）該等技術大多以公開資料及其他大數據集作為應用途徑，藉由獲取更即時和更完整的不動產資料，並可能以機器智能創造更大的經濟價值與利益。本文以不動產科技及其衍伸的基本權利問題為例，研究如何透過權力平衡（Balance of Powers）來健全法律規範本身或增進法律規範在數據世界中的作用，進而保障基本權利與增進公共利益。

二、研究途徑與說明

　　不動產科技可能會產生三個方面的主要問題：資訊公開問題、虛假訊息問題及數據蒐集問題，以多元途徑嘗試認識機器智能與不動產科技對社會與法律制度產生之影響。之後再根據問題導向研究之內容綜合討論問題之解決與規範制度之調整，並建構基於權力平衡理論之基本權利保障方式，以補充現有基本權利保障之實踐理論（Practical Theories）。

　　基本權利在我國司法院大法官會議之解釋中，已逐漸透過判決實例發展出其保障範圍。舉例而言，如資訊隱私權，我國大法官在釋字

第 603 號解釋中指出：「隱私權乃為不可或缺之基本權利，而受憲法第二十二條所保障⋯⋯惟憲法對資訊隱私權之保障並非絕對，國家得於符合憲法第二十三條規定意旨之範圍內，以法律明確規定對之予以適當之限制。」又如言論自由，大法官在釋字 509 號解釋中指出：

> 言論自由為人民之基本權利，憲法第十一條有明文保障，國家應給予最大限度之維護，俾其實現自我、溝通意見、追求真理及監督各種政治或社會活動之功能得以發揮。惟為兼顧對個人名譽、隱私及公共利益之保護，法律尚非不得對言論自由依其傳播方式為合理之限制。

前述兩案例，法院面對如何平衡個人權利保障與公共利益保障之問題，以維護憲法的可實踐性。在網際網路中有其虛擬空間，但並非完全脫離現實。因此，調和實體世界與虛擬世界本身並非問題。與規範實體世界的法律一樣，規範虛擬世界的法律仍要面對其實踐性的挑戰。社會演進與科技進步快速，將使得從上而下的法律體系，應對社會快速變遷的資訊時代尚有不足。因此，有必要以當前或未來可能形成的影響與挑戰為題進行分析，進而提出具有實踐價值之理論。

　　本文以問題導向為研究途徑，探討包含不動產科技應用所產生的事實與法律問題。問題一，資訊公開問題，探討平均地權條例修正後之時價登錄 2.0 相關的資訊公開及房價上漲因素等問題。問題二，虛假訊息問題，探討網路上虛假廣告、假消息產生誤導之法律問題，涉及不動產經紀業之規範等。問題三，數據蒐集問題，探討機器智能由大數據轉向小數據的發展，以及其對於不動產估價業務所產生的影響。經過前三個問題的探討，從社會演進過程認識社會變遷所產生的

新興權利保障問題，進而可以嘗試提出以權力平衡作為權利保障方法
之論述。

三、資訊公開問題

在不動產交易市場中，資訊是重要的資源。同時，資訊公開亦是
我國不動產市場管理法律規範的重要部分。我國在民國 100 年 12 月
13 日通過實價登錄地政三法（指平均地權條例、地政士法及不動產經
紀業管理條例）之修正，將不動產交易價格，透過網路平台予以公開，
本身即為不動產科技應用之一例。然而，此類應用若僅限於將交易金
額予以公開，讓公眾可以透過網頁瀏覽方式查詢過去的成交價格，並
非屬於機器學習的範圍。但其所建構的大數據庫將來若導入透過智能
化科技，其社會影響力仍舊相當大。若未具備完善的法律規範，則可
能被濫用並產生負面影響。

於前述修正後，平均地權條例第四十七條，在民國107年（2018）
行政院第 3598 次會議中討論修正之原草案中再次指出：「原實價登
錄中對外揭露資訊以三十號為區間提供查詢，外界認為仍不夠透明，
宜比照英國、澳洲、美國及香港等不動產交易透明度高之國家，揭露
詳細門牌（地號）」（行政院，2018）外界稱之為實價登陸 2.0。立
法院於 2020 年 12 月 30 日通過後，自 2021 年 7 月 1 日起實施揭露
完整詳細的地號及門牌資訊，且無論預售屋或成屋，根據同條例第
四十七條之三之修正後，皆須於交易完成後須於三十日內申報，並溯
及修法前已申報登錄之成交資訊。（內政部地政司，2020）

在實價登錄 2.0 上路後，對於不動產交易熱度及市場交易價格之
影響效益未知。但揭露不動產交易資訊，則可能對隱私權產生影響。
前述草案中分析指出：

> 我國土地登記採公示原則，為保護個人資料，自一百零四年
> 二月二日起，原任何人皆可申請揭示登記名義人完整姓名及
> 住址之第二類謄本，已改以去識別化方式呈現，故如揭露個
> 案完整門牌或地號，尚無從透過謄本間接識別該個人財產資
> 料。（行政院，2018）

該觀點認為，對於公文書去識別化即可達成對於保護個人資料之目的。然而，對於個人資料之保障是否周詳，則沒有詳細評估。個人之社會連結，並不僅係於公文書。而公示化之土地登記制度原係保障不動產交易安全之目的，而非與考量市場管理目的之實價登錄制度相同。從保護個人資料角度而言，其適用之標準，除根據個人資料保護法第 2 條對於個人資料之定義外，亦應考量同法第 5 條對於尊重當事人之權益及蒐集之目的應具有正當合理之關聯為原則。以公文書之去識別化作為保護個人資料之節點，在實踐中尤其是網路時代的資訊多樣化環境中明顯不夠完善。

舉例而言，網路時代之個人社會連結，尤其在數據世界中所留下之足跡，使得個人持有之不動產資訊，從多元管道中皆更容易獲得。時下「網路肉搜」成為熱門方式，對於個人隱私權於形成挑戰。為面對該等挑戰，法律要求實價登錄資料公開時，對於隱私權之保障，應有更細緻之規範。而在法律本身要求資料公開時，更應該具有完整之配套規範方足以保障個人權利。況且，新興應用程式（Apps）的推陳出新，對於使用公開數據作為分析資料之應用程式，於規範上仍存有諸多空白。整體法律對於個人隱私之保障不足，而個別規範在資訊開放方面卻跑得更快。

實價登錄不僅是個人交易資料之公開，實價登錄之措施實際上是立法者對於隱私權之限制。世界人權宣言（Universal Declaration of

Human Rights，簡稱 UDHR）第 12 條：「任何人的私生活、家庭、住宅和通信不得任意干涉，他的榮譽和名譽不得加以攻擊。人人有權享受法律保護，以免受這種干涉或攻擊。」宣示了私生活與家庭、住房和通信之相等關係，並認為法律應使用保障個人名譽與尊嚴的相同程度來保護個人隱私。隱私權被視為對政府入侵私人領域的反抗的權利，在歐洲人權公約（European Convention on Human Rights）第 8 條限制國家對於個人生活的干涉，除非涉及國家安全、公共安全或國家經濟福祉（economic well-being of the country）所必需。歐洲人權公約第 8 條之規範，已成為歐洲各國限制使用監視器（CCTV）監控國民之國內法律規範。（Taylor, 2002）實價登錄措施為政府對於國民生活之干涉，並對於監視人民之不動產交易產生實際作用。因為有實價登陸之強制性要求，使得人民之交易金額必須申報讓政府知悉，而立法者亦強制讓該等資料成為公開資訊，該等措施需要有充分的理由。實價登錄措施會使得個人隱私受到影響，理論上需認為該等措施要符合國家經濟福祉之條件，並在其他途徑無法達成相同效果時，才能要求個人公開其不動產交易資訊。

　　實價登錄的目的是為了平抑房價或是導正市場上的資訊不對等。房地產市場作為一種商品交易市場，其價格應該由市場決定。Paraschiv & Chenavaz 的研究指出：「結果表明買方的參考點可以通過有關賣方初始購買價格的信息披露來操縱：傳達較高的初始購買價格增加了買方的購買意願。」（Paraschiv & Chenavaz, 2011）價格操控在房地產市場是有可能透過提高初始購買價格而產生。買家認為有獲利空間即會出手購買。當群體認為有獲利機會時，房價上漲的機會大增。而公開先前成交價格的資訊對成交價格可能有助漲之影響。

　　事實上，我國的房價並未因為有實價登錄就停止上漲。根據安富財經科技股份有限公司與國立清華大學安富金融工程研究中心聯合編

撰的清華安富房價指數（安富財經科技股份有限公司，2022），自 2021 年 7 月至 2021 年 12 月間，全臺灣的房價指數從 128.28 上漲至 138.38，而且上漲趨勢與 2021 年上半年並無不同。房價上漲的因素很多，諸如通貨膨脹等經濟情勢變化，皆可能影響房價。而針對價格的炒作，亦可能透過實價登錄的交易數據而產生。縱然，有實價登錄相較於沒有，市場上的價格資訊相對較公開，而對於買賣雙方的資訊平衡有幫助。然而，房地產的交易中資訊不平衡在許多方面皆有，買方相對於賣方對不動產本身的各項條件時常更為知悉。而在一般經濟活動中，買賣雙方也不見得需要完全得到平衡的資訊才能交易。因此，真正的問題在於，資訊平衡要在多大程度上依靠法律的強制力來達成，而哪些應該保留給市場機制。

房價上漲會影響住房的可負擔性（Affordability），有幾個討論重點。首先，是探討關於財產權的保障，例如防止任意徵收與驅逐。再者，更廣泛地討論關於住房權的保障，例如對租客的保障。此外，有資訊公開的倡議，讓市場上的資訊透明，形成買賣雙方的資訊平衡。這種資訊平衡的目的實際上是為了防止私下炒作，來保持住宅的可負擔性。可是，針對價格的公開，亦可能形成真正的公開價格競漲。也就是看到實價登錄上的價格節節上升，反形成賣家提高價格的條件，也使得買方願意支付更高的價格，最終房價仍然繼續上漲。

在自由市場中，國家大多採取財政或貨幣政策手段處理經濟失衡問題。政府應扮演何種角色，應推出哪些措施進行市場干預，其實在經濟政策中即可表現出來。在許多國家的例子顯示，住房在財富積累和財富不平等的動力（dynamics）中發揮的核心作用。（Fuller, Johnston, & Regan, 2020）因此，房地產市場中的社會保障的途徑有其必要性。但當前的實價登錄，採用公開網頁瀏覽方式，讓公眾可以任意查詢及下載資料，對於資料保護不足。政府對於全國房地產交易的

大數據，沒有足夠保護意識，僅欲以公開來解決一個問題，卻忽視了可能產生的其他問題。在可預見的未來，數據保護具有重要性，在科技發展加入智慧化工具之後，將可藉由機器智能產生顛覆性之影響。政府對此，不得不警覺。

　　大數據發展的目標應透過完整之配套維持隱私權的保障。所謂完整之配套，應包含足以保障隱私權的技術應用。（De Montjoye, Shmueli, Wang, & Pentland, 2014）更重要的是保障個人隱私權，應透過包含數據驅動觀點的法律規範：首先，將有限度的資訊取得視為重要的管制手段，透過適當的申請程序以限縮個人或機構取得資訊的身分與資格，而非將所有資料一律公開在網路上自由流通。再者，在實價登錄資料中，公開資訊應限制其數據的下載使用途徑，只得為一種特定目的使用方式而取得相關資料。最後，倘若實價登錄為社會公意所認為之必要之惡，則其對於資訊公開手段的有效性與對個人隱私的影響應持續評估，而非僅以公開為最終目標。

四、虛假訊息問題

　　近年來，運用機器學習技術在打擊假訊息上有許多進步，例如使用機器學習來分辨虛假的招聘訊息。（Amaar et al., 2022）在現實社會中，虛假廣告有許多法律規範。在美國聯邦貿易委員會（Federal Trade Commission）的解釋令中指出，廣告採用由第三者進行的陳述，凡涉及廣告訊息（Advertising Message）包含實體或虛擬的言論發表、展示（Demonstrations）即透過描述個人、企業及產品之可識別特徵，所產生之背書（Endorsements），皆必須反映當事人的誠實意見、發現、信念或經驗。由銷售方所進行之陳述，則不屬於背書，而是屬於其與消費者之間之契約。（"Guides Concerning the

Use of Endorsements and Testimonials in Advertising," 2009）在 英 國
不動產銷售經紀規則（Real Estate Agency and Brokerage Professional
Statement）中，則明定不得對於消費者產生誤導及錯誤訊息之廣告。
（*Real Estate Agency and Brokerage 3rd edition*, 2016）值得注意的是，
有研究指出，網路上的假新聞與虛假廣告的相輔模式：

> 投機取巧的個人和組織能夠輕鬆且廉價地創建具有專業外觀
> 的網站。他們在這些網站上充斥著新穎的，儘管是虛假的新
> 聞報導，然後在他們的頁面上填滿廣告。由於網路廣告是一
> 種數字遊戲（Number Games），因此這些人可以為他們的
> 網站帶來的流量越多，他們獲得的潛在點擊次數就越多。
> （Mills, Pitt, & Ferguson, 2019, p. 4）

除了獲得廣告點擊數的利益之外，有些機構也使用假訊息來打擊競爭
對手。韓國三星電子（Samsung），曾因為雇用「水軍」進行虛假評
論打擊對手宏達電子（HTC）的產品，而於 2013 年被公平交易委員
會（簡稱公平會）裁罰。（Y. Wu, Ngai, Wu, & Wu, 2020）虛假評論由
各種發布者包括個人消費者、在線商家、評論平台，甚至人工智慧代
理人（Agent）發布。（Y. Wu et al., 2020）

　　近年來，不動產交易中之虛假廣告，是公平會裁罰的重點。公平
會研究指出，房屋銷售網路平台乃是不實網路平台廣告刊載第二多
者。透過網路平台及自架網站不實廣告，或前述兩者與傳統廣告並行
者，皆有增加趨勢。（張恩生、賴美華、李婉君、林雨菁、楊翔宇、
陳威帆，2020）在不動產交易中，不實廣告或具有廣告性質不實訊
息，可能涉及違反公平交易法第 21 條或不動產經紀業管理條例第 21
條。

　　公平交易法第 21 條第一項規定：「事業不得在商品或廣告上，或以其他使公眾得知之方法，對於與商品相關而足以影響交易決定之事項，為虛偽不實或引人錯誤之表示或表徵。」業者違反本條，依據同法第 42 條主管機關得處以行政罰。而不動產經紀業所為之廣告，則適用不動產經紀業管理條例第 21 條第三項之規範：「廣告及銷售內容與事實不符者，應負損害賠償責任。」對於其廣告不實所生之損害，應負損害賠償責任。

　　虛假廣告有前述法律之適用，但網路上虛假評論，或假消息，是否屬於虛假廣告之範圍，則有待釐清。虛假評論或假消息，產生於特定房屋銷售網路平台或社交網路平台之中時，平台業者是否與不動產經紀業者一樣，應負損害賠償責任，更是有待回答之問題。

　　不動產經紀業在我國法制中具有特許地位，根據不動產經紀條例第 5 條規定：「經營經紀業者，應向主管機關申請許可後，依法辦理公司或商業登記。」當前全國許可之不動產經紀業者約有 6600 家，多數分布於六個直轄市（臺北市、新北市、桃園市、臺中市、臺南市及高雄市）合計約有 4800 家。（中華民國不動產仲介經紀商業同業公會全國聯合會，2022）所謂「經紀業」於不動產經紀條例第 4 條之定義為：「經營仲介或代銷業務之公司或商號。」然不動產交易之資訊中介者，於法規上是否符合經紀業之定義有待釐清。倘若以非營利或非公司或商號方式成立之網路社團或其他組織，則不符合該條例之定義。

　　進一步而言，所謂中介（Intermediary）於日本法中，則無法條上之定義，唯有判例將其定義為：有關當事人之間「應一方當事人的請求，為訂立買賣、交換或租賃建築地塊、建築物的合同而作出的一切實際行為」。（Narimoto, 2021）在不動產科技應用中，資訊搜尋服務（Information Search Services）在國外通常屬於不動產公司的服務

範圍，所謂不動產公司亦通常同時經營經紀業、物業管理及估價和市場研究。（Kummerow & Chan Lun, 2005）

　　倘若單純從事資訊搜尋服務，並不符合我國不動產經紀條例中經紀業之定義。線上資訊搜尋平台，通常對於刊登者收費，而對使用者不收費。又抑或是對雙方皆不收費，而依靠其他收入來源。其客戶之定義，與形成契約之條件不合。值得關注的是，線上資訊搜尋平台的營運數據對於線上針對性（accuracy）廣告投放具有很大的效益。不動產資訊搜索網站，如英國之 Rightmove（https://www.rightmove.co.uk/）及美國之 Zillow（https://www.zillow.com/）類似網站，皆不符合我國不動產經紀業之定義，其服務卻對使用者從事之不動產交易資訊與認知產生影響，並可能透過蒐集使用者生成數據產生廣告效益。

　　綜觀前述，引入具有涵蓋網路空間需求的不動產經紀法制有其必要性與急迫性。當前我國對於網路平台商之不動產廣告規範，僅適用公平交易法有其不足之處。縱然公平會對於房屋交易平台之裁罰案件數量眾多，但不動產業者為維護自身利益所提出之行政救濟案件亦逐年增加。（張恩生、賴美華、李婉君、林雨菁、楊翔宇、陳威帆，2020）其結果致使主管機關為此付出高昂的行政成本。因此，引入從買賣雙方之權力平而言，引入具有求償性質的損害賠償機制，使得買受方在蒙受不實訊息之損失時，具有更完善的法律保障，可作為補充前述行政罰的功能。

　　再者，網路平台業者對於錯誤訊息就商業倫理而言，應負有一定的責任，對於具有對交易產生關鍵影響性質之資訊，應負有查證義務。而對於違反平台規定之用戶，網路平台業者應建構具有立即或即時處理之功能。雖然，我們不得不承認，要求網路平台業者進行自主管理，仍難以完全杜絕網路虛假訊息之傳播，但至少對於減少執法機關之負擔或減少消費爭執事件有幫助。

　　總而言之，真實與虛假之訊息本會透過各種管道傳播，網路之所以成為重要的問題，乃是因為其即時性與廣泛性，並且其造成之損害嚴重程度常具有不可承受性。故查證機制與相關保護技術發展之重要性不言而喻。政府雖有意透過資訊公開平台，讓公眾可以清楚查證網路訊息。但同時應透過法律上的機制（如損害賠償、平台業者自律、強制查證等），對於維護不動產交易中資訊流通產生有正面意義之影響，並避免對隱私權產生不必要之限制。

五、數據蒐集問題

　　運用機器智能所產生的卓越能力，可能顛覆某些行業的既有運作模式。吳軍指出：

> 從數據驅動的時代開始，計算機領域的科學家和工程師已經意識到，讓機器具有所謂的智能需要走一條和人的認知方法完全不同的道路，這就是發揮計算機在計算和存儲方面的特長，利用大數據的完備性，發現人難以發現的規律，得到傳統方式無法得到的結果，從而在某些方面超越人的智力。概括起來，如今從學術界到工業界都意識到，實現機器智能需要三個支柱：摩爾定律、大數據、數學模型。（J. Wu, 2015, p. 6）

　　吳恩達（Andrew Ng）指出：「在許多根本不存在巨型數據集的行業，我認為重點必須從大數據轉向優質數據。」（Strickland, 2022）當前，他努力的目標則是改善數據的品質，而不改變神經網路：

以數據為中心的人工智慧（Data-centric AI）是一門系統性設計成功建立一個人工智慧系統所需的數據的學科。對於一個人工智慧系統，你必須在代碼中實現一些算法，比如說一個神經網路，然後在你的數據集上訓練它。過去十年的主流範式是下載數據集，而你專注於改進代碼。由於這種範式，在過去十年中，深度學習網絡有了顯著的改善，以致於對於很多應用來說，代碼——神經網路架構——基本上是一個已解決的問題。因此，對於許多實際應用來說，現在將神經網絡架構固定下來，轉而尋找改善數據的方法會更有成效。（Strickland, 2022）

數據的來源，影響未來機器智能的發展是可預見的。精質的小數據或是大數據，對於不同的應用途徑與行業也不同的發展策略。在不動產科技應用中，人工智慧對不動產估價業務（Real Estate Appraisal Business）產生影響已引起相當之關注。

不動產估價師法規定：「不動產估價師受委託人之委託，辦理土地、建築改良物、農作改良物及其權利之估價業務。」此乃傳統上法律上之不動估價業務。在經濟秩序中不動產估價具有其重要性，諸如巴塞爾資本協定二（Basel II）中銀行需定期監控擔保品價值，其中對於不動產之價值則仰賴不動產估價制度。（彭建文＆楊宗憲，2007）其他，如公開發行公司不動產買賣交易之估價、法院民事執行處拍賣不動產之估價等，皆具有相當之重要性。而先前研究指出，自動估價系統對於傳統不動產估價業務之影響於前述不同之類型也有所差異。（彭建文＆楊宗憲，2007）

而在數據世界中，吾人不得不關注數據蒐集與取得對隱私權之影響。前段問題一討論之實價登錄制度，主要是政府透過法律強制要求

個人提供資料，並將其公開。而本節所論之不動產估價問題，可說是一種不分私人或政府皆可透過公開的數據集進行的對個人房屋的價值監視。學者研究指出：「過去至今我們所持續關心的，固然是國家如何透過資訊科技的輔助，監視個人的言行舉動，侵害到我們的隱私權。然而，在更多的資訊科技興起和網路盛行之後，尤其是電子商務盛行之後，我們必須開始擔憂來自私人領域的窺探與監視。」（劉靜怡，2002）過去十多年來，確實看到許多私人領域的窺探與監視，例如 2018 年的臉書劍橋分析數據醜聞（Facebook–Cambridge Analytica data scandal）。而法律對於使用個人資料作為分析，同對政府或私人對於私領域之窺探與監視一般缺乏足夠的清楚認知，導致於界線模糊的監視行為，繼續存在並透過網路使用行為產生更大規模的影響。

前段問題一本文認為，政府對於實價登錄所獲得之數據應有妥善保護之必要。而本段則要繼續討論不動產估價，作為一種經濟秩序中必要之一環，能否使用真實世界數據（Real World Data）進行之。這不僅涉及倫理問題，也涉及法律應當如何設置界線。事實上，不動產科技發展又會對於原有之不動產估價制度會產生何種影響與挑戰亦值得關注。要回答這些問題，必須有一個認知，就是當前網路應用規範之落實，必須仰賴於相關技術之研發與整合。簡而言之，就是在數據世界中要落實規則，必須要有相應的技術才能做到。有學者指出，在未來的數據世界中，透過機器智能來處理隱私權保障問題，將是一個重要的方向。（Els, 2017）智慧賦能（Intelligent Empowerment）的理想雖好，但仍然有許多技術問待解決。

智能機器進入現代生活中已非新鮮事，而且實際上已經發生許多爭議。例如，有學者研究當今智能相機的影響，指出：「讓無處不在的智慧型相機進入我們的生活，我們可以從中獲得什麼？在特定情況下，社會可接受的相機使用情況通常歸結為『這台相機的圖像用於什

麼用途？』的問題。」並認為無處不在的相機所適用的法律框架與隱私權立法密切相關。（Koelle, Rose, & Boll, 2019）但法律可以控制的範圍，現實上無法就技術應用的所有情況進行鉅細靡遺的規範。而且，因為用途是技術所產生的功能，而同一種技術可能有多種用途。例如，人臉識別的技術的在公部門可能作為執法之用，而在私人也許僅作為辨識嬰兒是否需要幫助，兩者所使用的技術類似但用途大不相同。因此，從技術上規範顯然是不切實際的。正如同要限制一種技術的發展光從技術本身無法發現其有問題之處，往往是就技術應用的後果討論其可能違反的法律。例如，實價登錄之數據作為不動產估價之用倘若能通過法律的檢驗，且能夠促進不動產估價的準確性，那麼無論其所用之技術為何皆難論有不妥之處。

　　因此，了解各種技術所獲致的功能成效，對於了解法律是否該允許該等應用有其必要性。早在 2001 年就有學者使用多元線性回歸技術（MLR）與人工神經網絡（ANN）結合的方法預測房屋價值。（Nghiep & Al, 2001）更早之前，則有學者使用人工神經網絡（ANN）與傳統的多元回歸分析（MRA）模型進行大規模住宅估價之比較研究。（Tay & Ho, 1992）但早年的研究與近年的研究在數據規模及數據完整度有很大的差別。有學者使用了韓國首爾五年的房地產拍賣案例資料，進行房地產拍賣價格之預測，「將從 GG Auction Co., Ltd.、Infocare Auction Co., Ltd.、韓國銀行、國民銀行、韓國統計局（KOSTAT）和韓國交易所（KRX）收集的拍賣數據用於實證研究」。（Kang, Lee, Jeong, Lee, & Oh, 2020）前述研究所使用的 Genetic Algorithms（GA）也曾被應用於股票市場的預測之中，獲得優於其他算法的結果。（Hassan, Nath, & Kirley, 2007）

　　究竟是數據集提供了準確度，或是算法本身具有強大的功能，在研究中很難獲得證實。學者認為：「深度學習（Deep Learning）算

法是一類為預測準確性犧牲透明度和可解釋性的機器學習（Machine Learning）算法。」可解釋的人工智慧（Explainable AI）研究，嘗試將原本的黑盒子（Block Box）解釋，但並不容易。（Rai, 2020）而人工智慧的黑盒子，聽起來似乎與不透明畫上等號，其實不然。就技術研究而言，需要經過認識並解釋的算法與比較算法成功因素的途徑，並不必然在社會應用上需要有同樣的過程。可用的人工智慧，可以是一種就結果論而言的技術應用成果。簡而言之，對於不動產價格之評價途徑而言，與其限制其方式與過程，不如從其實益考量之。建構具有公信力之價格評量機制中，其公信力之衡量是建立在法定之專業上，或是資料蒐集之即時與完整上，顯然則後者更容易取信於眾。但光從結果論還略有不足，需要加入數據取得的合法性，才能被完整的評估是否應當被容許。

綜上所述，法律如何介入認證機器智能應用於不動產估價，本文認為應從三個層面來談。首先，資料科學家已經將目標放在數據驅動，且近年來針對高品質數據認為可以進行更多研究。因此，從數據獲取的層面，應該透過完善的立法來界定合理的取得資料的程序，而這個程序需要就技術上可行。也就是說，用於不動產估價的數據本身，應不違背專業倫理與法律。而相關專業倫理規範與法律應該被制定出來。

第二個方面是就資料取得的相關技術，應區分何者屬於可被接受的技術，何者屬於不可被接受的技術。以歐盟一般資料保護規範（GDPR）為例，該規範認為網站使用 Cookie 需經過使用者同意。許多網站在瀏覽時會要求使用者選擇同意或不同意使用 Cookie。同意管理平台（Consent Management Platforms 簡稱 CMPs）的功能就是在為了符合法律要求的情況下用於徵求使用者同意的技術。有研究指出，當前大部分同意管理平台並不符合歐盟一般資料保護規範

（GDPR）之要求。該研究設計了一個網路爬蟲（Web Scraper）將英國排名前 10000 的網站其中的 680 個網站的 CMPs 的內容包含：Visual Elements, Interaction Design, and Text Content 收集。根據歐盟的法律，前述研究考慮了三個部分：同意必須是明確的、全部接受與全部拒絕一樣容易、沒有預先勾選的欄位。前述研究之部分統計結果指出：只有 12.6% 的網站有全部拒絕的選項，將全部拒絕與全部接受放在同一層次的網站更少。（Nouwens, Liccardi, Veale, Karger, & Kagal, 2020）表示即使有法律保護，使用者仍難以拒絕 Cookie 的存在。透過在網站上點選同意或不同意的技術雖然做得到，但是該技術可否被接受則產生問題。網站仍然可以透過隱藏或增加不同意的難度，來使得使用者的同意權受到損害，這使得歐盟法律的效力打折。

歐盟認為同意管理平台可以保護使用者的個人資料隱私。前述研究則指出該技術嚴重之不足，並非代表歐盟法律所追求的目標是錯誤的，而是缺乏一種可以達成法律規範目標的技術。倘若使用者同意與否，不是使用對單獨網站進行點選的方式，而欲透過更智慧化的隱私管理途徑，則必定要產生對於人與網路互動方式之轉變。前揭技術，在電腦科學中正進行研究，多數人將之稱為網路 3.0。當前，可以自我管理數據使用的網路 3.0 仍然是願景，當技術成熟時方能實現。因此，理論上當技術不夠成熟時，則不應當允許使用。

可是，事實上技術縱然不成熟，仍然有許多人願意使用，而且是在多數人可以接受並容忍的範圍內。因此，第三個方面則是應該討論應用的結果是否對社會產生不良影響，或者其不良影響是否在可接受的範圍內。理論上，這個部分是單純的價值取捨，應當依靠政治制度或司法制度加以衡量與解決。而在實際上，政治或司法制度在價值取捨上並非建構在完整的認識論之上。有時甚至只是建構在權力互動的必然面上。社會分子無論在實體或虛擬世界中都具有差異。而法律須

顧及的是實質平等的對待與維持最大程度之自由。而且，法治的價值在於培養信任（Trust）。當社會信任不被打破時，法律就沒有太大的介入必要，只有當社會信任出現問題時，才更加需要法律的介入。因此，當一種新興科技不成熟，但不會造成無法容忍的問題時，實際上在多數社會中都是可以被接受的。而其所產生的負面影響，也常需要使用一段時間之後才會顯現出來。這樣的現實，促使我們需要找到更多產生保護作用的法治運作方式，而形成權力平衡之論述，則在這樣的背景中產生。

六、重構數據世界中的權力平衡

　　將數據世界之權力互動，與現實世界中的政治權力互動相比，可發現其中有諸多相似之處。在國際政治上，權力平衡維繫於各國對於其憲政秩序的控制。並擴展其憲政秩序的穩定狀態至國與國之間的無政府狀態中，此時國內和國外政治的相互關係才能在不損害任何國家的民主自治的情況下自行解決。（Liska, 2013）前述之國家的民主自治，在個人與個人之間，或可類比於個人之自由。進一步言之，國家與國家的互動關係，在保持權力平衡時，可維繫所有國家之民主自治。而人與人之間產生的權力平衡狀態，自可保障個人之自由。

　　在數據世界中，科技巨擘（Big Tech or Tech Giants）獨大的時代，自 1990 年代以來越趨於強化。其中，最明顯的例子是五大巨擘（Big Five）對於新聞媒體的影響力。（Whittaker, 2019）臉書劍橋分析醜聞可看出，在數據應用的失控例子中，數據公司如何影響現實世界，尤其在不同地區的使用者之間產生顯著差異。（González-Pizarro, Figueroa, López, & Aragon, 2022）於此同時，數據應用的監管制度，在各國正進行立法因社會輿論之疾呼而產生。歐盟的一般資料保護規

範（General Data Protection Regulation）為其中重要的發展。然而，當前在網路世界中如何建構一個可以維持權力平衡之規範，不僅須仰賴法律之建構，還須仰賴可達成目的之技術發展與應用方式之成熟。

　　網路世界的權力互動關係與國際政治環境的複雜程度相當類似。在國際政治中的經驗可觀察到，權力的爭奪產生國際關係中的不可預測性。國家之間存在對於現實的爭執，即使能達到權力平衡亦有其限制，事實上國與國之間的關係因為地緣政治、文化或社會發展等有複雜性。彼此之間又有相當的實力差距問題。因此，僅透過協議暫時建構了國與國之間的組織與穩定的架構。而這個架構仍然處於動態之中。*International Equilibrium* 一書中指出：「在國際政治中，權力的擁護者和道德的捍衛者之間為爭奪真正現實主義的王冠而毫無結果的競爭已經結束，在揮之不去的口頭分歧之下留下了實質性協議的殘餘。」（Liska, 2013）

　　在數據世界中，秩序與規範是否容易被濫用而產生顛覆性後果，乃是當代許多人之擔憂。以不動產交易訊息為例，網路上的公開資訊所產生的影響，應歸屬於市場上「商業言論」管理之範疇，涉及到資訊流通是否屬實、消費者獲取之資訊是否足以形成合理之判斷等問題。實際上，言論自由的容忍程度，是社會妥協的結果，其中也是一種動態穩定的平衡狀態。法學理論中，在言論自由之保障內對於商業言論之限制，大多認為應採取具有較寬容之態度。大法官認為除非涉及虛偽不實或產生誤導方才得以加以限制。在釋字 744 號解釋中指出：

　　　　言論自由在於保障資訊之自由流通，使人民有取得充分資訊
　　　　及自我實現之機會。化粧品廣告係利用傳播方法，宣傳化粧
　　　　品效能，以達招徠銷售為目的，具商業上意見表達之性質。
　　　　商業言論所提供之訊息，內容非虛偽不實或不致產生誤導作

用，以合法交易為目的而有助於消費大眾作出經濟上之合理
抉擇者，應受憲法第十一條言論自由之保障。

美國法對於與產品價格相關之商業言論，亦採取較寬容之態
度。 在 Virginia State Board of Pharmacy v. Virginia Citizens Consumer
Council, Inc.（1976）一案中，聯邦最高法院推翻了維吉尼亞州關於限
制處方藥價格廣告之法律。可是，寬容與造成嚴重影響的網路謠言之
間，應如何取得合理之限制範圍，實際上端看社會對於該等言論之容
忍程度。言論自由的界線，仍須透過個案判斷，立法者難以透過例示
或原則性規定加以區分。因為法律實際上源自於立法者所代表的社會
公意。在一個具有社會信任的國家中，法律所扮演的角色是社會契約
的條款，而形成條款的原動力是來自於社會信任。在言論自由的界線
上，社會信任的變化程度相對較大。社會對於言論容忍之程度，在時
間與空間中發生變化，正如國際關係中的不可預測性一樣。

從商業信任、政治信任到法律信任，再到網路的權力平衡，其實
都指向了信任是形成交易的重要條件。前述三問題嘗試拆開法律架構
中階層論之看法，並挑戰何謂形成法律與法律足以產生效果之條件。
前揭研究顯示，現行制度與社會變遷之互動關係，以及過去、當前及
未來可能面臨之問題與挑戰，多數問題指向法律之不完備、規範之不
明或是創新速度高於法律更新速度的問題。然而，法律本質不是創造
事實，而是從事實中發現法律。再者，立法者的行動與否端看社會公
意對其的影響。真正的問題在於法律本身是否具有足夠的社會信任基
礎。而憲法是社會契約的本身，那麼終歸於民主憲政體制之原理，法
律規範之形成有部分來自於社會對該項事務之共識，甚或是對於政府
（主要指立法者）支持與對法律之信任。在這個信任之上，法律可以
產生作用，而這個作用將會形成權力平衡，並回歸到持續產生的社會

信任之中，使得立法者可以運用其權力對網路世界進行規範。於此同時，規範本身對於權力平衡亦應產生效力。

在機器智能蓬勃發展的時代，網路使用方式將更加複雜，對於社會信任度的挑戰將更加嚴峻。法律如何維持權力平衡，進而創造出更大的社會信任，尤其引人注目。Web 1.0 進化至 Web 2.0 產生了社群平台（Social Media Platforms or SM platforms）的互動方式與用戶生成內容。網路巨擘也在這時崛起，且從大數據應用中產生許多新興網路服務（Web Services）。將來網路 3.0 發展願景，期待產生去中心化之網路，個人可以自我控制自己的數據，並且在網路上與機器智能進行深度互動。網路的發展不外乎人性對於延伸自我能力的想像，該等想像不一定能夠達成，除非有相應的技術與整合能力。

不過，在一切發展起來的過程中，人們享受科技所帶來的便利與自由，本身也會對使用安全有所警覺。當一種科技服務或產品產生信任疑慮時，網路輿論所產生的影響力對之可能形成極大的負面影響。例如，臉書（Facebook）在臉書劍橋分析醜聞後喪失大量用戶與影響力，即可見一斑。因此，對於訊息公開化與資訊自由傳遞的網路空間而言，再次肯認公眾信任度的變化是更加快速的。現實世界的商業信任對於網路的發展十分重要。

聯合國人權理事會（UNHCR）在 2016 年通過「在互聯網上促進、保護和享有人權」之決議總結了許多在網路上保障基本權利之要素。該決議指出人們在網路之外享有的權利也必須在網路內亦受到保護。該決議中也顯示出聯合國人權理事會對於個人使用網路的權力是否獲得保障的關注，並指出「必須建立對互聯網的信心和信任，尤其是在表達自由、隱私和其他人權方面」。（*The promotion, protection and enjoyment of human rights on the Internet*, 2016）此外，前揭決議也指出網路權利的保障與是否具有相同的網路使用可及性（Accessibility）

有關。在數據世界中，信任與平等對於數據監管之控制力及形成法治之影響相當重要。不但網路發展的本質是建立在信任與平等關係上，法律對於網路言論與科技發展之影響力，亦來自於公眾信任的平等關係之體現。

七、結論

本文藉由問題導向研究之提出問題與進行反思。在問題一中，論述了屬於公開資訊的實價登錄數據應當被保護的理由，包含對實價登錄是否足以平抑房價進行討論，以及其對隱私權限制與對於未來技術發展可能造成不良後果之預想。在問題二中，指出數據世界的虛假訊息已經造成之破壞，包含對於現行法制之批判，以及未來運用機器學習技術在打擊假訊息之可能性。在問題三中，認識了數據利用與機器學習對不動產估價產生影響的問題，並回歸到數據蒐集合法性及技術發展與法規互動的核心問題。

此外，前述三者所描述的問題，皆指向法律對於數據世界之管理，需回歸到辯證法律的本質，將由上到下堆積而成的體系，轉變成由問題導向的方式去解決實際問題。事實上，在法律的本質中也包含著從實際問題轉化的理論，判例法的產生即為從爭執中發現法律的過程。

總結前述研究，本文從社會變遷的角度探討，指出不動產市場在科技應用上可能產生的問題，並從發現並提出既有規範思維應重構之要項與建議如下：

首先，法律決策過程中建立連貫性（Coherence）的機制，並非從上到下的指導性、原則性概念可以完全涵蓋。本文透過批判性研究拆解既有法律體系，過程中嘗試批判連貫性的法律體系在許多方面無法

應對解決網路時代法律在虛擬世界施展的困境。在數據世界中，可以察覺到社會變遷對於法律本身的影響力愈加強烈，透過連貫性來分析法律問題則欲加不可行。法律確實需要體察問題之產生原因與現實上的客觀影響因素，才能作出具有實際影響力的立法與釋法決定。

再者，法律作為一種基本權利的維護途徑，本則實然會與社會產生互動，進而相結合形成具有可行性，並保持動態性與穩定性之權利保障體系。這種權利保障體系的穩定性，在數據世界中更加倚重信任與平等關係的存在。不動產市場在科技應用上制度性規範應建構出以權力平衡為基礎的體系。因為形成權力平衡有助於建構穩定的架構，對於維持信任與實質平等的關係有幫助。

最終，社會變遷的影響力使得立法者與社會互動的過程中能夠理解公意。但立法者應著重於社會與法律乃至於憲法之互動關係，而非單方面從限制性角度建構法律的影響範圍。司法者亦應考察社會變遷所帶來的實質影響，從實然面廣泛認識問題形成原因與過程，方能作出最合理之判斷。如此，方能使得科技應用於不動產交易時，法律架構之管理途徑更加合理化，並對建構符合正義原則之交易環境產生正面效應。

在事實研究中，本文發現技術發展具有雙面潛力，可能同時構成對權利的保障與侵害。在保障方面，技術本身可以作為保障權利之工具，例如透過機器智能使得網路本身產生隱私保護之能力。而法律規範在數據世界中落實，更需要有相應的技術才得以執行。但在可能產生的侵害方面，由於公眾對於新興科技帶來的方便產生憧憬，即使在技術不成熟的情況下，仍然有許多人欲嘗試使用，只依靠公眾的自我警覺乃是不足的。因此，需要建構強制的法律機制（如訊息安全工具）。

總而言之，當前的科技發展所產生的風險與機會，兩者並不一定

可以達成互補，需仰賴技術及法律的介入。在法律介入的考量中，本文建議以權力平衡作為規範目的。在未來研究中可進一步針對不動產科技發展之機會與風險進行評估，以實證權力平衡在網路法治中之功能。在技術介入方面，當前的科技發展仍屬於對網路應用的初步階段，未來不動產科技仍可能產生更大的影響。而對於數據保護的技術研究，亦可能產生更大的效果。未來應持續觀察，技術與社會互動之發展。本文採取文獻研究方式亦有其侷限性，對於如何量化評估科技帶來的風險與機會並將之應用於法學跨領域研究，仍有待後續研究。

參考書目

中華民國不動產仲介經紀商業同業公會全國聯合會（2022）。各不動產仲介經紀公會會員家數消長統計表。取自 http://www.taiwanhouse.org.tw/a/blogs/show/3092709（瀏覽日期：2022/2/28）

內政部地政司（2020）。實價登錄法案三讀通過修正重點。取自 https://www.land.moi.gov.tw/chhtml/content/10?mcid=4134（瀏覽日期：2022/2/28）

安富財經科技股份有限公司（2022）。清華安富房價指數。取自 https://www.houseplus.com.tw/reportIndex（瀏覽日期：2022/2/28）

行政院（2018）。平均地權條例部分條文修正草案（行政院 107.05.07 函請立法院審議版本）。

張恩生，賴美華，李婉君，林雨菁，楊翔宇，陳威帆（2020）。從公平交易法出發論不實廣告行為之新趨勢研究。公平交易委員會研究報告。https://www.ftc.gov.tw/upload/selfanalysis/10904.pdf（瀏覽日期：2022/2/28）

彭建文，楊宗憲（2007）。自動估價系統對不動產估價師之潛在衝擊分析。住宅學報，16(1)，頁 79-98。

劉靜怡（2002）。網際網路時代的資訊使用與隱私權保護規範：個人、政府與市場的拔河。資訊管理研究，4(3)，頁 137-161。

Amaar, A., Aljedaani, W., Rustam, F., Ullah, S., Rupapara, V., & Ludi, S. (2022). Detection of Fake Job Postings by Utilizing Machine Learning and Natural Language Processing Approaches. *Neural Processing Letters*, *54*(3), pp. 2219-2247.

De Montjoye, Y.-A., Shmueli, E., Wang, S. S., & Pentland, A. S. (2014). openPDS: Protecting the Privacy of Metadata through SafeAnswers. *PLoS ONE*, *9*(7), e98790.

Els, A. S. (2017). Artificial Intelligence as a Digital Privacy Protector Notes. *Harvard Journal of Law & Technology (Harvard JOLT)*, *31*(1), pp. 217-236.

Fuller, G. W., Johnston, A., & Regan, A. (2020). Housing Prices and Wealth Inequality in Western Europe. *West European Politics*, *43*(2), pp. 297-320.

González-Pizarro, F., Figueroa, A., López, C., & Aragon, C. (2022). Regional Differences in Information Privacy Concerns After the Facebook-Cambridge Analytica Data Scandal. *Computer Supported Cooperative Work (CSCW)*, *31*(1), pp. 33-77.

Guides Concerning the Use of Endorsements and Testimonials in Advertising, 16 CFR Part 255 C.F.R. (2009).

Hassan, M. R., Nath, B., & Kirley, M. (2007). A Fusion Model of HMM, ANN and GA for Stock Market Forecasting. *Expert Systems with Applications*, *33*(1), pp. 171-180.

Kang, J., Lee, H. J., Jeong, S. H., Lee, H. S., & Oh, K. J. (2020). Developing a Forecasting Model for Real Estate Auction Prices Using Artificial Intelligence. *Sustainability*, *12*(7), 2899.

Koelle, M., Rose, E., & Boll, S. (2019). Ubiquitous Intelligent Cameras - Between Legal Nightmare and Social Empowerment. *IEEE MultiMedia*, *26*(2), pp. 76-86.

Kummerow, M., & Chan Lun, J. (2005). Information and Communication Technology in The Real Estate Industry: Productivity, Industry Structure and Market Efficiency. *Telecommunications Policy*, *29*(2), pp. 173-190.

Liska, G. (2013). *International Equilibrium: A Theoretical Essay on the Politics and Organization of Security*: Harvard University Press.

Mills, A. J., Pitt, C., & Ferguson, S. L. (2019). The Relationship between Fake News And Advertising. *Brand Management in the Era Of Programmatic Advertising and Prolific Falsehood*, *59*(1), pp. 3-8.

Narimoto, H. (2021). The Overview and Legal Issues Regarding Real Estate Tech. In Y. H. Yasushi Asami, Hideo Fukui (Ed.), *Frontiers of Real Estate Science in Japan*, pp. 297-312. Singapore: Springer Nature Singapore.

Nghiep, N., & Al, C. (2001). Predicting Housing Value: A Comparison of Multiple Regression Analysis and Artificial Neural Networks. *Journal of Real Estate Research*, *22*(3), pp. 313-336.

Nouwens, M., Liccardi, I., Veale, M., Karger, D., & Kagal, L. (2020). Dark Patterns after The GDPR: Scraping Consent Pop-Ups And Demonstrating Their Influence. Paper presented at the Proceedings of the 2020 CHI conference on human factors in computing systems.

Paraschiv, C., & Chenavaz, R. (2011). Sellers' and Buyers' Reference Point Dynamics in the Housing Market. *Housing Studies*, *26*(3), pp. 329-352.

The Promotion, Protection and Enjoyment of Human Rights on The Internet. (2016). United Nation Human Rights Council.

Rai, A. (2020). Explainable AI: From Black Box to Glass Box. *Journal of the Academy of Marketing Science*, *48*(1), pp. 137-141.

Real Estate Agency and Brokerage 3rd edition. (2016). The Royal Institution of Chartered Surveyors.

Strickland, E. (2022). Andrew Ng: Unbiggen AI The AI Pioneer Says It's Time for Smart-sized, "Data-centric" Solutions to Big Issues. IEEE Spectrum. https://spectrum.ieee.org/andrew-ng-data-centric-ai (last visited: April 15, 2022)

Tay, D. P., & Ho, D. K. (1992). Artificial Intelligence and The Mass Appraisal of Residential Apartments. *Journal of Property Valuation and Investment*, 10(2), pp. 525-540.

Taylor, N. (2002). State Surveillance and The Right to Privacy. *Surveillance & Society*, *1*(1), pp. 66-85.

Whittaker, J. P. (2019). *Tech Giants, Artificial Intelligence and the Future of Journalism*. Taylor & Francis.

Wu, J. (2015). Big Data, Machine Intelligence and Their Impacts to the Future World. *Telecommunications Science*, *31*(2), pp. 1-10.

Wu, Y., Ngai, E. W. T., Wu, P., & Wu, C. (2020). Fake Online Reviews: Literature Review, Synthesis, and Directions for Future Research. *Decision Support Systems*, 132, 113280.

國家圖書館出版品預行編目 (CIP) 資料

公共化AI：思維、協作與法制的基礎設施/林文源, 王道維, 杜文苓, 李建良主編. -- 初版. -- 新竹市：國立清華大學出版社, 2024.05
452面；15×21公分
ISBN 978-626-97249-7-0(平裝)

1.CST: 人工智慧　2.CST: 資訊社會

541.49　　　　　　　　　　　　113001576

公共化 AI：思維、協作與法制的基礎設施

主　　編：林文源、王道維、杜文苓、李建良
發 行 人：高爲元
出 版 者：國立清華大學出版社
社　　長：巫勇賢
執行編輯：劉立葳
封面設計：陳思辰
地　　址：300044 新竹市東區光復路二段 101 號
電　　話：(03)571-4337
傳　　眞：(03)574-4691
網　　址：http://thup.site.nthu.edu.tw
電子信箱：thup@my.nthu.edu.tw
其他類型版本：無其他類型版本
展 售 處：紅螞蟻圖書有限公司 (02)2795-3656
　　　　　　http://www.e-redant.com
　　　　　　五南文化廣場 (04)2437-8010
　　　　　　http://www.wunanbooks.com.tw
　　　　　　國家書店 (02)2518-0207
　　　　　　http://www.govbooks.com.tw
出版日期：2024 年 5 月初版
定　　價：平裝本新臺幣 650 元

ISBN　978-626-97249-7-0　　　GPN　1011300232